간추린
현대심리학사 ^{제2판}

KB171334

Ludy T. Benjamin, Jr. 지음 | 김문수, 박소현 옮김

Σ 시그마프레스

간추린 **현대심리학사** 제2판

발행일 | 2016년 2월 29일 1쇄 발행

저자 | Ludy T. Benjamin, Jr.
역자 | 김문수, 박소현
발행인 | 강학경
발행처 | (주)시그마프레스
디자인 | 오선형
편집 | 김성남

등록번호 | 제10-2642호
주소 | 서울특별시 영등포구 양평로 22길 21 선유도코오롱디지털타워 A401~403호
전자우편 | sigma@spress.co.kr
홈페이지 | http://www.sigmapress.co.kr
전화 | (02)323-4845, (02)2062-5184~8
팩스 | (02)323-4197

ISBN | 978-89-6866-651-3

A Brief History of Modern Psychology, 2nd Edition

Copyright ⓒ 2014, 2007 John Wiley & Sons, Inc.
All rights reserved.
Korean language edition ⓒ 2016 by Sigma Press, Inc. published by arrangement
with John Wiley & Sons International Rights, Inc.

이 책은 John Wiley & Sons International Rights, Inc.와 (주)시그마프레스 간에 한국어
판 출판·판매권 독점 계약에 의해 발행되었으므로 본사의 허락 없이 어떠한 형태로든
일부 또는 전부에 대한 무단 복제 및 무단 전사를 할 수 없습니다.

* 책값은 뒤표지에 있습니다.
* 이 도서의 국립중앙도서관 출판예정도서목록(CIP)은 서지정보유통지원시스템 홈페이지
   (http://seoji.nl.go.kr)와 국가자료공동목록시스템(http://www.nl.go.kr/kolisnet)에
   서 이용하실 수 있습니다.(CIP제어번호 : CIP2016003614)

이름 없는 사람들을 세상에 알려지게 한
미국 심리학자이자 역사가
Robert Val Guthrie(1930~2005)와

인지심리학자이자 역사가이면서
소중한 친구인
Darryl Bruce(1939~2011)를 기리며

애크론대학교의 심리학사 센터에 대한
특별 지원을 아끼지 않은
Nicholas와 Dorothy Cummings 부부에게 경의를 표함

■ 역자 서문 ■

Ludy T. Benjamin, Jr.가 저술한 이 책 *A Brief History of Modern Psychology*(2/e)는 저자가 서문에서 밝히고 있듯이 전형적인 백과사전식 심리학사 교과서에 대한 대안으로 쓰인 것이다. 기존의 심리학사 교과서들은 대개 많은 양의 정보를 담고 있어서 대학교의 한 학기 강의에서 모두 다루기에는 벅찼다고 할 수 있는데, 이 책은 두께를 보아도 알 수 있듯이 크게 부담스럽지 않은 양이다. 그뿐 아니라 다른 교과서들에 비해 심리학 외부의 시대적인 상황과 분위기에 대한 구체적인 설명이 더 많아서 특정 분야의 심리학이 어떻게 발전하게 되었는지를 알 수 있게 한다.

　과거에 역자들이 학생으로서 심리학사를 배울 때는 주로 '과학적' 심리학의 역사에 초점이 맞추어졌다. 그러나 최근에 와서는 심리학사에 대한 연구가 다양해지고 깊어지면서 이러한 관점이 수정되어 '응용'심리학의 역사도 중요하게 다루어지고 있는데, 이 책 역시 예외가 아니다. 따라서 임상, 상담, 산업·조직심리학 같은 응용 분야에 관심을 둔 학생들이 과거에는 심리학사를 배우면서 그런 분야가 심리학의 변방에 있는 듯이 느껴질 수도 있었다면, 이 책을 읽으면서는 별로 그럴 일이 없을 것이다. 예컨대 이 책은 골상학자들이 순전히 사기꾼이었던 것만은 아니며 나름대로 일종의 심리적 도움을 주려 했다든지, 미국에서 어떻게 심리학이 전쟁 덕분에 심리치료를 할 수 있게 되었는지 등을 흥미롭게 이야기해 준다. 반면에 '백과사전식' 심리학사 교과서보다 적은 양의 지면에 현대 심리학의 역사 전체를 서술하려다 보니 심리학의 기초 분야들에 대한 이야기가 상대적으로 적어졌음은 사실이다. 이 책의 목적은 심리학의 발달에 대한 재미있는 이야기를 '간략하게' 해 줌으로써 학생들이 관심 분야의 자료를 직접 찾아보고 공부하게 하려는 것인데, 그럼으로써 과학적 심리학의 발달에 관한 부족한 부분은 보충할 수 있을 것이다. 역자들 개인적으로는 제10장에 소개된 인종심리학이 새롭고 흥미로웠음을 언급하고 싶다.

상당한 기간 동안 심리학 교과서들을 번역해 왔음에도 불구하고 번역체 문장이 아닌 글을 쓰기가 쉬운 일이 아님을 매순간 깨닫고 있다. 문장이 매끄럽지 못한 부분에 대해서는 독자들의 양해를 구하고자 한다. 참고로, 각주는 원서에는 없는 것으로서 역자들이 추가한 도움말임을 밝혀 둔다.

이 책이 나오기까지 도움을 주신 (주)시그마프레스 여러분에게 감사의 말씀을 전한다.

김문수, 박소현

■ 저자 서문 ■

이 책은 제목이 말해 주듯이 현대 심리학의 역사에 관한 것이다. 간략한 역사인데, 이에 대해서는 나중에 더 이야기할 것이다. 오늘날 심리학은 세 가지 형태로 존재한다. 고등학교, 대학교 및 연구소에 자리 잡은 학문적 심리학이 있다. 그곳에서 학생들은 심리학을 전공하기 위한 준비로서 또는 의학, 법학, 성직, 사업, 경영 같은 다른 무슨 분야이든지 그 준비를 하기 위해 심리학을 공부할 수 있다. 거기서는 강사가 이 매력적인 학문 분야의 과목들을 가르칠 수 있다. 심리과학자는 인간의 행동과 정신과정에 대한 복잡한 의문에 답하기 위해 연구를 할 수 있다.

학문적 심리학에 더하여 과학적 심리학의 지식을 현실 세계의 문제에 적용하는 심리학 전문직 또한 있다. 이 전문가들은 학사 수준을 넘어 공부하여 석사나 박사학위를 딴 사람들이다. 정신건강 분야(예컨대 임상심리학, 상담심리학, 또는 결혼 및 가족 치료)에서 일하는 사람들은 개업이나 취직을 하려면 전문가 면허를 따야 한다. 그런 전문가에는 산업·조직심리학자도 포함되는데, 이들은 사업체, 회사 및 노동조합에서 일하면서 직장에서 일어나는 다양한 문제(근로자의 만족감을 높이거나 일 잘하는 매니저를 선발하는 것 같은)를 다룬다. 법조계에서 일하는 법정심리학자는 사람의 정신적 상태에 대하여, 자녀 양육권 소송에서 아이를 부모 중 누구에게 맡기는 것이 좋은가에 대하여, 그리고 심지어는 법정에서 사건을 어떻게 변론할 것인가에 관한 전략에 대해서도 전문가적 증언을 제공한다. 스포츠심리학자는 운동선수 개인이나 팀과 함께 일하면서 흔히 수행을 방해하는 정신적 장애물을 극복하도록 선수를 도와줌으로써 성적을 향상시킨다. 학교심리학자는 아동이 필요로 하는 교육적 및 행동적 도움을 받도록 원조해 주는 것을 목표로 교사, 부모 및 아동과 함께 작업한다. 임상 및 상담심리학자는 사소한 적응 문제부터 심각한 정신병리에 이르기까지 다양한 심리적 문제를 겪고 있는 사람과 집단에게 심리치료를 제공한다. 이들 및 기타 종류의 응용심리학자들이 심리학 전문직을 이룬다.

세 번째 종류의 심리학은 가장 오래된 것으로서 공중심리학 또는 대중심리학이라 부를 수 있겠다. 이것은 행동과 정신적 상태에 대한 대중의 관심과 신념으로 이루어진 것이다. 여기에 관여하는 사람은 19세기의 골상학자와 메스머리스트 같은 응용가들과 심리학 훈련을 받지 않았으나 심리학적 도움을 줄 수 있다고 선전하는 현대의 응용가들이다. 후자의 사람들은 예컨대 독심술을 하거나 미래를 예언하거나 어떤 종류의 문제를 치료하는 데 효과적이라고 자신이 믿는 모종의 요법을 제공한다. 이들은 자신을 심리학자라고 선전하지 않는 한 그런 식으로 영업을 할 수 있다. 심리학자라는 명칭은 인가를 받아야 하는 것이다. 현대의 대중심리학은 책, TV 쇼, 잡지, 라디오 토크쇼 같은 데서 아주 다양하게 찾아볼 수 있다. 행복한 결혼생활을 하는 법, 낙천적인 아동을 기르는 법, 감정을 조절하는 법, 효과적인 지도자가 되는 법, 우울증을 극복하는 법 등에 관한 책이 널려 있다. 이런 책들은 저자가 그 주제에 대한 전문가라고 할 만한 교육적 배경을 갖고 있지 않다면 대중심리학으로 분류될 것이다. 물론 세상에 널리 퍼져 있는 이러한 대중심리학이 반드시 심리학자들이 자기네 것이라고 주장하고 싶어 하는 그런 심리학인 것은 아니다. 그럼에도 불구하고 그것은 하나의 심리학이며 심리학 역사의 일부이다.

이러한 대중심리학은 인류가 최초로 이 지구상에 나타났을 때부터 존재해왔을 것이다. 그러나 학문적 심리학(때로는 과학적 심리학이라고 불리는)과 심리학 전문직은 겨우 대략 135년 전인 19세기 말엽에 그 뿌리를 두고 있다. 이 책은 심리학이라는 과학과 전문직의 발달에 관한 이야기다. 이것과 대중심리학 간의 관계에 대해서는 제1장에서 더 살펴볼 것이다.

심리학사의 얄궂은 아이러니 중 하나는 심리학사에 관한, 상당한 인기를 끌었던 최초의 책을 쓴 지은이가 Boring이라는 이름의 심리학자였다는 것이다. 그는 그 책을 1929년에 출간했고 1950년에 개정판을 냈는데, 거의 40년 동안 그것은 심리학사에 관한 권위 있는 책으로 간주되어 대부분의 심리학 박사과정 학생들이 필수적으로 읽어야 하는 것이었다. Boring과 역사라는 단어가 나란히 있는 것이 재미있기는 하지만 대단히 재미있지는 않다. 왜냐하면 세상에는 역사가 지루하다(boring)고 생각하는 사람들이 실제로 있기 때문이다! 그렇지만 이 얼마나 터무니없는 생각인가! 어떻게 역사가 지루할 수 있단 말인가? 역사란 흥미진진한 시대를 산 매력적인 인물들에 관한 이야기다. 그게 재미없다면 역사를 기억하려고 시간을 낭비하는 사람이 누가 있을까? 역사는 우리의 과거에 대한 드라마를 자세히 이야기해 준다. 역사는 우리의 삶을 그런 과거와 연결시킬 수 있게 해 준다. 현재를 이해할 수 있게 도와준다. 우리의 미래에 대하여 현명하게 추측할 어떤 기반을 마련해 준다. 우리의 지식을 더 의미 있는 이해의 틀 속에 통합하도록 도와준다. 우리의 생각이 틀릴 수도 있다는 겸손함을 좀 갖게 만들고, 바라건대 다른 사람의 생각에 대한 관용과 이해도 어느 정도 갖게 만든다. 다른 모든 좋은 이야기와 마찬가지로 역사도 우리에게 기쁨과 슬픔, 희망과 절망이 교차하게 만든다. 인간 생활을 이해하려는 사람에게는 심리학사가 좋은 출발점이다.

어떤 심리학사는 과학적 심리학의 역사에 주로 초점을 맞추는데, 이것이 사실상 Boring의 심리학사의 주제였다. 그런 접근법은 현대 심리학사의 단지 절반만을 다룰 뿐이다. 실험심리학의 쌍둥이 형제로 성장해 온 현대적인 심리학 전문직이 존재한다. 오늘날 심리학자 대다수는 연구 실험실이나 대학교에서 일하는 게 아니라 특화된 많은 전문 분야에서 응용가로서 대중을 직접 상대하고 있다. 이 책은 과학과 응용으로서의 심리학 양쪽을 모두 다루며 그 뿌리와 양자의 동시적인 발전을 보여 준다.

이 책의 제목은 이것이 간략한 역사임을 말해 주는데, 거기엔 이유가 있다. 이는 전형적인 백과사전식 심리학사 교과서(그런 것으로 치자면 좋은 책이 많이 있다)에 대한 대안이 되기 위함이다. 더 작은 책을 쓰면서 내가 바라는 바는 강의자가 이 책을 심리학사 과목에서 사용되는 논문 모음집을 비롯하여 다른 특수한 책들(예컨대 *A History of Psychology in Letters*, 2/e, Wiley, 2006)과 짝지어, 또는 인터넷상에서 찾을 수 있는 풍부한 논문 모음과 함께 쓰는 것이 유용함을 알게 되는 것이다. 이 책이 제공하는 통합적인 이야기를 위주로 하고 심리학 및 관련 분야의 선구자들(Wilhelm Wundt, G. Stanley Hall, Mary Calkins, E. B. Titchener, John B. Watson 같은)이 쓴 논문을 직접 읽기를 함께 하는 것도 가능하다. 이들 및 기타 학자들의 몇백 편의 저작물이 많은 인터넷 사이트에 올라와 있다. Freud의 『꿈의 해석』, Darwin의 『종의 기원』, James의 『심리학 원리』의 여러 장들을, 그리고 심리학의 역사에서 중요한 기타 책 및 논문 몇백 편을 읽을 수 있다. 특별히 심리학사 자료를 풍부하게 제공하는 사이트는 토론토의 요크대학교에 재직하는 Christopher Green 교수가 개설한 *Classics in the History of Psychology*(http://psychclassics. yorku.ca)이다.

학생들에게 내가 바라는 바는 이 책이 심리학의 과거에 대한 탄탄한 기반을 쌓게 하고, 현대 심리학에 대한 학생들의 지식을 더 의미 있는 전체로 통합시키는 데 도움이 되며, 더 큰 역사에서 심리학이 갖는 위치를 이해하는 데 도움을 주는 것이다. 나아가서 이 책이 여기서 논의된 주제와 사람들에 대한 호기심을 자극하여 인간의 본질에 대한 이해를 변화시킨 초기 연구들 일부를 읽게 만들기를 바란다. 일반 독자들에게 바라는 바는 이 책이 심리학의 역사적 및 학문적 맥락을 알려 주어서 여러 가지 형태를 가진 현대 심리학의 풍요로움과 복잡함을 더 잘 이해하는 데 도움이 되는 것이다.

이번 제2판을 쓰면서 나는 초판을 읽은 많은 독자들의 충고를 통해 도움을 받았다. 이 판에는 새로운 내용이 많이 추가되어 심리학사 및 관련 분야의 학문적 성장을 반영하고 있다. 새로운 내용을 추가하면서도 이 책을 여전히 간략한 형태로 유지하기 위해 학자들의 전기적 내용의 양을 줄였다. 역사가로서 나는 역사에 대한 개인 중심적(personalistic) 접근을 선호하기 때문에 이 책에서 기술된 이론, 연구 및 응용을 이해하기 위한 맥락을 제공하는 데 필요하다고 생각되는 전기적 내용은 유지시켰다. 그런 내용은 그 이야기의 질과 특징에 필수적인 것이다. 위대한 미국 역사가 Henry Steele Commager(1965)는 비록 역사가 다양한 기능을 갖고 있기는 하지만 근본적으로 역사는 이야기임을 상기시키는데, 재미있게 들려주는 이야기보다 더 즐거운 것은 별로 없다. 심리학사는 흥미진진한 이야기이며 내가 이 짧은 역사책에서도 학문적인 동시에 유익한 이야기를, 그리고 좋은 역사가 자랑하는 전통을 좇아 재미있는 읽을거리를 만들어 냈기를 바란다.

이번 제2판을 출간할 기회를 준 John Wiley and Sons 출판사에 감사를 표한다. 내게 이 책을 쓰도록 요청해 준 전임 편집자 Chris Cardone에게 감사하며, 현임 편집자 Chris Johnson에게 제2판의 업무를 잘 처리해 준 데 대해 감사한다. 또한 나는 이 책의 출간에 관련된 많은 문제를 처리해 준 부편집인 Brittany Cheetham과 편집 조수 Kristen Mucci의 도움을 많이 받았다.

John Watson에 관한 훌륭한 전기를 통해 행동주의에 관한 장의 도입부에 대한 아이디어를 얻을 수 있게 해 준 Kerry Buckley에게 감사한다. 또한 이 책과 그 이전 판에 대한 조언을 해 준 David Baker, Lizette Royer Barton, Jennifer Bazar, Darryl Bruce, Robin Cautin, Deborah Coon, Paul

Craig, Nicholas Cummings, James Deegear, Stanley Finger, James Goodwin, Christopher Green, John Hogan, Alexandra Rutherford, Michael Sokal, Roger Thoma, Karyn Plumm, Peter Frecknall, David Wilder, Thoma Heinzen, Gwen Murdock에게도 감사드린다. 이들이 심리학사 작업에 쏟은 학문적 노력과 역사 감각을 대단히 감사하게 여기는 바이다. 오랜 기간에 걸쳐 이 책의 내용과 구조를 형성하게 한 논평과 질문을 해 준 나의 학부생과 대학원생들에게도 고마움을 전한다. 마지막으로, 나와 함께 거의 50년간 일해 온, 그리고 사서이자 교육자로서 자신의 재능을 이용하여 나의 모든 저술 작업을 도와주는 아내 Priscilla에게 감사드린다.

Ludy T. Benjamin, Jr.

■ 차 례 ■

과학이 되기 전의 심리학

몇 가지 사실부터 이야기하자. 심리학은 오늘날 미국 고등학교에서 대단히 인기 있는 선택과목이다. 나아가서 심리학은 북미 대륙의 대학에서 가장 인기 있는 두세 가지 전공 중 하나이다. 사람들은 아무리 해도 심리학에 질리지 않는 것처럼 보인다. 오늘날엔 어디를 둘러보아도 심리학 얘기이다. 심리학은 영화, 소설, 컴퓨터 게임, 페이스북, 잡지, TV 쇼 프로그램, 통속 연예지, 라디오 토크쇼, 노래 가사 등의 소재가 된다. 심리학에 대한 대중의 관심이 넘쳐난다는 것은 분명하다. 사람들은 행농에 관심이 있다. 자신의 행동, 친척의 행동, 이웃의 행동, 동료의 행동에 말이다. 그리고 심지어는 책, 잡지 혹은 TV 프로그램(일일연속극, 법정 프로그램, 예능 프로, 시트콤, 드라마, 그리고 소위 '리얼리티' 쇼 같은)을 통해 알게 되었을 뿐인 낯선 사람의 행동에도 관심이 있다. 사람들은 인간 행동에 끊임없이 매혹되는 것으로 보이는데, 이는 아마도 인간 본성에 내재된 것일 것이다. 그런 관심은 진화적 이점을 제공했을 가능성이 높다. 심리학자들은 심리학에 대한 이런 대중적인 관심을 대중심리학(popular psychology)이라고 부른다. 이것은 대부분의 심리학자들이 과학적 심리학(scientific psychology)이라고 인정하는 그런 부류가 아니다. 사실 많은 심리학자들은 대중심리학과 어떤 식으로든 관련되기를 꺼린다. 그러나 대중은 이 심리학을 사랑한다. 이것은 그들의 심리학이다.

분명히 심리학은 인류 역사가 시작되었을 때부터 존재해 왔다. 아마도 30년 정도의 기대 수명을 가졌을 인류의 조상이 지구상에서 최초로 일어서서 걸었을 때, 오늘날은 거의 상상하기도 힘든 고난과 위험에 시달리는 삶을 살았을 이들 초기 인류는 인간적인 위로, 안심, 동정 그리고 안내가 필요했음에 틀림없다. 더욱이 수요가 있으면 공급이 있는 법이다. 동료 인간들에게 전문가로서 심리학적 성격의 서비스를 제공한 사람들이 분명히 있었을 것이다. 이러한 고대의 인간들은 마술사, 마법사, 무당, 주술사, 요술쟁이, 예언자, 그리고 사제 같은 다양한 이름하에 자신의 기술을 발휘했다. 그들의 직업은 의술, 종교, 그리고 심리학이 혼합된 것이었다. 그들은 부족 내에서 권위 있고 존경받는 위치에 있는 경우가 많았지만, 그들이 무능력하다고 또는 그들의 치료술이 효과가 없다고 판단되면 그런 사회적 입지를, 그리고 사실상 목숨을 잃을 수도 있었다. 여러 세기가 지나면서 전문화가 일어나서 의학, 종교, 그리고 심리학이 개별 분야로 성립되었다. 이 세 가지가 현대에도 다양한 방식으로 연결되어 행해지고 있다고 쉽사리 반박할 수 있기는 하지만 말이다. 따라서 심리학을 활용하는 작업은 수천 년 전으로 거슬러 올라가지만, 우리가 이 책에서 앞으로 보듯이 과학으로서의 심리학은 19세기의 발명품이다.

제목이 말해 주듯이 이 책은 현대 심리학에 대한 이야기이며, 이 말은 여기서 나오는 이야기가 대부분 최근의 것이라는 의미이다. 심리학을 활용하는 작업은 수천 년이 되었다는 점을 알게 되었으므로 이제 우리는 시대를 건너뛰어 19세기를 이 장에서 다룰 것이다. '현대 심리학'이라는 용어는 과학적 심리학과 동의어가 되었다. 사실 1879년 독일 라이프치히대학교에서 Wilhelm Wundt가 연구 실험실을 만든 것이 현대 심리학의 시작이라는 데 모두가 의견을 같이한다. 그 일의 역사적 의미와 중요성을 역사학자 James Capshew(1992)는 다음과 같이 강조하고 있다. "현대 심리학에서 끊임없이 반복되는 이야기는 어떤 사람이나 사건에 대한 것이 아니라 어떤 장소, 즉 그 실험실에 관한 것이다"(132쪽).

이 새로운 심리학 연구실들은 19세기의 마지막 20년 동안 북미 대륙에 등장하기 시작했다. 맨 처음에 1883년 존스홉킨스대학교에, 그다음으로 1887년 인디애나대학교에, 1888년에는 위스콘신대학교에, 1889년에는 클라크대학교와 펜실베이니아대학교, 캔자스대학교, 네브래스카대학교에 생겼다. 캐나다에서는 1891년 토론토대학교에 처음으로 실험실이 생겼다(Baldwin, 1892). 1900년 즈음에는 북미에 그런 실험실이 40개가 넘었다(Benjamin, 2000). 그 실험실들은 모두 새로운 과학적 방법(대부분 생리학과 정신물리학에서 빌려 온)을 인간이 보고 알고 느끼는 기초 과정에 대한 물음에 적용하려고 하였다.

이 신(新)심리학(the new psychology)[1]이 북미 땅에 도래했을 때 거기에는 이미 어떤 심리학이 자리하고 있었다. 사실 19세기에는 다른 두 가지 심리학이 이미 존재하고 있었는데, 하나는 앞서 살펴본 바와 같이 인류 역사의 새벽부터 있었던 응용적 성격의 심리학이고, 다른 하나는 주로 대학교 내에서 정신철학(mental philosophy)이라는 이름으로 존재했던 또 다른 심리학이었다.

심리학 응용가(practitioner of psychology)들은 다양한 이름을 내걸고 서비스를 제공했다. 우선, 내담자의 두개골 모양을 측정하여 볼록하거나 오목한 부위를 보고는 어떤 재능의 존재나 결핍을 이야기하는 골상학자가 있었다. 내담자의 얼굴 윤곽과 특징을 살펴보고는 그 사람의 코 모양, 광대뼈의 크기, 양 눈 사이 간격 등을 근거로 성격 특질과 능력을 판단하는 관상학자도

---

1 이 용어는 '새로운 심리학'으로 번역할 수도 있겠으나 현재 시점에서는 상당히 먼 과거의 것인 데다가 어떤 나라에 외국의 새로운 문물이 유입된 것을 '신사조(新思潮)'라고 보통 부르는 것에 빗대어 '신심리학'이라고 번역하기로 한다. 따라서 new psychologist도 신심리학자로 번역한다.

있었다. 여러 형태의 메스머리즘(mesmerism)[2]을 사용하여 내담자의 행동 변화를 북돋우는 메스머리스트도 있었다. 미래를 예측하여 내담자의 현재 및 미래의 행위에 대한 조언을 하는 예언자나 천리안 소유자도 있었다. 내담자의 필체의 특성을 근거로 심리적인 평가를 하는 필적학자도 있었다. 뿐만 아니라 영매, 정신병 전문가, 심령술사, 강신술사, 정신 치유사, 조언자, 정신 측정가, 그리고 심지어 스스로를 심리학자라 일컫는 사람들까지 있었다. 대부분 독학으로 공부하였으며 과학적 근거가 거의 없는 방법을 사용했던 이 응용가들은 현대의 심리학자들과 꼭 마찬가지로 내담자를 돕고자 했다. 그들은 우울증을 치료하고, 부부 관계를 개선시키고, 부모 교육을 시키고, 직업 만족도를 높이고, 불안을 감소시키고, 직업 선택에 도움을 주려고 애썼다. 그러나 그런 종류의 심리학은 고등교육 공동체, 즉 또 다른 과학 이전의 심리학(pre-scientific psychology)이 자리 잡고 있던 대학 내에서는 신뢰를 받지 못했다.

정신철학은 17세기 이래로 미국의, 그리고 그 대학의 교과과정의 일부로 존재해 왔던 주제였다. 잉글랜드와 스코틀랜드에서 기원한 이 정신철학은 John Locke, David Hume, George Berkeley, Thomas Reid, Dugald Stewart 의 업적을 통해 발전하여 19세기 미국 학생들의 교육에서 주요 요소가 되었다. 학생들은 이 주제에 관한 여러 가지 교과서를 통해 경험심리학(empirical psychology)을 배웠다. 영국 경험주의가 수 세기 동안 미친 오랜 영향을 입증하듯 정신철학의 초점은 대개 지성의 특성들로 간주되던 감각과 지각에 있었다. 비록 지성에는 주의, 학습, 기억 및 사고 같은 다른 인지과정들 역시 포함되었지만 말이다. 이에 덧붙여 정신철학은 정서[흔히 감성(sensibilities)이라 불렸던]와 의지를 다루었는데, 여기에는 결정론 대 자유의지에 관한 논쟁도 포함되었다(Fuchs, 2000). 지성, 감성, 그리고 의지, 이 세 가지에 대한

---

2 동물 자기(磁氣) 최면술. 12~13쪽을 보라.

그림 1.1 시카고 심리학 학교를 선전하는 1900년도 광고지. 이 학교는 심리적 치료법으로 최면술의 사용을 가르쳤는데, 이는 당시 대중심리학의 한 예이다.

연구가 독일에서부터 실험심리학이 미국에 도래했을 당시 미국의 학문적 심리학을 규정하고 있던 것이었다.

이 두 가지 심리학, 즉 대중심리학과 학문적 심리학이 이 장의 주제이다. 이들은 현대 심리학의 역사에 중요하다. 왜냐하면 그 둘은 과학으로서의 심리학, 진문직으로서의 심리학, 그리고 흔히 대중 심리학이라 불리는 대중의 큰 사랑을 받는 그런 종류의 심리학이 어떻게 발달했는가를 이해하기 위한 역사적 맥락의 일부이기 때문이다.

대중심리학

19세기에는 대중매체가 지금보다 훨씬 더 적었지만 행동에 대한 오늘날과 같은 관심은 당시에도 역시 존재했다. 그때도 사람들은 책, 신문 및 잡지 기사, 그리고 심리적 서비스를 한다는 간판과 광고(예컨대 "헬렌 자매가 손금을 읽어 드립니다." 같은)를 통해 심리학을 접하고 있었다. 사람들은 특별한 지식이나 재능을 가진 사람의 도움을 원했다. 사람들은 그 특별한 사람이 자신의 장점을 찾아내고 약점을 개선하기를, 직업을 현명하게 선택하기를, 적절한 삶의 동반자를 찾기를, 그리고 개인적인 공포를 극복하기를 도와줄 수 있고, 자신의 우울증을 치료해 줄 수 있으며, 먼저 떠난 사랑하는 친구나 친척과 연락하기를 도와줄 수 있거나 혹은 자신의 미래를 예언할 수 있다고 믿었다. 과학 이전의 이러한 대중심리학에는 너무나 많은 종류가 있어서 여기서 모두 다루기는 불가능하다. 과학적 심리학이 북미에 상륙했을 때 직면했던 환경을 이해하기 위해서는 이들 다양한 심리학에 대해서 어느 정도 이해하는 것이 중요하다. 우리는 가장 많은 추종자를 거느렸던 몇 가지만 선택해서 살펴볼 것이다. 그것은 골상학, 관상학, 메스머리즘, 강신술, 그리고 정신 치유이다.

골상학

19세기에는 "머리를 검사받는다"는 표현이 정신질환을 의심하는 말이 아니라 골상학자를 찾아가는 것을 의미했다. 골상학자는 내담자의 머리 모양을 검사해 보고는 다양한 머리 측정치를 근거로 그 사람의 성격, 능력 및 지능에 대해서 공언하곤 했다. 골상학(phrenology)은 독일의 해부학자인 Franz Josef Gall(1758~1828)의 연구에서부터 시작되었는데, 그는 뇌의 여러 부위가 서로 다른 지적, 정서적 및 행동적 기능을 담당한다고 믿었다. 뇌의 어느 부분이 과도하게 발달하면 두개골에 볼록 튀어난 곳이 생길 것이고, 어느 부분이 덜 발달하면 두개골에 움푹 들어간 곳이 생길 것이다. 여러 기능은 두개골의 서로 다른 특정 영역에 자리 잡고 있을 것이다. 따라서 어떤 사람의 파괴적 성향은 왼쪽 귀 바로 위에서 측정하였고, 반면에 오른쪽 귀 위에 있는 영역은 이기적인 정도를 나타냈다. 영성(spirituality)과 자비심은 머리 꼭대기에서 측정한 반면, 자식에 대한 사랑, 우정, 그리고 동물 사랑은 뒤통수에서 측정하였다.

Gall의 골상학적 개념을 북미에 퍼트린 사람은 Johann Spurzheim (1777~1832)과 George Combe(1788~1858)였다. 특히 Combe는 미국과 캐나다에서 광범위하게 강연을 하면서 자신의 책 『골상학 체계(*System of Phrenology*)』(1825년에 초판 인쇄)를 홍보했고 자기가 들렀던 도시들에 골상학 진료소를 세웠다. Combe는 능력을 35가지 범주로 나누는, Spurzheim이 원래 기술했던 체계에 동의했다. Combe(1835)는 다음과 같이 썼다.

> 이 능력들 각각이 뇌의 특정 부위와 연결되어 있음은, 그리고 각 능력을 표출하는 힘이 그 기관의 크기 및 활동과 관련이 있음은 관찰 결과가 증명한다. 그기관들은 사람에 따라 상대적인 크기가 다르며 따라서 사람에 따라 재능과 기질이 다르다. … 모든 능력이 그 자체로는 좋은 것이지만 그 모두가 남용되기쉽다. 능력의 표출은 개화된 지능과 윤리적 감정에 의해 인도될 때에만 올바르게 이루어진다(54~56쪽).

골상학자들은 재능과 기질을 알려 주는 머리 측정치만 제공한 게 아니라, 더 중요하게는, 약한 능력을 증강시켜서 내담자의 삶에서 더 큰 행복과 성공을 안겨 주도록 고안된 행동 계획도 제공했다. John van Wyhe(2004)가 썼듯이 "골상학자들은 보이지 않는 특질과 경향을 드러내는 거의 마법 같은 힘을 가진 것처럼 주장했다. … 골상학은 다른 사람들에 대한 것을 알아내어 그 비밀을 드러내는 것이었다"(58쪽).

미국에서는 1830년대 말에 뉴욕, 보스턴, 필라델피아에 진료소를 개업한 Orson Fowler(1809~1887)와 Lorenzo Fowler(1811~1896) 형제가 골상학 시장을 장악했다. 그들은 자기네만의 골상학 산업을 형성하여 책, 잡지, 골상학적 두상 모형, 측정 장치 및 골상학 차트를 팔았다. 그들은 여러 도시에 체인점을 두고서 검사관들을 훈련시켰고, 물론 진료소를 운영하는 데 필요한 모든 물품을 공급하는 사업을 했다. Fowler 체계로 훈련을 받았다는 것은 하나의 마케팅 장치로서, 검사관이 자신의 신뢰성을 주장하는 데 사용할 수 있

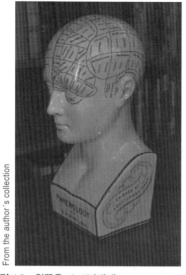

From the author's collection

From the author's collection

그림 1.2 왼쪽은 1840년대에 Lorenzo Fowler가 고안한 골상학 흉상의 모사본이다. 이것은 기준으로 사용될 이상적인 모양의 머리로서 제작된 것이다. 오른쪽은 역시 1840년대에 만들어진 '자가 강습' 골상학 지침서의 표지이다. 25센트를 내면 환자는 검사 뒤 이 얇은 책을 받을 수 있었다. 여기에는 골상학자가 첫 몇 페이지에 걸쳐서 내담자의 측정치를 기록해 주었는데, 이는 그 개인의 강점과 약점을 나타내는 것이었다. 이 책은 내담자가 개인적인 약점을 개선하기 위해 어떤 노력을 할 수 있을지에 대한 정보를 담고 있었다.

는 일종의 자격증이었다.

골상학자들은 흔히 '판독'이라 불렸던 검사 결과를 제공했다. 순회 골상학자들은 Fowler 형제가 딱 그 목적을 위해 제작한 작업도구들이 든 상자를 지니고서 전국을 떠돌며 업무를 보았다. 다른 골상학자들은 내담자가 약속을 잡고서 검사를 받으러 오는 진료소에서 활동했다. 일부 진료소들은 사업체와 손잡고 일종의 인사계 사무실 역할을 하여 채용 예정자를 검사한 결과를 고용주에게 보내 주었다.

골상학자는 내담자의 능력에 대한 체크리스트를 제공하여 그들의 능력 중 과잉 발달된 것과 과소 발달된 것을 지적해 주었다. 어떤 능력은 동정심 혹은 양심같이 긍정적인 것인 반면 어떤 능력은 예컨대 반항성 혹은 비밀스러움 같은 부정적인 것이었다. 내담자는 어떤 능력이 '함양'될 필요가 있고 어떤 능력이 '절제'될 필요가 있는지에 대한 조언을 들었다. 예를 들어 '파괴성' 능력이 너무 크게 나타났다면 내담자는 다음과 같은 충고를 들었다.

> 절제할 것 ─ 아무것도 죽이지 말라. 그리고 자비심으로 파괴성을 상쇄하라.
> 절대로 거칠고 냉혹한 영혼을 만족시켜 주지 말고, 대신에 순하고 너그러운 영혼을 함양하라. 절대로 상처를 곱씹지 말고, 복수하려는 생각이나 욕망을 충족시키지도 말며, 잘못된 일을 되짚어 보면서 자신을 짜증 나게 만들지 말라.
> 바른 예절을 길러라. 그리고 당신이 누군가를 책망할 필요가 있는 상황에서는 거칠게 하지 말고 담백하고 신사적인 방식으로 하라. 어린이라도 절대 놀리지 말고, 동물을 괴롭히지 말며, 그들에게 친절하게 하라. 그리고 자비심과 기타 좋은 능력으로 보충하라(Fowler & Fowler, 1859, 97쪽).

골상학에 대한 현대의 설명은 골상학자를 전혀 과학적 근거가 없고 따라서 쓸모없는 서비스를 제공하면서 내담자의 돈을 뜯어내려고 했던 사기꾼으로 묘사하는 경우가 많다. 골상학 업계에 그런 부도덕한 인물들이 있었을 것임은 분명하다. 하지만 훌륭한 의도를 지녔던 사람들도 많았다. 비록 그들의 과학이 미심쩍은 것이었을 수는 있지만 그들은 관찰의 힘을 통해 내담자에게 도움을 주었을 가능성이 높다. 최상의 경험적 전통을 좇아 그들은 자신의 감각을 이용하여 진단을 내리고 내담자에게 조언을 해 주었다. 역사학자 Michael Sokal(2001)은 이것이 어떤 방식으로 이루어졌는지를 다음과 같이 이야기한다.

> 어쨌거나, 그들은 자신이 검사한 사람에게 이런 힘을 행사할 좋은 기회가 있었다. 그들은 내담자와 적지 않은 시간을 보냈으며, 종종 가까운 신체 접촉을 했다. 그들은 내담자가 자기소개를 하면 함께 이야기를 했고(특히 내담자의 말을 경청했다), 그의 억양과 사용하는 단어를 주의 깊게 들었다. 내담자와 악수를 하면서 그의 굳은살을 느꼈다. 내담자의 복장을 관찰하여 그 스타일, 청결도와 낡은 정도를 눈여겨보았다. 내담자가 들어와서 검사실 안을 걸어 다닐 때 그가 타고 온 마차를 관찰했고 그의 '몸짓 언어'를 읽었다. 내담자가 손으로

머리를 매만질 때 그 뒤에 서서 지켜보았다. 그리고 청결이 뒤떨어졌던 그 시절에 특히 내담자의 체취에 주목했다(38~39쪽).

그러므로 관찰력이 좋은 골상학자는 내담자에 대해 많은 것을 알아낼 수 있었다. 그런 관찰은 심리적 진단의 정확성을 향상시키는 데 이용될 수 있었는데, 이는 내담자가 더 양질의 서비스를 받게 됨을 의미했으며, 동시에 골상학자의 능력에 대한 내담자의 신뢰감도 높여 주었다. 그런 신뢰감은 골상학자의 지시를 더 잘 따르도록 하는 데 중요했고, 물론 그의 서비스가 좋은 입소문을 타고 광고가 되도록 하는 데도 중요했다.

관상학

19세기에 인기를 끌었던 또 다른 과학 이전의 심리학은 관상학(physiognomy)이다. 이것은 어떤 사람의 얼굴 특징을 근거로 그의 성격, 지능, 능력을 평가하는 것이다. 성격학(characterology)이라고도 불렸던 관상학은 스위스 신학자 Johann Lavater(1741~1801)의 연구에 기초하여 18세기에 시작되었다. 그의 책 『관상학론(*Essays on Physiognomy*)』은 1775년에 출간되었고 Gall의 골상학 개념보다 앞섰다. 그러나 그 체계는 한 번도 골상학만큼 인기를 끌지 못했다. Lavater의 체계는 눈, 코, 턱 및 이마를 지능, 유머 감각, 동정심, 윤리성 및 다른 특성들의 중요한 표식으로 강조했다. 코에 대해서 Lavater(1775)는 다음과 같이 썼다.

몹시 아래로 향하고 있는 코는 절대로 진정으로 선하거나 명랑하거나 숭고하거나 위대하지 않다. 그들의 생각과 성향은 늘 땅을 향하는 경향이 있다. 그들은 속을 터놓지 않으며 차갑고 무정하고 붙임성이 없다. 또 악의적으로 빈정대거나 심기가 불편하거나 극도로 건강을 염려하거나 침울할 때가 종종 있다. 코의 윗부분이 구부러져 있으면 그들은 두려움이 많고 육감적이다(36쪽).

슬픈 일은, 관상학이 골상학과 마찬가지로 민족적 및 인종적 전형을 '인증'

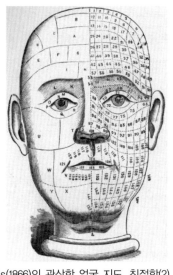

From the author's collection

그림 1.3 Samuel Wells(1866)의 관상학 얼굴 지도. 친절함(2), 화술(32), 동정심(71), 애국심(136) 등 다양한 성격 특성의 위치를 보여 주고 있다.

하는 데 사용되었다는 것이다. Samuel Wells(그는 Fowler 형제의 매부였다)가 1866년에 쓴 유명한 관상학 교과서는 '유태인의 코'에 대한 다음과 같은 분석을 내놓았다. "그것은 세속적인 약삭빠름, 성격을 간파하는 능력, 그리고 그것을 이로운 거래로 전환시키는 능력을 나타낸다." 사하라 사막 아래 지역의 아프리카인의 코에 대해서는 Wells가 "들창코"라고 부르면서 "약점과 발달 미숙"을 나타내는 코라고 적었다. 그는 이어서 "그런 짧고 납작한 코는 … 세계의 진보에 아무런 뚜렷한 기록도 남길 수가 없었다. 그런 코의 소유자는 로마 왕실의 코 소유자들처럼 땅을 정복하고 나라 전체를 노예로 삼은 적이 전혀 없었고, 그리스 코를 가진 천재의 자손들처럼 웅대한 신전을 짓고서 수준 높은 예술품으로 치장한 적이 한 번도 없었다"(196쪽)라고 썼다.

얼마 동안은 관상학이 범죄학 분야에서 신뢰를 받았다. 이는 대체로 이탈리아의 인류학자이자 범죄학자인 Cesare Lombroso(1835~1909)의 업적 때문이었는데, 이 분야에서 그의 연구는 네 차례에 걸쳐 노벨상 후보에 올랐다. Lombroso의 저술 전에도 그리고 후에도, 또한 학식이 있든 없든, 많은 사람들은 얼굴 특징으로 알아볼 수 있는 '범죄형'이 있다는 통념을 가지고 있었다. Lombroso는 범죄자들은 키가 큰 경우가 거의 없으며, 머리가 지나치게 크지만 뇌는 작고, 귀가 크고 튀어나왔으며, 눈썹은 무성하고, 턱은 움푹 들어갔거나 납작하다고 적었다(Lombroso, 1911; Lombroso & Ferrero, 1899 참조).

골상학 분야와 마찬가지로 관상학의 신뢰성도 20세기 초가 되자 심각하게 떨어졌다. 그러나 그것은 사라지지 않았을 뿐 아니라 1910년대에 미국에서는 Katherine Blackford의 성격학 체계라는 것을 통해 직원 선발에까지 이용되기도 했다. 우리는 제9장에서 그녀의 연구를 살펴볼 것인데, 그것은 당시 사업의 세계에서 심리학의 유효성을 확립하고자 했던 심리학자들을 상당히 짜증 나게 하는 것이었다.

메스머리즘

오스트리아의 의사였던 Franz Anton Mesmer(1734~1815)는 1775년에 환자의 신체 위로 자석을 지나가게 함으로써 그 환자의 의학적 및 심리적 증상을 완화시킬 수 있음을 발견했다. 그는 그런 방법을 동물 자기(animal magnetism)라고 불렀는데, 이후 메스머리즘(mesmerism)이란 이름으로 더 많이 알려졌다. Mesmer가 의사로서 활동했던 당시는 혈액이나 담즙 같은 체액이 건강의 핵심 요소로 인식되던 시절이었다. Mesmer는 신체 내의 액체가 자기(磁氣)를 띠고 있으며 이 액체들이 잘못 배열되면 신체적 및 정신적 질환이 초래되는 경우가 많다고 믿었다. Mesmer는 자신의 치료법을 잠깐 동안 기절하게 만드는 일종의 주문(呪文) 같은 것이라고 표현했다. 곧 Mesmer는 자석 없이 자신의 손을 환자의 몸 위로 지나가게 하는 것만으로도 똑같은 결과를 얻을 수 있음을 발견하였다. 그는 끊임없이 자석을 사용함으로써 어떤 자기력이 자신에게 전이되었고 그래서 그 자신이 강력한 자석 역할을 하게 되었다고 추리했다.

Mesmer는 1780년대 파리의 사교계에서 핵심 인물이 되었고, 상류사회의 부유한 사람들을 치료하였다. 그의 치료 기술은 다른 전문가들에게도 퍼졌는데, 그들 중 대부분은 의학적 훈련을 받지 않은 사람들이었다. 이에 프랑스 의료계는 화가 나서 루이 16세에게 Mesmer의 요법의 타당성을 조사해 달라는 요청을 하게 되었다. 왕은 미국인 Benjamin Franklin을 위원장으로 하는 특별위원회를 구성하였다. 이 위원회의 보고서는 명확하게 부정적이어서 동물 자기장의 존재가 발견되지 않았으며 자력으로 인한 치료의 증거가 전혀 없다고 밝혔다. 그러나 그 보고서로 인해 취해진 공식적인 조치는 없었고 Mesmer 및 다른 사람들은 계속해서 진료를 했다. 그들은 과학, 특히 의학 및 생리학과의 연관성을 강조하면서 메스머리즘이 과학적 실험에 기초한 정신과학(mental science)이라고 주장하였다. 그들은 생리적 측정치와 정신 상태 사이의 연결을 보여 줌으로써 자기네 치료법을 정당화시키고자 했다(Schmit, 2005).

메스머리즘은 1830년대에 미국으로 건너와서 북동부 전역으로 퍼져 나갔다. 그 지역에서 메스머리스트들은 의학적 치료뿐 아니라 자기 계발을 촉진하는 심리적 프로그램도 제공하였다. 메스머리스트들은 또한 우울증과 공포증 같은 다른 심리적 질병도 치료한다고 주장하였다. 그들은 최면기법에 기대어, 그리고 최면 상태 동안에 암시를 유도하여 그런 치료를 했다. 미국에서 메스머리즘의 인기는 20세기 초까지 지속되었다. 일부 역사학자들은 그것이 미국에서 심리치료의 시초라고 주장한 바 있다.

어떤 면에서 메스머리즘은 미국 최초의 세속적인 심리치료로서, 교회에 다니지 않는 많은 미국인들을 심리적으로 보살피는 한 방법이었다. 그것은 종교를 심리치료와 결합시키려는 야심 찬 시도였으며, 마음 치유 철학(mind cure philosophy), 신사고 운동(New Thought movement), 크리스천 사이언스(Christian Science) 및 미국 강신술 같은 관념을 잉태했다(Cushman, 1995, 119쪽).

강신술

강신술(降神術), 신사고 운동, 크리스천 사이언스 및 정신 치유는 19세기 후반기에 주로 뉴잉글랜드 주들을 기반으로 발달했다. 미국의 강신술(spiritual-ism)은 1848년 두 사춘기 자매가 자기네 뉴욕 농가에 사는 한 유령과 소통을 할 수 있었다는 보고와 함께 시작되었다. 이 자매는 영매가 되어 교령회(交靈會)를 열어서 죽은 자의 유령과 소통을 하였다. 물론 요금을 받고서 말이다. 강신술은 남북전쟁 도중과 그 이후 인기가 꽤 높아졌는데, 왜냐하면 전쟁에서 죽은 사랑하는 사람과 접촉하기를 절절히 원하는 사람이 너무도 많았기 때문이다. 유령과 보이지 않는 에너지에 대한 믿음은 아마도 전보의 발명과 X선의 발견으로 더 강해졌을 것이다(Coon, 1992). 강신술사들은 우울증과 불안장애의 치료를 비롯한 여러 가지 심리적 서비스를 제공했고, 직장에서의 문제와 결혼 생활의 어려움 및 자녀 양육 방법에 대한 조언을 했다. 하지만 강신술사의 주된 활동은 죽은 자와의 접촉을 촉진하는 것이었다. 그런 접촉을 하는 주요한 방법은 교령회에 참가하는 것이었다.

교령회에서는 사람들이 어두운 방에서 탁자 주위에 둘러앉아 서로의 손과 영매 역할을 하는 사람(일반적으로 여자)의 손을 잡고 앉아 있었다. 영매는 사후 세계에 있는 사람과 연결되는 도관이었다. 때로는 잡음이고 때로는 목소리인 기이한 소리가 나곤 했고, 귀신 같은 형체가 나타날 수도 있었다. 탁자가 겉보기엔 저절로 그러는 것처럼 움직이고, 창문이 덜거덕거리곤 했다. 영매가 발작 같아 보이는 것을 겪거나 신들린 것 같은 상태가 되어 푹 쓰러지기도 했다. 곧 그녀는 죽은 자의 말을 전달했는데, 그것은 탁자를 둘러싼 참가자 중 한 명 혹은 여러 명에게 전하는 이야기였다(Benjamin & Baker, 2004).

이러한 교령회는 주로 중산층과 상류층에서 유행했으며 대개 누군가의 가정에서 진행되었다. 하지만 일부는 강당 무대에서 진행되었는데, 그런 경우에는 흔히 무대 연극 같은 성격을 띠었다. 죽은 자와 소통하는 재능을 과시하기 위해 종종 무대를 이용했던 가장 유명한 영매 중 한 사람은 이탈리아 출신 강신술사 Eusapia Palladino(1854~1918)였다. 그녀는 유럽 전역과 미국에서 교령회를 열었다. 하버드대학교의 Hugo Münsterberg처럼 과학적 심리학을 공부한 사람들은 그녀의 신빙성을 떨어뜨리고자 하였고, 실제로 그녀가 교령회에서 속임수를 써서 감긱직 효과를 만들어 낸 사례를 많이 찾아낼 수 있었다(Sommer, 2012). 대부분의 심리학자들이 강신술을 교묘한 속임수로 여겼던 반면, 미국의 저명한 심리학자이며 철학자이자 Münsterberg의 하버드대학교 동료였던 William James는 결코 그렇게 여기지 않았다. James는 오랫동안 초자연적 현상에 대한 주장들을 연구하였다. 그는 특히 유명한 미국인 영매 Leonore Piper(1857~1950)의 교령회에 깊은 인상을 받았다. 그는 죽은 자와의 소통의 진실성을 입증해 줄 과학적 증거를 찾기 위해 25년 이상을 그녀의 교령회에 나갔다. James에게는 슬픈 일이지만 그가 찾던 증거는 결코 나오지 않았다.

강신술은 사후 세계에 대한 믿음에 입각하고 있었으므로 종교적인 것으로 보일 수도 있었지만 어느 특정 종교와 발을 맞춘 것은 아니었다. 그러나 기성 기독교는 유령을 믿는 것이 이단 행위라고 주장하면서 강신술에 반대했다. Leahey와 Leahey(1983)는 "[죽음 이후에도] 삶이 있다는 경험적 증거를 내놓았다고 주장함으로써 강신술은 신앙의 필요성을 부인하였다. 지옥이 없다고, 그리고 모든 이에게 편안한 내세가 기다리고 있다고 주장함으로써 강신술은 기성 기독교가 의존했던 신에 대한, 그리고 지옥 불에 대한 공포를 부정했다"(166쪽)라고 썼다.

강신술은 20세기에 들어서면서 쇠퇴하기 시작했지만 유행성 독감과 제1차 세계대전으로 인해 너무나 많은 사망자가 생긴 1917~1918년에 쉽사리 부활했다. 가장 목소리가 컸던 강신술 지지자는 셜록 홈즈 추리소설의 저자인 Arthur Conan Doyle 경이었다. 그는 강신술에 관해서 여러 권의 책을 썼으며, 런던에 강신술 사원을 지을 재원을 마련하기 위해 자신의 재산을 상당히 쏟아부었다(Lycett, 2008). 1920년대에는 강신술이 꽤 쇠퇴했는데, 아마도 너무도 많은 영매들이 사기꾼으로 밝혀졌기 때문일 것이다. 하지만 오늘날에도 강신술은 하나의 기성 종교로서 주로 북미와 영국에 여전히 존재하고 있다. 그리고 죽은 자와의 접촉을 약속해 주는 예지자, 신비주의자 혹은 영매로 일하는 사람을 여전히 찾아볼 수 있다.

정신 치유

미국에서 19세기 후반부는 종교적 자유주의의 시대였으며, 도시들(특히 북동부에서)이 성장하고, 과학에 대한 의존이 증가하며, 급격한 기술 변화가 일어나고, 또한 새로운 이민의 물결이 밀려오던 때였다. 당시는 거대한 사회 변화의 시기였는데, 사이비과학적인 심리학 중에는 그런 변화와 연결된 것들이 많았다. 정신 치유(mental healing)는 메스머리즘과 직접적으로 관련성이 있으며, 여러 가지 형태로 북미 전역에 퍼져 나갔다. 그 기원은 1850년대 뉴잉글랜드에서 나온, 흔히 '마음 치유(mind cure)' 운동 혹은 '신사고(new thought)' 운동이라 불리는 것이었다.

이 운동의 창시자는 Phineas Parkhurst Quimby(1802~1866)로서, 그는 정신 치유에 대한 그 자신의 이론과 방법을 만들어 내기 전에 10년간 메스머리스트로 활동한 사람이었다. Quimby는 질병 중에는 원인이 전적으로 정신적인 데 있는 것이 많으며, 정신적인 상태로 인해 악화되는 질병도 있다고 믿었다. 그는 특히 의사들에게 비판적이어서, 의사가 환자의 회복을 차단하거나 지연시키는 부정적 사고를 불러일으킴으로써 환자에게 종종 해를 끼친다고 주장했다. Quimby는 비합리성과 부정적 사고가 건강에 어떤 영향을 주는지를 깨닫도록 도와줌으로써 내담자가 영적인 치유에 도달할 수 있게 돕는 것이 자신의 과업이라고 생각했다. Quimby에 따르면 질병은

감각과 관련한 잘못된 추론으로 인한 것인데, 이는 사람이 잠재의식 속의 영적인 문제에 잘못된 사고와 정신적 그림을 새겨 넣음으로써 자기도 모르는 사이에

하게 되는 일이다. 질병이 잘못된 추론에 기인한 것이므로, 건강은 진실을 아는 것에 기인한다. 질병을 영구적으로 제거하려면 질병의 원인, 즉 그것을 낳은 오류를 알아야만 한다. 그에 대한 설명이 곧 치유이다(Anderson, 1993, 40쪽).

따라서 Quimby는 치유가 개인의 정신적 힘에 있는 것이지 의사의 의료 행위에 있는 것이 아니라고 믿었다. '올바른 사고'로 가는 길을 보여 주면 사람은 전적으로 자신을 치유할 수 있다는 것이었다.

Quimby의 치유 철학은 수천 명의 마음 치유 전문가들에게 퍼져 나갔다. 그의 초기 제자 중 한 사람은 Mary Baker Eddy(1821~1910)로서, 고질적으로 건강이 나빴는데 그가 치료해 준 여성이었다. 1879년에 그녀는 Church of Christ, Scientist[3]를 창립했는데, 이는 오늘날 크리스천 사이언스(Christian Science)라는 이름으로 알려져 있으며 보스턴에 본부가 있는 교회이다.

마음 치유 요법의 내담자 중에는 William James도 있었는데 강신술에 대한 그의 관심은 앞서 언급한 바 있다. James는 1887년 여동생 Alice에게 다음과 같이 썼다.

나는 마음 치유 여의사와 열 번째 아니면 열한 번째 만나고 있는 중인데, 그녀는 마치 '의학의 비너스' 같은 아주 훌륭한 사람이더라. Lydia E. Pinkham 여사는 믿음직하고 진실되어 보이는 얼굴이야. 니는 그녀 옆에 앉아서 금세 잠에 빠지는데, 그 사이에 그녀는 내 마음속의 뒤엉킨 것을 풀어낸단다. 그녀는 그렇게나 많은 것이 담긴, 그렇게나 흔들리고 그렇게나 안절부절못하는 마음을 본 적이 없다고 하는구나. 그녀는 내 두 눈이, 정신적으로 말하자면, 서로 마주보고서 내 얼굴 앞에서 마치 바퀴처럼 계속해서 돌고 있다고 말했어. 그리고 그녀가 그런 걸 고치는 데 네댓 번의 회기가 걸렸단다(Murphy & Ballou, 1961, 8쪽).

비록 Pinkham 여사가 James가 치료되었다고 선언하기는 했지만 그는 나중

---

3 이를 번역하자면 "과학자 예수의 교회"이다.

에 여동생에게 자신이 여전히 밤에 뜬눈으로 누워 있다고 편지를 썼다.

James는 마음 치유, 강신술, 그리고 사실상 모든 초자연 현상에 지대한 관심이 있었는데, 이런 활동에 그가 관여한다는 것이 심리학이라는 새로운 과학 분야의 동료들에게는 꽤 당혹스러운 일이었다. 다른 저명한 심리학자들이 James에게 그런 활동을 그만두라고 종용했지만 James는 초자연 현상에 대한 연구를 계속할 것이며 동료들이 그 주제에 대해 열린 마음을 갖지 않는 것에 대해 실망을 금치 못한다고 반응했다. 그는 그런 현상을 탐구할 자격이 있는 유일한 과학이 심리학이라고 주장했다. 비록 그의 동료들은 심령 연구의 횃불을 받아들지 않았지만 James는 죽을 때까지 그런 작업을 계속했다. 이 주제에 관한 그의 마지막 저술이 그가 죽기 얼마 전에 *American Magazine*에 실렸다. 이 논문에서 그는 자신의 일생에 걸친 연구가 자신이 원했던 증거를 제시하는 데 실패했음을 인정했다. 하지만 그는 결국에는 그런 증거가 얻어질 것이라는 낙관론을 거두지 않았다(James, 1909).

1900년 즈음에는 마음 치유 운동의 열풍이 대체로 끝났지만, 정신 치유는 크리스천 사이언스 같은 기성 종교 내에서 그리고 또 정신 치유사가 활동했던 개인 가정과 진료소에서 계속되었다. 게다가 마음 치유는 나중에 에마뉘엘 운동(the Emmanuel Movement)이라고 불리게 된, 종교와 의학을 심리학과 섞은 운동을 통해 20세기 심리치료의 발달에 한몫을 하게 된다(Caplan, 1998; Gifford, 1997 참조).

1880년대에 북미에 도래하여 새로운 실험실을 세웠던 과학으로서의 심리학은 골상학자, 관상학자, 메스머리스트, 강신술사, 정신 치유사들이 하던 대중심리학과 갈등 상황에 놓이게 되었다. 새로운 과학적 심리학자들은 금속기구를 사용하여 시각 및 청각 과정의 본질을 연구하고 사고에 필요한 시간 같은 정신과정의 속도를 측정하였다. 역사학자 Deborah Coon(1992)이 그 갈등을 어떻게 기술했는지를 다음 글에서 볼 수 있다.

[심리학자들이] 지적 및 학문적 생존을 위한 싸움에 자의식적으로 몰두하고 있었다고 말해도 전혀 과장이 아니다. 그러나 심리학은 전문화와 개념화 과정에서 결정적인 문제가 있었다. 즉 심리학은 대중과 심리학계 내의 일부 유명인사(예컨대 William James)에게 발목이 잡혀 있었다. 이들은 마음에 관한 가장 흥미로운 질문이 지각의 범위나 사고의 타이밍에 관한 것이 아니라 사람들이 직접적인 사고 전이(thought transfer)를 통해 서로 의사소통을 할 수 있는지, 초능력자가 미래를 내다볼 수 있는지, 또는 산 자와 죽은 자가 의사소통할 수 있는지에 관한 것이라고 생각했다(145쪽).

그러므로 더 오래된 기성 과학 분야들의 클럽에 들기를 원했던 신심리학은 과학적으로 존중을 받기 위해 싸워야 했다. 신(新)심리학자들은 과학자로서 스스로를 진리의 결정권자, 심리학을 정의할 사람들, 모든 심리적 문제에 대한 유일한 전문가로 생각했다(Lamont, 2013). 사이비과학적 심리학은 중대한 적이었다. 하지만 다른 반대 세력이 학계 내에도 있었는데, 그것은 바로 신심리학자들이 둥지를 틀 대학교 철학과 내에서부터 나오는 것이었다. 그 적은 정신철학이었다. 신심리학이 심리학의 유일하게 권위 있는 목소리로 인정받으려면 오래된 심리학을 깎아내리고 정신철학을 자신과 떼어 놓는 학문적 경계를 만들어 내야 했을 것이라는 점이 중요하다(Leary, 1987; Rodkcy, 2011).

정신철학으로 가는 길

많은 심리학사 책을 읽다 보면 1880년대에 북미에 실험과학으로서의 심리학이 들어오기 전에는 학문적 심리학이 존재하지 않았다는 인상을 받기가 쉬울 것이다. 새로운 실험심리학자들은 심리학과가 없었기 때문에 철학과에 터를 잡았다. 철학과에서 개설하던 기존의 전형적인 교과목 중에는 정신철학(mental philosophy)이 있었는데, 이 강좌는 대개 3학년이나 4학년 학생들을 위해 한 학기용 또는 두 학기용으로 개설되었다. 때로는 윤리철학(윤리, 양심, 미덕, 종교, 사랑, 정의 및 시민의 의무 같은 주제를 다룬)이라는 강좌와 결합되어 개설되기도 했다. 19세기 북미의 대학에서 가르쳐졌던 정신철학은 John Locke의 저술에서 출발한 17세기 영국 사상에 주로 그 기원을 두고 있다. Locke의 사상은 200년 후에도 여전히 세상을 지배했지만 스코틀랜드 실재론자들의 작업이 거기에 합쳐졌다. 이 철학자들은 마음에 대한 경험과학을 만들어 냈는데, 그것은 새로운 실험주의자들이 나중에 질문하게 될 문제와 똑같은 것에 대해서 답을 찾고자 한 경우가 많았다. 나아가서 그들은 대학교 교과과정에서 신심리학을 위한 자리를 마련해 주었다(Fuchs, 2000).

영국 경험론

1690년에 출간된 『인간 오성론(*An Essay Concerning Human Understanding*)』은 심리학사에서 가장 중요한 책 중 하나이다. 이 책에서 철학자 John Locke (1632~1704)는 마음은 빈 석판(tabula rasa), 즉 백지 상태라는 급진적인 개념을 제시했다. 그는 다음과 같이 썼다.

> 그러면 마음이 아무런 특성도 없고 어떠한 관념도 없는, 말하자면 백지라고 가정해 보자. 그런데 어떻게 해서 마음에 여러 가지가 갖추어지게 되는가? 어떻게 해서 그렇게 방대한 저장고, 즉 인간의 끊임없고 무한한 환상이 거의 끝이 안 보일 만큼 다양한 칠을 해 놓은 저장고가 되는가? 어떻게 해서 마음이 이성과 지식의 모든 재료를 갖추게 되는 것인가? 여기에 대해 나는 한마디로 대답한다. 경험으로부터이다. 우리의 모든 지식은 경험에 토대를 두고 있으며, 궁극적으로 지식 자체가 유래되는 것도 경험에서부터이다. 우리가 지각하고서 반성(反省)한 관찰이 우리의 오성에 사고를 위한 모든 재료를 제공한다. 이 관찰은 우리가 감각으로 느낄 수 있는 외부 대상에 대한 것일 수도 있고 우리 마음의 내적인 조작에 관한 것일 수도 있다. 이 두 가지가 지식의 기반이며, 거기서부터 우리가 가진 혹은 자연스럽게 가질 수 있는 모든 관념이 솟아 나온다 (Locke, 1849, 75쪽).

'오성론'에서 Locke는 인간이 신의 존재에 대한 선천적인 지식을 갖고 태어 난다는 생각을 비롯하여 모든 생득적 관념의 존재를 부정했다. 위 글에서 그 는 모든 지식은 오직 두 가지 원천에서 나온다고 썼다. 그 하나는 외부 세계 와의 직접적인 경험에서 나오는 감각(sensation)이고, 다른 하나는 새로운 감 각과 이미 마음속에 있던 관념들 사이의 상호작용으로부터 생겨나는 관념을 의미하는 반성(reflection)이다. 이때 이미 마음속에 있던 관념이란 이전의 감 각에서 생겨난 것이거나 새로운 감각과는 무관한 사고 과정에서 생겨난 것 을 말한다.

> 우리의 모든 관념은 이 둘 중 하나이다. 내가 보기에 오성에는 이 둘 중 하나
> 로부터 받아들여지지 않은 관념은 희미한 자국조차도 전혀 없다. 외부 대상은
> 감각적 성질을 갖는 관념들로 마음을 채우는데, 이 관념들이란 곧 외부 대상
> 이 우리 안에 만들어 내는 그 모든 서로 다른 지각이다. 그리고 마음은 그 자
> 신의 조작에 대한 관념들로 오성을 채운다(Locke, 1849, 76쪽).

Locke가 지식의 습득에 미치는 감각의 중요성을 크게 강조하기는 했지만, 마음은 외부 세계를 직접 아는 것이 아니라 반성 과정을 통해 간접적으로만 안다고 가정되었다. 이러한 주장은 George Berkeley의 유심론적 철학에 의해 더 강화되었다. Berkeley(1685~1753)에게는 모든 지식이 그것을 경험하는 개인에게 달려 있었으며 외부 세계에 있는 대상의 특성은 오로지 그것이 지 각된 바대로만 존재하는 것이었다.

이런 생각들은 마음의 연구에 대한 경험적 접근법, 즉 감각에 대한 관 찰과 특히 지각, 학습, 사고 및 기억에 대한 이해를 강조하는 접근법을 촉 발하였다. 이 연구는 David Hume, David Hartley, James Mill, John Stuart Mill(1806~1873)을 포함한 위대한 계보의 영국 철학자들의 생각을 이끄는 길잡이가 되었다. J. S. Mill은 1843년도 저서 『논리학(A System of Logic)』에서 경험과학으로서의 심리학을 위한 시대가 왔다고 주장하였다. 이 책은 그로

부터 약 35년 뒤 Wundt가 경험론을 넘어서 더 밀고 나아가 실험과학으로서의 심리학을 추구하기로 결정하는 데 중요한 자극이 되었다.

스코틀랜드 실재론

스코틀랜드 출신 성직자 Thomas Reid(1710~1796)는 일반적으로 스코틀랜드 실재론(Scottish realism)의 창시자로 인식된다. 이것은 '상식 철학'이라고도 불리는 인간 마음에 관한 철학이다. Reid는 세계 속의 대상과 사건들에 대한 직접적인 지식의 현실성을 부정하는 영국 경험론의 관점에 동의하지 않았다. 그는 다음과 같이 썼다.

> 그러므로 우리가 외부의 감각 대상에 대한 지각이라고 부르는 저 마음의 작용을 유심히 살펴보면 그 속에서 세 가지를 발견할 수 있다. 첫째, 지각된 대상에 대한 관념 혹은 이해, 둘째, 그것이 현재 존재한다는 강력하고 저항할 수 없는 확신과 신념, 그리고 셋째, 이 확신과 신념이 즉각적인 것이며 추리의 결과가 아니라는 것이다(Reid, 1785, 16쪽).

Reid는 오감(五感)을 탐구하는 일련의 책을 저술하였다. 이 책들은 세계에 대한 지식을 얻는 데 감각이 어떻게 사용되는지를 상당히 자세하게 기술하고 있다. 그중 두 권은 마음을 그것의 여러 개별 능력들의 측면에서 기술하였다. 마음에 대한 이런 분류법은 점점 인기를 얻어서 스코틀랜드 능력심리학(Scottish faculty psychology)이라는 용어가 생겨났고, 희한하게도 골상학의 타당성을 지지하게 되었다. Reid의 개념은 이후 반 세기 동안 다른 스코틀랜드 학자들, 특히 Dugald Stewart에 의해 더욱 발전되었다. 이런 개념들이 1700년대 말과 1800년대 초 미국과 캐나다로 향했던 스코틀랜드 이민자들을 통해 대서양을 건너가서 Locke와 Berkeley의 철학을 대체하였다. 그리하여 1820년대 즈음에는 스코틀랜드 철학이 북미의 대학교 강의실을 지배하게 되었다(Evans, 1984).

감각에 대한 더 깊은 믿음과 외부 세계를 감각을 통해 직접 알 수 있다는 확신 때문에 스코틀랜드 철학자들은 관찰을 신뢰했다. 스코틀랜드 철학자 James McCosh(1886)는 이를 다음과 같이 기술하였다. "[심리학에서 관찰을 사용함으로써] 우리는 마음이 작동하고 있을 때 그 마음을 의식하고 그것의 다양한 상태를 기록한다. … 우리는 또한 실험을 이용하는데, 그것은 자연의 요인들을 새로운 상황에 인위적으로 놓이게 하여 우리가 그것들의 작용을 더 직접적으로 지각할 수 있게 하는 관찰의 한 양식이다"(2쪽). 나아가서 오랫동안 알고 있었던 한 가지 문제는, 경험과학으로서의 심리학에서 관찰하는 주체와 관찰되는 객체가 동일하다는 것, 즉 마음이라는 것이었다. 이는 심리학이 타당한 과학이 될 가능성을 의심스럽게 하는 문제였다. McCosh(1886)는 "심리학에서 우리는 자기의식(Self-Consciousness)을 통해 관찰을 한다. 자기의식이라는 힘을 통해 우리는 자신을 행위하는 주체로, 말하자면, 생각하거나 느끼는 것으로, 과거를 기억하거나 미래를 내다보는 것으로, 사랑하고 두려워하고 결정하는 것으로 인지한다"(2쪽)라고 썼다. 이러한 인식이 20세기 초 미국의 심리학에 일어났던, 연구방법으로서의 내성법에 관한 논쟁에 한몫을 하게 되었다. 이에 관해서는 제5장과 제8장에서 다룰 것이다.

미국의 정신철학자들

미국 대학교에서 스코틀랜드 사상이 우세하게 된 것은 새로운 학습 도구, 즉 교과서의 출현과 시간적으로 일치했다. 고등교육은 항상 예컨대 Locke나 Hume의 저서 같은 원전을 읽는 것이었다. 그런데 이제는 여러 학자들의 생각을 합성하고 통합하여 종합적인 교과서를 쓰는 저자들이 생겨났다. 일반적으로 최초로 미국 심리학 교과서를 집필했다고 여겨지는 사람은 보든대학의 정신철학 및 윤리철학 교수인 Thomas Upham(1799~1872)이다. 그는 1827년에 『주지철학 요강(*Elements of Intellectual Philosophy*)』을 출간했고, 1831년에는 이를 두 권으로 확장하여 『정신철학 요강(*Elements of Mental*

Philosophy)』으로 만들었다. 19세기 중반에는 다른 저자들도 정신철학 교과서를 썼다. 예컨대 뉴욕 제네바여자신학대학의 Elizabeth Ricord는 1840년에 『사고와 감정에 적용된 심리철학 요강(*Elements of the Philosophy of Mind Applied to the Development of Thought and Feeling)*』(Scarborough, 1992)을 썼고, 노바스코티아 달하우지대학교의 철학 교수 William Lyall은 1855년에 『지성, 감정 및 덕성(*Intellect, the Emotions, and the Moral Nature)*』(Page & Clark, 1982)이라는 교과서를 썼다. 그러나 Upham의 것만큼 성공한 책은 없었는데, 그는 새로운 실험심리학의 모습과 이 새 분야의 교과서들이 잘 반영되도록 여러 주제를 서술하였다(예 : Ladd, 1887; James, 1890). 그의 교과서는 50년 이상 널리 사용되었다.

　Upham은 정신철학을 세 영역, 즉 지성, 감성 및 의지로 나누었는데, 이는 스코틀랜드 능력심리학의 영향이 반영된 것이었다. 그의 두 권짜리 책 중 첫 권은 지성에 관한 것으로서 감각, 주의, 꿈, 의식, 학습, 기억, 추론 및 상상력 같은 주제로 이루어져 있었다. 둘째 권은 감성(정서, 욕망, 윤리적 감수성, 그리고 비정상적 행위와 느낌)과 의지에 대한 내용을 담고 있었다(Upham, 1831). 이러한 장들의 내용은 정신철학자들의 경험적 연구 결과를 보여 주는 것이었으며 새로운 실험심리학의 바탕이 되었던 것으로 밝혀졌다. 심리학사가인 Alfred Fuchs(2000)는 "실험심리학자들은 자기네가 철학적인 학문을 과학으로 바꾸어 놓고 있다고 생각했지만, 더 정확하게 말하자면 그들은 이미 경험적, 연역적 과학이라고 정의되었던 학문에 실험실 연구 절차를 더한 것이었다고 할 수 있다"(9쪽)라고 쓴 바 있다.

신심리학이라는 새로운 과학을 위한 분투

1880년대에 독일의 심리학 실험실에서 공부를 한 최초의 미국인들이 고향으로 돌아와서 미국 땅에 새로운 실험과학을 성립시키려고 했을 때는 많은 장애물에 부딪혀야 했다. 그들은 심리학이 자연과학이 될 수 있고 그래야만 한

Courtesy of Bowdoin College Archives, Brunswick, Maine

그림 1.4 정신철학 교수였던 Thomas Upham

다고 믿었으며 그런 인정을 받기 위해 일했다. 그러나 당시 미국에 존재하던 심리학은 문제가 많은 것으로 간주되었다. 이미 대중이 수용하고 있던 심리학은 독심술, 손금 보기, 유령 불러내기, 두개골의 올록볼록한 부위 탐지하기 같은 초자연적 사건에 기초한 것이었다. 뿐만 아니라 대학교라는 환경에서 심리학을 규정하고 있었던 정신철학이라는 학문 분야도 있었다. 심리학자들은 정신철학을 타당한 심리학으로 받아들이지 않았는데, 왜냐하면 그것이 과거에 형이상학과 연관되어 있었기 때문이고 또한 그것의 지식 토대가 실험실에서 생겨난 게 아니었기 때문이다.

이러한 철학과의 갈등은 심리학이 20세기에 발전하면서, 특히 행동주의의 부상과 함께, 심리학 내에서 일었던 논쟁 중 많은 것에 영향을 주었다. 20세기는 심리학이 마음을 잃어버리게 된 때[4]라고 묘사된 바 있는데, 이것이 제8장의 주제이다.

---

4 원문은 "…a time when psychology lost its mind…"인데, 심리학이 미쳤다는 뜻도 된다. 물론 저자는 이를 중의적으로 쓰고 있다. 마음을 연구하려고 했던 심리학이 특히 행동주의가 득세하면서 마음의 연구를 (미국에서는 적어도 일정 기간) 포기하고 행동만을 연구했다는 것은 심리학이 마음을 잃은 것, 즉 실성한 것이었다는 의미가 될 수 있다.

02

생리학, 정신물리학, 그리고 마음 과학

스페인 마드리드의 프라도 박물관에 있는 작은 그림 하나는 외과의사가 메스를 들고서 의자에 앉은 사람의 머리에서 무언가를 제거하는 장면을 보여 주고 있다. 네덜란드 화가 Hieronymus Bosch가 그린 이 그림의 연대는 1490년이나 그 이후로 추정된다. 제목은 '광기의 돌을 뽑아내기(The Extraction of the Stone of Madness)'이다. 이 그림은 보통 어리석음이나 우둔함에 대한 풍자로 해석되며, 실제로 또 다른 제목은 '어리석음의 치료'이다. 역사학자들은 Bosch의 뇌수술을 어떻게 '광기의 돌'을 제거함으로써 어리석음이 치료될 수 있는지를 보여 주는 허구적인 사건으로 본다. 하지만 드물기는 해도 Bosch의 시대에도 뇌수술이 존재했다. 실제로 고고학적 증거는 관거술(管鋸術, trephining)이라는 그와 같은 수술이 8,000년 전보다 더 이전에 행해졌음을 보여 준다. 즉 석기시대 말기의 인간은 아마도 악령이라 생각되는 것을 쫓아내려고, 혹은 두통이나 기이한 행동에 대한 치료로, 혹은 어쩌면 처벌의 목적으로 살아 있는 사람의 두개골에 구멍을 뚫었던 모양이다.

뇌가 중요한 기관이라는 자각은 인류 역사상 몇백만 년을 거슬러 올라가는 생각이다. 초기 인류가 머리 부상이 장애나 죽음의 원인이 될 수 있음을

The Gallery Collection/Corbis

그림 2.1 1490년경 Hieronymus Bosch가 그린 작품 '광기의 돌을 뽑아내기'

알았으며 동물 사냥감뿐만 아니라 다른 인간에게도 종종 그런 부상을 의도적으로 입혔다는 인류학적 증거가 있다. 더 최근의 인류 역사로 와서는, 뇌가 지능의 기관임을 인식한 공을 히포크라테스(기원전 460~379)에게 돌릴 수 있다. 뇌와 감각기관(특히 눈)에 대한 해부학 논문(해부를 토대로 한 도해가 실린)은 2,500년 이상 되었다.

르네상스 시대는 뇌 해부학의 진보가 특히 뚜렷했던 때이다. 레오나르도 다빈치(1452~1519)는 300명 이상(대부분 처형된 범죄자들이었음)의 사체를 해부하였고 1,500개 이상의 자세한 뇌 그림을 그렸다. Finger(2000)는 그가 "인간의 몸과 그 부분들에 대해서 이전에는 볼 수 없었던 정확성을 보여주었다"(58쪽)고 지적하였다. 애석하게도 그는 그 그림들을 출간하지 않아서 그것을 본 사람이 별로 없었다. 자신의 그림을 실제로 출간했던 사람은 Andreas Vesalius(1514~1564)인데, 그는 신경해부학에 중요한 발전을 가져왔고 인간의 뇌를 "그 어느 때보다 더 현실적으로 말과 그림으로"(68쪽) 묘사하였다. 르네상스 시대의 중요한 사건에는 뇌척수액의 발견, 겉질(피질, cortex)[1]에서 백색질(백질, white matter)과 회색질(회백질, gray matter) 간의 구분, 많은 뇌 영역의 명명[다리뇌(뇌교, pons)나 해마(hippocampus) 같은], 그리고 망막에 상이 거꾸로 비친다는 발견이 포함된다(Finger, 1994).

17세기 신경해부학과 신경생리학에서 결정적인 발명은 현미경이었다. 대상을 확대하는 렌즈를 개발한 발명가들은 그 이전에도 있었지만 뉴런을 볼 만큼 충분한 배율의 렌즈를 만든 사람은 네덜란드의 Anton van Leeuwenhoek(1632~1723)였다. 실제로 van Leeuwenhoek은 자신의 현미경으로 연구하고 있던 연못 물 샘플에서 '보이지 않는' 단세포 유기체의 세계를 최초로 본 사람이었다. 그런 발견이 얼마나 큰 흥분을 일으켰을지는 상상이 가능하다. 그는 또한 현미경을 사용하여 눈의 조직들, 특히 망막을 연구했다. 그의 글을 보면 시각을 위한 광수용기, 즉 원뿔세포(추상체, cone)와 막대세포(간상체, rod)를 최초로 본 사람이 그였다는 것이 가능한 이야기이다(Finger, 1994). 뇌 해부학에 대한 지식은 현미경의 사용에 의해, 그리고 더 나은 해부 및 보존 기술에 의해 향상되고 있었던 반면에 뇌 기능, 즉 신경생리학은 또 다른 문제였다. 뇌와 신경계의 다양한 영역의 기능을 상당히 잘 이해하게 되기까지는 19세기의 기술적 발전을 기다려야 했다.

당연하게도 이런 초기의 신경학적 연구 대부분은 의료계에 영향을 미쳤다. 그러나 뇌와 신경계를 연구해야 할 다른 이유들도 있었다. 마음의 본질에 관한 철학적 추측은 해부학자와 생리학자가 뇌, 척수 및 감각에 대해 더 많은 관심을 갖도록 이끌었다. 이 책에서 우리는 19세기 초에 이미 진행되고

---

1 이 책에서는 한글화된 해부학 용어를 쓰기로 한다. 따라서 처음 나오는 한글 해부학 용어에는 괄호 속에 한자 용어와 영어를 병기할 것이다.

있었던 그 과정을 따라가 볼 것이다. 먼저 뇌와 신경계에 관한 연구를 살펴보고 나서, 여러 가지 감각에 대해 진행된 연구를 이야기할 것이다. 마지막으로, 이 장의 마지막 절에서는 19세기에 발달한 정신물리학이라는 분야에 대해 이야기할 것이다. 이 분야는 물리적 세계의 사건과 그것에 대한 심리적 지각 사이의 관계를 측정하고자 했던 학문이다. 신경생리학, 감각생리학, 그리고 정신물리학 분야의 이 모든 연구가 19세기 말에 등장한 심리학이라는 새로운 과학의 결정적인 구성 요소였음이 밝혀졌다.

뇌와 신경계

오늘날 신경과학자들은 뇌와 행동의 관계를 관찰할 수 있게 해 주는 여러 기법을 마음대로 사용할 수 있다. 그중 가장 세련된 것 하나는 fMRI, 즉 기능성 자기공명영상기(functional magnetic resonance imager)이다. 이것은 의식이 있는 인간 피험자의 온전하게 기능하고 있는 뇌에서 혈류의 변화나 다른 대사의 변화를 영상으로 보여 주는 장치이다. 이를 통해 현재 진행 중인 정신적 활동을 뇌의 활동과 비교할 수 있다. 예컨대 피험자가 머릿속으로 산수 문제를 푼다거나 미리 암기했던 목록에 있는 단어를 나열하여 말하는 동안 뇌의 활동을 보여 주는 영상을 기록한다. 이 기법 및 기타 기법들은 뇌와 신경계의 활동 및 기능에 대한 우리의 지식에 상당히 많은 것을 더해 주고 있다. 그러나 여전히, 더 많은 것을 알게 될수록 우리는 인체의 가장 복잡한 이 체계에 대해 우리가 아는 것이 얼마나 적은지를 점점 더 깨닫게 된다. 뇌과학이 발전해 온 만큼, 그리고 우리가 많이 알게 된 만큼 앞으로도 갈 길이 멀다.

19세기 초에는 심리과학에 중요할 여러 가지 핵심적인 물음이 신경생리학에 있었다. 한 가지는 뇌의 다양한 영역에 관한 것이었다. 조직 구조, 짜임새 및 밀도(그리고 이후에 발견된 세포 구성)의 차이에 따라 구분되는 서로 다른 뇌 영역이 있음을 신경해부학자들이 분명하게 보여 준 터였다. 이 다른 영역들이 다른 기능을 수행할까 아니면 뇌의 기능이 비특수적(nonspecific)이어서 겉질 전반에 퍼져 있을까? 이는 기능의 겉질 국재화(cortical localization)에 관한 물음이었다. 또 다른 질문은 신경의 특수성(specificity of nerves)에 관한 것이었다. 특정 신경이 한 가지 종류의 정보만을 전달할까 아니면 모든 종류의 정보를 전달할까? 신경에 관해서는 학자들이 정보가 신경계에서 어떻게 전달되는지, 그리고 특히 이 정보가 얼마나 빨리 흘러가는지에도 관심이 있었다. 이는 신경 전도의 속도(speed of nerve conduction)에 관한 물음이다. 겉질 국재화부터 시작하여 이 세 가지 분야를 살펴보자.

겉질 국재화

겉질 국재화 이론은 기본적으로 19세기에 생겨난 것이었는데, 그 최초의 그리고 가장 강경한 지지자는 앞 장에서 살펴본 저명한 해부학자이자 골상학의 창시자 Franz Josef Gall이었다. Gall은 골상학[이를 그는 두개골 진단법(crainoscopy)이라 불렀다]에 관한 자신의 생각을 거의 50세가 다 되었던 1800년대 초기에 출간하였다. 그때 이미 그는 뇌신경, 뇌줄기(뇌간, brainstem)의 해부학, 겉질의 백색질과 회색질의 신경 기능의 분화에 관한 업적 때문에 잘 알려져 있었다. Gall은 골상학에 관한 자신의 생각이 9세 때 언어 기억이 뛰어난 같은 반 친구가 툭 튀어나온 눈을 하고 있음을 알아차렸을 때 처음 시사되었다고 수상했다. 그는 다른 사람들에게서도 이 특징을 관찰하고는 매번 튀어나온 눈과 뛰어난 언어 기억 간의 관계를 주목했다. 결국 그는 이런 사람들에게서는 뇌에서 이마엽(전두엽, frontal lobe)이 과도하게 성장했고 따라서 눈이 튀어나오게 되었다고 가정하였다. 해부학자로서 일하면서 그는 머리 부상을 입은 결과로 특정한 성격 변화나 지적 결손을 나타내게 된 사람들의 임상 사례를 많이 접할 기회가 있었다. 이러한 임상 관찰은 두개골의 돌출부와 관련된 발견에 유용하긴 했지만 여전히 부차적인 것이었다. Gall의 골상학 체계는 대뇌 겉질에 존재하는 27개의 상이한 능력을 찾아냈다.

약 10년 동안 의료계는 골상학적 개념을 받아들였다. 기능의 특수성을 보여 주는 신경에 관한 연구들이 이미 존재하고 있었고, 따라서 겉질 역시 그와 같은 특수성을 보일 수도 있다는 것이 이치에 맞았다. 게다가 뇌에 관한 신경해부학적 연구(일부는 Gall 자신이 한)는 겉질 전체에 걸쳐 분명한 해부학적 차이를 보여 주었다. 그러므로 기능도 당연히 차이가 있지 않을까?! 그러나 1830년대가 되어서는 북미와 유럽의 의학계와 과학계가 골상학의 타당성을 부정해 버렸다. 여기서 가장 큰 역할을 한 사람은 골상학자들의 주장을 검증하고자 나섰던 프랑스의 신경생리학자 Pierre Flourens(1794~1867)였다. Gall은 인간에게서 찾을 수 있는 27개의 기능 중 19개는 동물에게서도 찾을 수 있다고 주장한 바 있었다. 동물을 사용해서 Flourens는 골상학자들이 특정 행동을 담당하고 있다고 주장했던 겉질 영역에서 뇌 조직을 제거하였다. 예를 들면, Gall은 소뇌가 성 행동을 통제하는 뇌 영역이라고 주장했다. 그런데 Flourens가 소뇌에 손상을 가하자 성 행동의 변화가 아니라 운동 행동의 결손이 관찰되었다. 나아가 겉질과 소뇌에 점점 더 큰 손상을 가하자 서로 다른 많은 행동에 걸쳐서 기능의 손상이 나타났다. 이 발견 때문에 그는 행동 통제가 특정 영역에 국재화되어 있지 않고 뇌 전반에 걸쳐서 넓게 퍼져 있다는 잘못된 결론을 내리게 되었다(Fancher & Rutherford, 2012). 과학계 내에서는 Flourens 및 다른 학자들의 연구가 골상학(과학으로서)의 그릇된 주장을 아예 꽉 틀어막아 버렸다. 더욱이 Flourens의 연구는 기능의 겉질 국재화 이론도 또한 종결시킨 것처럼 보일지도 모른다. 그러나 이야기는 거기서 끝나지 않는다. Flourens와 같은 프랑스인 여러 명이 그의 입장에 동의하지 않았고 결국에는 그런 뇌의 국재화를 입증하는 증거를 제시하게 되었다.

1825년에 이미 Jean-Baptiste Bouillaud(1796~1881)는 언어를 담당하는 겉질의 앞쪽 부분을 강조하면서 뇌에서 기능의 국재화에 대한 주장을 내놓았다. Bouillaud의 사위인 Simon Ernest Aubertin(1825~1893)은 1800년대

그림 2.2 Paul Broca

중반 겉질 국재화의 가장 '열렬한' 지지자로 꼽혔으며, 그 역시 언어 중추가
유사하게 뇌의 앞부분에 있다고 믿었다(Finger, 2000). 1861년에 열린 파리
인류학회 학술대회에서 Aubertin은 언어 중추가 있다고 강력하게 주장하면
서 자신의 임상 연구가 그것을 지지하며 여러 명의 언어 손상 환자들의 부검
결과가 나오면 그 증거가 더욱 굳어질 것이라고 지적하였다(Thomas, 2007).
그 학회에 참석한 사람 중에 프랑스의 신경생리학자로서 파리의 비세트르
병원에서 일하던 외과의사 Paul Broca(1824~1880)가 있었다. 1861년 4월,
Broca는 조직 염증이 확산되는 증상이 나타나는 연조직염이라는 피부 질환
으로 수술을 받으러 온 환자를 접했다. Broca는 그 남자가 "탄"이라는 똑같
은 음절을 반복하는 것 말고는 말을 할 수 없음을 발견했다. 이 환자가 듣는
말은 모두 이해할 수 있지만 어떤 말도 생성해 낼 수 없으며, 이 상태가 그에
게 20년 이상 지속되었음을 Broca는 알게 되었다. 게다가 10년 전에 그는 오
른쪽 팔과 다리에 서서히 마비가 왔으며 7년 전부터는 침대에 누워 있기만
했다. Leborgne라는 이 환자는 Broca가 처음 본 지 며칠 뒤에 사망했다(이 유

명한 환자의 삶에 대해서 알고 싶다면 Domanski, 2013을 보라). Broca는 즉각적으로 부검을 하여 그 환자의 뇌를 검사하였다. 그는 오른쪽 마비 때문에 뇌의 왼쪽이 손상되었을 것이라고 예상했다. 당시 뇌의 한쪽 편의 부상이 몸의 반대편 마비와 연결된 여러 임상 사례들로 인해 반대편 투사는 이미 알려져 있었다.

Broca가 발견한 것은 왼쪽 이마엽의 겉질에 난 구멍이었다. 이 조직이 20년 전 혈액 공급이 결핍되어 죽었고 그 결과로 언어 손상이 나타났음에 틀림없었다. 20년이라는 기간 동안 그 조직은 용해되어 뇌척수액을 통해 빠져나갔다. 신체 마비는 왼쪽 뇌의 또 다른 부위의 손상으로 인한 것이었다. Broca는 이마엽의 이 영역이 언어에 중요하다고 추리했다. 그는 다음 번 인류학회 학술대회에서 자신의 연구 결과를 발표하면서 이 사례가 Bouillaud와 Aubertin의 국재화 개념을 지지한다고 인정했다.

그래도 여전히 Broca는 언어 중추의 위치에 대한 자신의 가설을 지지할 증거가 더 필요하다고 느꼈다. 그 후 몇 년에 걸쳐 그는 열 건이 넘는 임상 사례를 더 모았고, 그 모든 사례에서 동일한 이마엽 영역에 손상이 있음을, 그리고 이는 거의 모든 경우에 왼쪽 반구의 겉질에서 일어났음을 보여 주었다(Finger, 2000; Schiller, 1992). 오늘날 뇌의 이 부위는 브로카 영역(Broca's area)이라고 불리며, 언어의 이해(수용성 실어증)가 아니라 언어의 산출(표현성 실어증)과 관련된 것으로 알려져 있다. 언어의 이해는 베르니케 영역(Wernicke's area)이라는 왼쪽 관자-마루겉질(측두-두정피질, temporal-parietal cortex)에서 담당한다. 나중에 뇌의 전기적 자극을 비롯한 19세기의 연구는 Flourens가 했던 수술의 문제점을 보여 주고 국재화 이론을 설득력 있게 지지하게 되었다.

이런 연구 중 가장 먼저 이루어진 것은 1870년 독일의 두 신경생리학자 Edward Hitzig와 Eduard Fritsch에 의한 것이다. 신경에 대한 전기자극 연구는 1790년대에 벌써 수행되었고, 신경 충동의 본질이 전기라는 사실은 19

세기 초에 적어도 약간은 알려져 있었다. 개의 겉질을 노출시킨 상태에서 Hitzig와 Fritsch는 매우 약한 전류를 흘려서 겉질 표면의 다양한 지점을 자극했다. 그 결과는 자극으로 인해 여러 가지 수의적 운동이 일어남을 보여 주었다. 한 영역의 자극은 앞다리의 움직임을, 다른 영역의 자극은 뒷다리의 움직임을 일으켰다. 또 다른 자극은 얼굴의 움직임을 일으켰다. 이러한 움직임들은 전극을 특정 겉질 영역에 넣을 때마다 확실하게 다시 발생했다. 겉질에서의 수의적 운동 특수성(voluntary motor specificity)을 보여 주는 이런 결과는 겉질 국재화에 대한 믿음을 지지하는 Broca의 자료에 상당히 많은 것을 보태 주었다(Brazier, 1961; Finger, 2000).

Hitzig가 살아 있는 사람의 뇌를 전기적으로 자극한 최초의 사람일 수도 있다는 증거가 어느 정도 있지만, 이 주장은 논란이 되고 있다(Thomas & Young, 1993). 더 잘 알려진 것은 미국의 의사 Roberts Bartholow의 연구인데, 그는 1874년에 한 여성 환자의 한쪽 뇌에 전류를 흘려서 자극한 쪽과는 반대쪽의 팔과 다리가 움직임을 보고하였다(Bartholow, 1874; Harris & Almerigi, 2009). 그러고는 1876년에 스코틀랜드의 신경학자 David Ferrier가 『뇌의 기능(The Functions of the Brain)』이라는 책을 출간했는데, 이는 여러 종의 동물, 특히 원숭이에 관한 수년에 걸친 집중적인 연구를 토대로 쓴 것이었다. Ferrier는 수술 기법과 자극 기법이 탁월했으며, 뇌의 감각 및 운동 기능에 대한 지도를 만드는 데 있어서 전에 없던 수준의 세밀함을 보여 주었다(Finger, 2000). 따라서 Broca가 Leborgne의 뇌에 관한 연구를 발표한 뒤 15년이 약간 더 지나서 기능의 겉질 국재화에 관한 증거가 확실하게 되었다. 이런 발견들은 그 이전에 신경계의 다른 영역들에서 발견되었던 기능 특수성과 관련된 결과도 보충해 주는 것이었다.

신경의 특수성

다양한 뇌 영역에 따라 기능의 특수성이 있다는 점에 동반되어 신경에도 또한 특수성이 있다는 사실이 알려졌다. 1811년 스코틀랜드의 해부학자 Charles Bell은 개인적으로 소책자를 출간했다. 이 책에서 그는 척수가 두 종류의 신경, 즉 등쪽(배측, dorsal) 부분에 있는 감각신경과 배쪽(복측, ventral) 부분에 있는 운동신경으로 구성된다고 기술했다. 11년 뒤 프랑스의 생리학자 Francois Magendie는 프랑스 과학 학술지에 비슷한 발견을 게재하여 자신의 발견이라고 주장했다. 이 선언은 Bell과 그의 지지자들을 화나게 하였으며 이들은 Bell에게 우선권이 있다고 주장하였다. Magendie는 자신은 결코 Bell의 소책자를 읽은 적이 없다고 응답했는데, 그 책자가 소수만 출간되어 사적으로 배포된 것을 감안할 때 그의 주장은 아마도 사실이었을 것이다. 두 과학자 사이에 분쟁은 해결되지 않았으나 시간이 가면서 이 척수 기능의 특수성이 Bell-Magendie 법칙이라고 명명되면서 논란은 어느 정도 사그라졌다. 이 법칙은 감각수용기로부터 뇌로 가는 구심성 정보는 척수의 등쪽 부분으로 전달되고, 뇌에서 운동실행기로 가는 원심성 정보는 척수의 배쪽 부분으로 전달된다는 것이다. 감각 기능과 운동 기능을 위한 신경 체계가 따로 있다는 이 발견은 신경생리학의 많은 분야에서, 그리고 훨씬 나중에 자극-반응 실험에 기반한 과학적 심리학에서 중요한 것으로 밝혀지게 된다.

독일의 생리학자 Johannes Müller(1801~1858)는 오늘날 특수 신경 에너지 법칙(law of specific nerve energies)의 발견으로 유명하다. 1826년에 발표된 이 법칙은 각각의 감각신경이 어떤 방식으로 자극되는가와는 상관없이 한 종류의 감각 정보만을 전달한다는 것이다. Müller는 두 가지 종류의 외부 자극에 의해 같은 감각이 만들어질 수 있다는 사실에 주목했다. 즉 어떤 사람의 눈을 빛으로 자극해도 또는 그의 눈에 물리적 압력을 가해도 그는 "무언가 보인다"고 말한다. 두 경우 모두 시각신경이 자극되었고 그 결과로 나타나는 효과는 시각 경험이다. 나아가서 시각신경은 시각 정보만을 전달하고, 청각신경은 청각 정보만을 전달하고 하는 식이다. Müller의 말을 빌리자면 "각 감각의 신경은 확정적인 한 종류의 감각만 일으킬 수 있으며 다른 감각기관에 고유한 감각은 가능하지 않은 것으로 보인다. 따라서 한 감각신경이 또 다른 감각신경의 기능을 대신해서 수행할 수는 없다"(Müller, 1848, 1073쪽).

사실 감각신경 특수성이라는 개념을 처음 제안한 사람은 Müller가 아니다. Bell이 1811년에 유사한 주장을 했다(Boring, 1942). 하지만 뇌의 기능적 조직화의 특수성을 보어 주는 추가적인 증거를 제시함으로써 감각신경 특수성이라는 개념을 널리 퍼뜨린 것은 Müller의 연구였다.

겉질 국재화와 신경 특수성에 관한 발견이 골상학의 과학적 타당성을 지지하는 증거로 추가되었다고 생각될지도 모르겠다. 뇌의 특정 영역에 특수한 기능이 있다는 점에 대해서는 골상학자들이 옳았다. 하지만 그들은 어떤 영역이 무엇을 하는지에 대해서는 틀렸고, 두개골의 표면을 통해 뇌의 성장 정도를 측정할 수 있다는 데 대해서도 틀렸다. 이런 신경생리학 연구들 때문에 골상학자들은 자기네 분야의 정확함을 더 열렬히 믿게 된 반면에 1830년대에 골상학을 거부했던 과학계의 마음을 되돌려놓기 위해서 한 것은 아무것도 없었다.

신경 전도의 속도

과학적 심리학의 시작에 상당한 중요성을 가지게 될 19세기 신경생리학의 또 다른 발견이 있는데, 그것은 바로 "정보는 신경에 의해 얼마나 빨리 전도되는가?"라는 질문에 대한 답이다. Johannes Müller의 저술 중에 이 문제를 언급한 것이 있는데, 그는 전달이 아마도 빛의 속도만큼 빠르게 순간적으로 일어날 것이고 따라서 그 속도를 측정해 볼 이유가 없다고 주장했다. 1840년 Müller는 "우리는 신경 활동의 속도를 측정할 수 있는 힘을 아마도 절대로 얻지 못할 것이다. 왜냐하면 빛의 경우에서처럼 신경 활동이 광대한 공간 속으로 퍼져 나가는 것을 측정해 볼 기회가 없기 때문이다"(Finger & Wade, 2000a, 150쪽에 인용됨)라고 썼다. 이런 생각에 동의하지 않은 한 과학자가 Müller의 제자 중 한 사람인 Hermann von Helmholtz(1821~1894)였다.

분명히 Helmholtz는 전 시대를 통틀어 가장 똑똑한 과학자 중 한 사람이다. 적어도 다양한 분야에 그가 기여한 바를 가지고 판단할 경우에는 그렇다. 그는 의학을 전공했지만 그의 관심은 다른 많은 방향으로 그를 이끌었다. 광학에서 그의 기여도는 대단했다. 발명가로서 그는 망막을 관찰하는 수단으로 검안경을 만들었는데, 이것은 오늘날에도 눈 검사에 여전히 사용되는 장치이다. 그는 또한 눈의 곡률을 측정하기 위한 장치인 각막계도 발명했다. 당시에 존재했던 장치보다 더 작은 단위로 시간을 잴 수 있는 스톱워치도 고안했다. 그는 시각과 청각 연구에 많은 과학적 기여를 했는데, 여기에는 색채 시각 이론과 음높이 지각 이론(이에 대해서는 곧 살펴볼 것이다)의 개발이 포함된다. 그는 물리학의 에너지 보존 법칙의 창시자 중 한 사람이다. 그는 음악 이론에도 기여했고, 새로운 기하학을 발전시켰으며, 언어 합성도 연구했고, 기상학에서도 중요한 연구를 했으며, Alexander Graham Bell의 연구에 앞서서 작동 가능한 전화기의 설계도를 그렸다(하지만 만들지는 않았다)(Cahan, 1993).

Helmholtz는 베를린대학교에서 의학을 공부했는데, 앞서 언급했듯이 Müller가 그의 은사 중 한 사람이었다. 1849년 그는 쾨니히스베르크대학교의 교수가 되어 신경 전도에 관한 연구를 시작하였다. 이 연구는 의과대학 친구 중 한 사람인 Émil du Bois-Reymond에게서 자극받은 것이었는데, du Bois-Reymond는 신경 충동이 전기화학적 파동이며 그 전송 시간이 측정 가능할 만큼 느릴지도 모른다고 제안했다. Helmholtz는 이 생각에 호기심이 일어서 그것을 검증하기로 결심했다. 그는 절단한 개구리 다리로 연구를 했는데, 신경의 한쪽 끝을 자극하고 다른 쪽 끝에서 신경충동의 도달(발의 씰룩거림으로 알 수 있는)을 측정하였다. 아마도 단순하게 들리겠지만 이 연구는 복잡한 것이었는데, 특히 아주 짧은 시간 간격을 측정해야 했기 때문이다. 그는 신경충동이 1초에 약 27m를 이동한다는 계산을 하였다. 신경충동이 순간적이지 않음은, 아니 그 근처에 가지도 못함은 확실했다. 그리고 신

그림 2.3 Hermann von Helmholtz의 사후 100년이 되던 1994년에 발행된 독일 우표. 이 그림은 안과학과 색채 시각에 기여한 그의 업적을 강조하고 있다.

경 전도는 분명히 측정이 가능했다(Cahan, 1993; Finger & Wade, 2002a). 그와 같은 측정치들은 반응시간 측정에 토대가 되는 것이었다. 반응시간(reaction time)은 그로부터 30년 뒤 독일에서 Wundt가 세운 초기의 과학적 심리학 실험실에서 주축이 된 측정치 중 하나였다(사실 젊은 연구자 시절 Wundt는 Helmholtz의 실험실에서 일했다). Wundt가 했던 최초의 심리학 연구는 정신 과정의 속도를 측정하는 것이었는데, 이는 신경 전달이 측정 가능한 속도로 일어난다는 사실을 알지 못했더라면 알 수 없는 연구였다.

감각생리학

만약 경험론자들이 옳다면, 즉 모든 지식이 감각을 거쳐 마음으로 들어온다면 마음을 이해하기 위해서는 감각에 관해 알 수 있는 모든 것을 알아야만 한다. 감각은 몇 가지나 있을까? 모든 사람에게 같을까? 인간이 아닌 동물에게서도 같을까? 어떤 자극에 감각이 반응할까? 여러 감각의 다양한 물리적 요소가 하는 역할은 무엇일까? 감각 정보가 신경계에서 어떻게 전달될까? 어떻게 변형될까? 자극의 질, 강도 및 지속시간이 뇌에서 어떻게 해석될까? 어느 신경로가 감각을 뇌와 연결해 줄까? 뇌 속에서 감각 기능에 특수성이 있을까? 만약 있다면 뇌의 어느 영역이 어느 감각에 대응할까? 이런 질문 및 기타 질문들이 19세기 생리학자들을 자극하여 연구를 하게 만들었다. 19세기 말쯤에는 이 질문들 중 대부분에 대해서 답이 적어도 어느 정도는 나와 있었다.

생리학자들은 감각기관을 연구했었기 때문에 그 자극이 무엇인지는 대체로 알려져 있었다. 즉 시각은 빛, 청각은 소리, 맛과 냄새는 화학물질, 촉각은 압력과 온도 차이가 그 자극이었다. 서로 다른 감각을 담당하는 겉질 영역이 확인되었고, 수용기에서 뇌로 가는 경로 중 일부도 역시 밝혀졌다. 최초의 과제 중 하나는 수용기를 찾아내는 일이었다. 수용기(receptor)란 한 가지 형태의 에너지(예컨대 빛)를 뉴런을 통해 전송될 수 있는 전기화학적 에너지로 변화시키는 특수화된 세포로서, 그러한 변환 과정을 전도(transduction)라고 하였다.

망막이 아주 자세하게 기술되었고 1851년에 이르러서는 원뿔세포와 막대세포가 있다는 것이 밝혀졌다. 색채 지각은 망막에서의 위치에 따라 달라진다는 것이 알려졌다. 시력에 관한 연구는 망막의 어떤 부분에 맺힌 상이 다른 부분에 맺힌 상보다 더 좋다는 점을 보여 주었다(그 유명한 스넬른 시력 검사표가 1862년에 발명되었는데, 크기가 다른 글자들이 수평으로 나열되어 있는 이 표는 오늘날에도 여전히 시력 검사에 사용되고 있다). 색채 시각, 깊이 지각, 잔상, 착시, 운동 지각, 명도 대비, 색맹 및 암순응과 명순응에 대한 훌륭한 설명이 나왔다. 청각에서는 전도 과정이 잘 밝혀졌고, 소리의 요소인 주파수, 강도 및 음질에 대해서도 마찬가지였다. 기본적인 맛도 규명되었고 맛봉오리의 구조도 기술되었다. 후각과 촉각에 대해서도 마찬가지로 진보가 있었다. 다시 한 번 말하자면, 이러한 연구가 그렇게나 중요했던 이유는 마음이라는 빈 석판에 무언가를 쓸 때 감각이 하는 역할 때문이었다. 우리는 감각에 관한 이런 연구 중에서 시각과 청각 두 분야를 짧게 살펴볼 것이다. 하나는 색채 지각이고 다른 하나는 음높이 지각이다.

색채 시각

색채 시각에 관한 연구는 1850년 이후 더 활발해졌는데, 그 이유는 어느 정도는 감각생리학의 발전 때문이었고, 또 어느 정도는 광학 기법의 발전 때문이었다. 1852년 Helmholtz는 1801년에 Thomas Young이 처음 제안했던 이론을 부활시켰다. 색채 시각에 대한 **삼원색설**(trichromatic theory) 혹은 Young-Helmholtz 이론이라 이름 붙은 이 이론은 빨간색, 초록색, 파란색 빛에 각각 차별적으로 민감한 세 종류의 신경섬유가 망막에 있다고 제안하였다. 이 세 가지 색깔을 어떻게든 조합하면 스펙트럼상의 모든 색조를 재현할 수 있다는 사실이 알려져 있었다. Helmholtz는 자신의 이론을 Müller의 특수 신경 에너지설의 확장이라고 설명하면서 그 설에서는 한 가지 색에 관한 감각 정보만을 전도하는 세 종류의 신경 섬유가 있는 것이라고 지적했다.

Young-Helmholtz 이론은 색맹과 색채 혼합 같은 많은 색채 현상을 설명할 수 있었던 반면에 색채 잔상, 보색, 흑백(무채색) 지각 혹은 현상학적으로는 노란색이 원색으로 보인다는 점 등은 잘 설명하지 못했다. 대안적인 이론이 나오게 된 것이 놀라운 일은 아니었다.

Ewald Hering(1834~1918)은 1874년에 색채 시각 이론을 제안했는데, 이는 색채 시각의 **대립과정설**(opponent process theory) 혹은 Hering 이론이라고 불린다. 이 이론은 세 가지 색채 수용기가 존재한다고 제안했는데, 이 경우엔 축적되거나(동화 과정) 파괴될(이화 과정) 수 있는 세 가지 다른 화학물질이 망막에 있다는 것이었다. 그 물질 중 하나는 파란색–노란색 지각을, 다른 것은 빨간색–초록색 지각을, 그리고 세 번째 것은 흑백 지각을 담당한다. 이 이론은 노란색을 (빨간색, 파란색, 초록색과 함께) 원색에 포함시키며, 색깔을 보색 쌍들로 묶었다. 따라서 이 이론은 Young-Helmholtz 이론으로 설명할 수 없었던 색채 현상들을 잘 설명했다. 각 이론에 대한 과학적 지지 증거가 쌓여 가면서 사실상 한 세기 동안 이 두 경쟁 이론에 관한 논쟁이 지속되었다. 마침내 1960년대에 이루어진 연구에서 Young-Helmholtz 이론은 망막 수준에서 색채 시각을 설명하는 반면에 대립과정설은 시상의 가쪽무릎핵(외측슬상핵, lateral geniculate nucleus)에서 색채 정보가 처리되는 방식을 더 잘 설명함이 밝혀졌다. 가쪽무릎핵은 눈에서 뇌의 시각 겉질로 가는 경로상의 주요 중개역이다.

음높이 지각

19세기 후반에 소리 주파수의 성질과 관련해서도 비슷한 논쟁이 일어났다. 음의 주파수 차이[심리학적 용어로는 음높이(음고, pitch)가 될 것이다]가 어떤 식으로 지각될까? 결국에는 두 가지 이론이 경쟁을 하게 되었다. 첫 번째는 Helmholtz의 공명 이론(resonance theory)인데 이것은 장소 이론(place theory)으로 더 많이 알려져 있다. Helmholtz는 1863년에 이 이론을 제안했는데, E. G. Boring(1942)은 그것을 "가장 중요한 과학적 성취"(404쪽)라고 불렀다. Helmholtz는 속귀(내이, inner ear) 달팽이관의 기저막에 대한 지식에 근거하여 그 이론을 만들었다. 기저막의 한쪽 끝은 폭이 넓고 반대쪽 끝은 폭이 좁은데, 따라서 Helmholtz는 그 작동이 피아노 건반과 유사하리라고 생각하게 되었다. 그는 서로 다른 주파수가 기저막의 서로 다른 지점에 가장 큰 영향을 줄 것이라고 주장하였다. Helmholtz는 기저막이 (피아노 줄처럼) 일련의 횡행 섬유(transverse fiber)로 이루어졌으며 각 섬유가 개별 주파수에 맞춰져 있다고 믿었다. 뇌는 기저막의 서로 다른 부위에서 전송된 정보로 소리의 주파수가 높은지 낮은지 가려낼 수 있을 것이다(Finger & Wade, 2002b).

기저막으로부터 나오는 신경충동의 발화가 입력되는 소리의 주파수에 상응할 것이라고 주장한 Ernest Rutherford(1861~1937)는 대략 20년 뒤인 1886년에 앞의 이론과는 대립되는 이론, 즉 빈도 이론(frequency theory)이라 불리는 것을 제안하였다. 초당 1,000회 진동하는 음에 대해서는 기저막이 초당 1,000회 진동하는 신경충동의 행렬을 만들 것이고 이것이 뇌로 들어갈 것이다. 청각계의 전기생리학에 관한 새로운 발견과 함께 이 두 이론 모두가 문제가 있는 것으로 밝혀졌고, 따라서 이후의 연구에 의해 수정되었다. 이에 덧붙여, 두 이론 모두가 원래 판에서 수정되긴 하였지만 오늘날에도 여전히 청지각의 주요 측면들을 설명하는 데 유효하다.

　지면 관계상 19세기 후반에 이루어진 감각 과정에 관한 획기적인 연구를 살펴볼 여유가 없다. 연구는 다섯 가지 감각 모두에 관해서뿐만 아니라 그와 관련된 과정들, 예컨대 때로는 시간 감각이라 불리기도 했던 시간 지각 같은 것에 대해서도 이루어졌다. 감각기관의 해부학에 대한 설명이 이루어지고 난 다음에는 그 다양한 구조들(예컨대 홍채, 달팽이관, 고막)의 역할을 보여 주는 생리학적 연구가 진행되었다. 다른 연구는 앞서 시각에 관해 언급한 것과 같은 여러 가지 특별한 주제에 초점을 맞추었다. 생리학자들에 의한 이러한 연구는, 처음엔 생리심리학(physiological psychology)이라 불렸던, 과학적 심리학이라는 새로운 분야에서 심리학자들에 의해 계속되게 된다. 다음 장에서 보겠지만 감각과 지각에 관한 연구는 Wundt의 심리학 실험실의 주축이어서 거기서 첫 20년 동안 출간된 연구의 최소한 50%를 차지했다. 이어지는 여러 장에서 뚜렷해지겠지만, 이런 주제들이 미국 심리학도 역시 지배하게 된다.

정신물리학

독일의 철학자이자 물리학자인 Gustav Fechner(1801~1889)는 1850년 10월 22일 아침 잠자리에서 일어났다. 그날은 화요일이었다. 그날이 특별한 이유는, 그리고 그가 그날을 그렇게 정확히 기억하는 이유는 그가 중요한 것을 깨달았기 때문이다. 그것이 믿을 수 없을 만큼 중요한 통찰이었다고 말한다고 해도 그 중요성을 전달하기엔 부족하다. 그는 사실상 심리학이라는 분야를 창조했다고 말할 수 있는 통찰을 한 것이었다. 그 통찰이 무엇이었을까? [두두두둥 드럼이 울리는 소리가 난 후] Fechner는 물리적 세계와 심리적 세계

간의 관계를 매우 정확하게 측정하는 것이 가능하다는 점을 깨달았던 것이다. 그 것은 심신 관계 문제를 해결하기 위한 시도와 다름없는 일이었다. 아마도 당신은 별로 감명을 받지 않았을 것이다. 계속 더 읽어 보라.

다음 물음에 답해 보자. 납 1파운드와 깃털 1파운드 중 어느 것이 더 무거울까? 아마도 당신은 그 둘의 무게가 같다고 말했을 것이다. 당신은 맞기도 했고 틀리기도 했다. 물리적 관점에서는 당신이 맞을 것이다. 다시 말해서, 저울에 1파운드의 납을 올려놓고 무게를 달고, 그다음에 깃털로 채워진 1파운드짜리 주머니의 무게를 달면 그 둘은 같을 것이다. 즉 그 둘의 물리적 무게는 같다. 그러나 당신이 한 손에 납을 들고 다른 손에 깃털 주머니를 들게 되면 당신은 그 둘의 무게가 아주 다르다는 것을 즉각적으로 알아차릴 것이다. 납이 훨씬 더 무겁게 느껴져서 실제로 많은 사람들이 납이 깃털 주머니보다 두세 배 무겁다고 말한다. 당신이 손에 든 물체에 대한 경험은 심리적 경험이다. 다시 말하면, 두 물체의 무게는 당신의 뇌가 당신에게 말해 주는 무게만큼 무거운데, 당신의 뇌는 (밀도 차이 때문에) 납이 훨씬 더 무겁다고 말해 줄 것이다. 나는 수업 중에 학생들에게 이 시범을 해 본 적이 많은데, 이것은 물리적 세계와 심리적 세계의 차이를 매우 극적으로 보여 준다. 그 둘은 같지 않다. 그 둘이 같다면 독립된 학문 분야로서의 심리학이 필요 없을 것이다.

이 세상에 존재하는 그대로를 우리가 반드시 지각하는 것은 아니다. 예를 들어 당신이 영화를 보러 가면 스크린에 보이는 움직임이 대단히 진짜 같다고 느낄 수 있다. 그러나 당신은 스크린상에서 움직이는 것은 아무것도 없음을 알고 있다. 스크린에 나타나는 것은 1초당 약 24개의 속도로 투사되는 정지된 상들의 연속일 뿐이다. 그러므로 물리적 실재는 개별 상들의 연속이지만, 심리적 실재는 아주 진짜 같아 보이는 움직임이다. 여기서 또 다시, 물리적 세계와 심리적 세계는 같지 않다. 그 둘 사이에는 관련이 있다. 그 둘은 모종의 의미 있고 법칙적인 방식으로 관련되어 있다. 심리학자들은 그 관계를 이해하기 위해 대략 140년간을 노력해 왔다. 이것이 정신물리학이라는 분야가 하려는 것이다. 즉 외부 세계의 자극(물리적 사건)과 그 자극에 대한 사람의 지각 및 경험(심리적 사건) 사이의 관계를 측정하는 것이다.

Ernst Weber의 연구

Ernst Weber(1795~1878)가 정신물리학이라고 불리게 될 분야에서 연구를 시작했을 때는 라이프치히대학교의 생리학 교수였다. 그의 주된 연구 분야는 몸감각 지각, 즉 촉감이었는데, 그는 1834년에 그 분야에서 자신의 최초의 연구를 출간하였다. 그는 감각생리학과 정신물리학에 다수의 중요한 업적을 남겼지만 두 가지 발견으로 인해 심리학에서 중요한 인물이다. 하나는 이점역이고, 다른 하나는 지각된 차이를 구체적으로 기술하는 정신물리학적 관계인데, 이는 오늘날 Weber의 법칙이라고 알려져 있다.

촉감 지각에 대해 Weber가 관심을 가진 것 중에는 피부의 서로 다른 영역의 상대적 민감도에 관한 물음이 있었다. 이 민감도를 검사하기 위해 그는 두 개의 끝점이 있는 컴퍼스(원을 그릴 때 사용되는 종류의)와 유사한 도구를 사용하였다. 두 점 사이의 거리는 거의 붙어 있는 정도부터 몇 센티미터 떨어져 있는 정도까지 다양하게 변할 수 있었다. 일반적으로 피험자의 눈이 가려진 상태에서 실험자가 두 끝점을 피험자의 피부에 대게 되는데, 처음에는 두 점을 서로 아주 가까이 해서 시작한다. 피험자에게 느껴지는 점이 하나인지 아니면 두 개인지를 묻는다. 시행이 반복되면서 컴퍼스의 두 끝점 간의 거리를 조금씩 증가시켜 피험자가 "두 개"라고 대답할 때까지 컴퍼스를 벌린다. 그 거리가 피부의 특정 부위에서 감각 민감도의 이점역(two-point threshold)이다. 이는 즉 피험자가 촉각에서 한 점과 두 점을 확실하게 구별하는 데 필요한 컴퍼스 끝점들 사이의 거리를 의미한다. Weber는 피부가 감각환(sensory circle)들의 모자이크로 구성되며, 각 감각환은 한 개의 촉각 신경에 연결되어 있다고 믿었다. 얼굴 같은 어떤 피부 영역은 감각환이 작은

데, 이는 곧 신경 종말의 밀도가 높아서 민감도가 높다는 것을 의미한다. 다른 피부 영역에서는 감각환이 더 커서 촉각 민감도가 떨어지게 된다.

Weber의 두 번째 업적이면서 틀림없이 더 중요한 업적은 피부에 가해지는 압력의 지각에 관한 연구에서 나왔다. 그는 압력을 측정하기 위해 무게 추를 사용했는데, 눈을 가린 피험자에게 한 개의 추(표준 무게)를 주고 그것을 치워 버린 다음에 두 번째 추(비교 무게)를 주었다. 그러고는 두 번째 추가 더 가벼운지, 더 무거운지, 아니면 무게가 같은지를 물었다. 피험자가 두 개의 자극(이 경우에는 무게)을 확실하게 변별할 수 있는 지점이 차이역 (difference threshold) 또는 최소 가지 차이(just noticeable difference, jnd)라고 불린다. 이 차이는 일정한 값이 아니라 자극의 절대적인 크기에 따라 달라진다. Weber(1834)는 "대상들을 비교하고 그것들 사이의 차이를 관찰함에 있어서 우리는 대상들 간의 차이를 지각하는 것이 아니라 비교되는 대상들의 크기에 대한 이 차이의 비율을 지각한다"(xvi쪽)라고 썼다. 예를 들어 어떤 사람이 100g과 105g을 구별할 수 있다고 가정해 보자. 그렇다면 100g이라는 표준 무게에 대한 jnd는 5g이다. 그러나 200g이라는 표준 무게에 대해서는 그렇지 않을 것이다. jnd는 비율 함수이므로 표준 무게 200g에 대한 jnd는 10g이 될 것이다. Weber의 법칙으로 표현하면 $\Delta S/S = K$인데, 여기서 ΔS는 비교 무게(210g), S는 표준 무게(200g)이고 K는 피험자가 jnd를 느끼기 위해 일어나야만 하는 자극의 증가 혹은 감소를 명시하는 비율(1.05)이다. 그러므로 Weber의 법칙은 피험자가 어떤 자극이 다르다고 느끼기 위해 필요한 변화의 양(예: 더 무겁다, 더 밝다, 더 시끄럽다, 더 달다)을 표현한다. Weber는 다른 감각 양식(예컨대 시각)에도 그런 비율 관계가 적용됨을 알아냈다. 비록 K의 값이 감각 체계와 감각 특성에 따라 달라지기는 하지만 말이다. 이 법칙이 완벽하지는 않아서, 자극 차원의 양쪽 극단에서는 수행을 잘 예측하지 못했다. 하지만 중간 범위에서는 잘 맞았다.

Fechner의 정신물리학

Fechner는 Weber의 연구에 대해 알고 있었지만 앞서 언급한 1850년 10월 그 날의 아침에 통찰을 얻기 전까지는 그 중요성을 이해하지 못했다. jnd는 단순히 양적인 차이만을 나타내는 것이 아니었다. 그뿐 아니라 심리적 차이까지도 나타내는 것이었다! 예를 들어 표준 무게 100g에 대한 jnd가 5g인 반면에 200g에 대한 jnd는 10g이었다. 양적으로 두 jnd가 서로 다르다. 즉 한쪽이 다른 쪽의 두 배의 무게여서 10g 대 5g이다. 그러나 Fechner가 깨달은 것은 심리적으로는 두 경험이 같다는 점이었다. 다시 말해 두 쌍의 무게에서 지각된 차이는 그 사람에게는 동일했다. 이 통찰로 인해 Weber의 법칙은 S = k log R이라는 로그함수로 재공식화되었다. 여기서 S는 자극의 지각이고, k는 자극의 지각된 크기 혹은 강도를 나타내는 상수이며, R은 자극의 실제 물리적 값이다. 이 법칙은 Fechner의 법칙이라고 불리게 되었다. 하지만 어떤 책들은 Weber-Fechner 법칙이라고도 부른다.

Courtesy of Ralf Endres

그림 2.4 Gustav Theodor Fechner의 초상. 1848년에 그의 형제인 Eduard Clemens Fechner가 그린 그림.

Fechner의 통찰은 정신물리학에서 절대역(absolute threshold, 어떤 자극이 감지될 수 있는 최솟값)과 차이역(difference threshold, 두 자극 간의 감지될 수 있는 최소 차이)을 재는 10년간의 연구로 이어졌다. 그는 여러 가지 정신물리학적 연구법(오늘날 심리학에서 여전히 사용되고 있는)을 사용했는데, 그중 하나는 자신이 발명한 평균오류법[method of average error, 조정법(method of adjustment)이라고도 불림]이라는 것으로서 차이역을 측정하는 방법이었다. 절대역을 측정하기 위해 그가 사용한 방법 중 하나는 아래에 기술된 것과 같은 한계법(method of limits)이다(Heidelberger, 2004).

특정한 음이 들리기 위한 최소 강도가 무엇인지를 실험자가 알아내기 위해 어떤 청각 과제를 실시한다고 생각해 보자. 실험자는 특정한 주파수의 소리(예컨대 초당 256회, 이것은 피아노의 중간 '도'음과 같다)를 선택하여 일련의 시행에서 그것을 제시하는데, 처음에는 너무 작아서 들리지 않는 강도에서부터 시작한다. 매 시행마다 강도가 증가되다가 결국 피험자가 "소리가 들려요."라고 말하게 된다. 이것이 오름차순 시행이다. 이제 실험자는 역치를 분명히 넘는 강도의 소리에서부터 시작하여 일련의 시행을 다시 진행할 수 있다. 매 시행마다 강도가 감소하다가 마침내 피험자가 "이제 더 이상 소리가 안 들려요."라고 말하게 된다. 이것이 내림차순 시행이다. 역치 실험에서는 이와 같은 오름차순 시행과 내림차순 시행을 아마도 20회 이상 실시한 다음, 그 모든 일련의 시행들에 걸쳐서 평균한 역치를 가지고 그 사람에게 해당하는 특정 음에 대한 강도의 절대역을 결정한다.

청각 및 기타 감각들과 관련된 언어는 물리적 세계와 심리적 세계가 동일하지 않다는 인식을 반영한다. 심리학자들은 어떤 값이 물리적인 것인지 또는 심리적인 것인지를 나타내기 위해 서로 다른 용어를 사용한다. 예를 들어, 빛은 특정한 파장을 갖고 있지만 파장의 지각은 색조(파장에 대한 사람의 지각을 의미하는 심리적 용어)라고 불린다. 빛의 세기라는 물리적 용어의 심리적 대응물은 밝기(명도)이다. 주파수는 소리의 물리적 파장인 반면에 음높이는 심리적 용어이다. 소리 강도는 물리적인 것이고 시끄러움(loudness)은 심리적인 것이다. 이 모든 것이, 심리적 세계와 물리적 세계가 같지 않다는, 또 이 두 세계 사이의 관계는 법칙적이고 측정 가능하다는 Fechner의 통찰 속에 구현되어 있다.

요약하자면 19세기의 신경생리학, 감각생리학 및 정신물리학은 감각, 지각, 사고, 기억 및 학습에 관한 질문에 답하는 데 필요한 도구를 실험심리학에 제공함으로써 이 새로운 과학을 위한 무대를 마련해 주었다. 뇌 영역은 특정 행동과 연관된 것으로 밝혀졌고, 신경은 특정 기능을 하는 것으로, 그리고 측정 가능한 속도로 메시지를 전도하는 것으로 밝혀졌다. 다섯 가지 감각 모두의 해부학과 기초 생리학 대부분이 밝혀졌다. Fechner의 통찰과 그의 기념비적인 저서 『정신물리학 요강(*Elements of Psychophysics*)』(1860)은 미래의 심리학자가 될 사람들에게 실험 과학으로서의 심리학이 가능하다는 확신을 진정으로 심어 준 분수령이 된 사건이었던 것으로 판명되었다. Wilhelm Wundt, Hermann Ebbinghaus 및 다른 초기 독일 심리학자들은 모두 자신의 연구에서 Fechner의 책이 했던 핵심적인 역할을 인정하였다. 그들의 이야기와 새로운 과학의 탄생이 다음 장의 내용이다.

03

독일, 그리고 새로운 과학의 시작

47세 때 Wilhelm Maximillian Wundt(1832~1920)는 독일의 훌륭한 대학교 중 하나였던 라이프치히대학교에서 철학 교수 자리에 있었다. 의학과 철학을 전공하고 Johannes Müller와 Hermann Helmholtz 밑에서 일했던 Wundt는 심리학적 주제들에 오랜 관심을 가져왔다. 자기 세대의 다른 사람들과 마찬가지로 그는 심리학이 과학이 될 수 있을까라는 질문을 곰곰이 생각했다. 이 질문에 그의 동시대인들 대다수는 압도적으로 "아니다"라고 대답했었다. 제1장에서 언급한 것처럼 그는 심리학이 실험 과학이 될 수 있을 것이라는 John Stuart Mill의 생각을 알고 있었다. 경험 과학으로서의 심리학의 가능성을 제안한 Fechner의 1860년도 저서도 그에게 영향을 주었다. Wundt는 이 문제들을 거의 20년 동안 숙고하다가 자신의 경력에서 대담하고 위험스러운 한 걸음을 내딛게 된다. 심리학에서 실험 연구를 추구하기 위해 실험실을 만들기로 작정했던 것이다. 그는 당시의 과학 도구들을 풍부하게 수집하였고, 그러고도 원하는 기구가 없을 경우에는 자신의 필요에 맞는 새로운 장치를 설계했다. 그는 전 세계에서 학생들이 자신의 실험실에 연구하러 오는 것을 환영했으며, 따라서 제1세대 심리학자들을 많이 훈련시키게 되었다. 그는 그 시대 아마도 가장 중요한 심리학 교과서를 썼으며 자신의 실험실에서 나오는 새로운 실험 연구를 출간하기 위해 학술지를 창설하였다. Wundt가 심리학이라는 과학의 창시자로 인정되는 이유는 주로 이 때문이다.

미국 학생들은 1700년대부터 유럽 대학으로 공부하러 떠났다. 유럽에서의 공부는 문화적인 풍부함을 제공했고 이는 좋은 교육을 받았다는 것과 동의어였다. 미국인들은 미술, 음악, 건축, 그리고 수 세기의 역사를 접하기 위해 유럽에 갔고, 19세기에는 과학을 배우러 독일로 갔다. 하이델베르크, 라이프치히, 그리고 괴팅겐대학교가 수백 년의 역사를 지닌 명문들이었던 때에 겨우 1809년에 설립된 베를린대학교가 대학교육의 얼굴을 바꾸게 될 비센샤프트(Wissenchaft)[1] 철학을 도입하였다. 베를린대학교의 교과과정은, 특히 과학과 관련하여, 능동적 인식론을 장려하였으며 교육과 질의의 자유를 고취시켰는데 이는 이전에 대학교의 특징이 아니었다. 베를린대학교는 좋은 시설을 갖춘 실험실을 만들어서 교수들이 연구를 수행하고 고급과정 학생들에게 창의적인 질의를 하는 방법을 가르쳐서 자기의 연구 작업에 참여하도록 촉진하였다. 교수에게는 원하는 것을 가르칠 자유와 스스로 선택한 문제를 연구할 자유가 대폭 주어졌다. 비센샤프트는 또한 교과과정에까지 확대되어서, 학생에게는 학위를 받기 위해 수강할 과목을 선택하는 데 상당한 자유가 주어졌다. 곧 다른 독일 대학들도 유사한 모델을 채택했다. 그 결과 독일은 과학에서 국제적인 명성을 얻었고, 19세기 말 즈음에는 화학, 물리학 및 의학 분야에서 탁월한 수준에 도달했다.

미국 대학교에서 실험 과학의 시작은 독일보다 약 40년이 뒤져서 물리학과 화학 실험실이 1840년대에 창설되었다. 이런 초기 실험실 대부분은 독일

---

1 지식은 타인에게서 전달받는 것이 아니라 자기 스스로 질문하여 발견해 내는 역동적 과정을 통해 얻어진다는 관점을 내포하는, 체계적인 연구를 하는 모든 학문 또는 과학을 가리키는 용어이다. 학생들을 위한 교육과 개별 연구의 일체성을 강조하는 개념이다(Wikipedia 참조).

에 유학 갔던 미국인들에 의해 만들어졌다(Bruce, 1987). 그러한 패턴은 19세기 말에 미국 심리학 실험실들이 창설될 때도 반복되었다. 이 장은 많은 미국인들이 유학했던 Wilhelm Wundt의 실험실에 초점을 맞출 것이다. 하지만 독일에서 Wundt와 동시대에 존재했던 다른 심리학 중 일부도 간략히 살펴볼 것이다.

Wundt의 라이프치히 실험실

Wilhelm Wundt는 1855년 하이델베르크대학교 의과대학을 최우등으로 졸업했다. 베를린대학교에서 Johannes Müller의 조수로 잠시 일한 후 그는 하이델베르크로 돌아와서 6년 동안 Hermann Helmholtz의 조수로 일했다(Bringmann, 1975). 거기서 그는 자신의 최초의 저서를 1858년에 출판했는데, 그것은 근육 운동과 감각에 관한 책이었다. 1862년 그는 두 번째 저서인 『감각적 지각이론에 대한 기고(*Contributions to the Theory of Sensory Perception*)』를 출간했는데, 이 책에서 그는 실험 과학으로서의 심리학에 대한 자신의 희망을 이야기했다. 1867년쯤 되어서는 Wundt는 "생리심리학"이라는 이름의 과목을 가르치고 있었고, 이 강의에서 그의 저서 중 심리학에서 아마도 가장 중요한 책이 나왔다. 『생리심리학 원리(*Principles of Physiological Psychology*)』(1874)라는 제목의 이 책은 6판까지 출판되었다. 이 책의 서문에 Wundt는 심리학을 새로운 과학으로 확립시키는 것이 자신의 의도라고 적었다.

> 필자가 여기서 대중에게 제시하는 이 책은 새로운 과학 영역의 금을 그으려는 시도이다. 그런 작업을 위한 때가 벌써 무르익었는지에 관하여 의문이 제기될 수 있음을 나는 잘 알고 있다. 이 새로운 학문은, 어떤 면에서는 그 자체도 전혀 견고하다고 할 수 없는 해부학적 및 생리학적 기초에 의지하고 있다. 한편 심리학적 문제를 실험적으로 다루는 일은 어떠한 관점에서 보더라도 처음 시작되는 단계에 있다고 선언할 수밖에 없다. 이와 동시에, 발전 중인 어떤 과학 분야의 연구 주제에서 우리의 무지함으로 인해 빠져 버린 빈 곳을 발견하기 위

한 최선의 방법은, 우리 모두 알고 있듯이, 그것의 현재 상태에 대한 전반적인 조사를 하는 것이다(Wundt, 1904, v쪽, 최초 출간은 1874년임).

Wundt의 책은 해부학, 생리학, 신경학, 정신물리학에서 나온 기존의 과학적 연구를 포괄적으로 다룬 것이었고, 따라서 그런 면에서 심리학이라는 새로운 분야에 대한 최초의 진정한 개론서였다.

하이델베르크대학교에서 17년을 재직한 뒤, Wundt는 1874년에 취리히대학교의 교수가 되었다. 그러나 그다음 해에 라이프치히대학교에서 그에게 철학 교수 자리를 제안했고 그는 이를 받아들여 1875년부터 일을 시작했다. 그는 거기서 자신의 유명한 실험실을 처음 만들었고 1917년에 85세의 나이로 은퇴할 때까지 그 대학에 재직했다. 그는 3년 뒤에 사망했다.

앞서 우리는 Wundt에게 심리학의 창시자라는 칭호를 안겨 준 업적을 나열했다. 그런데 왜 Helmholtz나 Fechner도 포함시키지 않았을까? Thomas Leahey(1991)는 "Wundt가 창시자인 이유는 생리학과 철학을 혼인시켜서 그 결과로 독립적인 자손이 나오게 만들었기 때문이다. 그는 철학의 물음에 생리학의 경험적 방법을 들여왔으며, 또한 심리학자의 새롭고 명확한 역할을 창조해 냈다. 철학자, 생리학자, 혹은 의사의 역할과는 별개인 심리학자의 역할을 말이다"(182쪽)라고 썼다. John O'Donnell(1985)은 라이프치히를 심리학이 만들어진 곳이라고 불렀다. 그리고 현대심리학의 발달에서 Wundt의 중추적 역할은 "그의 이름을 딴 과학적 발견에서 나오는 것이 아니라 그가 실험주의를 대단히 열렬히 선전한 데서 나온다"(16쪽)고 주장하였다. 제1장에서 우리는 "현대 심리학에서 끊임없이 반복되는 이야기"(Capshew, 1992, 132쪽)로서 실험실의 중요성을 언급했다. 심리학이라는 과학의 출생 연도가 대개 1879년으로 여겨짐을 주목해야 한다. 그해는 생리심리학에 관한 Wundt의 책이 출간된 해(1874년)도 아니고 그가 라이프치히에 도착한 해(1875년)도 아니다. 그보다는 그의 실험실에서 나온 최초의 연구가 출간된 해를 나타낸다.

Wundt는 새로운 과학 영역에 정말로 금을 그었다. 그러면서 그는 심리학에서 세계 제일의 실험실 중 하나를 만들었고, 180명이 넘는 학생들을 훈련시켜 심리학이나 철학에서 박사학위자를 배출했으며, 1881년에 최초의 실험심리학 학술지(*Philosophical Studies*)를 창간했고, 심리학의 다양한 영역을 다루는 많은 수의 책과 논문을 출간하였다. 실제로 Wundt가 일생 동안 저술한 양은 대부분의 사람이 평생 읽는 양보다 많다는 점이 지적된 바 있다. 그가 68년을 일하면서 출판한 업적은 총 53,735쪽이라고 총계를 낸 보고가 있다. 이는 하루 2.2쪽을, 매일, 68년 동안 출간했다는 이야기가 된다(Boring, 1929)!

Wundt는 노벨 생리의학상에 세 차례 후보로 올랐다. 그를 후보로 지목한 사람 중 하나인 Hugo Münsterberg는 노벨 위원회에 "60년의 지칠 줄 모르는 연구를 통해 사실상 그 자신이 창시자인 생리심리학이라는 심리학 분야를 발전시킨 사람으로서 그를 수상 후보자로 제안합니다"(Benjamin, 2003, 734쪽)라고 썼다. Wundt는 1916년 노벨 생리의학상 최종 후보자 여섯 명 중 한 사람이었지만 수상하지는 못했다.

Wundt의 심리학 체계

여기처럼 적은 지면에다가 Wundt의 심리학을 이야기한다는 것은 불가능한 과제이다. 누군가가 평생의 경력에 걸쳐 5만 쪽 이상의 글을 썼다고 할 때 상상할 수 있듯이 말이다. 그의 심리학은 두 가지였다. 하나는 그가 주의설 (主意說, voluntarism)이라고 이름 붙인 것으로서 실험실에서 연구가 이루어졌던 실험심리학이고, 다른 하나는 그가 비실험적인 것으로 간주했던 것으로서 흔히 문화심리학이라고 번역되는 *Völkerpsychologie*[2]이다(이에 대해서는 이 장의 나중에 다룸).

Wundt(1912)는 심리학의 목표가 "의식에 관한 사실, 그것의 조합과 관

---

2 völker는 대략 문화, 민족, 혹은 공동체를 나타내는 형용사로 번역된다.

계를 발견하는 것, 그리하여 궁극적으로는 그 관계와 조합을 지배하는 법칙을 발견하는 것"이라고 말했다. 그러면 의식은 무엇이었을까? Wundt는 "그것은 우리가 의식하고 있는 사실들의 총합으로 구성된다"(1쪽)라고 썼다. Fechner의 연구에 영향을 받아 Wundt는 모든 의식 경험에는 두 가지 요인이 있음을 인정했다. 하나는 경험의 내용, 즉 관찰자에게 제시되는 대상 혹은 사건이다. 다른 하나는 관찰자가 그 내용을 어떻게 생각하느냐, 즉 Wundt가 이해(apprehension)라고 부른 것이다. 이해란 경험하는 개인이 내용을 어떻게 해석하는가를 의미한다. 이것은 내용이 아니라 과정에 관한 것이었는데, Wundt가 관심을 가졌던 것은 주로 이것이었으며 그의 심리학도 이것에 관한 것이었다(Blumenthal, 1975).

Wundt에게는 경험을 이렇게 나누는 것이 자연과학의 연구 방법과 심리학의 연구 방법 간의 차이를 나타내는 것이었다. 그러므로 "자연과학은 … 경험의 대상에 관심을 갖는데 이 대상은 경험의 주체와는 독립적인 것으로 여겨지는 것이고, [반면에] 심리학은 … 경험의 전체 내용을 그 경험의 주체와 관련시켜 그리고 그 내용이 그 주체에게서 직접 이끌어 내는 특질과도 관련시켜 연구한다"(Wundt, 1902, 3쪽). 이 구분은 또한 Wundt에게 자연과학의 영역인 중재된 경험(mediate experience)과 심리학의 영역인 즉각적 경험(immediate experience) 사이의 차이도 명료하게 만들어 주었다. 이 구분은 중요하다.

물리학자는 관찰자와는 독립적인 경험을, 아마도 그 경험을 측정하는 장치를 통해 연구한다. 예를 들어 물리학자는 어떤 소리의 강도 변화를 음량측정기를 사용하여 평가할 수 있다. 물리학자가 평가한 '경험'은 그 측정 장치에 의해 중재된 것이고 사실은 그 장치의 산물이다. 반면에 소리의 강도 변화를 연구하려는 심리학자는 그 소리를 듣는 사람이 그런 변화를 어떻게 지각할지를 알고자 한다. 사람은 소리가 자신에게 얼마나 크게(혹은 작게) 들리는지에 기초하여 그 소리에 대한 판단을 내릴 것이다. 이것은 즉각적 경험이다. 그 사람에게 느껴진 대로의 경험이며 어떤 다른 실체를 통해 중재된 것이 아니다. 앞 장에서 나왔던 예를 돌이켜 보면 물리학자의 저울은 납과 깃털의 무게가 같다고 말하겠지만 심리학자의 '저울'은 그 두 물체의 상대적인 무게가 매우 다르다고 말할 것이다. 물리학자는 자기가 하는 실험의 일부가 되지 않으면서 관심 대상을 연구하고자 한다. 즉 자기 실험에 개인적으로 영향을 주지 않으려 한다. 그러나 심리학자는 그럴 수가 없다. 심리학자는 경험하고 있는 사람의 경험을 연구한다. 그리고 그런 연구의 진짜 의미는 외부 세계의 대상에 대한 분석에서 생겨나는 것이 아니라 그 대상이 어떻게 그 사람의 경험의 일부가 되는지 혹은 되지 않는지를 이해하는 데서 나온다. 의식 경험은 경험하고 있는 사람 안에 존재하는 것이다. "숲 속에서 나무가 넘어지는데 그 소리를 들을 사람이 아무도 없다면, 나무가 넘어지는 소리가 날까?"라는 수수께끼를 생각해 보라. 소리를 나무가 넘어질 때 나는 음파의 전파라는 뜻으로 사용한다면 그 답은 "예"이다. 즉 소리가 났다. 그러나 소리를 음파가 인간의 귀를 때릴 때 일어나는 듣기 행위라는 의미로 사용한다면, 나무가 넘어지는 소리는 나지 않았다.

Wundt(1902)는 모든 경험이 감각과 연상과 느낌으로 이루어진 복잡한 것이라고 인식했다. "심적 경험의 실제 내용은 항상 감각적 요소와 감정적 요소의 다양한 조합으로 이루어져 있다. 그래서 어떤 심적 과정의 구체적인 특성은 대부분 그 요소들의 성질에 달려 있는 게 아니라 그것들이 합쳐져서 만들어진 복합적인 심적 합성물에 달려 있다"(33쪽). 그의 심리학 연구에서 눈앞의 목표 한 가지는 경험을 그 구성 요소와 합성물의 측면에서 분석하는 것이었다. 그는 "심적 경험의 모든 내용은 복합적인 특성을 지닌다. 따라서 심적 요소들, 즉 심적 현상의 절대적으로 단순하고 환원 불가능한 성분들은 분석과 추상화의 산물이라는 말이 된다"(Wundt, 1902, 32쪽)라고 썼다.

Wundt의 심리학의 목표 중 하나는 의식 경험의 가장 기본적인 요소들을 가려내고 그것들이 어떻게 심적 합성물 또는 집합체로 조직화되는지를 이해하는 것이었다. Wundt의 실험실에서 했던 어떤 연구들은 바로 그런 일을 하도록 설계된 것이었다. 특히 시각에 관한 다수의 연구가 그랬다. 그렇지만 앞서 언급한 것처럼 Wundt는 의식은 그 구성 요소들의 합 이상임을 인식했다. 의식은 그 구성 요소들 이상이었으며 그 합성물 이상이었다. Wundt에게는 마음이 의식의 심적 구성 요소와 합성물을 조직화하고, 분석하고, 수정하여 그 구성 요소들만을 연구해서는 아무리 해도 알 수 없는 경험, 느낌, 관념을 만들어 내는 능동적인 실체였다. Wundt는 마음의 수의적이며 능동적이고 의지적인 본질을 나타내기 위해 자신의 심리학 체계를 주의설(voluntarism)이라고 불렀다. 이 주의설 심리학에서 핵심 개념은 통각(apperception)이었다. 통각은 능동적인 의도적 과정이다. 다시 말해 의지가 개입하여 의식의 일부에 더 강하게 초점이 맞춰지거나 그 부분이 더 명료해지는 과정이다. 통각은 의식 경험의 어떤 부분을 최대한 명료하게 하는 데 중요할 뿐 아니라 심적 구성 요소와 합성물들이 새로운 의식 경험으로 통합되게 만드는 주요 과정이었는데, Wundt는 이를 "창조적 합성(creative synthesis)"이라 칭했다. "이 수의적인 활동[통각]의 결과로 어떤 복합체가 합성되어 나온다. 그것은 모든 요소가 이전의 감각 지각과 연상에서 유래하지만 그 요소들의 조합은 원래 형태와는 어느 정도 다른 그런 복합체이다"(291쪽)라고 Wundt(1902)는 썼다. Wundt의 실험에서는 관찰자가 어떤 자극이 발생할 것을 기대하고 있었다. 즉 자극을 주의 깊게 듣거나 찾고 있었다. 자극이 발생하면 관찰자는 그것에 주의를 집중하고 그 자극 배열에서 나머지는 대체로 무시했다. 이렇게 주의의 초점을 맞추어 명료하게 만드는 것이 통각이었다.

Wundt의 연구 방법

앞서 우리는 John O'Donnell이 Wundt에 대해 언급하면서 그가 "실험주의를 대단히 열렬하게 선전한" 것을 칭찬했던 말을 인용하였다. 이것은 결정적으

Archives of the History of American Psychology, The Center for the History of Psychology, The University of Akron

그림 3.1 1912년 동료들 및 과거의 학생들과 자신의 라이프치히 실험실에서 반응시간 실험을 하는 장면을 연출하고 있는 Wilhelm Wundt(가운데).

로 중요한 점이다. Wundt의 심리학은 과학적 방법을 사용하여 심리학적 물음에 답하는 것이었는데, 연구자는 변인의 체계적 조작을 중요시하고 정확한 관찰법을 적용하는 실험을 통하여 그렇게 하였다. Wundt에게는 실험이 인과성을 알아내기 위해 필요한 것이었는데, 심리학 실험에서는 이것이 심리과정에 대한 인과적 설명을 심리학적인 용어(신체적이거나 정신물리학적이 아닌)로 하는 것을 의미했다. 그는 심리과정이 항상 정신적 과정임을 다음과 같이 강조했다. "심리학 실험은 정신과정들이 어떻게 상호작용하는지에 대한 설명을 검증하기 위한 것이다"(Danziger, 1980, 115쪽).

　Wundt는 의식을 어떻게 연구했을까? 피험자의 즉각적 경험을 어떻게 연구했을까? 그는 내성(introspection)이라 불린, 그러나 더 정확하게 말하자면 실험적 자기 관찰(experimental self-observation)이라는 방법을 사용하였다. 이 구분에 대해서는 제5장에서 Wundt의 제자 중 한 사람인 Edward Titchener를 살펴보면서 더 이야기할 것이다. Wundt는 자기 관찰 연구를 위해 대개 박사과정 학생 혹은 박사후과정 연구원을 관찰자로 훈련시켰다. 이러한 관찰은 실험이 일반적으로 실시되는 방식과 다름없이 진행되었다. 관찰자에게 어떤 자극 조건(예컨대 시각 자극, 촉각 자극)이 제시된다. 관찰자는 준비 상태로 있으라는 지시를 받고, 언제 자극이 주어질지 이야기를 듣는다. 자극은 대체로 짧게 지속되는데, 관찰자가 자극 제시가 끝나자마자 즉각적으로 할 일은 자신이 경험한 것을 이야기하는 것이다. 이것이 하나의 실험 시행을 구성하는데, 어떤 연구이든 대개는 여러 개의 시행을 포함한다. 자극의 변화가 자기 보고를 어떻게 변화시키는지를 알아보기 위해 자극 자체의 값이 변하는 경우가 종종 있다. 이러한 절차는 현대의 실험이 가진 요소들 대부분을 지니고 있었다. 즉 관찰자의 훈련, 독립변인의 제시와 조작, (자기 보고를 통한) 자극의 효과 측정(보고가 종속변인임)이 그것이다.

자신의 실험실에서 Wundt는 Fechner가 개발한 정신물리학적 방법과 생리학에서 빌려 온 방법도 또한 사용하였다. 후자의 범주에 속하는 것 중 하나가 반응시간법(reaction time method)인데, 이는 Helmholtz가 신경 전도를 측정하기 위해 사용했던 것이며 생리학과 천문학에서도 다른 연구자들이 사용해 오던 방법이었다. Wundt에게 특히 큰 영향을 미친 것은 네덜란드의 생리학자 Franciscus D. Donders(1818~1889)의 연구였는데, 그는 정신적 사건의 속도를 측정하기 위해 반응시간법을 사용하였다. Donders의 논리는 만약 사고에 신경 전달이 개입되어 있다면 반응시간을 측정하고서 감각(구심성) 요소와 운동(원심성) 요소에 필요한 시간을 빼면 특정한 정신적 사건의 속도를 측정할 수 있다는 것이었다. Wundt는 이 방법을 자신의 실험실에서 사용하였다. 예컨대 그의 미국인 제자 중 한 명인 James McKeen Cattell(그에 대해서는 다음 장에서 살펴봄)은 박사학위 논문 연구를 위해 이 절차를 사용하였다. 그는 1884년 1월에 부모님에게 그 연구에 대해서 다음과 같이 썼다.

우리는 새로운 분야에서 일하고 있습니다. 다른 사람들이 우리를 뒤따라 연구할 것인데, 그들은 우리가 연구한 결과를 사용하거나 수정해야겠지요. 우리는 가장 단순한 정신적 행위를 수행하는 데 걸리는 시간을 측정하려고 하고 있습니다. 예를 들면 어떤 색깔이 파랑인지 빨강인지를 구분하는 것입니다. 그 시간이 100분의 1초를 넘지 않아 보이기 때문에 이것이 쉬운 일이 아님은 상상하실 수 있을 겁니다(Sokal, 1981, 89쪽에 인용됨).

반응시간법의 한 가지 변형은 피험자를 단순 반응시간 과제(simple reaction time task)를 사용하여 검사하는 것이었다. 예를 들면 피험자에게 불빛이 켜지는 즉시 건반을 누르게 한다. 여러 번의 시행 후 실험자가 반응시간의 평균값을 낼 수 있다. 그런 다음, 같은 피험자를 선택 반응시간 과제(choice reaction time task)를 사용하여 검사할 수 있다. 이 과제에서는 불빛이 빨간색이면 어떤 건반을 누르고 초록색이면 다른 건반을 누르도록 피험자에게 요구한다. 이 선택 과제에서는 감각 및 운동 요소가 단순 과제에서와 동일하다. 다시 말해, 피험자가 불빛을 보고 자신의 손가락을 움직여 건반을 누를 때까지 필요한 시간은 두 과제에서 똑같다. 다른 점은 정신적 처리 시간이다. 단순 과제에서는 피험자가 판단을 할 필요가 없고 불빛이 들어오는 즉시 가능한 한 빨리 건반을 누른다. 그러나 선택 과제에서는 피험자가 먼저 불빛의 색깔을 판단한 다음 어떤 건반을 누를지를 생각해야만 했다. 이런 선택 과제에서는 반응시간이 더 느렸다. 정신적 과제에 걸리는 실제 시간을 결정하기 위해 단순 과제에서 계산된 값을 선택 과제의 값에서 뺀다. 그 차이가 정신적 사건의 속도를 보여 주는 것이다. 이 방법은 Wundt의 실험실에서 거의 10년 동안 많이 사용되었지만 결국에는 버려졌다. 그 이유는 실험 상황의 변화가 과제의 성질을 양적으로뿐만 아니라 질적으로도 변화시켜서 이 방법의 감산 절차를 타당하지 않게 만들었기 때문이다. 그러나 반응시간법은 특정 종류의 실험에 대해서는 여전히 훌륭했다. 그리고 오늘날에도 일반적으로 정신 시간측정법(mental chronometry)이라는 이름으로 인지심리학에서 사용된다.

Wundt 실험실의 연구

Wundt의 실험실에서 나온 연구 중에는 그의 제자들(나중에 살펴봄)이 수행한 것이 많고, 그 대부분이 그가 창설한 학술지에 발표되었다. 그 연구의 약 절반이 감각과 지각 과정에 관련된 것으로서 대부분 깊이 지각, 색채 시각, 부적 잔존 효과(negative aftereffects), 착시, 색맹을 비롯하여 시각에 관한 것이었다. 소리 지각 같은 청각 현상에 관한 연구도 있었고, 이점역과 촉각의 압력을 포함한 촉각에 관한 연구도 있었으며, 시간 지각에 관한 연구도 있었다. 1880년대에는 반응시간 연구가 인기가 높았지만 앞서 언급한 것처럼 10년 뒤에는 쇠퇴하였다. 1890년대에 이를 대체한 연구가 정서에 관한 것이었다. 이 연구가 시작된 부분적인 이유는 대개 감정의 삼차원설(tridimensional theory of feeling)이라 불리는 이론을 Wundt가 개발했기 때문이다. 이 이론은 모든 정서를 유쾌 – 불쾌, 긴장 – 이완, 흥분 – 우울이라는 세 개의 독립적인 연속체상에 위치시켰다. 이 밖에 주의와 연합에 초점을 둔 연구들이 더 있었다.

Wundt의 Völkerpsychologie

Wundt는 나이가 60대였던 1890년대에 야심 찬 프로젝트를 시작했는데, 그 결과물로 *Völkerpsychologie*(1900년에서 1920년 사이에 출판됨)라는 제목의 열 권짜리 저서가 나오게 되었다. 이 단어는 영어로는 잘 번역이 안 되는데, 사회심리학, 민속심리학, 문화심리학 혹은 민족심리학이라는 말로 다양하게 번역되었다. 대부분의 권위자들은 마지막 두 용어가 이 열 권의 책 내용을 기술하는 데 가장 가깝다고 인정한다. 이 책들은 종교, 예술, 언어, 관습, 도덕, 신화, 그리고 문화 사이의 관계에 관한 방대한 연구라고 이야기되는데, 이 분야들은 Wundt가 인간의 고차 정신과정으로 간주했던 것을 구현한 것이었다. Wundt는 그런 과정은 실험적 방법으로 연구될 수 없으며(하지만 어떤 학자들은 이 주장에 이의를 제기한다), 따라서 문화인류학, 사회학 및 사회심리학 같은 분야에서 나온 다른 비실험적 방법을 통해 이해될 수밖에 없다고 주장했다.

이 방대한 저술 중 영어로 번역된 부분은 거의 없으며 심리학 역사가들 대다수가 그것을 전반적으로 무시했다. 왜냐하면 그 열 권의 책 속에 무엇이 들어 있는지를 모르기 때문이거나 아니면 과학으로서의 심리학의 역사 이야기와는 들어맞지 않기 때문이다. 그러나 이 저술은 언어학, 문화심리학, 사회심리학, 성격 같은 다수의 현대 심리학 분야의 중요한 선도적 연구로 여겨진다. 그것은 제2의 심리학, 즉 "문화적 삶으로부터 출현한 인간의 정신과 행동의 측면들을 다룰 심리학 … 실험실을 기반으로 한 심리학을 보완하는 심리학"(Cahan & White, 1992, 224쪽)이라고 불렸다. Wundt는 "자신의 제2의 심리학을 실험심리학에 대한 중요한 보완물"로 보았다고 지적된 바 있다(Cahan & White, 1992, 227쪽). Wundt의 연구 중 이 측면에 대한 정보는 Danziger(1983)와 Wong(2009)을 보라.

Wundt의 제자들

1879년에 당신이 심리학 연구에 참여하고 싶었다면 라이프치히대학교가 유일하게 갈 수 있는 곳이었다. 머잖아 달라지긴 했지만 말이다. Wundt의 명성은 빠르게 그리고 멀리 퍼져 나갔고 세계 곳곳에서 많은 학생들이 공부하러 왔다. Wundt는 라이프치히대학교에 재직하는 동안 180명의 박사과정 학생의 주임 지도교수 역할을 했다. 그중 100명 이상이 독일과 오스트리아에서 온 학생이었지만 잉글랜드, 캐나다, 프랑스, 폴란드, 덴마크, 루마니아, 러시아 그리고 다른 여러 나라에서 온 학생도 있었다(Tinker, 1932 참조). Wundt에게서 학위를 딴 미국인은 33명이었는데 그중 13명이 실험심리학으로 박사학위를 땄으며(나머지는 철학을 공부했다), 그의 실험실에서 연구를 하거나 방문을 했지만 학위를 거기서 따지 않은 미국인들도 있었다(Benjamin, Durkin, Link, Vestal, & Acord, 1992). 모든 이야기를 종합해 보면 Wundt는 매우 훌륭한 지도교수여서 학생이 자기 연구를 위한 아이디어를 내면 그것에 대해 개방적이었고, 학생에게 충분히 많은 시간을 할애해 주었으며, 필요한 도구와 책을 제공함으로써 학생의 연구를 지지해 주었고, 자신이 창설한 학술지에 학생의 연구를 출간하는 것을 도왔다.

그의 실험실을 방문한 미국인 최초의 심리학도는 1879년에 간 G. Stanley Hall이었다. Hall은 그 바로 전해에 William James에게서 심리학 박사학위를 딴 터였다. Wundt에게서 박사학위를 취득한 최초의 미국인은 앞에서 언급했듯이 1886년에 학위를 딴 James McKeen Cattell이었다. 두 번째는 Cattell보다 넉 달 늦게 끝낸 Harry Kirke Wolfe였다. Hall은 미국으로 돌아가 1883년 존스홉킨스대학교에 미국 최초의 심리학 실험실을 만들었다. Cattell은 1889년 펜실베이니아대학교에, 그리고 1891년에 컬럼비아대학교에 실험실을 만들었다. Wolfe는 1889년 네브래스카대학교에 실험실을 만들었다. 그 시대 미국 심리학자 중 아마도 틀림없이 가장 중요한 사람들인 James, Hall, 그리고 Cattell에 대해서는 다음 장에서 자세히 살펴볼 것이다.

라이프치히 실험실 창설 이후 겨우 4년 만에 미국 최초의 심리학 실험실이 생긴 것을 감안하면 독일에서도 심리학이 빠르게 전파되었음은 놀라운 일이 아니다. 이 다른 독일 대학교들에서 발전된 심리학은 Wundt의 것과는 굉장히 다른 경우가 많았다. 이 장의 남은 부분에서는 이들 독일 실험심리학의 선구자 중 몇몇에 대해 간략하게 이야기할 것이다.

Hermann Ebbinghaus와 기억 연구

Hermann Ebbinghaus(1850~1909)의 연구는 오늘날 심리학자들에게 잘 알려져 있으며, 인지심리학자들 사이에서는 특히 그러하다. 심리학자 중에서 심리학사에 대한 지식이 별로 없는 사람들조차도 Ebbinghaus에 대해서는 알고 있는 듯하다. 그의 유명세가 지속되는 데는 마땅한 이유가 있다. 29세의 나이에 그는 인간 기억에 관한, 당시로서는 아주 놀라운 연구 프로그램을 시

Archives of the History of American Psychology, The Center for the History of Psychology, The University of Akron

From the author's collection

그림 3.2 Hermann Ebbinghaus. 오른쪽 사진은 Ebbinghaus가 사인하고 Gustav Fechner에게 증정한 1885년도 저서 『**기억에 관한 연구**』의 표지이다. Fechner는 당시 84세였을 것이다.

작하였다. 그의 연구는 1885년에 마침내 한 권의 책이 되어 나왔다. William James(1885)는 그 연구를 영웅적이라고 불렀다. Schultz와 Schultz(1987)는 현대 심리학사에 관한 책에서 Ebbinghaus의 책에 대해 다음과 같이 썼다.

> 그 책은 실험심리학의 역사에서 아마도 가장 눈부시게 훌륭한 단 하나의 연구에 해당될 것이다. 그 연구는 오늘날에도 여전히 중요한 한 연구 분야를 완전히 새로 시작했을 뿐만 아니라 기술적 기교, 끈기 및 독창성의 놀라운 예가 된다. 혼자서 연구하면서 그렇게나 엄격한 실험절차를 스스로에게 실시한 다른 어떠한 연구자도 심리학사에서 찾기란 불가능하다. 그 연구는 너무도 엄격하고 철저하며 체계적이어서 현대의 교과서에서도 여전히 인용되고 있다(73쪽).

이는 정말로 대단한 칭찬인데, 이러한 정서에는 다른 많은 심리학사가들과 현대의 기억 연구자들도 공감하고 있다.

설비가 잘 갖춰진 여러 개의 방이 있는 실험실과 자신의 연구 프로그램에

몸담은 많은 박사과정 학생들이 있었던 Wundt와는 달리 Ebbinghaus는 혼자서 연구했다. 그는 1873년 본대학교에서 박사학위를 받았다. 1879년 기억 연구를 시작했고 1880년에 그 연구를 이용하여 베를린대학교에 급여가 없는 자리를 얻었다. 그는 거기서도 역시 혼자서 기억 연구를 계속했고 마침내 1885년에 유명한 저서『기억에 관한 연구(Über das Gedächtnis)』를 출간하였다.

Ebbinghaus는 Fechner의 저서『정신물리학 요강』을 읽고서 기억 연구에 대한 아이디어를 얻었다. 그는 Fechner가 기술한 정신물리학적 방법과 비슷한 절차를 사용하여 학습(연합)과 기억 같은 고차 정신과정을 연구할 수 있을지도 모른다고 생각하였다. Wundt, Johann Friedrich Herbart 및 다른 사람들은 언어, 학습, 그리고 기억의 간섭 때문에 고차 정신과정을 연구하는 것이 불가능하다고 믿었다. 왜냐하면 그런 요인들은 자기 관찰을 편향시킬 것이기 때문이다. 그러나 Ebbinghaus(1913/1885)는 한번 시도해 보기로 결심했다. 자신의 책 서문에서 그는 기억에 관해 다음과 같이 썼다.

> 정신적 현상이라는 영역에서, 실험과 측정이 지금까지는 주로 감각 지각에, 그리고 정신과정들의 시간 관계에만 제한되어 적용되어 왔다. 다음의 연구를 통해 우리는 마음의 작동 속으로 한 걸음 더 들어가려고, 그리고 기억의 발현을 실험적이고 양적으로 연구해 보려고 시도했다(v쪽).

이 문단에서 그가 감각에 대한, 그리고 정신과정의 속도에 대한 Wundt의 연구를 가리키고 있다는 것을 독자는 알 수 있을 것이다.

연구를 시작하려면 Ebbinghaus는 피험자가 필요했다. 그에게는 아무도 없었고 그래서 그는 자신에게 있는 유일한 피험자, 즉 자신을 사용했다. 자신의 기억을 다양한 조건하에서 검증하기 위해서는 무언가를 학습할 수 있어야만 했다. 그러나 자신이 실험자이며 동시에 피험자였기 때문에 학습해야 할 것이 자기가 사전에 알고 있던 내용이 아닌 것이 중요했다. 더 나아가 그는 암기할 정보로 단어를 사용하지 않기로 했다. 단어는 의미를 갖고 있었다. 어떤 단어이든 여러 가지 다른 연합(association, 연상)을 일으킨다. 우유라는 단어는 소 혹은 우웃병 혹은 아기, 어머니, 흰색, 차다, 크림 등등이 떠오르게 할 수 있다. Ebbinghaus는 연합으로 인한 그런 짐을 자신의 연구에 대한 방해물로 보았고 이를 제거할 방법을 찾고자 했다. 그가 도달한 해결책은 일련의 무의미 철자(nonsense syllable)를 만드는 것이었다. 무의미 철자는 XAJ, CIH 또는 BEQ같이 대부분 알파벳 자음 - 모음 - 자음 형태의 세 글자로 된 철자로 아무 뜻이 없는 것이었다. Ebbinghaus는 그런 철자를 2,300개가 넘게 만들어서 카드마다 하나씩 따로 인쇄했다. 그는 그런 카드를 상자에 넣었고 그렇게 해서 자신이 어떤 연구를 하든 무의미 철자로 된 임의 표본을 뽑아낼 수 있었다.

연합에 관한 연구는 과거에도 있었다. 예를 들면 경험주의 철학자들의 연구이다. 이런 연구의 전형적인 형태는 단어 목록을 만들고 피험자에게 한 번에 한 단어씩 제시한 다음 피험자에게 가능한 한 많은 연합을 생성하라고 요구하는 것이었다. 물론 이런 연구는 이미 형성되어 있는 연합을 연구하는 것이었다. Ebbinghaus는 연합이 형성되고 있을 때 그 연합을 연구하고자 했다. 아무도 그것을 한 사람은 없었는데 왜냐하면 언어 기술이 있는 사람이라면 연구에 사용될 수 있는 거의 모든 단어에 연합을 이미 가지고 있었기 때문이었다. 그런데 무의미 철자는 이 문제를 대부분 세거했다. E. B. Titchener(1928)는 Ebbinghaus의 무의미 철자 발명을 아리스토텔레스 이후 기억 연구에서 가장 중요한 발전으로 꼽았다.

Ebbinghaus는 실험설계 문제에 뛰어난 감각을 지니고 있어서 자신의 자료를 편향시킬 수 있는 모든 오염 요인을 제거하려고 열심히 노력했다. 그는 유일한 피험자였으므로 스스로 생활 조건을 상당히 일정하게 유지하려고 노력했다. 예를 들어 매일 같은 시간에 자신을 검사했고 검사 환경도 일정하게 유지했다. 그리고 여러 개월에 걸쳐서 연구가 수행되는 점을 감안해서, 할 수 있는 한 최선을 다해, 검사 전 약 한 시간 동안에 하는 활동을 바꾸지 않으려고 노력했다. 철자를 말할 때는 타이밍을 일정하게 유지하기 위해 메트로놈을 사용했고 각 철자를 똑같은 억양으로 말하려고 노력했다. 그의 연구가 제기한 기억에 관한 물음들은 오늘날에도 여전히 중요한데, 이것이 그의 연구가 계속 관심을 받는 이유 중 하나이다. 하지만 그가 아직도 통용되는 오래된 화폐 같은 이유 중 하나는 그가 뛰어난 기술과 세심함을 가지고 연구를 실시했고 그 결과가 세월의 시험을 견뎌 냈기 때문이라는 점에는 의심의 여지가 없다.

Ebbinghaus의 책은 그가 여러 해에 걸쳐서 수행한 20개의 연구에서 나온 결과를 담고 있다. 그러한 연구 프로그램의 폭이 얼마나 넓었는지는 이 책에서 다룰 수 없는 이야기다. 그는 시간에 걸친 망각의 경과에 관해 연구했고 이를 통해 오늘날 유명한 망각 곡선을 발견했다. 망각 곡선은 학습 후 처음 몇 시간 안에 대부분의 망각이 일어나고 그다음에는 더 느린 속도로 안정화된다는 점을 보여 준다. 철자 열의 길이가 학습에 필요한 시행 수에 어떤 영향을 미치는지를 연구했고 그것이 직선 관계가 아님을 발견하였다. 파지(retention)가 어떻게 재학습에 의해 영향을 받는지도 연구했다. 반복의 수가 망각에 어떤 영향을 미치는지도 연구했다. 심지어 의미 있는 내용(시를 사용함)을 학습하는 것과 대등한 양의 무의미한 내용(무의미 철자)을 학습하는 것의 난이도를 비교하였고, 그 내용에 숙달된 뒤 망각의 경과가 어떻게 다른지도 연구했다. 그의 연구 중 어떤 것은 얼마나 시간이 많이 걸리고 철저했는지를 알려면 다음의 사실을 생각해 보라. 반복에 관한 연구에서 그는 16개의 철자로 된 420개의 철자 열을 사용했고 각각의 열은 64번까지도 반복했는데, 이 연구는 15,000번 이상의 암송이 필요한 연구였다(Roediger, 1985)!

Ebbinghaus는 1894년에 베를린대학교를 떠났는데, 그 이유는 그가 기억 연구 이후 별로 출간한 것이 없었기 때문인 것으로 보인다. 삶의 마지막 15년 동안 그는 두 개의 다른 대학교의 교수였다. 그는 몇 가지 업적을 추가했는데, 그중의 하나는 지능검사 개발에 영향을 준 검사 절차를 만들었다는 것이다. 그러나 그의 기억 연구의 수준에 필적할 만한 것은 아무것도 없었다(Fuchs, 1997). 그리고 그의 연구를 돕거나 그의 뒤를 이어 연구할 박사과정 학생이 겨우 몇 명밖에 없었다. 그는 59세의 나이에 폐렴으로 숨졌다. 세상을 뜨기 몇 년 전 Ebbinghaus는 『심리학의 기초(*Fundamentals of Psychology*)』라는 제목의 책을 출간하였다. 이 책은 Ebbinghaus로 하여금 놀라운 연구를 시작하게 만든 책의 저자 Fechner에게 헌정되었다. 헌정사에서 Ebbinghaus는 "이 모든 것은 당신 덕분입니다"라고 썼다.

Franz Brentano의 행위심리학

Wundt가 실험실을 연 것이 1879년이었는데, Ebbinghaus가 같은 해에 기억 연구를 시작하였다. 과학적 심리학의 기운이 분명히 감돌고 있었다. 새로운 과학으로 개종한 이들 중 한 사람이 Franz Brentano(1838~1917)였다. 독일인이었던 그는 학문적 생애의 대부분을 오스트리아(비엔나대학교에서)와 이탈리아에서 보냈다. 심리학에 대한 Brentano의 견해는 행위심리학(act psychology)이라고 불린다. 그것은 의식을 바라보는 데 더 큰 분석 단위를 요구하는 대단위 심리학(molar psychology)이다. 예컨대 시각에 관해서 Brentano는 보이는 것에 초점을 두는 것이 아니라 본다는 행위 자체를 연구하는 것이 중요하다고 주장하였다. 따라서 그는 Wundt의 심리학 중 심적 요소와 복합물의 분석에 초점을 둔 부분은 반대했을 것이다. Brentano의 주요 업적은 행위심리학을 자세히 설명한 책 『경험적 관점의 심리학(*Psychology from an Empirical Standpoint*)』(1874)이다.

행위심리학은 의식적 행위에는 명백히 의도성(intentionality)이 있다고 가정했다. 사람은 무언가를 하려는 의도가 있고 보려는 의도가 있고 경험하려는 의도가 있다. 따라서 의식에는 목적이 있다. Brentano에게는 이것이 심리학이 의식의 내용을 연구할 것이 아니라 의식의 작용을 연구해야 한다는 것을 의미했다. 이런 줄기를 따른 그의 생각은 미국의 기능주의 심리학과 게슈탈트 심리학의 전조가 되는데, 이 두 가지에 대해서는 제5장과 제11장에서 살펴볼 것이다.

또한 과학적 연구가 어떤 식으로 수행되어야 하는지에 대한 생각도 Brentano는 Wundt와 달랐다. Brentano는 결정적 실험(experimentum crucis) 이라는 접근법을 주창했다. 즉, 그는 큰 질문을 검증하는 몇 개의 거대 실험 과 가장자리를 정리할 더 범위가 작은 실험들을 수행함으로써 과학이 가장 잘 진보할 수 있다고 생각했다. 반면에 Wundt는 일련의 작은 연구들을 체계 적으로 수행함으로써 과학이 작은 보폭으로 한 걸음씩 앞으로 나아가는 것 이라고 믿었다. 마지막으로, Brentano는 내성을 연구 방법으로 사용하는 데 반대했다. 관찰자가 자신의 의식 상태에 대해 정확하게 보고하는 것이 불가 능하다고 믿었기 때문이다(Rancurello, 1968).

Carl Stumpf와 음악심리학

Carl Stumpf(1848~1936)는 7세에 바이올린을 연주했고 10세에 최초로 작곡 을 했는데, 그것은 세 명의 성악가를 위한 성가곡이었다. 음악은 그의 삶 전 체에 걸쳐서 매우 중요한 것이었다. 그는 뷔르츠부르크대학교에서 Brentano 아래에서 연구를 한 후 1868년에 20세의 나이로 괴팅겐대학교에서 박사학 위를 받았다. 괴팅겐대학교에서 그는 오늘날 지각에 관한 연구로 유명한 Rudolph Hermann Lotze 아래에서 연구를 했고, 정신물리학자 Ernst Weber 및 Gustav Fechner와 어느 정도 접촉이 있었다. 1873년 그는 뷔르츠부르크대 학교의 교수로 임용되었고, 거기서 깊이 지각에 관한 중요한 업적을 쌓았다.

현대 용어로 하자면 Stumpf는 동시대의 다른 독일 학자들과 마찬가지로 인지심리학자로 분류될 것이다. 그는 감각과 지각, 특히 음조의 지각에 초점 을 맞추었다. 그는 청각에 관한 여러 개의 고전적인 실험을 수행했다. 여기 에는 배음, 결합음, 중간음, 박자, 그리고 특히 음높이 지각에 관한 연구가 있었다. 그러나 그의 첫사랑은 음악심리학이었는데, 이것이 그가 가장 많이 공헌한 분야이다. 뷔르츠부르크대학교에서 그는 대규모 프로젝트를 시작했는데, 그것은 음조 심리학(psychology of tones)에 관한 다년간의 연구였다. 그 결과, 음악심리학 역사에서 고전으로 간주되는 두 권의 책이 나오게 되었다. 1883년과 1890년에 출간된 음조에 관한 이 연구는 과학계에서 높은 평가를 받았으며 Helmholtz의 청각 연구에 흔히 비견되었다(Langfeld, 1937). 이 두 권의 책에서 그는 음의 융합에 관한 연구를 이야기했는데, 음의 융합이란 두 가지 다른 음이 함께 연주되면 흔히 하나의 음을 듣게 되는 경험이다. 그는 이것의 주된 이유가 음들의 어울림(화음) 정도라고 주장했다. 예를 들어 한 옥타브 차이가 나는 두 음, 혹은 특정 간격[예컨대 완전오도(perfect fifth)라 불리는 간격]으로 벌어진 더 잘 어울리는 두 음 같은 것이 그것이다. 그는 또한 멜로디의 심리적 성질도 연구하였다.

1894년에 Stumpf는 베를린대학교 철학과 학과장 자리를 수락했는데, 이는 독일의 철학과장 자리 중 가장 명망이 높은 자리였다. 거기서 그는 실험 심리학 연구소장 직도 수행했는데, 이 연구소는 Ebbinghaus가 창설한 것이었다. Stumpf는 연구소의 시야를 넓혔고 그 방들을 대단히 확장했으며 라이프치히 실험실의 맞수가 될 세력으로 키웠다. 그는 음악에 관한 연구를 계속해서 20년이란 시간에 걸쳐 많은 문화권의 원시 음악의 기록을 모았는데, 그것은 만 개가 넘는 기록물로 이루어진 놀라운 국제적 수집물이었다. 이것이 그의 1911년 책 『음악의 기원(The Origins of Music)』을 위한 연구에 사용되었다. 이 책은 인류 문화 초기의 음악적 소리와 수 세기에 걸친 음악의 발전에 대한 이론을 세운 것이었다. 이 연구 때문에 Stumpf는 비교음악학 혹은 민족음악학(ethnomusicology)이라고 불리는 분야의 핵심 개척자 중 한 사람으로 간주된다. 이 분야의 현대 연구자들에게 이 책이 얼마나 중요한지를 보여주는 것은 2012년에 이 책의 영어 번역본이 출판되었다는 사실이다.

마지막으로 Stumpf의 많은 제자 중에는 게슈탈트 심리학의 창설에 중요한 역할을 하게 되는 Wolfgang Köhler와 Kurt Koffka, 역시 게슈탈트 집단의

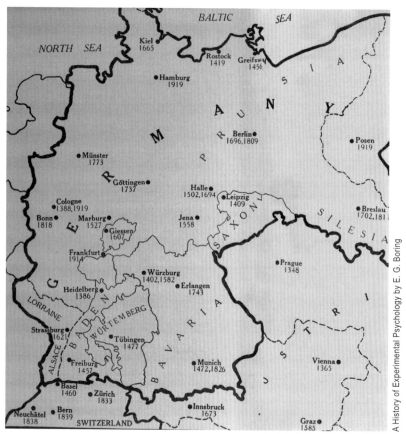

그림 3.3 독일의 주요 대학교의 설립 및 재개교 날짜를 보여 주는 독일과 주변 지역의 지도.

일부이며 미국에서 실험사회심리학 발전의 핵심 인물이 된 Kurt Lewin, 숫자를 셀 수 있다고 여겨졌던 영리한 한스라는 말의 유명한 사례를 Stumpf와 함께 조사한 Oskar Pfungst가 있었다. Stumpf와 Pfungst는 통제된 실험 절차를 사용하여 말 주인이 말에게 말발굽으로 바닥을 두드리기를 언제 멈출지를 알려 주는 미묘한 단서를 주고 있음을 입증하였다(Fernald, 1984; Pfungst, 1965 참조). 1921년 Stumpf가 베를린대학교에서 은퇴했을 때 그의 자리는 그의 제자 Wolfgang Köhler가 이어받았다.

Georg Elias Müller와 기억

Ebbinghaus는 기억을 연구하는 데 몇 년을 보냈지만 G. E. Müller(1850~1934)는 학자로서의 긴 경력 중 많은 부분을 기억을 연구하는 데 보냈다. Müller는 생산적인 학자였고 박사학위를 받은 괴팅겐대학교의 교수였으며 거기서 40년 동안 심리학 실험실의 책임자를 지냈다(Krohn, 1893). 그는 감각, 색채 시각, 학습, 주의 및 정신물리학을 포함한 많은 심리학적 주제에 업적을 남겼다. 그의 주된 연구는 기억에 관한 것이었다. 그는 Ebbinghaus의 연구 중 많은 부분을 반복검증했을 뿐 아니라 상당히 확장하기까지 했다. 유사한 실험을 하는 것에 덧붙여 Müller는 피험자에게 다양한 기억 과제를 하면서 무슨 생각을 했는지를 물어보기도 했다. 즉, 그는 피험자에게 목록을 기억하려고 노력하면서 사용했던 방략이 있다면 무엇이든 다 보고해 주기를 부탁했다. 그 결과 그는 여러 가지 인지적 방략이 있음을 알게 되었는데, 여기에는 무의미하도록 만들어진 자극에 의미를 부여하는 것과 철자를 나누어 의미 있는 단위로 묶는 것 등이 있었다. Müller는 이 분야에서 독창적인 연구도 많이 했다. 그는 기억 원통(memory drum)을 발명하였는데 그것은 기억 과제를 위한 자극을 체계적으로 제시한다는 점에서 연구에 요긴한 물건이었다. 실제로 기억 원통은 수십 년간 전 세계의 심리학 실험실에서 기본적인 도구가 되었다. Müller는 Ebbinghaus가 발견한 망각률에서 더 나아가서 망각이 왜 일어나는지를 알고자 했다. 그 목적으로 그는 간섭 이론의 연구를 개척했으며 순행 억제와 역행 억제 모두에 관한 연구를 수행했다. 나아가 그는 한 과제에서 나온 정보가 또 다른 과제로 전이되는 조건이 무엇인지를 보여 주는 중요한 연구를 하였다.

　Müller의 실험실은 Wundt의 실험실이 생긴 지 겨우 2년 뒤에 세워졌다. 그의 실험실은 독일과 근처 국가들에서 다수의 훌륭한 학생을 끌어들였지만 미국인 학생은 별로 없었다. 거기서 공부한 소수의 학생들 중 가장 잘 알려진 사람은 Christine Ladd-Franklin(1847~1930)이었는데, 그녀는 시각 분야,

특히 색채 시각 분야에서 중요한 연구자가 되었다(Furumoto, 1992). Müller 의 논문이나 저서 중 영어로 번역된 것은 거의 없었는데, 이는 미국 심리학 자들이 그의 연구에 대해 아는 것이 별로 없었다는 말이다(Behrens, 1997). Müller가 아직 살아 있던 1929년 E. G. Boring은 실험심리학사 저서에서 실험심리학에 Müller가 기여한 바를 기술하였다. 그는 다음과 같이 요약하는 글을 썼다. "힘과 유명세로 치자면 그는 Wundt를 제외하곤 첫째가는 사람이다"(Boring, 1929, 369쪽).

Oswald Külpe와 사고

Oswald Külpe(1862~1915)는 1887년 Wundt에게서 박사학위를 받았다. 그는 자신의 최초의 심리학 수업을 Wundt에게서 들었지만 그러고는 Georg Müller 아래서 공부하기 위해 괴팅겐대학교로 갔고 그 후 다시 라이프치히대학교로 돌아갔다. 그는 졸업 후 라이프치히에 남아서 7년간 Wundt의 실험실에서 수석 조수로 일했다. 마침내 그에게 자신의 실험실을 만들고 자기만의 심리학을 할 기회가 찾아왔다. 그는 1894년에 뷔르츠부르크대학교로 옮겼다. 혼자가 되자 Külpe는 심리학에 대한 자신의 믿음을 밀고 나아갈 수 있게 되었다. 그는 Wundt의 실험실에서는 금지 영역이었던 고차 정신과정, 특히 사고를 연구하는 데 관심이 있었다. 아마도 그것은 Müller의 영향일 것이다. 그는 또한 회상(retrospection)이 포함된 내성 절차를 개발하였는데, Wundt는 이 전략이 관찰자 보고의 타당성을 위태롭게 한다고 믿었다(Lindenfeld, 1978).

Külpe의 내성법은 대개 체계적 실험 내성(systematic experimental introspection)이라고 불린다. 관찰자는 경험하게 되어 있는 어떤 자극이나 사건(라이프치히대학교에서 수행되던 연구에서 사용된 전형적인 사건보다 더 복잡한 경우가 많았다)을 경험하고 난 다음에 개입된 정신과정에 대한 포괄적인 이야기를 내놓는다. 그것이 회상적인 것인 이유는 자극 사건이 끝나

고 난 뒤 보고를 받았기 때문이다. 그런 절차에서 생기는 기억의 문제를 해결하고 내성 보고를 체계화하기 위해 Külpe와 그의 학생들은 과제를 의미 있는 요소들로 나누어서 각 요소 다음에 내성 보고를 하도록 요구하였는데, 이는 분할(fractionation)이라 불리는 방법이다. 신뢰도를 보장하기 위해 이와 같은 내성이 여러 차례 반복되었다.

Külpe는 사건에 대한 의식 경험의 보고에만 관심이 있는 것이 아니라 그 사건에 대해 생각하는 것과 연관된 정신적 활동에도 관심이 있었다. 이 절차로 인해 사고 과정에 대한 흥미로운 발견이 몇 가지 나왔다. 그중 하나는 다음과 같다. 관찰자에게 쌍으로 나타날 숫자들을 더하라는 것 같은, 어떤 과제에 대한 지시를 주면 그런 덧셈에 대한 그의 내성 보고는 그 지시가 과제 수행 전에 통합되어서 과제 자체에는 아무런 역할도 하지 않음을 보여 주었다. 다시 말해 숫자 쌍이 나타나면 관찰자가 '이 숫자들을 더해야 해'라는 생각을 할 필요가 없었고 그냥 덧셈 과정이 일어나서 답을 생성해 냈다. 이 현상은 마음 갖춤새(mental set)라고 불렸는데, 이는 인지심리학에서 큰 중요성을 갖게 될 개념이었다.

사고 연구에서 나온 또 다른 결과는 특히 논란이 많았다. Wundt와 그의 제자 Titchener는 모든 사고가 감각이나 심상(image)으로 구성된다고 믿었다. 그런데 Külpe의 일부 연구에서는 관찰자들이 그런 심상이 전혀 개입되지 않은 사고에 대한 내성 보고를 하였다. 예를 들어 Külpe의 제자 중 한 사람인 Karl Marbe가 했던 연구에서는 피험자들이 한 번에 하나씩 한 쌍의 추를 들었다 놓은 후에 어느 추가 더 무거운지 판단을 내렸다. 이들은 추를 들 때는 각 추에 대한 심상이 형성되었다고 보고했지만 판단을 내릴 때는 감각적이거나 심상 같은 내용이 존재하지 않았다고 보고하였다. 이 현상은 무심상 사고(imageless thought)라고 불렸고, 뷔르츠부르크 실험실과 라이프치히 실험실 사이에 거대한 균열을 만들었다. Wundt는 그 판단 과제가 내성을 하기에는 너무 복잡하기 때문에 그런 내성 보고가 유효하지 않다고 주장했다.

이 논쟁은 끝내 해결되지 못했다.

1879년에 과학적 심리학을 창시한 공로를 인정받는 사람이 Wundt이기는 하지만 불과 몇 년 안에 심리학이라는 과학을 독일의 많은 유수 대학에서 찾아볼 수 있었음은 명백하다. Ebbinghaus는 대략 같은 시기에 베를린대학교에서 독자적으로 자신의 심리학을 발전시켰다. (오스트리아의 비엔나대학교에 있었던) Brentano는 행위심리학을 독자적으로 발전시켜서 1874년에 중요한 책을 저술했는데, 이는 Wundt가 자신의 주요 저서의 초판을 출간한 해와 같은 때이다. Stumpf는 Brentano의 제자였고 1870년대에 뷔르츠부르크대학교에서 심리학 연구를 시작했다. 그러나 음조에 관한 대표작의 첫 권을 낸 것은 1883년이 되어서였다. Georg Müller는 1881년 괴팅겐대학교에 대단히 생산적인 실험실을 열었는데, 이는 Wundt의 실험실보다 겨우 2년 늦은 것이었다. 그리고 Wundt의 제자인 Külpe는 1890년대에 뷔르츠부르크 실험실을 맡게 되었다. 미국 학생들은 이 모든 학자들 아래에서 공부했지만, 라이프치히대학교에서 훈련을 받은 사람의 수가 월등하게 많았다. 실험심리학은 독일 전역에 퍼지고 있었을 뿐만 아니라 북미에도 수출되어 1900년 즈음 북미는 40개가 넘는 심리학 실험실을 자랑하게 되는데 이는 독일을 포함하여 그 어떤 나라보다도 더 많은 숫자였다. 하지만 다음 장에서 보겠지만, 미국의 심리학은 매우 다른 모습을 띠게 된다. 미국에서의 과학적 심리학의 시작을 다음 장에서 살펴볼 것이다.

04

미국의 과학적 심리학의 기원

크리스토퍼 콜럼버스의 아메리카 대륙 '발견' 400주년이 빠른 속도로 다가오고 있었고, 시카고의 노동자들은 세계 콜럼버스 박람회를 위한 준비를 완성해 가고 있었다. 시카고 세계박람회라고도 하는 이 박람회는 1892년에 미시간 호숫가의 600에이커[1]의 땅에서 열리기로 되어 있었다. 공사가 지연되어 박람회는 1893년 5월 1일에야 열렸다. 박람회의 주요 볼거리는 경이로운 공학기술로 만들어진, 땅에서 27층 높이로 치솟아 있는 거대한 바퀴였다. 모든 사람의 화제의 중심이었던 그것은 George Ferris라는 공학자가 설계한 것으로서, 페리스 관람차의 시초가 되었다. 이 관람차에 탄 사람들은 거의 기차의 화물칸 크기의 차량들 속에서 앉거나 서 있었다. 한 번에 60명까지 탈 수 있는 그런 차량이 36개나 달려 있었다. 이 관람차는 엄청난 인기를 끌게 되어 박람회가 열린 6개월 동안 2,700만 명 이상의 방문객 대부분이 이 관람차 때문에 박람회에 왔음은 의심의 여지가 없었다. 박람회는 경제적으로 큰 성공을 거두었으나 시카고인들에게 그것은 돈보다 훨씬 더 많

---

1 약 2,430,000 제곱미터

그림 4.1 1893년 개최된 시카고 세계박람회의 쿠르 도뇌르[2]. The Manufacturing Building 의 지붕에서 본 모습. 이 박람회는 흔히 '화이트 시티(The White City)'라고 불렸는데, 대부분 의 건물을 덮고 있는 하얀 벽토 때문이었다.

은 것을 의미했다. 즉 그것은 시카고의 대부분을 완전히 파괴해 버린 1871 년의 대화재 이후 재건된 시카고가 어떤 도시로 거듭났는지를 전 세계에 보여 줄 기회였다.

박람회의 200개 건물 중 하나에는 위스콘신대학교의 심리학자 Joseph Jastrow가 마련한 "심리학 실험실(The Psychology Laboratory)"이라는 이름의 작은 전시가 눈에 잘 띄지 않는 곳에 들어앉아 있었다. 두 개의 방이 있었는 데, 한 방은 심리학 실험에 사용되는 과학 기구를 전시했으며 도구의 사진과 검사받는 중인 피험자의 사진도 있었다. 다른 방에서는 방문객들에게 실험 점수 기록지와 서류받침판이 주어졌다. 거기서 그들은 몇 개의 실험 부스를 돌며 운동 정확도, 반응시간, 색채 시각, 통증 민감도, 무게 판단, 기억 등을 측정해서 자신의 기록지에 점수를 적었다. 이 전시는 심리학이 새로운 과학 임을 일반 대중에게 보여 주려는 최초의 시도를 나타내는 것이었다. 그것은

---

2 The Court of Honour. 서양의 궁전이나 저택에서 건물이나 안뜰 중 가장 격식이 높은 것.

심리적 질문에 대한 답이 메스머리스트, 강신술사 혹은 골상학자의 손에 있는 것이 아니라 대학의 실험실에 있음을 미국인들이 깨닫게 하려는 공공교육 캠페인의 일환이었다. 물론 "심리학 실험실" 전시가 페리스 관람차에 매혹된 사람들을 끌어들이지는 못했다. 그러나 이 변변찮은 전시는 새로운 과학적 심리학자들이 심리적 문제에 있어서 권위 있는 목소리가 되고자 한다는 것을 알리는 하나의 공지 역할을 하였다.

미국인들이 Wundt 및 그 동시대인들 밑에서 공부하기 위해서 독일로 가면서 미국 땅에 새로운 과학의 씨앗이 뿌려질 분위기가 조성되고 있었다. 미국의 1세대 실험심리학자 중에는 외국에서 훈련받은 이들이 많았고, 일부는 '집에서' 공부를 했으며, 최소한 한 사람은 독학을 했다. 이 장은 19세기 말 미국 실험심리학의 등장에 관한 이야기를 하고 있는데, William James, G. Stanley Hall, 그리고 James McKeen Cattell, 이 세 사람의 업적에 주로 초점을 맞춘다. James는 그중 독학으로 공부한 심리학자인데, 한번은 자신이 들었던 최초의 심리학 과목이 1875년 하버드대학교에서 자신이 강의했던 그 수업이라고 언급한 적이 있다. G. Stanley Hall은 James보다 나이가 겨우 두 살 적었지만 James의 하버드대학교 박사과정 학생이었다. Cattell은 존스홉킨스대학교의 Hall에게서 대학원 공부를 시작했지만 라이프치히대학교의 Wundt에게서 박사학위를 마쳤다. 지금까지의 이야기에서 3세대의 학자들이 있는 것처럼 보이지만 실제로 그들은 1880년대와 1890년대에 미국 심리학계에서 함께 활동했다.

심리학자 William James

William James는 뉴욕 시의 부유한 특권층 가정에서 태어났다. 그는 미국에 있는 학교뿐 아니라 프랑스, 잉글랜드, 스위스에 있는 학교도 다녔다. 그의 집에는 Ralph Waldo Emerson(그의 대부)과 Henry David Thoreau 같은 중요한 손님들이 드나들었다. James가(家)는 교양 있는 가정이었고 여행도 많

Houghton Library, Harvard University

그림 4.2 하버드대학교 캠퍼스 근처 어빙가 95번지의 William James 저택.

이 다녀서 예술, 문학, 음악 및 건축을 많이 접했다. 한때 James는 화가의 길을 걷고자 했고 그 분야에서 상당한 재능을 보였다(Leary, 1992). 그의 동생 Henry는 유명한 소설가가 되어 런던에서 오랫동안 거주했다. Henry는 웨스트민스터 사원의 '문인의 묘' 구역에 묻힌 몇 안 되는 미국인 중 하나가 되는 영광을 안았다.

James는 1869년 하버드대학교에서 의학 학위를 땄다. 1872년 그는 하버드대학교에서 생리학을 가르치는 자리에 채용되었고, 1875년 생리심리학에 대한 자신의 새로운 과목을 보완하기 위해 생리학 실험실을 설립했다. 어떤 역사가들은 이 실험실이 미국 내 최초의 심리학 실험실이라고 주장한 바 있다(Harper, 1950). 그러나 그것은 연구보다는 시범을 위한 실험실로 보는 것이 더 적절하다.

1870년대에 출판인 Henry Holt는 '미국 과학 시리즈(American Science Series)'라는 이름으로 일련의 책들을 출간하고 있었다. 그는 심리학이라는 새로운 과학을 다룰 책을 원하던 중 1878년에 James를 저자로 계약했는데, 이는 James가 한 번도 책을 쓴 적이 없었기 때문에 약간은 위험한 일이었다.

Holt는 그 책을 1년 안에 써 주기를 원했으나 James는 책을 마치기까지 2년을 줄 것을 요청했다. 그러나 2년이 지나갔는데도 James는 그 책을 쓰는 데 거의 진전이 없었다. 하버드대학교의 기록 보관소에 있는 James의 편지를 보면 그가 진정으로 책을 집필하기 시작한 것은 1885년인 것으로 보인다. Holt는 그 책이 나오기는 할까 하는 의심을 했음에 틀림없지만 1890년 늦여름에 드디어 원고가 도착했다. 기한을 10년이나 넘겨서 말이다! 그해 가을 그 원고는 『심리학 원리(*The Principles of Psychology*)』라는 제목을 달고 1,400쪽에 걸친 두 권의 책으로 출간되었다. 미국 심리학 역사에서 이보다 더 중요한 책은 없다. 그것은 한 번도 절판된 적이 없으며 오늘날에도 새로운 세대에게 판매되어서 그들이 James의 유려한 문체와 놀라울 정도로 뛰어난 실례들을 발견하게 된다.

James의 『심리학 원리』

James의 『심리학 원리』는 Wundt의 『생리심리학 원리』의 미국판이라 할 수 있는데, 왜냐하면 두 권 모두 심리학이라는 새로운 과학의 기존 연구들에 대한 개요서로 쓰였기 때문이다. James의 책이 미국에서 최초로 나온 그런 종류의 책은 아니었다. 3년 전에 예일대학교의 심리학자 George Trumbull Ladd(1842~1921)가 『생리심리학 요강(*Elements of Physiological Psychology*)』(1887)을 출간했다. 그 책은 이 새로운 분야에 어느 정도 영향을 미쳤지만 James의 책이 미칠 영향에 비하면 아무것도 아니었다. James는 하버드대학교에서 인기 있는 선생이었는데, 이 사실이 그 책의 성공과 관련이 있었다. 심리학 역사가 Raymond Fancher와 Alexandra Rutherford(2012)는 "그 책이 성공을 거둔 이유는 그의 강의가 성공을 거둔 것과 같은 이유였다. 즉 그 책은 심리학적 개념의 개인적 유용성과 관련성을 강조했고, 그런 개념에 대한 논의에서 남의 눈을 신경 쓰지 않고 솔직하고 자연스러웠다"(316쪽)라고 썼다.

　James의 책에 실린 단원들은 정신철학자에게 친숙해 보이는 것이었을 것이다. 의식, 감각, 지각, 연합, 기억, 주의, 상상, 추론, 정서 및 의지를 다루는 단원들이 있었다. 하지만 그 내용은 상당히 달라서 신경생리학, 감각생리학 및 정신물리학에 관한 수십 년간의 연구와 그전 10년간의 심리학 연구에서 나온 내용을 다루고 있었다.

James의 심리학에서 핵심 개념 중 하나는 의식의 흐름(stream of consciousness), 그리고 그것과 선택적 주의(selective attention) 사이의 연계였다. 심리학이 과학으로 서기 전 심리학에 관한 정의는 심리학이 영혼에 관한 연구 혹은 마음에 관한 연구임을 강조했다. 정신철학이라는 심리학과 구분하기 위해 실험심리학 혹은 생리심리학이라는 다양한 이름으로 불렸던 신심리학에서는 의식에 관한 연구를 강조하는 정의가 일반적이었다. Wundt 심리학의 환원주의적 부분을 명백히 공격하면서[그리고 다음 장에서 다루겠지만 몇년 뒤 Titchener가 발전시킨 특별히 원자론적인 심리학(atomistic psychology)에 적용될 수 있는 비난으로] James(1890)는 다음과 같이 썼다.

대부분의 책은 가장 단순한 심적 사실인 감각에서부터 시작하여 각각의 위 단계가 그 아래 단계로부터 구성되어 나오는 합성적인 방식으로 나아간다. 하지만 이는 연구의 경험론적 방법을 내버리는 일이다. 하나의 단순 감각 그 자체를 경험한 적이 있는 사람은 아무도 없다. 의식은 우리가 태어난 바로 그날부터 우글거리듯이 많은 다양한 대상과 관계로 가득 차 있으며, 우리가 단순 감각이라고 부르는 것은 변별적 주의(때로는 매우 높은 정도로까지 밀어붙여진)의 결과물이다(1권, 224쪽).

James는 의식이 조각으로 혹은 불연속적인 단위로 존재하는 것이 아니라 시냇물과 같이 흐른다는 점을 강조했다. 따라서 의식을 구성 요소로 분석하는 것은 말이 안 되는 일이어서 인공적인 심리학을 만들어 낼 뿐이었다.

James는 같은 세대의 많은 학자들과 마찬가지로 Charles Darwin(다음 장에서 논의함)의 생각에 많은 영향을 받았다. Darwin은 적응과 생존가(survival value)라는 개념에 대한 관심을 불러일으켰다. James는 인간의 생존에서 의식의 역할을 찾고자 했다. 분명히 의식은 진화를 통해 생겨난 것이었다. 의식의 목적은 무엇이었을까? 그 기능은 무엇이었을까? 위의 인용문에서 James는 "다양한 대상과 관계로 가득 차 있는" 의식에 대해 이야기했다. 살면서 우리는 감각 과잉의 세계 속에 있게 되는 경우가 많아서 그로부터 어떤 정보를 추출해 내고는 그 정보를 이해하고 그에 따라 행동해야만 한다. 습관과 선택적 주의 같은 과정은 그런 세계에서 우리가 성공적으로 길을 찾아 나가게끔 돕는다. 다음의 긴 인용문은 의식에서 선택적 주의의 역할을, 그리고 인간의 진보와 생존에서 의식의 역할을 삽화처럼 보여 준다. "삽화처럼 보여 준다"는 것이 적절한 말인데, 왜냐하면 James는 화가로서의 삶은 포기했지만 아래 글에서 분명히 알 수 있듯이 단어를 가지고 계속 그림을 그렸기 때문이다.

> … 우리는 마음이 그 각각의 단계마다 동시에 존재하는 여러 가능성들로 이루어진 무대임을 알게 된다. 의식은 이 가능성들을 서로 비교하여 주의의 강화적 및 억제적 작용을 통해 일부를 선택하고 나머지는 억제하는 데에 있다. 가장 고차적이고 가장 정교한 정신적 산물이 그 바로 아래 단계의 능력에 의해 선택된 자료로부터 여과되어 나오는데, 이 자료는 또 그 아래 단계의 능력이 제공한 덩어리에서부터 나온다. … 요약하자면, 받아들인 자료에 대해 마음이 하는 작업은 조각가가 돌덩어리를 가지고 하는 작업과 아주 비슷하나. 어떤 의미에서는 그 조각상이 영겁의 세월 동안 거기에 서 있었다. 그러나 그 옆에 천 개의 다른 것들도 있었는데, 그 다른 나머지로부터 이 하나가 뽑혀져 나온 것은 조각가 혼자서 해낸 일 덕분이다. 꼭 마찬가지로 우리 각자의 세계는, 그에 대한 우리의 여러 관점이 제아무리 다르다 한들, 감각들의 원초적 혼돈 속에 모두 들어 있는 채로 존재했다. 그래서 그 혼돈은 단순히 물질일 뿐인 것을 우리 모두의 사고에 차별 없이 제시한다. 우리는, 원한다면, 추리를 통해 사물을 과학이 유일한 진짜 세계라고 부르는 저 시커멓고 이음새 없는 연속적인 공간과 떼 지어 움직이는 원자들의 구름으로 되돌려놓을 수도 있다. 그러나 그런 와중에 우리가 느끼고 살고 있는 이 세계는 우리의 조상들과 우리가 천천히

축적되는 작은 선택들을 통해 그것으로부터 건져 낸, 마치 조각가처럼 주어진 재료에서 특정 부분을 단순히 제거함으로써 만들어 낸 것이다. 다른 조각가는 똑같은 돌에서 다른 조각을 만들어 낸다! 다른 마음은 단조롭고 무표정한 똑같은 혼돈에서부터 다른 세계를 만들어 낸다! 나의 세계는 다 같이 들어 있었던 백만 개 중에서 하나일 뿐이고, 그것을 추출해 낼 사람에게는 똑같이 진짜인 백만 개 중 하나일 뿐이다. 개미나 오징어나 게의 의식 속의 세계는 너무나 다를 것임에 틀림없다(1권, 288~289쪽)!

James에게는 그래서 의식이란 선택하기에 관한 것이었다. 본능에서부터 대체로 벗어난 동물종인 인간에게 행위는 개인이 책임져야 할 문제가 된다. 혼돈의 세계에서 인간종에게 좋은 선택을 하는 데 도움이 되도록 진화되어 나온 무언가는 중요한 생존가를 지니고 있는데, 그 무언가가 바로 의식이다.

James의 『심리학 원리』에서 가장 중요한 단원 중 하나가 습관에 관한 것이었다. 개인의 생존에 의식이 중요한 것과 꼭 마찬가지로 습관은 사회질서 유지에 한 핵심 요인이다. 그는 "습관은 그러므로 사회의 거대한 속도조절바퀴, 즉 사회의 가장 소중한 보존 작인(作因)(conservative agent)이다. 우리 모두를 규칙의 울타리 안에 머물게 하는 것이 오로지 습관이다"(James, 1890, 1권, 121쪽)라고 썼다. James는 적절한 상황에서 자동적으로 발화하기 시작한 신경로로 인해 습관이 깊게 배어든다는 이론을 세웠다. 습관은 신경에 기초한 것이기 때문에 일단 한 번 확립되고 나면 변화시키기 어려운 것이었다. 따라서 James는 나쁜 습관의 확립을 피하고 좋은 습관이 발달되도록 하는 일의 중요성에 대해 썼는데, 이런 것이 위에서 Fancher와 Rutherford가 언급한 개인적 유용성이라는 James의 이야기의 일부이다.

James가 『심리학 원리』에서 남긴 독창적인 업적 중 하나가 정서 이론이었다. 정서에 관한 James 시대의 일반적인 관점은 어떤 상황에 대한 지각이 주관적인 느낌을 일으키고 그에 뒤이어 일련의 신체적 변화가 생겨난다는 것이었다. James는 이 생각을 거꾸로 뒤집어서, 상황에 대한 지각의 결과로 신체적 변화가 일어나고 이어서 그 신체적 변화에 대한 인식이 우리가 정서라고 이름 붙이는 주관적인 느낌을 낳는다고 주장하였다. 유사한 이론이 덴마크의 생리학자인 Carl Lange(1834~1900)에 의해 거의 동시에 출판되었는데, 오늘날 이것은 James-Lange 정서 이론으로 불린다. 당시 이 이론은 많은 논쟁을 불러일으켰고 오늘날에도 여전히 그렇지만 일부 정서적 경험에 대한 가능한 설명으로서 폐기되지 않고 남아 있다. 이런 개념들과 함께 학습, 동기 및 주의에 관한 James의 개념이 기능주의라 불리는 미국 심리학파의 발전에 특히 중요한 역할을 하게 된다. 기능주의는 의식의 기능을 이해하고자 했던 학파인데, 이에 대해서는 다음 장에서 살펴볼 것이다.

James의 『심리학 원리』는 심리학적 사고의 틀을 형성시켰을 뿐 아니라 심리학이라는 새로운 과학으로 한 세대의 젊은 학자들을 끌어들였다는 면에서 특별히 영향력이 큰 책이었지만, James는 실험심리학자로 살았던 적이 없다. 그는 종교심리학에 관한 책 『종교적 경험의 다양성(*The Varieties of Religious Experience*)』(1902)을 저술했고, 교육과 심리학의 관계에 관한 책도 썼다. 그가 저술한 다른 책들도 상당한 양인데(일단 그가 책을 쓰는 요령을 터득하자 여러 권을 쓸 수 있었다), 그것은 철학, 특히 실용주의 철학에 관한 것이었다(James, 1907 참조). James는 실험실 연구를 좋아하지 않았으나, 심리학에서 하버드대학교가 앞서가려면 그런 실험실이 있어야 한다고 생각했다. 그런 목적으로 그는 1892년 하버드대학교 실험실의 책임자로 독일에서 온 Hugo Münsterberg(제6장 참조)를 고용했는데, 그는 Wundt의 박사 제자 중 한 사람이었다. 『심리학 원리』가 저술된 지 약 125년 되는 오늘날 James는 여전히 미국의 가장 위대한 심리학자 및 철학자 중 한 사람이라는 명성을 누리고 있다.

James의 제자 : Mary Whiton Calkins

James는 실험실 연구를 하지 않았기 때문에 심리학 제자들이 많이 없었다.

하지만 그에게 있었던 몇 안 되는 제자들은 뛰어난 이들이었다. 1890년에 웰슬리대학의 교수였던 Mary Whiton Calkins(1863~1930)는 자신의 대학으로부터 신심리학에 관한 과목을 개설해 달라는 부탁을 받았다. 그녀는 그 주제에 관해 거의 배경 지식이 없었으므로 하버드대학교에서 강의를 듣기 위하여 William James와 접촉했다. 1890년 가을 학기에 그녀는 William James의 기초 심리학 과목을 들었다. 그녀가 강의를 듣는 유일한 학생이었기에 수업은 James의 집에서 진행되었다(그림 4.2 참조). 그들은 James의 거실 벽난로의 양쪽에 앉아서 심리학, 특히 당시 막 출간된 그의 『심리학 원리』에 관해 논의를 벌였다. 그 수업을 신청한 네 명의 학생(모두 남성)이 있었지만 그들은 수업을 취소했는데, 어쩌면 그 이유가 수강생 중 여성이 있다는 이야기를 들었기 때문일 수 있다. 그런 것이 19세기 여성의 고등교육 실태였다. Calkins가 하버드대학교에 있을 당시 여성은 사실상 하버드대학교에 공식적으로 등록할 수 없었다. 그래서 그녀가 박사학위에 필요한 수업을 다 듣고, 박사 연구도 다 완료하고, 박사학위 구두시험도 통과했지만, 그녀에게는 박사학위가 절대로 수여되지 않았다. James 및 다른 교수들이 그녀를 위해 대학 측에 청원을 했음에도 불구하고 말이다(Furumoto, 1991; Scarborough & Furumoto, 1987).

Calkins는 웰슬리대학으로 돌아가서 1891년에 심리학 실험실을 만들었는데, 이것이 여성이 세운 최초의 심리학 실험실이다. 그녀는 학자로서 상당한 업적을 더 남기게 된다. 1894년부터 1898년 사이 그녀는 기억에 관한 네 편의 논문을 발표했는데, 각 논문이 여러 개의 연구를 포함하고 있었다(예: Calkins, 1894, 1896 참조). 연구를 수행하기 위해 그녀는 오늘날의 기억 연구에서도 여전히 중요한 기법을 발명했다. 쌍대연합법(paired associates method)이라는 이 기법에서는, 학습 시행에서 항목(단어, 무의미 철자, 사진)들이 쌍으로 제시된 다음에 기억 시행에서 그 쌍 중 한 항목이 다른 항목의 단서로 제시된다. Calkins는 특히 초두성 효과와 신근성 효과, 즉 어떤 목

그림 4.3 William James(왼쪽)와 Mary Whiton Calkins. 1889년 Calkins가 하버드대학교에서 공부를 시작했을 무렵의 모습.

록에서 초기에 제시된 항목과 끝부분에 제시된 항목의 기억을 연구하는 데 관심이 있었다. 그녀의 연구는 목록의 제시와 회상 사이에 어떤 방해과제를 삽입함으로써 어떻게 신근성 효과를 감소 또는 제거할 수 있는지를 보여 주었다. 이 기법은 오늘날 흔히 사용되는 연구 절차이다. 나아가서 그녀는 망각의 주요한 원인인, 오늘날 역행 간섭(retroactive interference)이라 불리게 된 것에 대해서도 중요한 연구를 했다. 연합 및 기억 분야에 그녀가 남긴 유산을 요약하면서 Madigan과 O'Hara(1992)는 다음과 같이 썼다. "[그녀의 저술은] 진정으로 훌륭한 유산인데, 왜냐하면 인간 기억에 관한 현재의 개념 정립에 근본적으로 중요한 기초적이고 반복 검증이 가능한 현상들을 이야기하고 있기 때문이다"(174쪽).

심리학자로서 Calkins는 새로운 실험심리학만이 아니라 기존의 정신철학과 윤리철학도 역시 포용하는 것이 가능하다고 생각하였다. 그녀는 자아심리학(self psychology)이라는 것을 주창하면서 학문적 경력의 대부분을 보냈는데, 그것은 심리과학이 무엇이어야 하는가에 대한 그녀의 사상체계였다

(Calkins, 1900 참조). 그녀는 심리학이 의식이나 행동이 아니라 자아에 관한 과학이어야 한다고 주장했다. 그녀의 자아심리학은 개인의 여러 가지 자아(변화하지 않는 자아, 변화하는 자아, 독특한 자아, 사회적 자아)를 연구하고자 했던 내성주의 심리학(introspectionist psychology)이라고 이야기되었다. 그것은 승산 없는 싸움으로 판명되었는데, 당시는 그녀의 동료들이 철학과 거리를 두고 있었던 데다가 대부분의 경우 연구 방법으로서 내성에 의존하지 않으려고 할 때였다. 그녀는 일생 동안 심리학에 관한 이 독특한 시각을 지속적으로 옹호했다(Wentworth, 1999).

그녀를 향한 동료들의 존경은 Calkins가 1905년에 미국심리학회 회장으로 선출되었다는 사실에서 명백히 드러난다. 그녀는 그 자리를 역임한 최초의 여성이었다. 나아가 그녀는 1918년에 미국철학회 회장으로 선출되었다. 그녀가 하버드대학교에서 공부를 마친 지 10년이 넘게 지난 뒤 래드클리프대학(하버드대학교에 새로 생긴 여자단과대학)의 학장은 그녀에게 연락을 취하여 래드클리프대학이 그녀에게 박사학위를 수여하고자 한다고 말했다. 그녀는 자신의 박사과정 수업과 연구는 래드클리프대학이 아닌 하버드대학교에서 한 것이라면서 정중하게 거절했다.

G. Stanley Hall과 심리학의 전문직화

G. Stanley Hall(1844~1924)이 Wundt의 『생리심리학 원리』 한 권을 수중에 넣은 것은 오하이오 주의 안티오크대학에서 철학을 가르치고 있던 때였다. 30세였던 그는 그 책에 빠져들어 실험심리학이라는 새로운 학문을 공부하고 싶었지만, 매사추세츠 주의 평범한 농가 출신이었던 데다가 안티오크대학에서 받은 월급을 저축한 것은 유럽에서 공부할 만큼 충분치 않았다. 대신에 Hall은 1876년 철학자이자 심리학자인 William James(1842~1910)에게서 박사학위를 받기 위해 하버드대학교로 갔다. 당시 James는 미국에서 유일하게 새로운 과학적 심리학 과목을 개설하고 있었는데, 이 과목은 1875년

에 가르치기 시작한 것이었다. Hall은 1878년 6월에 철학박사학위를 받았는데, 그것은 하버드대학교 철학과에서 최초로 수여한 박사학위였다. 결국 Hall은 볼티모어의 존스홉킨스대학교에서 심리학 및 교육학 교수 자리를 제의받았다. 거기서 그는 1883년에 미국 최초의 심리학 실험실을 열었다(Ross, 1972).

Hall의 걸출한 학문적 경력을 보자면, 그는 미국에서 최초의 심리학 실험실을 창설했을 뿐 아니라 최초의 심리학 학술지를 창간했고, 1892년 심리학자를 위한 최초의 전문직 단체인 미국심리학회(American Psychological Association, APA)를 창립했으며, 심리학을 이용하여 교육을 향상시키려는 전 국가적 시도인 "아동 연구 운동"을 시작했고, 최초의 응용심리학 학술지와 최초의 종교심리학 학술지를 창간하였다. 그는 1909년 Sigmund Freud를 미국으로 초청했으며(Freud의 유일한 미국 방문이었다. 제7장 참조), 노화의 심리학에 관한 최초의 책과 청소년기에 관한 두 권짜리 주요 저술을 비롯하여 여러 권의 중요한 책을 썼다.

존스홉킨스대학교에 있는 동안 그는 1887년에 북미 대륙 최초의 심리학 학술지 *American Journal of Psychology*를 출간하기 시작했다. 그는 존스홉킨스대학교에 몇 년밖에 머물지 않았고, 곧 매사추세츠 주 우스터에 새로 생긴 클라크대학교의 총장으로 갔다. 그는 1920년에 은퇴할 때까지 31년 동안 총장으로 재임했다. 그는 1889년에 두 번째 심리학 실험실을 클라크대학교에 만들어 Edmund Sanford를 실험실 책임자로 앉혔다. Sanford는 존스홉킨스대학교에서 Hall에게서 박사학위를 딴 사람이었다(Goodwin, 2006).

Hall은 James보다는 실험실에서 일하는 것을 더 좋아했지만 그의 연구 생산성은 사실 그렇게 높지 않았다. 그는 좀 더 행정적이고 사업가적인 역할을 선호했음이 분명하다. 그는 호소력 있는 연설가여서 다른 사람들을 자극하여 자신의 일에 동참시키는 능력이 있었는데, 이는 교육과 아동양육의 기초로서의 아동 연구 분야에서 가장 분명하게 드러났다(Brooks-Gunn &

Johnson, 2006). 교육에 관한 그의 관심은 장기적인 것이어서 유치원부터 박사 교육에 이르는 기간을 모두 다루었다. 그가 1882년에 발표한 "아동의 마음속에 있는 내용(The Contents of Children's Minds)"이라는 논문은 그의 심리학 연구를 다른 방향으로 이끌게 된다.

아동 연구 운동

19세기 말은 미국에서 급격한 사회변화가 일어나던 시기였다. 산업화, 도시의 발달, 아동노동법, 의무교육법, 그리고 수천 명의 새로운 이민자로 인해 학생 수가 폭발적으로 늘어났다. 다양한 시민들이 생산적인 삶을 살 수 있도록 교육시킬 학교 개혁이 필요하다는 전국적인 요구가 생겼다. 좋은 도덕적 품성을 가진 아이를 양육하는 것에 대한 관심이 다시 생겨났다. 부모는 아동교육과 더 좋은 육아 기법에 대한 정보를 요구했다. 미국교육협회(National Education Association, NEA) 같은 단체들은 특히 이런 문제에 관여하고 있었다. 아이들의 마음에 관한 Hall의 1882년 논문이 그를 이 분야로 이끌어 들여서 그에게 전국적인 모임에서 이 문제에 대해 강연해 달라는 요청이 들어왔다. 새로운 대학교를 만드는 일을 진행시켜야 하는 임무 때문에 약간 지연되기는 했지만 그는 1891년 토론토에서 열린 NEA 연례대회에서 아이들을 과학적으로 연구해야 할 필요성에 대해서 연설을 하였다. 아동 연구 운동(Child Study Movement)이 탄생했고 Hall은 그 지도자로 임명되었다. Hall은 클라크대학교를 이 연구의 전국적 중심지로 만들게 되었다. 1891년 그는 *Pedagogical Seminary*라는 새로운 학술지를 창간하였는데, 여기에 아동 연구 문헌들이 발표되었다. 그는 또한 클라크대학교에 전국적 규모의 연구를 촉진하고 널리 퍼져 있는 연구 결과들을 모아 둘 정보센터를 창설했다.

아동 연구의 전반적인 목표는 아동에 관해 알 수 있는 모든 것, 즉 감각 능력, 신체적 특성, 기질, 놀이, 기억, 종교적 생각, 주의 지속시간 등을 발견하는 것이었다. 이런 새로운 지식이 있다면 과학에 기초를 둔 교육이 이루어질 것이다. Hall은 1893년에 전국적인 잡지에 "아동 연구: 정밀한 교육의 기초(Child Study: The Basis of Exact Education)"라는 제목의 논문을 게재하여 그런 믿음을 강화시켰다. 그는 이 논문에서 다음과 같은 결론을 내렸다. "[심리학]을 즉각적으로 응용할 수 있는 가장 주된 분야는 인간 본성에 관한 과학이자 그것을 최대한으로 발전시키는 기술로 간주되는 분야인 교육이다"(441쪽).

Hall이 선호한 연구법은 질문지서, 그와 클라크대학교 동료들은 대략 200가지의 질문지를 만들었다. 주(州) 아동연구협회 및 기타 경로를 통해서 Hall은 공립학교 교사, 대학 교육자 및 부모들의 도움을 요청했다. 이 연구를 이끄는 어떤 이론이 있는 것이 아니어서 개인이 연구하기를 원하는 주제는 무엇이든 하도록 권장되었다. 예컨대 산타클로스에 대한 생각, 간지럼에 대한 반응, 구름에 대한 이해, 리듬 지각 같은 것이 연구 주제였다. 충분한 자료가 모아지면 그것이 어떤 식으로든 통합되어 교육과 아동 양육을 개선하려는 이 운동의 목표를 달성할 수 있을 것이라는 생각이었다. William James나 Hugo Münsterberg같이 많은 심리학자들이 이 운동에 대해 비판적이어서 그 연구는 의심스러우며 목표는 지나치게 크다고 주장했다. Hall은 관심이 다른 주제로 바뀌게 된 대략 1905년까지 이 연구를 지속했다. 1910년쯤 되어서는 이 운동은 근본적으로 붕괴되었다.

아동 연구 운동은 그 과대망상적인 야망을 충족시키는 데 전혀 성공하지 못했다. 심리학자들은 인간 행동의 법칙을 찾아내려 했고, 대학교 행정가들은 교사를 훈련시킬 더 좋은 방법을 원했으며, 교육자들은 아동의 학교 성적을 평가할 더 좋은 측정치를 희망했고, 부모들은 아동 양육에 관한 정보를 필요로 했다. 결국에는 그 자료가 어떠한 종류의 혁신을 가져오는 데도 거의 소용이 없는 것으로 판명되었다. 스스로 정한 의제는 풀지 못했지만 그 운동은 몇몇 긍정적인 결과를 가져왔다. 그것은 발달심리학과 교육심리학 분야를 잉태했으며 아동의 신체적, 행동적, 사회적 및 지능적 규준의 필요성을 명백하게 보여 주었다. 아동에 관한 진정한 과학이 생기게끔 했으며 그 과학이 교육과 아동 양육에 응용되도록 이끌었다. 어쩌면 가장 중요한 점은, 실패했음에도 불구하고 아동 연구가 새로운 과학적 심리학이 대중의 이익을 위해 응용될 수 있음을 알려 주었다는 사실일 것이다(Davidson & Benjamin, 1987).

청소년기와 Hall의 유전심리학

Hall이 심리학자로서 남긴 가장 큰 업적은 교육과 발달 분야에서였다. 그의 대표작은 두 권짜리 저서 『청소년기: 그 심리학, 그리고 생리학, 인류학, 사회학, 범죄 및 종교와의 관계(*Adolescence: Its Psychology and Its Relations to Physiology, Anthropology, Sociology, Crime, and Religion*)』(1904)였음이 분명하다. 이 책은 청소년기를 인간 발달에서 하나의 뚜렷한 단계로 확립했으며 그 용어를 도입하여 대중적으로 쓰이게 했다는 평가를 일반적으로 받고 있다(Arnett & Cravens, 2006). 그 책은 아동 연구에 관해 Hall이 모은 방대한 양의 자료와 Darwin의 생각에 대한 그의 몰두, 그리고 통제력을 잃은 사회에서 감수성이 예민한 젊은이들이 자라는 상황에 대한 우려를 보여 주었다. 1세기도 더 전에 쓰인 이 책의 서문을 읽어 보면 흥미롭게도 Hall의 심정이 오늘날 쉽게 들을 수 있는 말과 얼마나 유사해 보이는지 알게 된다. 청소년이 맞닥뜨리는 위험을 한탄하는 다음의 글을 보라.

젊은이들이 오늘날 이 땅에서만큼 타락과 체포의 위험 같은 것에 처해진 적은 한 번도 없었다. 도시생활이 증가하면서 따라오는 유혹, 미성숙함, 앉아서 일하는 직업, 수동적 자극(능동적이고 객관적인 생활이 가장 필요한 바로 이때), 이른 해방에다가 의무감과 절제력 모두의 감소, 신분에 어울리는 것을 때가 채 되기도 전에 미리 알고 하려고 하는 성급함, 단숨에 부자가 되고픈 미친 욕망, 그리고 돈 많은 젊은이들이 주도하는 꼴사나운 패션 — 이 모든 것에 더 보수적인 전통의 옛 땅에서는 아직도 지니고 있는 어떤 규제들이 결핍되어 있다(Hall, 1904, 1권, xv~xvi쪽).

Hall은 자신의 책이 모든 교육자와 사회복지사들을 위한 안내서가 되기를 희망했다. 하지만 청소년기의 성에 관한 솔직한 논의가 특히 문제가 되었다. 그는 1906년에 그 책에서 성 관련 내용을 약화시킨 판을 『청춘: 그 시기의 교육, 식이요법 및 위생(*Youth: Its Education, Regimen, and Hygiene*)』이란 제목으로 출간하였다. 그는 이 책이 사범대 학생들을 위한 교과서가 되기를 원했다. 이 책에서 그는 예컨대 체벌, 소년의 잘못된 행동을 자연스럽고 수용 가능한 것으로 생각하는 관용("사내애들이 그렇지 뭐"), 여성을 위한 별도의 교과과정, 남녀공학 고등학교에 대한 반대, 학교 교사 중 여성이 더 많은 '불행한' 상황, 교육은 그로부터 지적 혜택을 받을 수 있는 사람들만을 위한 것이라는 믿음, 그리고 도덕적 및 종교적 훈련을 교육에 포함시켜야 한다는 요구 같은 논란 많은 여러 주제에 대해서 자신의 관점을 옹호했다.

Hall의 『청소년기』는 그의 심리학 체계를 펼쳐 보였는데, 그것은 앞서 언급했듯이 Darwin의 생각에 크게 영향을 받은 것으로서 일반적으로 유전심리학(genetic psychology)이라 불린다. 그는 자궁에서 청소년기까지의 신체적 및 심리적 발달을 기술하면서 그런 발달의 진화적 이점이라고 생각한 것을 이야기했다. 예를 들면 "성 기관은 존재의 계층에서 위로 올라갈수록 생식을 더 확실하게, 더 낭비가 적게, 그리고 아마도 훨씬 더 쾌락적인 것으로 만든다"(Hall, 1904, 1권, 413쪽)라고 그는 썼다. Hall은 생물학자 Ernst Haeckel의 진화재연설(theory of recapitulation, 또는 발생반복설)을 받아들였는데, 이는 개체발생이 계통발생을 재연한다는 주장이다. 다시 말해, 한 동물종의 계보상의 진화적 발달과정이 한 개체가 수정 단계에서부터 청소년기를 거치는 동안의 발달에서 반복된다는 것이다. Hall은 진화재연이 생리학(예컨대 태아의 발달)과 심리학 모두에서 나타난다고 믿었다.

Hall이 『청소년기』를 썼을 때는 진화재연설이 과학계에서 심각하게 의심을 받고 있었고 1915년 즈음에는 대체로 신빙성이 없는 것으로 간주되었다. Hall의 전기를 쓴 Dorothy Ross(1972)는 Hall이 그 이론을 잘못 이해하긴 했지만 그가 인간 발달에 대한 진화적 설명의 관점에서 만들어 낸 것은 아주 적절한 것이었다고 주장했다.

정신분석, 종교, 노화

Hall이 저서에서 성에 관해 솔직하게 다룬 것은 당시로서는 특이한 일이었다. 그뿐만 아니라 그는 1907년에 학교에서 성 교육 수업이 이루어져야 한다고 주장하면서 성에 관해 거침없이 이야기하기도 했다. 박사후 과정으로 유럽의 정신병원에서 일하며 갖게 된 정신병리학에 대한 관심과 성에 대한 관심으로 인해 그는 Sigmund Freud(1856~1939)라는 오스트리아 신경과의사의 이론에 매료되었다. Freud의 관점은 Hall의 신념 중 일부를 보완해 주는 것이었다. 클라크대학교가 개교 20주년을 맞았을 때 Hall은 Freud에게 명예 박사학위를 약속하면서 그를 초청하여 클라크대학교에서 강연을 하게 하였다. Freud의 성에 관한 저술 그리고 그의 이론의 비과학성 때문에 이 초청은 논란을 일으켰으며, Hall의 심리학 동료들은 이 때문에 그를 비판하였다. 그러고서 개최된 심리학 학술대회는 북미에서 열렸던 것 중 가장 유명한 것이 되었다. Freud가 와서(이는 그의 유일한 미국 방문이었다) 다섯 번의 강연을 했는데, 그것은 나중에 Hall의 학술지에 출간되었다. 그 방문으로 인해 정신분석은 이후 10년간 미국에서 엄청나게 성장하게 되었는데, 정신분석에 대해서는 제7장에서 살펴볼 것이다.

우리는 앞서 Hall이 종교심리학에 관한 학술지를 만들었다고 언급했다. 그는 또한 클라크대학교에서 여러 명의 제자들(예 : Edwin Starbuck, James Leuba)을 지도하여 종교심리학 박사학위를 수여했는데, 이들은 종교를 과학적으로 연구하는 분야를 출범시킨 공을 인정받는다(Vande Kemp, 1992). James와 마찬가지로 Hall도 『심리학의 관점에서 본 예수 그리스도(*Jesus the Christ in the Light of Psychology*)』(1917)라는 제목의 종교심리학에 관한 저서를 출간하였다. 그것은 심리학적 측면에서 예수 그리스도의 특징을 찾으려 했던 두

Courtesy of the Library of Congress

Archives of the History of American Psychology, The Center for the History of Psychology, The University of Akron

그림 4.4 G. Stanley Hall(왼쪽)과 32세 때의 James McKeen Cattell.

권짜리 책으로서, Hall은 "그분의 성격 특질은 전반적으로 어떤 것이었는가? … 예수성(Jesusissity)이란 어디에 있는 것인가?"라고 썼다. 그것은, 어쩌면 당연한 이유로, Hall의 책 중 가장 성공적이지 못했다. 마지막으로 언급해야 할 일은 Hall이 78세 때 대개 노화 심리학에 관한 최초의 책으로 간주되는 『노년기(*Senescence*)』(1922)라는 제목의 책을 출간하였는데, 이는 노인에 대한 방대한 설문 연구를 기초로 한 책이었다(Cole, 1984).

오늘날 Hall은 새로운 학문 분야에 필수적인 요소들(학술지, 전국적 조직, 박사과정 프로그램)을 확립한 것, 응용심리학을 주창한 것, 그리고 뛰어난 학문적 경력을 쌓게 될 여러 명의 박사를 길러 낸 것으로 제일 유명하다. 그는 1920년 아프리카계 미국인으로는 최초로 심리학 박사학위를 딴 Francis Cecil Sumner(제11장에서 논의됨)의 지도교수였다. Hall은 또한 지능검사 개발에서 핵심인물이었던 여러 심리학자들(Henry Herbert Goddard와 Lewis Terman을 비롯하여)을 훈련시키는 데 한몫했다(제6장에서 살펴봄). 미국에서 초기의 심리학 실험실을 창설한 제자들을 양성하는 데 Hall보다 더 큰 역할을 한 사람은 Wundt밖에 없었다. Hall의 많은 업적 중 가장 핵심적인 것은, 거의 틀림없이, 아동기, 청소년기 및 노년기의 발달에 대한 연구를 추진한 것과 그 연구가 현대의 전 생애적 발달심리학에 물려준 유산이다(White, 1992).

James McKeen Cattell : 심리학의 수석대표

James McKeen Cattell(1860~1944)은 꽤 풍족한 집안 출신이었다. 그의 아버지는 펜실베이니아 주 이스톤에 있는 라파예트대학 총장을 20년 동안 지냈고, 외가 쪽으로도 재산이 많았다. Cattell은 20세에 라파예트대학을 졸업했다. 그는 존스홉킨스대학교의 Hall에게로 가서 대학원 공부를 시작했으나 그와의 언쟁 이후 거기를 떠났다. 그는 라이프치히대학교로 가서 Wundt 아래에서 정신과정의 속도에 관한 연구를 하여 1886년 박사학위를 취득했다. 그러나 그의 진짜 스승은 박식가이며 Darwin의 사촌인 Francis Galton이었다. Cattell이 1888년 영국에 있는 Galton의 실험실을 방문했을 당시 Galton은 인체측정검사(anthropometric test), 즉 인간의 인지적, 감각적, 운동적 능력에 대한 측정치를 개발했었다. 이 연구는 Cattell에게 강력한 인상을 남겼으며 오랫동안 그의 연구의 길잡이가 되었다.

Cattell은 1889년 펜실베이니아대학교의 교수가 되어서 심리학 실험실을 만들었다. 이 실험실에서 그는 라이프치히대학교에서의 연구를 확장시켰으며, Galton의 인체측정검사에 기반을 두면서도 심리적 측정치에 더 초점을 맞춘 정신검사 프로그램을 추가했다.

Cattell의 정신검사

Cattell은 학술지 *Mind*에 실린 "정신검사와 측정(Mental Tests and Measurements)"이라는 제목의 1890년도 논문에서 검사 프로그램에 관한 이야기를 했는데, 이것은 정신검사(mental test)라는 용어의 출발을 나타냈다. Cattell의 10개 종합검사는 무게에 대한 차이역, 통증을 일으키는 최소 압력의 측정치,

이점역 검사, 동력계 압력(악력의 세기), 소리에 대한 반응시간, 팔 운동의 속도, 색깔 이름 말하기 시간, 50cm 직선 이분할, 여러 개의 글자를 한 번 듣고 회상할 수 있는 개수, 그리고 10초의 시간을 판단하는 것이었다. 첫 세 가지는 정신물리학적 측정치임을 주목하라. 이 검사들 중 다섯 가지는 감각 측정치로서 영국 경험주의의 영향 때문에 포함된 것이었다. 모든 지식이 감각을 통해 들어온다면 가장 능력 있는 사람은 가장 감각이 예리한 사람일 것이라고 가정하는 것이 합당한 일이었다. 다른 검사들은 오늘날 정신운동성 혹은 인지적이라고 불릴 측정치들이었다.

이 검사들의 목적은 무엇이었을까? Cattell(1893)은 "감각과 능력에 대한 검사는 교사들에게 중요하다 … 그런 검사들은 학생의 진보, 상태 및 적성에 대한 유용한 지표가 된다"(257쪽)라고 하면서 더 나아가 다음과 같이 썼다.

> 일상적인 학교시험과 함께 사용되면 그런 검사는 수업이 지각 및 정신생활의 기초 과정들을 개선시키는지 아니면 둔화시키는지를 보여 줄 것이다. 매일, 매주, 그리고 매 회기의 시작과 끝에 검사를 실시하면 그 학생이 필수 교과과정 때문에 기진맥진했는지 알 수 있을 것이다. 그런 검사는 서로 다른 교육 체계들을, 서로 다른 학교들을 비교하는 데 사용될 수 있을 것이다. … 그런 검사는 여자아이가 건강을 해치지 않으면서 남자아이와 똑같은 수업 과정을 따를 수 있을지를 보여 줄 것이다(258쪽).

물론 이런 주장은 매우 중요한 내용이었다. Cattell(1893)은 그 검사가 학생의 적성을 규명할 수 있을 뿐 아니라 영재와 "일찍 발견되면 개발할 수 있는 가치 있는 특성"(258쪽)을 가진 학생을 찾아낼 수 있다고도 주장했다. 본질적으로 Cattell은 지능검사를 개발했다고 주장한 것이었다. 비록 그런 명칭을 사용하지는 않지만 말이다.

1894년 Cattell은 컬럼비아 대학본부를 설득하여 입학하는 모든 학생을 검사하도록 허락을 받았고 거의 10년 동안 이를 수행했다. Cattell은 그 검사 프로그램이 어떤 쓸모가 있을지에 대해서 확실한 이야기를 하지 않았으나 그것이 어떤 교육적 열매를 맺게 될 것이라는 희망을 가지고 탐구할 만한 가치가 있다고 주장했다. Cattell은 많은 양의 자료를 축적해 가고 있었지만 그 검사의 타당성을 평가할 방법이 그에게는 없었다. 그런데 그런 상황은 그의 스승인 Galton과 Karl Pearson이 상관계수를 발견하자 달라졌다. 상관계수는 두 변인 사이의 통계적 관계를 측정할 수 있게 해 주었다. 그에 따라 Cattell은 대학원생 Clark Wissler(1901)의 도움을 받아 상관 측정치를 사용하여 Cattell의 검사 점수와 학생들이 컬럼비아대학교 수업에서 받은 성적 사이의 관계를 검증하였다. 그 결과, 상관값은 0이었다! 다시 말해, Cattell의 정신검사 점수 중 어느 하나도 그 학생의 대학교 수업 성적과 예언적 관계가 없었다. 역사학자 Michael Sokal(1982)은 "Wissler의 분석은 대부분의 심리학자들에게 확정적 결과라는 인상을 주었고, 그로 인해 인체측정식 정신검사 운동은 죽었다. … Cattell은… 실험심리학자로서의 학문적 경력을 포기했다…"(338쪽).

인체측정검사는 대체로 폐기되었지만 지능검사는 그렇지 않았다. 사실상 20세기 미국 심리학을 한 단어로 나타낼 수 있다면 그것은 검사였다. 비네식 지능검사가 1910년대 즈음에는 유행이었다. 제1차 세계대전에 심리학자들이 관여했던 일의 주된 산물은 군대 알파 검사와 군대 베타 검사의 개발이었는데, 이는 본질적으로 지능검사를 염두에 둔 것이었다. 그 전쟁 이후 검사는 산업계, 특히 직장인 선발 분야에서 흔한 일이 되었는데, 이는 심리학자들이 촉진한 것이었다. 임상심리학자라는 전문직이 생기고 나서부터 처음 50년간 정신검사는 사실상 지능의 평가에서부터 성격검사와 신경증 및 뇌손상 검사에까지 걸쳐서 그들의 직무를 규정하는 것이었다. 검사가 중요했던 이유는 많은데, 그중 가장 중요한 것은 검사가 개인차를 확인할 방법을 제공한다는 생각이었다. 이것이 Cattell이 Charles Darwin의 저서를 읽으면서 그리고 Galton과 연구를 하면서 관심을 갖게 된 분야였다. 미국 심리학은 개인차 연구에 사로잡혀 있었다. Cattell이 정신검사에 관여한 유일한 초기 심리학자는 아니었지만 그의 프로그램은 매우 두드러진 것이었다. 정신적 특질을 수량화하기를 간절히 원했던 심리학에 그것이 미쳤던 효과는 깎아내릴 수 없다(Sokal, 2006).

과학 편집자 Cattell

1891년까지 Cattell은 펜실베이니아대학교에 하나, 그리고 컬럼비아대학교에 하나, 총 두 개의 심리학 실험실을 창설했고, (James Mark Baldwin과 함께) 심리학에서 가장 중요한 학술지 중 하나인 *Psychological Review*를 창설했으며, '정신검사'란 용어를 만들었고, 나중에 심리검사의 주요 출판사가 되는 심리학 회사(Psychological Corporation)를 세웠으며, 『미국 과학인명사전(*American Men of Science*)』을 만들고 편집했다. 그뿐 아니라 그는 심리학에 중요한 공헌을 한 많은 박사과정 학생들을 지도하였는데, 가장 주목할 만한 사람은 Edward L. Thorndike와 Robert S. Woodworth(Thorndike는 제8장에서, Woodworth는 제5장에서 살펴봄)이다. 하지만 Cattell이 심리학에 남긴 가장 큰 업적은 이 목록에 있지 않음에 틀림없다.

1894년 학술지 *Science*는 이전 소유주인 Thomas Edison과 Alexander Graham Bell이 실질적으로 포기한 뒤 망해 가고 있었다. *Science*의 후원자들은 이 학술지를 부활시킬 사람을 찾고 있었는데, Cattell이 34세에 결국 이 과학주간지의 소유주 겸 편집자가 되게 되었다. 1944년 사망할 때까지 그는 놀랍게도 50년 동안이나 그 직책을 계속했다! 어떠한 잡지라도 편집을 해 본 사람이라면 그런 일이 얼마나 시간이 많이 걸리는지 안다. 심지어 1년에 겨우 네 번 발행되는 학술지의 경우에조차도 말이다. 그런데 *Science*는 1년에 52회 발행되었고 Cattell은 그 편집장으로 일하는 와중에도 20년 동안은 한 개의 주간지(*School and Society*)와 두 개의 월간지(*The Scientific Monthly*와 *The American Naturalist*) 역시 편집했다. 그런 일은 정말로 놀라운 업적이다!

*Science*지를 인수한 지 1년 안에 Cattell은 그것을 되살려 냈다. 그는 과학

계의 넓은 인맥과 자신의 기업가적 자질을 이용하여 내용의 현재성을 높였다. 1896년 1월 그는 Wilhelm Conrad Röentgen의 X선 발견에 관한 장문의 기사를 실어서 저널리즘 측면에서 대성공을 거두었다. 그 주제는 과학계에서 분명히 가장 뜨거운 화제였기 때문에 극히 중요한 것이었다. 뒤이어 다른 기사들도 나와서 *Science*는 곧 X선에 관한 소식으로는 세계적으로 선두에 있는 학술지가 되었다(Sokal, 1980). 사실상 *Science*는 곧 세계에서 가장 중요한 두 가지 과학 출판물 중 하나가 되었다(그 경쟁 상대는 영국 출판물인 *Nature*이다). 오늘날에도 여전히 과학자들은 자신의 가장 좋은 연구를 이 학술지들에 출간하고자 경쟁한다.

Cattell이 *Science*지의 편집장을 역임한 것은 과학으로서의 심리학에 그가 했던 가장 중요한 공헌이었다. 왜냐하면 그는 심리학 분야 동료들의 논문을 환영했기 때문이다. 그 결과 심리학은 광범위한 과학계에서, 그리고 *Science*지를 정규적으로 읽던 교양 있는 일반인 집단 내에서 눈에 띄게 되었는데, 이는 편집자가 다른 과학 분야의 사람이었더라면 일어날 수 없는 일이었을 것이다. Cattell은 심리학이 아직도 과학계 내에서 자리를 잡으려고 노력하던 때에 심리학에 과학적 가시성을 부여했다. 이는 심리학이 다른 식으로는 받을 수 없었을 선물이었다.

신심리학에 대한 이야기 퍼뜨리기

제1장에서 우리는 1880년대와 1890년대에 미국에서 심리학 실험실이 창설되기 시작하던 당시 이미 존재하고 있었던 두 가지 심리학에 대해 살펴보았다. 새로운 사업이 자리를 잡고 손님을 맞아들이기 위해서는 홍보를 해야 한다. 신심리학자들이 바로 그런 처지에 있게 되었다. 그들이 일하는 직장은 어떠한 종류의 진정한 과학도 불가능할 것이라고 대개들 생각하는, 혹은 사람들이 심리과학을 골상학이나 메스머리즘 또는 그런 식의 어떤 사이비과학과 동일한 것으로 간주하는 그런 과학 기업인 셈이었다. 따라서 심리학자들

은 자기네 메시지를 대중에게 전할 방법을 찾게 되었다.

그래서 사용된 방법 중 하나는 신문이나 잡지 같은 대중매체에 신심리학을 선전하는 기사를 쓰는 것이었다. James, Hall, 그리고 Cattell은 모두, 동료 심리학자들과 마찬가지로 *Harpers*나 *Atlantic Monthly* 같은 대중잡지에 그런 글을 썼다. 예를 들어 Hall은 아동 연구 결과의 일부를 대중잡지에 출간하였다. 대중 집단과 여러 단체에게 강연을 하는 것은 흔한 일이었다. Cattell이 *Science*의 지면에 심리학을 올린 것은 광범위한 과학 독자를 교육하는 데 도움이 되었음이 분명하다.

우리는 이 장의 첫머리에서 시카고 세계박람회의 심리학 전시를 조직한 사람으로 Joseph Jastrow(1863~1944)를 언급했다. Jastrow는 심리학에 관한 일련의 대중 서적과 신문 칼럼을 써서 일반 대중에게 과학적 심리학을 홍보하는 데 크게 힘쓰고 있었다. 그의 신문 칼럼은 신문 조합에 참여하고 있던 150개 이상의 신문에 실리는 것이었다(Behrens, 2009). Jastrow는 1892년 7월에 열린, 나중에 미국심리학회가 될 단체의 창립 준비 모임에서 박람회 전시에 참여하는 방안을 꺼냈었다. 그 모임은 Hall의 주도로 그의 집에서 열렸다. William James는 시카고 전시에 참여하는 것을 그다지 좋아하지 않았다. 하지만 Hall은 좋아했고 박람회에서 사용될 기구와 사진들을 제공하기로 동의했다.

19세기의 마지막 10년 동안 심리학은 주목할 만한 성장을 이루었다. 1892년에는 미국심리학회가 창립되었을 뿐 아니라 매우 중요한 인물들이 미국 심리학계에 등장했다. 영국인 Edward Titchener는 Wundt에게서 박사학위를 막 끝내고 1892년에 코넬대학교의 심리학 실험실을 이끌기 위해 미국에 왔다. 그는 이후 30년 동안 미국 심리학에서 주요한 동력이 될 사람이었다. William James는 Wundt의 다른 박사학위 제자 Hugo Münsterberg에게 그가 맡고 있던 프라이부르크대학교의 실험실을 떠나 하버드대학교에서 같은 직책을 맡아 주도록 설득했다. Münsterberg 역시 미국 심리학에서 주요 인물이

된 사람이어서, 응용심리학 특히 산업심리학과 법심리학에서 핵심적인 역할을 했다. Wundt의 또 다른 제자 Edward Scripture도 예일대학교의 실험실을 맡기 위해 왔다. 마지막으로 Lightner Witmer는 1892년 펜실베이니아대학교에서 Cattell의 실험실을 다시 열었다. 그는 그 대학교에서 Cattell의 학부생이었는데, Cattell의 제안에 따라 Wundt에게 가서 박사학위를 받았다. 펜실베이니아대학교로 되돌아온 지 4년 후에 그는 미국에서 최초의 심리학 클리닉을 시작했다. 당시는 과학적 심리학에게 신나는 시대였고, 또한 학교나 클리닉 및 직장에서 일어나는 현실 세계의 문제에 심리학을 활용하기에 딱 좋은 시대였다.

여러 실험실이 자리를 잡아 감에 따라 독일 심리학에 존재하던 다양성이 미국에서도 그대로 투영되기 시작했다. 이는 부분적으로는 유럽에서 받은 교육의 차이 때문이었지만 또한 미국 심리학자들의 개성, 즉 미국 문화 속에서 만들어진 성격의 차이 때문이기도 했다. 미국 심리학자들은 편을 가르기 시작하여서 스스로를 어떤 심리학파에 속하는 것으로 한정했다. 처음 나온 학파가 구조주의와 기능주의인데, 이것이 다음 장의 주제이다.

05

미국 심리학의 초기 학파

미국 심리학의 학파 이야기를 영국 런던에서 남쪽으로 25마일 떨어져 있는 작은 마을의 어느 집에서부터 시작해 보자. 다운하우스(Down House)라는 이름의 저택에는 편지가 자주 배달되었는데 왜냐하면 거기에 사는 사람이 세계 전역에 있는 사람들과 많은 편지를 주고받고 있었기 때문이다. 1858년 6월 18일은 아마도 평소와 다르지 않아 보였다. 그날은 금요일이었는데 우편배달부가 가지고 온 우편물에는 말레이제도에서 몇 달 전에 부쳐진 봉투 하나가 포함되어 있었다. 다운하우스의 주인 Charles Darwin은 그 봉투를 열어 편지를 읽고 나서는 세상이 뒤집어지는 것 같았다. Darwin(1809~1882)은 자연선택에 의한 종 변화에 관한 이론을 세우기 위해 거의 20년째 연구하고 있었는데, 이는 몇몇 가까운 친구들만 알고 있는 사실이었다. 그는 아직 자신의 생각을 출간하지는 않았는데, 아마도 해결해야 할 문제가 되는 사안들이 여전히 몇 가지 있었기 때문일 것이다. 이제 그는 젊은 박물학자 Alfred Russel Wallace(1823~1913)가 보낸 짧은 원고를 손에 들고 있었는데, 그것은 Darwin의 것과 거의 동일한 이론을 이야기하고 있었다. Darwin은 Wallace의 원고를 받음으로써 자신의 연구를 출간하지 못하

그림 5.1 Darwin의 저택 다운하우스의 뒤뜰. Darwin이 서재에서 보았을 정원의 모습을 일부 보여 주고 있다.

From the author's collection

게 될까 봐 우려하였다. 친구들은 과학 학술대회에서 사람들이 Wallace의 논문과 Darwin의 논문을 함께 읽어 볼 수 있게 할 것을 그에게 권했다. 역사학자들은 오늘날 두 사람 모두가 독립적으로 종 변화의 기제로서 자연선택 이론을 세웠음을 인정한다. 그러나 Darwin이 그 이론을 세운 공을 더 많이 인정받고 있는데, 그 주된 이유는 그의 1859년 저서 『종의 기원(*On the Origin of Species*)』 때문이다. 이 책에는 그가 그 이론을 발전시키고 지지하기 위해 수십 년간 했던 각고의 노력이 기록되어 있다. 이 책은 초판이 1,250부 나왔는데 첫날에 전부 판매되었다. 오늘날 그 초판본은 약 225,000달러에 팔린다.

　Darwin의 자연선택 및 성 선택에 관한 생각만큼 과학계 전반에 커다란 영향을 미친 이론은 없었다. 사실상 Darwin의 이론으로부터 중요한 영향을 받지 않은 과학 분야를 찾기란 정말로 어려운 일일 것이다. 그저 몇 가지만 예로 들자면 약물학, 유전학, 생화학, 법의학, 해부학, 식물학, 인류학 및 심리학 등이 큰 영향을 받았다. 현대 과학에서는 진화가 사실로 간주된다. 진화가 일어난다는 점은 논쟁거리가 아니다. 진화가 어떤 기제를 통해 일어나는

가가 논쟁거리이다. 그 논쟁에서 Darwin의 자연선택 이론에 심각한 이의를 제기하는 이론은 전혀 없다. 오늘날에도 그의 이론은 여전히 엄청난 설명력을 지니고 있다.

우리는 이미 앞 장에서 Darwin이 James, Hall 및 Cattell의 생각에 영향을 주었음을 보았는데, 그들은 이 장에서 살펴볼 두 개의 학파 중 하나인 기능주의(다른 하나는 구조주의이다)의 형성에 기여한 사람들이다. Darwin의 영향은 처음에 미국의 철학자 Chauncey Wright(1830~1875)의 저술로부터 나왔다. 그는 자연선택에 의한 종 변화라는 Darwin의 이론으로 전향한 최초의 미국인 중 한 사람이었다. Wright는 James에게 큰 영향을 주었는데, James는 다시 Hall, Jastrow 및 다른 사람들에게 영향을 미쳤다(Green, 2009).

초기의 북미 심리학 실험실

미국에서 실험심리학은 G. Stanley Hall이 1883년에 최초의 실험실을 설립한 후 아주 빨리 퍼져 나갔다. 실험실은 연구와 교육에 필요한 다양한 기구들 때문에 많은 돈을 투자해야 하는 일이었다[연구 도구가 심리학에서 했던 역할에 관한 논의로는 Sturm & Ash(2005) 참조]. 앞서 언급한 것처럼 1900년 무렵에는 미국과 캐나다에 40곳 이상의 심리학 실험실이 있었으며, 그중 다섯 곳은 여성이 창설한 것이었다. Hall의 실험실 외에도 1880년대에 설립된 실험실은 여섯 곳이 더 있었다. 네브래스카대학교와 펜실베이니아대학교의 실험실은 Wundt의 제자들이 설립했고 클라크대학교, 인디애나대학교 및 위스콘신대학교의 실험실은 Hall의 제자들이 설립했다. 1890년대에는 Hall의 제자들이 아이오와대학교, 텍사스대학교, 그리고 브린모대학교에 실험실을 설립했다. Wundt의 제자들은 컬럼비아, 가톨릭, 코넬, 하버드, 예일, 미네소타, 스탠포드, 캘리포니아대학교에 실험실을 열었다. Wundt와 Hall의 제자들의 제자들, 즉 학문적 손자들에 의해 설립된 다른 실험실들도 있었다.

실험심리학 초기에 두드러진 문제는 모든 과학의 역사에서 찾아볼 수 있는 것, 즉 '순수' 학문 대 응용에 대한 논쟁이었다. '순수' 학문이라는 개념은 어떠한 실용적 이득도 고려하지 않고 이루어지는 연구를 가리키는 것으로서, 지식 그 자체를 위한 지식의 탐구이다. '순수한'이라는 형용사는 기초 연구 작업의 신성함을 상징한다는 의미가 있다. 그것은 응용 연구와 대비되는 것인데, 어떤 이들은 응용 연구를 오염된 것으로 본다. 왜냐하면 그것이 어떤 실용적인 활용도를 갖도록 고안되기 때문이다. 이 구분은 모든 학문 분야에 존재하는 위계, 즉 '순수' 연구자가 응용 연구자보다 우월한 것으로 간주된다는 점을 보여 준다. 응용 연구를 하는 것보다 유일하게 더 나쁜 일은 연구를 전혀 하지 않고 개업한 전문가로서 일하는 것이라는 생각이다. 물론 모든 학자가 이런 편견을 갖고 있는 것은 아니지만 많은 이가 그렇다. Hall이 존스홉킨스대학교의 실험실을 창설한 이래로 이러한 편견은 미국 심리학을 이루는 요소의 하나였다. 우리는 이후의 장들에서 전문직 심리학(professional psychology)을 논의하면서 이 문제가 끼친 영향을 다시 살펴볼 것이다. 여기서 이를 거론하는 이유는 그것이 구조주의 – 기능주의 논쟁에서 중요한 문제 중 하나였기 때문이다.

Wundt의 심리학은 응용과는 전혀 상관이 없었던 반면 Hall의 심리학은 아동 연구 작업에서 가장 뚜렷하게 드러나듯이 응용을 적극적으로 촉진했다. 미국인들은 과학적 심리학의 전망에 대한 열정 때문에 라이프치히대학교로 갔고, 그 후에는 미국 심리학 프로그램에 몰려들었다. Cattell은 심리학이 20세기의 대표적인 학문, 가장 위대한 진보가 이루어질 과학이 될 것이라고 썼다. Harry Kirke Wolfe와 Lightner Witmer 같은 다른 초기 미국 심리학자들도 비슷한 주장을 했다. 처음에는 라이프치히대학교가 이 새로운 학문을 하는 방법을 배울 곳이었다. 미국인들은 심리학에 대한 자기 자신의 계획(흔히 응용을 중요시하는)을 갖고서 유학을 갔는데, 이는 별로 놀랄 일이 아니다. Wundt는 그런 사실을 알고 있었고, 당연히 그 때문에 약간 화가 나서 미국인의 그런 실용적이고 물질적인 경향을 'ganz Amerikanisch', 즉 전형적

표 5.1 북미에 설립된 심리학 실험실 : 1883~1900년

연도	실험실	설립자
1883	존스홉킨스대학교	G. Stanley Hall
1887	인디애나대학교	William Lowe Bryan*
1888	위스콘신대학교	Joseph Jastrow*
1889	클라크대학교	Edmund Clark Sanford*
1889	캔자스대학교	Olin Templin
1889	네브라스카대학교	Harry KirkeWolfe**
1889	펜실베이니아대학교	James McKeen Cattell**
1890	아이오와대학교	George T.W. Patrick*
1890	미시간대학교	James Hayden Tufts
1891	가톨릭대학교	Edward Aloyius Pace**
1891	컬럼비아대학교	James McKeen Cattell**
1891	코넬대학교	Frank Angell**
1891	토론토대학교	James Mark Baldwin
1891	웰슬리대학교	Mary Whiton Calkins
1892	브라운대학교	Edmund Burke Delabarre
1892	하버드대학교	Hugo Münsterberg**
1892	일리노이대학교	William Otterbein Krohn
1892	트렌턴주립사범대학	Lillie A.Williams
1892	예일대학교	Edward W. Scripture**
1893	프린스턴대학교	James Mark Baldwin
1893	랜돌프-메이컨대학	Celestia S. Parrish
1893	스탠포드대학교	Frank Angell**
1893	시카고대학교	Charles Augustus Strong
1894	애머스트대학교	Charles Edward Garman
1894	데니슨대학교	Clarence Luther Herrick
1894	펜실베이니아주립대학교	Erwin W. Runkle
1894	뉴욕시티대학교	Charles B. Bliss
1894	미네소타대학교	Harlow Stearns Gale
1894	웨슬리언대학교	Andrew C. Armstrong, Jr.
1894	웨스턴리저브대학교	Herbert Austin Aikins
1895	스미스대학	William George Smith
1896	캘리포니아대학교	George M. Stratton**
1896	윌슨대학	Anna Jane McKeag
1897	오하이오주립대학교	Clark Wissler
1898	브린모어대학	James Henry Leuba*

(계속)

표 5.1 (계속)

연도	실험실	설립자
1898	텍사스대학교	Alexander Caswell Ellis*
1899	오리건대학교	Benjamin J. Hawthorne
1900	뉴욕대학교	Charles Hubbard Judd**
1900	노스웨스턴대학교	Walter Dill Scott**
1900	메인대학교	M. C. Fernald
1900	미주리대학교	Max Frederick Meyer
1900	와이오밍대학교	June Etta Downey

* G. Stanley Hall 아래서 공부함
** Wilhelm Wundt 아래서 공부함

인 미국식이라고 이야기했다.

라이프치히대학교에서, 그리고 그 이후 생긴 실험실에서 미국인들은 연구방법을, 그리고 제일 중요한 것으로는, 과학적 태도를 배웠다(O'Donnell, 1985). 방법론 교육은 학생들에게 마음에 관한 질문에 어떻게 답할지를 가르쳐 주었다. 미국인들은 그렇게 배운 기법을 실험실 안과 밖 양쪽에서 자기가 관심을 둔 물음에다가 대입해 넣었다. Wundt는 제자들에게 과학적 태도를 불어넣어 주었는데, 그 덕분에 그들은 마음 과학(science of mind)을 창조해 낼 수 있는 방식으로 물음의 틀을 잡을 수 있었다. 대부분의 회의론자들이 그러한 과학은 가능하지 않다고 주장했지만 말이다. 이 과학적 태도가 미국의 심리학 실험실로 널리 퍼져 나갔는데, 그것을 누구보다도 더 잘한 사람이 E. B. Titchener였음은 거의 분명하다.

구조주의

Edward Bradford Titchener(1867~1927)는 25세도 채 되기 전에 Wundt에게서 박사학위를 받고서 곧 뉴욕 주 이서카에 있는 코넬대학교에 채용되어 심리학 실험실을 이끌기 시작했다. Titchener는 잉글랜드 지방의 치체스터 출신의 영국인이었고 옥스퍼드대학교에서 석사학위를 받았다. 그는 식충식물에 관한 연구를 Darwin과 함께 수행했던 저명한 생리학자 John Burdon-Sanderson(1828~1905)에게 사사하여 그에게서는 실험적 방법의 엄밀함을, Wundt에게서는 실험심리학을 배웠다. Titchener는 과학적 심리학이 어떤 모습을 띠어야 할지에 대한 자신만의 생각이 있었다. 그는 그것을 구조주의 심리학(structural psychology) 혹은 구조주의(structuralism, 또는 구성주의)라고 불렀는데, 왜냐하면 그것이 의식의 구조를 발견하는 것을 강조했기 때문이다. 그것은 곧 다른 부류의 심리학, 즉 의식의 기능에 초점을 맞추는 심리학과 대조를 이루게 되는데, 이 학파는 기능주의 심리학(functional psychology) 혹은 기능주의(functionalism)라 불리게 되었다. 사실 이 두 학파에 이름을 붙인 사람은 Titchener였다. 과학적 심리학의 두 가지 접근법을 평가하는 한 논문에서 Titchener(1898)는 더 전망이 밝다고 믿었던 것이 어느 것인지를 망설임 없이 밝혔다.

> … 나는 오늘날 심리학의 최선의 희망이 구조 분석을 계속하는 데 있다고, 그리고 기능에 대한 연구는 유전적 방법에 의해, 더 나아가서 실험적 방법에 의해 통제될 수 있기 전까지는 최종 열매를 맺지 못할 것이라고 굳게 믿고 있다 … (465쪽).

Titchener는 또한 어떤 접근법이 더 나은 과학인지에 대해서도 분명한 입장이었다. "이 기능주의 심리학은… 마음의 구조에 관한 심리학이 그랬던 만큼 끈기 있는 열정을 가지고 혹은 과학적으로 정확하게 연구되어 왔다고 이야기할 수 없다. … [기능]심리학의 연구법은 … 과학적으로 최종적인 결론을 이끌어 낼 수 없다"(450쪽).

1927년 Titchener가 60세의 나이에 뇌종양으로 사망했을 때 그의 구조주의 학파는 10년 이상 고립된 상태였다. 처음엔 심리학에 대한 그의 편협한 의제에 반대하는 기능주의자들과 대립했기 때문이었고, 그다음에는 그의 심리학을 정신주의(mentalism)로 간주하여 반대한 행동주의자들 때문이었다.

행동주의자 John Watson(1913)의 표현에 의하면 "심리학이 의식에 관한 모든 언급을 폐기해야 할 때가 온 것으로 보인다. 심리학이 정신적 상태를 관찰의 대상으로 삼고 있다는 망상에 더 이상 사로잡혀 있어서는 안 될 때가 말이다"(162쪽). Titchener가 코넬대학교에 왔던 1892년에는 "정신적 상태를 관찰의 대상으로 삼는 것"이 그가 하려던 바로 그 일이었다.

Titchener(1910a)는 마음(mind)과 의식(consciousness)을 구분하는 것부터 시작했다. "우리는 어떤 사람의 일생 동안 일어나는 정신과정의 총합을 의미할 때 마음이라고 말할 것이며, 어느 때이든 '현재'의 시간인 지금 일어나는 정신과정의 총합을 의미할 때 의식이라고 말할 것이다"(19쪽). James와 마찬가지로 Titchener도 의식이 계속해서 변하는 성질을 인식하여 "우리는 동일한 의식을 두 번 관찰할 수 없다. 마음이라는 시냇물은 계속 흘러간다"(19쪽)라고 썼다.

Titchener에게는 연구의 대상이 의식이었다. 비록 동일한 의식 경험을 두 번 연구할 수는 없지만 관찰자를 훈련시킴으로써, 조건을 가능한 한 일정하게 함으로써, 그리고 관찰을 여러 번 반복함으로써 과학적 심리학을 하는 것이 가능하다고 그는 생각했다. 의식에 대한 근면하고 체계적인 연구를 통해 마음의 비밀이 밝혀질 것이다. 이 연구의 시작은 의식적 경험을 원자적 요소들, 즉 더 이상 환원할 수 없는 성분들로 환원함으로써 의식의 요소를 발견하는 일이 될 것이다. Titchener(1910a)는 심리학이 직면하고 있는 문제는 사실상 모든 과학이 직면하고 있는 것과 똑같은 문제라고 믿었다.

> 과학은 그 연구 대상과 관련하여 항상 세 가지 물음, 즉 무엇이 어떻게 왜라는 질문에 답하고자 한다. 이 연구 대상은, 그 모든 복잡함을 다 벗겨내어 버리고 그것의 가장 하위에 있는 용어로 환원시키고 나면, 정확히 무엇인가? 그러고 나면 그것이 어떻게 지금과 같은 모습으로 보이게 되었는가? 즉, 그 요소들이 어떻게 조합되고 배열되어 있는가? 그리고 마지막으로, 그것이 지금 왜 이런 특정한 조합 혹은 배열로 보이는 것인가? (36쪽)

따라서 구조주의가 하려던 것은 다음의 것들이다. (1) 먼저 의식의 요소를 규명하고 나서, (2) 그 요소들이 어떻게 집단화되고 배열되는지를 발견함으로써 의식의 구조를 알아낸 다음, (3) 그 요소들이 특정한 배열을 이루게 된 원인(왜 이런 배열인가? 왜 지금 그러한가? 왜 어떤 다른 배열이 아닌가?)을 밝혀내는 것이다.

첫째 과제는 분석인 반면에 둘째 과제는 합성이라고 Titchener는 말했다. 이 두 가지 활동은 순수하게 기술적인 과학(descriptive science)을 만들어 낸다. 과학은 그저 현상을 기술(記述)하기를 넘어서 "왜"라는 질문에 대답할 수 있기를 원한다. 과학은 원인을 설명하고자 하는 것이다. Titchener는 하나의 정신과정을 설명하는 데 또 다른 정신과정이 사용될 수 있다고 믿지 않았고, 대신에 정신 현상에 관한 설명은 신경계에 있다고 생각했다. 따라서 과학적 심리학의 최종 과제는 의식의 요소를 그 배후에 있는 생리적 상태와 연결짓는 것이었다. 이것이 구조주의 심리학이었고, Titchener에 따르면 이것이 과학적 심리학이었다. 반면에 기능주의는 과학이 아니라 기술(technology)이라고 그는 주장했다(Evans, 1985).

내성

Titchener는 과학적 방법을 '관찰'이라는 한 단어로 요약했다. Titchener에게는 관찰에 두 가지 요소가 있었는데, 현상에 주의를 집중하는 것과 그 현상을 기록하는 것이 그것이다. 심리학을 하는 방법을 그는 내성(introspection), 즉 "안을 들여다보기"라고 명명했다. Titchener의 실험실에서는 학생과 동료들이 그의 내성법을 훈련받았다. 내성법은 그에게 심리학적 연구를 위한 유일한 방법이었다. 그리하여 '내성 심리학(introspective psychology)'이 구조주의의 또 다른 이름이 되었다.

Titchener의 실험실에서 했을 법한 다음과 같은 실험을 살펴보자. 훈련된 내성자에게 한 번에 하나씩 단어가 제시되는데, 그 단어들은 카드에 인쇄되어 내성자에게 건네진다. 과제는 그런 단어 제시에 의해 자극된 정신과정(의식)을 관찰하는 것이다. 관찰자는 그 자극 단어에 대해 또 다른 단어를 떠올리는 반응을 할 수도 있고, 아니면 예컨대 슬픔, 기쁨 혹은 놀람 같은 어떤 정서적 반응을 할 수도 있다. Titchener가 사용한 내성법에서는 정신과정이 보통 흘러가는 대로 내버려 둔 다음에 관찰자가 그 정신적 사건을 가능한 한 자세하게 기술하는 반응을 할 수도 있고, 아니면 관찰자가 어느 시점에서든 정신과정을 중단하고는 내성적 보고를 할 수도 있었다. Titchener는 중단이 나머지 정신과정에 영향을 준다는 점을 인식했지만 가장 정확한 내성을 얻기 위해서는 그런 중단이 중요하다고 느꼈다. 자극 사건은 반복될 수 있기 때문에 그 정신과정의 나머지 부분은 차후의 내성에서 연구하는 것이 가능했다. Titchener(1910a)는 내성법을 잘 사용하기 위해 필요한 훈련에 대해서, 그리고 타당한 내성 보고를 얻기 위해 과제를 하는 동안 쏟아야 할 주의집중에 대해서 단호한 입장을 취했다. 그는 다음과 같이 썼다.

주의집중은 가능한 최고의 수준으로 유지되어야 하고, 기록은 사진처럼 정확해야 한다. 관찰은, 따라서 어렵고 또 피곤한 일이다. … 믿을 만한 결과를 확실히 얻기 위해서는 우리가 철저히 공정하고 편견이 없어야 한다. 그래서 사실을 미리 생각해 놓은 어떤 이론에 끼워 맞추려고 하는 것이 아니라 사실을 있는 그대로 직시하고 받아들일 준비가 되어 있어야 한다. 그리고 우리는 몸이 생기 넘치고 건강할 때, 주변 환경이 편안하게 느껴질 때, 다른 일에 대한 걱정과 근심이 없을 때만 작업을 해야 한다. 이런 규칙들이 지켜지지 않으면 아무리 실험을 많이 해도 도움이 안 될 것이다. … 그러나 관찰자 자신이 평온한 마음가짐으로 작업에 임해서, 최대한도로 주의를 기울이고, 자신의 경험을 말로 적절히 옮겨 묘사할 수 있지 않은 한, 이 모든 것은 소용없는 일이 된다(24~25쪽).

똑같은 현상에 대해서 Titchener의 실험실과 다른 실험실들 사이에 서로 다른 결론이 내려졌을 때 논쟁이 벌어졌던 이유 중 하나는 Titchener가 다른 내성자들이 제대로 훈련을 받지 못했다고 주장했기 때문이다.

Titchener는 내성자에게 '내성 습관(introspective habit)'이라는 것을 갖추도록 훈련시켰다. 그는 이것이 관찰자로 하여금 현재 진행 중인 정신과정을 쓸데없이 방해하지 않으면서 자동적으로 내적 관찰을 할 수 있게 해 준다고 주장하였다. 그것은 또한 Titchener가 자극 오류(stimulus error)라고 부른 것을 관찰자가 피할 수 있도록 해 주었다. 자극 오류란 관찰자가 관찰되고 있는 것(예컨대 책 한 권)을 그 자극의 기본 요소들(예컨대 색깔, 질감, 모양)과 혼동하는 것이다. 그래서 만약 당신이 Titchener의 실험실에 일자리를 구하러 갔는데 그가 당신 앞에 책을 한 권 놓고 무엇이 보이느냐고 묻자 "책"이라고 대답한다면 당신은 분명히 계속 실업자인 상태로 있게 될 것이다. 자극 오류를 피하는 일이 훈련된 내성자가 하는 것 중의 하나였다. Titchener는 의식의 주관성을 인정했으나 고도로 통제된 실험에서 잘 훈련된 내성자를 사용함으로써 자신의 실험심리학에서 객관성을 확보하고자 했다.

감각에 관한 연구 : 심리학의 원소 주기율표

Titchener에게 의식의 요소는 감각(sensation), 심상(image), 그리고 느낌(feeling)이라는 세 가지였다. Titchener가 이 세 가지 모두를 연구하긴 했지만 그의 초점은 감각에 있었다. 감각에는 네 가지 속성이 있는 것으로 이야기되었는데, 그것은 질(차다, 빨갛다, 시끄럽다, 짜다), 강도(더 밝거나 너 어두움, 더 시끄럽거나 더 조용함), 선명함(독특함 대 특색 없음, 우세함 대 열등함), 그리고 지속 시간(감각의 추이)이다. 어떤 감각은 여기에다가 더 추가되는 속성을 가질 수 있을 것이다. 예컨대 촉감의 범위(extent)는 그 촉감이 경험되는 피부 면적을 가리킨다. 그러나 대부분의 감각 연구자들은 그 네 가지 일차적인 속성에 초점을 두었다. 사실상 심상에는 그와 같은 네 가지 속성이 존재하지만 느낌은 질, 강도 및 지속 시간이라는 세 가지 측면에서 기술될 수밖에 없었다.

어떤 면에서는 감각의 질이라는 속성이 가장 흥미로웠는데, 왜냐하면 그것이 "모든 요소적 과정을 다른 모든 것과 구분해 주는 속성이다… 그것은 어떤 감각에 특별하고 독특한 이름을 부여하기" 때문이었다(Titchener, 1910a, 53쪽). Titchener는 심리학만의 주기율표를 개발하고자 했다. 화학자들이 물리적 세계의 기본 요소를 규명하고 있었던 것과 같은 방식으로 똑같은 일을 그는 심리적 세계에서 하기를 원했다. Titchener의 주기율표가 벽에 붙일 수 있을 만한 크기가 될 수는 없었을 것이다. 1896년까지 그는 32,820개의 상이한 시각적 감각과 11,600개의 상이한 청각적 감각을 가려내었는데, 이는 시각과 청각에 대해서만도 44,000개 이상의 독립적이고 독특한 감각 경험이 존재한다는 말이 아닌가! 그가 개별적인 감각의 목록을 하나도 빠트리지 않고 채워 가는 동안 다른 진영의 심리학자들은 그 이유가 무엇인지 의아해했다. 그와 같은 요소 분석이 결국 마음의 작동에 대해 무엇을 말해 줄 수 있을까? Titchener는 그런 비판 때문에 목표로 나아가는 데 주저하지는 않았으며, 자신의 요소 분석이 의식에 관한 과학적 지식을 얻을 수 있는 유일한 방법이라는 확신을 가지고 일을 계속했다.

실험실 지침서

1901년과 1905년 사이에 Titchener는 『실험심리학: 실험실습 지침서(*Experimental Psychology: A Manual of Laboratory Practice*)』라는 제목의 네 권의 책을 출간했다. 이 책들은 흔히 『지침서(*The Manuals*)』라는 이름으로 불렸는데, 어떤 역사학자들은 이를 그가 미국 심리학에 남긴 가장 큰 업적으로 인정했다. 그 책들은 학생들에게 심리과학(psychological science)의 연구법을 가르칠 교본집을 개발하려 했던 Titchener의 욕구에서 생겨났다. 두 권은 질적 실험이라는 제목이, 다른 두 권은 양적 실험이라는 제목이 붙었다. 각 쌍에서 한 권은 학생을 위한 것이었고 다른 한 권은 강사를 위한 것이었다. 강사용을 쓴 이유는 심리학의 기초실험 과목을 가르치고 있던 강사들 자신이 실험실 경험이 거의 없는 경우가 많다는 점을 Titchener가 깨달았기 때문이다.

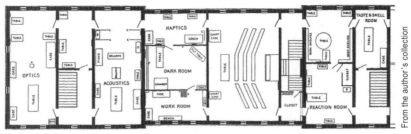

그림 5.2 코넬대학교에 설립된 Titchener의 심리학 실험실의 평면도. 그가 감각 연구를 중요시했음을 알 수 있다.

대학에서는 심리학 실험실이 문을 여는 거의 그날부터 심리학 실험법을 가르치는 과목이 교과과정에 추가되었다. 대부분의 캠퍼스에서 이 과목은 두 학기용으로 발전하여 대개는 대학원생 전용이었다가 결국에는 학부생들을 위해서도 제공되었다. 그것은 창의적인 연구를 위한 과목이 아니라 학생들이 심리학의 여러 고전적인 실험들을 반복할 수 있는 기회였다. 예를 들면 피부에서 냉점과 온점을 측정하거나 소리에 대한 절대역을 찾아내는 실험을 연습했다. 이런 실험실 훈련에서는 학생들에게 짝을 이루어 관찰자와 실험자로 일을 하고 나서는 그 역할을 바꾸기를 권장하였다. 관찰자는 내성을 하고 실험자는 도구를 조작하고 관찰자의 보고를 기록하곤 했다(Titchener, 1901). 질적 실험은 "기본적으로 의식경험을 내성이라는 수단을 통해 기술하는 것으로서, 의식경험에 대해 '무엇을' 혹은 '어떻게'라는 질문을 하는 것"이었다. 양적 실험은 정신과정 그 자체는 이전의 관찰로 인해 이미 친숙한 것이라고 가정하고, 좀 단순한 관찰들을 연속적으로 길게 해서 모은 다음 '얼마나 많이'라는 질문에 대한 답을 수학적 약어로 표현하는 작업이었다"(Watson & Evans, 1991, 395쪽). 이『지침서』는 30년 동안 실험실 교본으로서 대학교를 장악했고, 강사들 사이에 인기가 높았다. 심지어 강사가 Titchener의 편협한 종류의 심리학에 동의하지 않을 때조차도 말이다. 우리는 이 장을 끝맺을 때 Titchener 심리학의 유산에 대해 더 살펴볼 것이다.

실험주의자

Titchener는 1892년 7월 Hall의 서재에서 열렸던 미국심리학회(APA) 창립 준비 모임 직후에 미국에 도착하여 APA의 31명의 창립회원 중 한 사람이 되었다. 그는 곧 과학단체로서의 APA에 대한 관심이 없어졌는데, 왜냐하면 비과학자들(예를 들면 철학자)에게도 회원 가입이 개방되어 있었고 연차 학술대회 프로그램에 분명히 과학적이지 않은 발표가 포함되어 있었기 때문이다. 1904년 그는 자신만의 단체를 만들었는데, 그것이 완전히 공식적인 단체였던 적은 한 번도 없었다. 사실상 합의된 이름도 없었다. 그것은 '실험주의자(The Experimentalist)' 혹은 'Titchener의 실험주의자' 등 다양한 이름으로 불렸다. 그 모임은 미국 동북부의 심리학 실험실 중 한 군데에서 매년 봄에 한 번씩 열렸다. 초대에 의해서만 참석이 가능했고 남성만이 허용되었다. Titchener는 "실험실 남자들"끼리 하는 그런 종류의 솔직한 논의를 원했는데 여성의 참석이 이를 방해할 것이라고 느꼈으므로 그런 방식을 택했다. 시각에 관해 많은 논문을 발표한, 실험심리학자로서 뛰어난 경력을 가지고 있었던 Christine Ladd Franklin(괴팅겐대학교에서 Georg Müller 아래서 공부했던 사람임을 상기해 보라)은 여러 차례 Titchener에게 초대해 줄 것을 부탁했지만 매번 거절당했다. Titchener의 사후에 이 단체는 좀 더 공식적인 것이 되었고, 실험심리학자협회(Society of Experimental Psychologists, SEP)로 이름을 바꾸었다. 그리고 여성들을 초대하기로 했지만 그 수가 아주 많았던 적은 한 번도 없었다. 이런 종류의 '동료 배제'는 심리과학에서 여성들의 진출을 막는 장벽의 또 다른 예였다(Goodwin, 1985; Furumoto, 1988; Scarborough & Furumoto, 1987). SEP는 오늘날 약 200명의 저명한 과학적 심리학자들의 단체로 지속되고 있다.

Titchener의 첫 번째 박사 제자: Margaret Floy Washburn

앞 절을 보면 Titchener가 여성혐오자라는 인상을 갖기가 쉬울 것이다. 그렇지만 그는 나중에 실험주의자 모임에서 여성을 배제하기로 한 결정을 후회했다고 한다. Titchener는 여성의 강력한 지지자였으며 그의 세대의 다른 어떠한 심리학자보다 더 많이 여성 심리학자를 훈련시켰다. 50명이 넘는 그의 박사 제자 중 거의 절반이 여성이었다(Watson & Evans, 1991).

앞서 우리는 Mary Whiton Calkins가 심리학에서 대학원 공부를 계속하기 위해 했던 투쟁을 일부 살펴보았다. 거의 같은 시기에 Margaret Floy Washburn(1871~1939) 역시 심리학을 공부하기로 결심했다. 그녀는 컬럼비아대학교의 Cattell 아래서 공부하기 시작했으나 하버드대학교의 Calkins와 마찬가지로 그의 강의를 청강하는 것만 가능했다. Cattell은 그녀에게 여학생을 받아들였던 코넬대학교에 지원할 것을 격려했다. 그래서 1892년 그녀는 새로 부임한 Titchener가 있는 이서카[1]로 가게 되었다. 그녀는 Titchener의 첫 번째 박사학위 제자로, 그리고 심리학에서 박사학위를 받은 최초의 미국 여성으로 1894년에 졸업하였다. Titchener는 Washburn의 논문에 너무도 흡족해서 그것을 Wundt에게 보냈다. Wundt는 그녀의 논문을 자신의 학술지에 실었는데, 이는 그의 실험실 외부의 학생들에게는 흔치 않은 영광이었다. 그런 연줄로 인해 Washburn은 Wundt의 『윤리학(*Ethics*)』의 두 번째 권의 역자가 되어 달라는 부탁을 받은 것이 분명해 보인다.

1903년 Washburn은 마침내 마사내학의 교수가 되었다. 마사내학은 뉴욕 주의 여자대학으로서 그녀가 학부를 다녔던 곳이다. 그녀는 은퇴할 때까지 거기서 재직했다. Washburn은 활발한 실험심리학 프로그램을 만들어서 학부생들과 함께 수십 편의 논문을 발표하였다(Viney & Burlingame-Lee, 2003). 그녀가 바사대학에서, 그리고 Calkins가 웰슬리대학에서 교수가 된 것은 당시 여성 박사에게는 전형적인 일이었다. 대부분의 대학교는 교수직에 여성을 고용하려 하지 않았고, 따라서 그들의 기회는 보통 여자대학에 한

---

1 Ithaca. 코넬대학교가 있는 도시의 이름.

From the Collection of Rand B. Evans

Archives of the History of American Psychology,
The Center for the History of Psychology,
The University of Akron

그림 5.3 E. B. Titchener와 Margaret Floy Washburn.

정되어 있었다.

 Washburn은 『동물의 마음(*The Animal Mind*)』이라는 저서로 가장 유명한데, 이것은 1908년에 처음 출판된 동물 인지에 관한 논문이다. Titchener의 제자에게서 나온 것으로는 특이한 주제인데, 왜냐하면 Titchener는 (그 자신이 옥스퍼드대학교의 대학원생일 때 그런 연구를 했음에도 불구하고) 동물 연구에 가치를 두지 않았기 때문이다. 그러나 Washburn은 동물 연구를 중요시했음이 분명하다. 이 책은 4판까지 나와서 마지막 판이 1936년에 출판되었다. 그것은 유추에 의한 내성(introspection by analogy)이라는 논란 많은 방법을 사용한 자료를 실었던 마지막 비교심리학 교과서였다. 그 방법은 영국의 박물학자 George John Romanes(1848~1894)가 개발한 것으로, 동물 행동을 관찰하는 인간이 자신의 정신과정에 대한 자각에 유추하여 그 동물의 행위와 동기를 추론하는 방법이었다. 1920년대에 미국 행동주의가 등장하면서 이 기법은 인기를 잃었다. 그래도 Washburn의 책은 그녀의 시대에 비교심리학 과목의 표준 교과서였다(Dewsbury, 1992).

 1921년 Washburn은 미국심리학회 회장으로 선출되었는데, 그 자리에 오른 여성으로는 두 번째였다(1905년 Calkins가 최초로 선출되었음을 상기하라). 미국심리학회의 그다음 여성 회장으로 Anne Anastasi가 1972년에 선출될 때까지는 무려 50년 이상이 걸렸다.

기능주의

기능주의는 Darwin과 Galton의 생각에 큰 영향을 받았음에도 불구하고 심리학에서 최초의 독자적인 미국 학파로 불려 왔다. 이 말은 Titchener의 구조주의가, 비록 전적으로 미국에서 수행되긴 했지만, 수입된 심리학임을 의미한다. 어떤 책들은 여전히 Titchener의 심리학을 독일 심리학, 특히 Wundt의 심리학의 연장인 것으로 묘사한다. 그러나 이는 잘못된 것이다. 우리가 살펴본 것처럼 Titchener의 환원주의적 접근은 Wundt의 연구 주제 중 작은 일부만을, 그것도 비교적 사소한 부분만을 보여 준다. 그의 심리학은 옥스퍼드 대학교육으로부터 얻어진, John Stuart Mill 및 기타 학자들이 이야기했던 정신화학의 결과물로서 영국산 수입품으로 보는 것이 더 낫다. 기능주의가 미국의 독자적인 것이었는지는 중요하지 않다. 중요한 것은 그것이 구조주의와 경합하는, 개념적으로 그리고 방법론적으로 심리학에 관한 더 넓은 관점을 제시하였다는 점이다. 그럼으로써 기능주의는 미국 심리학을 여러 다양한 방향으로 이끌어서 과학적 및 전문직종적 측면 모두에서 심리학이 어떤 모습을 갖추는 데 중요한 기여를 하였다.

　기능주의는 구조주의만큼 응집력 있는 학파였던 적이 한 번도 없었다. 기능주의에는 어떤 주된 선도자가 전혀 없었고, 심리학에 대한 기능주의의 정의는 넓었으며, 그 연구법은 다양했고, 연구 주제는 동물 행동에서부터 임상심리학, 광고에서부터 법심리학, 학습에서부터 지능검사에 이르기까지 모든 것을 다루었다. 기능주의, 좀 더 정확하게 말하자면 여러 다른 기능주의는 20세기 초 미국 심리학의 큰 특징이었다. 기능주의에는 구조주의가 가졌던 초점이 결여되어 있었지만 그 영향은 훨씬 더 컸다.

영국의 영향

기능주의 심리학자들은 의식의 유용성을 알고자 했다. 의식은 무엇을 위한 것일까? 정확히 무슨 일을 할까? 그들은 또한 의식이 어떻게 존재하게 되었는가라는 물음에도 매료되었다. 이런 물음과 그 답에 대한 기반은 앞에서 본 것처럼 Charles Darwin의 연구에서 비롯되었다. 진화론은 Darwin의 독창적인 이론이 아니었다. 그전에 이미 지구의 진화와 동식물 종의 진화에 관한 이론들이 존재하고 있었다. Darwin이 독특했던 것은 진화가 어떻게 작동하는지에 관한 매우 그럴듯하고 잘 뒷받침된 이론, 즉 자연선택이라는 이론을 제시했다는 점이다.

Darwin은 동물이든 식물이든 항상 한정된 자원을 두고 경쟁을 하는데 이 경쟁이 그들의 생존을 위협하는 깃임을 알아보았다. 상황은 기후 변화, 포식자나 또 다른 경쟁자, 질병 등의 출현으로 인해 어느 순간이든 바뀔 수 있을 것이다. 이렇게 변화하는 시기에 특정 종은 멸종될 수 있다. 그런 변화를 견디고 살아남는 종들은, 혹은 종의 구성원들은, 그 변화에 매우 알맞도록 순응된 특징을 가진 것들일 것이다. Darwin의 시절에는 유전학이 존재하지 않았으므로 유전이 변이를 담당하는 기제라는 것을 알 수는 없었다. 그는 변이(variation)가 발생하며 그중 어떤 것은 생존의 측면에서 유기체에게 유리하고 또 어떤 것은 그렇지 않음을 알고 있었다. 변이의 존재는 어떤 종이, 혹은 한 종의 어떤 구성원이, 새로운 환경 조건에 더 적합한 것으로 자연에 의해 '선택된다'는 것을 의미했다.

Darwin의 이론에서 변이가 갖는 결정적인 중요성으로 인해 개인차의 측정에 대한 과학적 관심이 점점 더 증가하게 되었다. 처음엔 신체적 차이를 측정했고, 그다음엔 심리학자들이 자연선택에 흥미를 갖게 되면서 정신적 차이를 측정하게 되었다. 기능주의 심리학은 개인차와 그것이 적응에서 하는 역할에 관한 연구를 바탕으로 형성되었다. 기능주의는 의식이 어떻게 유기체로 하여금 환경과 상호작용하고 환경에 적응할 수 있게 해 주는지를 이해하려는 것이었다. 따라서 기능주의자의 기초과학적 및 응용 연구 모두에 있어서 Darwin의 생각은 그야말로 기초가 되었다(Darwin의 삶과 연구에 대한 최고의 논문은 Browne, 1995, 2002 참조).

William James, G. Stanley Hall 및 James McKeen Cattell은 모두 Darwin의 생각에 중요한 영향을 받았고, 진화론적 개념을 각자의 심리학에 집어넣었음을 상기하자. 이 사람들은 모두 미국에서 기능주의 심리학을 탄생하게 한 선조이다. 기능주의는 부분적으로는 구조주의에 대립하여 발달된 학파로서, Cattell의 정신검사 프로그램과 그것을 통한 개인차 탐색에서 분명하게 드러났다. 또한 Hall의 진화재연설과 그의 저술 대부분에서도 뚜렷하게 나타났다. 우리는 다음 장에서 여러 가지 기능주의 심리학 중 몇몇에 대해서 더 이야기할 것이며, 특히 기능주의 운동에서 생겨난 응용심리학을 다룰 것이다. 이 장에서는 20세기로 넘어가는 시기에 존재했던, 시카고대학교의 James Angell과 컬럼비아대학교의 Robert Woodworth가 이끌었던 미국 기능주의를 살펴볼 것이다.

시카고대학교: Angell의 기능주의 심리학

James Rowland Angell(1869~1949)은 William James와 John Dewey(1859~1952) 두 사람 아래서 공부했다. Dewey는 흔히 기능주의 심리학자로 간주된다. 사실상 반사활(반사궁, reflex arc)에 관한 그의 1896년 논문이 심리학에서 기능주의적 관점의 공식적인 개시 시점으로 대개 간주된다. 이 논문에서 그는 반사활을 감각, 사고 및 운동 행위라는 요소 부분들로 구분하는 환원적 분석을 문제 삼았다. 대신에 그는 반사를 활이 아닌 회로로, 하나의 전체로 간주해야 한다고 주장하였다. 그는 그 삼요소 배열이 그 순서대로 일어나지 않는 경우가 일반적이며, 자극 사건뿐만 아니라 경험에 따라서도 오늘날이라면 하향 처리와 상향 처리의 다중 사례로 불릴 만한 어떤 것으로 진화되었음을 지적했다. 반사는 그래서 적응적 기능을 하는 통합된 행위로 간주되었다.

1894년 Dewey는 Angell을 시카고대학교의 철학과 교수로 끌어와서 심리학 실험실의 책임자로 임명했다. Dewey가 컬럼비아대학교로 떠나자 Angell이 학과장이 되었다. 그는 시카고대학교에 재직하는 동안 약 50명의 심리학 박사과정 학생을 지도했는데, 그중 한 사람이 행동주의의 창시자인 John Watson이다(Dewsbury, 2003).

Angell은 심리학에서 기능주의적 관점의 주요 대변인이 되었다. 1906년 그는 미국심리학회 회장으로 선출되었는데, 회장 수락 연설을 기회로 삼아 구조주의를 공격하고 기능주의 심리학의 신조를 이야기하였다. Angell(1906)은 연설을 시작하면서 "기능주의 심리학은 지금 이 순간 하나의 관점, 하나의 프로그램, 하나의 야심에 지나지 않습니다. 그것은 마음 연구에 대한 또 다른 출발점의 배타적이 우월함에 대한 저항으로서 아마도 그 주된 활력을 얻고 있습니다…."라고 말했다. "배타적인 우월함"을 갖고 있었던 다른 "출발점"은 물론 구조주의였다.

Angell(1906)은 기능주의를 기술하는 다음의 세 가지 개념을 밝혔다. (1) 기능주의는 정신의 요소가 아니라 정신의 작동(mental operation)을 연구한다. (2) 기능주의는 의식의 근본적인 유용성, 즉 의식이 유기체로 하여금 환경에 적응하도록 도와주는 방식을 밝혀내고자 한다. (3) 기능주의는 마음-신체 관계의 중요성을 인정하는 정신물리학적 심리학이다. 이 개념들 중 첫 번째는 본질적인 구조-기능 차이를 인정하는 것이다. 두 학파 모두가 의식을 연구 대상으로 삼았다. 하지만 구조주의자들은 의식의 근본 요소를 아는 데 관심이 있었던 반면, 기능주의자들은 의식이 어떻게 그리고 왜 작동하는지를 알아내고, 그것이 어떤 정신과정을 통해 작동하는지를 규명하고자 했다. 두 번째 개념에서 기능주의 심리학자들은 의식의 적응적 역할을 알아내기를 원한다. 적응은 유기체가 변화할 수 있는 능력이 있음을 의미하며, 그것은 학습을 통해 이루어진다. 세 번째 개념은 정신과정과 물리과정 간의 관계에 대한 인식, 즉 그 둘은 역시 적응적 역할을 한다는 면에서 동일하다는 인식이다.

연설을 마치면서 Angell은 Titchener의 관점의 특징인 것으로 보였던 '확실성'이라는 문제에 대해 이야기했다. Titchener는 심리학에 대한 그의 목표가 단 하나의 진정한 길이라고 확신했다. Angell(1906)은 다음과 같이 말했다.

[기능주의]는 현재로는 편리한 용어로 보인다. 하지만 거기에는 신성불가침한 것이 전혀 없으며, 이 용어가 과학적으로 최종적인 것인 양 주장하게 되는 순간 그것은 파멸될 운명에 처하게 될 것이다. 그것은 오늘날 심리학에서 광범위하고 유연하며 유기적인 관점을 의미한다. 그것이 교조적이고 편협해지는 순간, 그 정신은 흘러가 버려 없을 것이고 의심의 여지 없이 더 나은 후계자가 나타나 그 자리를 채우게 될 것이다(91쪽).

컬럼비아대학교: Woodworth의 역동 심리학

Robert Sessions Woodworth(1869~1962)는 1899년 컬럼비아대학교의 Cattell에게서 심리학 박사학위를 받았고 곧 그 대학교의 교수가 되었다. 그는 평생 동안 그 학과에서 재직했으며 80대에도 시간제로 강의를 했고 90대까지도 저술을 했다. Woodworth는 Angell처럼 자신을 기능주의자로 칭한 적이 없었다. 그래도 우리가 그를 이 장에 두고 이야기하는 이유는 그의 심리학이 기능주의 심리학과 가장 잘 들어맞는 것으로 간주되기 때문이다. Woodworth의 심리학은 연구 주제뿐 아니라 서로 다른 이론적 관점들을 기꺼이 통합하려 했던 점에서도 절충주의를 보여 주었다. 그는 심리학에서 극단적이라고 생각했던 입장들을 피했다. 우선 구조주의는 심리학에 관한 편협한 정의와 내성법이 유일하게 타당한 방법이라고 고집한 점 때문에 피하였다. 그리고 행동주의는 정신적 상태가 직접 관찰될 수 없으므로 연구될 수 없다고 고집한 점 때문에 피하였다. 그는 자신의 접근을 중용의 심리학으로 간주했다.

Woodworth는 1918년도 저서 『역동 심리학(*Dynamic Psychology*)』에서 구조주의와 행동주의 모두에 대해 이의를 제기했다. 그는 심리학은 어떤 정의나 어떤 방법에서부터 시작되는 것이 아니라 답하고자 하는 질문으로부터 시작

From the author's collection

Archives of the History of American Psychology,
The Center for the History of Psychology,
The University of Akron

그림 5.4 기능주의 심리학자 James R. Angell(왼쪽, 예일대학교 총장이었을 때의 그림)과 Robert S. Woodworth.

된다고 주장했다. 그는 심리학이 다루어야 할 문제가 "마음의 작동을 이해하는 것이다. … 우리가 어떻게 배우고 생각하는지를, 그리고 무엇이 사람들로 하여금 어떤 방식으로 느끼고 행위하게끔 하는지를 알아내는 것이다. … [심리학자들은] 말하자면 원인과 결과에, 즉 역동이라 부를 수 있는 것에 관심이 있다"(Woodworth, 1918, 34쪽)라고 말했다. 한마디로 그는 동기, 즉 직접적으로 관찰할 수 없음이 분명한 인간 행위의 핵심적인 부분에 관심이 있었다. 그는 다음과 같이 썼다.

역동 심리학의 관점을 일단 취하게 되면, 두 가지 일반적인 문제가 눈앞에 드러난다. 그 둘은 '기제(mechanism)'의 문제와 '추동(drive)'의 문제라 부를 수 있다. 전자는 우리가 무언가를 어떻게 하는가의 문제이고 후자는 무엇이 우리로 하여금 그렇게 하게 만드는가의 문제이다(36쪽).

이것이 기능주의적 접근을 지배한 '어떻게'와 '왜'라는 물음이다.

Woodworth가 1918년도 저서를 썼을 때는 이미 엄격한 S-R 심리학을 추구하던 심리학자들(행동주의 진영)이 있었다. S-R 심리학은 관찰 가능한 자극과 그에 따른 관찰 가능한 반응에 초점을 두고 그 둘 사이의 인과관계를 이끌어 내려고 했다. 하지만 Woodworth는 자극과 반응 사이에 개입하는 정신적 상태와 생물학적 상태를 빼어 버린다면 그러한 분석은 타당하지 않다고 주장했다. S-R 심리학 대신에 그는 S-O-R 심리학을 제안했는데, 여기서 O는 유기체 변인(organismic variable)을 뜻한다. 이 변인은 유기체(사람)의 일부로 그 사람에게 독특한 것이다. 유기체 변인은 정서, 동기, 성격 특질, 편견, 야망, 태도 등이다. 즉, 그것은 James가 "우글거리듯이 많은 다양한 대상과 관계"라고 부른 것에서부터 어떤 자극이 선택되는가에 영향을 줄 뿐만 아니라 어떤 반응이 일어날지를 결정하기도 하는 모든 개인적 변인들이다. 이 변인들 중에서 Woodworth는 "추동의 문제"라는 앞의 인용문에서 드러나듯이 동기에 가장 관심이 많았다. Woodworth는 심리학에서 추동(특히 생물학적 상태와 연결된)이라는 개념을 대중화시켰다. 어떤 역사가들은 그가 추동이라는 용어를 심리학에 도입했다고 쓴 적이 있지만 그 공적은 John Watson과 J. B. Morgan에게 돌아간다. 그들은 Woodworth보다 앞서서 1917년 논문에서 추동에 관해 쓴 바 있다.

　Woodworth는 1918년도 저서에서 "역동 심리학은 의식과 행동에 관한 관찰 결과를 '마음의 작동'에 대한 표지로 이용해야 한다…"(43쪽)라는 결론을 내렸다. 그와 같은 절충적 관점은 심리학자로서 오래 일하는 동안 거의 바뀌지 않았다. 1918년도 저서를 1958년에 개정했을 때 그는 '역동 심리학'이라는 제목을 어쩔 수 없이 버려야 했다. 왜냐하면 그 구절이 정신분석학의 영향으로 인해 무의식적 동기와 연관되어 버렸기 때문이다. 그래서 새 책은 『행동의 역학(*Dynamics of Behavior*)』이라는 제목을 달게 되었다. 이 제목은 Woodworth가 행동주의 진영에 합류했음을 의미한 것이 아니고 그 책에 인용된 대부분의 연구 문헌이 내성적 설명과 대립되는 것으로서의 행동 관찰에서 나온 것임을 의미하는 것이었다. 이 책은 여전히 동기에 대한 Woodworth의 관심을 반영하고 있었지만 또한 동기와 깊은 연관이 있는 과정인 학습과 지각을 중요하게 부각시켰다.

Woodworth가 저술한 교과서

1921년 Woodworth는 『심리학: 정신적 삶에 관한 연구(*Psychology: A Study of Mental Life*)』라는 제목의 개론 교과서를 출간하였는데, 이는 5판까지 출판될 만큼 큰 성공을 거두었다. 1920년대와 1930년대에 이 책은 심리학도라면 가장 먼저 접하기 마련인 책이었다. Woodworth가 오늘날 어떠한 심리학도라도 알고 있는 용어를 도입한 것은 이 책의 셋째 판에서였다. 그는 심리학 실험을 독립변인과 종속변인의 측면에서 기술하였다. 독립변인은 실험자의 통제하에 있는 것으로서, 종속변인상의 변화로 측정되는 행동의 잠재적 원인으로 간주된다. Woodworth는 이 용어들을 만들어 내지도 않았고 심리학에서 최초로 사용하지도 않았다. 그는 그 용어를 대중화시켰고 무엇이 실험인지에 대한 정의를 제시했다. 즉 실험은 다른 모든 변인을 일정하게 유지한 채로 하나 이상의 독립변인을 조작하여 그것이 종속변인(들)에 미치는 영향을 측정하는 것이다. Woodworth에게는 실험이 인과관계를 연구하는 유일한 방법이었다(Winston, 2006).

Woodworth는 또 다른 교과서를 썼는데 이 책이 그의 가장 영향력 있는 업적이 되었다. 심리학사가 Andrew Winston(2006)은 그것을 "여러 세대의 새로운 심리학자들에게 가장 뚜렷하게 영향을 준 책"(59쪽)이라고 칭했다. 그 책은 수년 동안 컬럼비아대학교 심리학과 대학원생들 사이에서 등사본으로 유포되었고, 거기서 "성경(the bible)"이라고 불렸다(Winston, 1990). 결국 Woodworth는 1938년에 그것을 『실험심리학(*Experimental Psychology*)』으로 출판하였다. 이 책에서 그는 실험심리학의 영역을 분명하게 제시해 주었다. 예를 들어 정신검사에 대한 연구는 실험이 포함되어 있지 않았으므로 배제되었다. 그는 실험과 상관 연구의 구분을 명확히 했으며, 전자만이 인과관계를 판단할 수 있게 해 준다고 또 다시 지적했다. 이 책은 모든 심리학 전공자가 외우고 있는 "상관관계는 인과관계를 나타내지 않는다"라는 문장을 만들어 냈다. 20년 이상 이 책은 실험심리학 과목의 표준 교과서로 사용되었다(Winston, 2006).

기능주의자들의 심리학 연구

앞서 살펴본 Angell이 이야기했던 세 가지 개념 외에는 기능주의 심리학에 관한 이야기에서 그다지 일관된 것이 없다. 기능주의자들은 사용한 방법과 연구한 주제가 다양했다. 그들은 내성을 사용했으나 일반적으로 Titchener 와 같은 방식대로는 아니었다. 그보다는 그들의 방법은 Wundt의 실험적 자기 관찰과 더 많이 닮은 것이었다. 그들은 아동 연구 운동에 관여했던 Hall 과 기타 연구자들 덕분에 중요해진 질문지 방법을 사용했다. 그들은 Cattell 이 개척한 정신검사 방법을 사용했는데, Hall의 제자인 Henry Goddard가 미국에 비네 지능검사를 도입함으로써 지능검사가 변화될 당시에 이 방법도 변경되었다. 그들은 성격을 측정하기 위해 그런 검사를 사용했는데, 사실상 1919년에 Robert Woodworth는 성격을 측정하기 위한 아마도 최초의 지필검사인 것을 출판했다. 그들은 Fechner의 연구에서 도구 역할을 했었던 정신물리학적 방법을 사용하였다. 그들은 동물을 대상으로 연구하여 그 결과를 인간 행동에까지 일반화시키려 하였다. 비교심리학(comparative psychology)이라고 불리게 된 이 분야는 Darwin의 연구(Darwin, 1872)가 인간을 동물계의 다른 동물들과 연결시키고 정신과정의 연속성을 입증했기 때문에 비로소 가능해진 분야였다. 그들은 생리학적 연구를 수행해서 행동의 배후에 있는 생물학적 과정을 들여다보았다. 이에 덧붙여 그들은 독립변인을 조작하고 그것이 종속변인에 미치는 효과를 측정하는 실험을 수행했다.

기능주의자들은 감각과 지각, 아동 발달, 지능, 성차, 동기, 이상 행동, 동물 행동, 성격 및 다른 주제들도 연구했다. 구조주의자들의 연구 초점은 감각과 지각에 있었던 반면에 기능주의자들은 에너지의 대부분을 학습 연구에

쏟았다. 그 이유는 아주 명백했다. 즉, 만약 의식이 적응을 돕는 것이라면 그 적응은 학습을 통해 일어날 것이다.

기능주의자들은 실험실을 훨씬 넘어 멀리까지 자기네 심리학을 퍼뜨렸다. 그들은 학교에서 아이들을 연구했다. 광고와 인사 선발에 대한 연구로 자기네 심리학을 사업에 적용하기 시작했다. 학자와 응용가 모두가 관여된 정신 검사 산업을 만들어 냈다. 그들은 심리학과 법 사이의 다양한 관계를 살펴보는 법심리학을 시작했다. 그들은 임상심리학에 관심이 있어서 연구와 응용 양면에서 그 분야의 발달에 도움을 주었다. 실제로 Titchener가 그렇게 단호하게 반대했던 응용심리학(Evans, 1991; Titchener, 1910b, 1914 참조)이 미국 기능주의의 산물이었다.

구조주의와 기능주의의 유산

1927년 Titchener가 사망했을 때 그의 심리학 체계는 그와 함께 사멸했다. 그가 50명이 넘는 박사 제자를 배출했지만 이들은 심리학에 관한 그의 편협한 시각에 특별히 충성을 다하지는 않았다. 그들은 실험실에서 대단히 훌륭한 훈련을 받고 심리학에서 양질의 과학을 하는 바탕이 되는 그런 훈련에 공을 들였다. Wundt의 수많은 제자들과 마찬가지로 그들은 과학적 태도와 기법은 배웠지만 그것을 자기 스스로 선택한 의제에 적용하였다. Titchener는 말년에 자신의 체계를 개정하는 작업을 하고 있었다. 그는 구성요소에 초점을 두고 있던 데서 벗어나 속성 차원(예컨대 질, 강도, 지속시간 및 선명함)을 더 강조하고 있었다(Evans, 1972). 비록 미완이지만 이 새로운 체계의 일부가 Titchener 사후에 『체계 심리학: 서론(*Systematic Psychology: Prolegomena*)』(1929)이라는 제목으로 출간되었다.

Titchener와 같은 시대의 학자들은, 심지어 그의 체계에 반대했던 사람들까지도, 그에 대한 이야기를 할 때 '출중한 과학자'라는 말을 할 것이다. 아마도 그의 시대에 미국의 다른 어떠한 심리학자도 실험실 심리학(laboratory psychology)과 그만큼 동일시되는 사람은 없었을 것이다. 그는 일상적인 행동과 저술 모두에서 과학적 심리학을 구현했다. 이는 다른 어디에서보다도 그의 저서 『지침서』에 가장 잘 드러나 있다. 실험실 연구를 최우선시하는 그의 입장은 현대 심리학의 일부로 남아 있다. 그는 방법론 강의를 위해 『지침서』를 썼는데, 이와 유사한 방법론 과목들을 오늘날 심리학 대학원과 학부 교과과정 모두에서 흔히 볼 수 있다. Titchener는 심리학을 과학으로 확립하기 위해 거의 틀림없이 그 세대의 다른 어떤 심리학자보다도 더 근면하게 일했다. Evans(1991)는 Titchener가 응용 그 자체에 반대한 것이 아니라 응용이 과학과 혼합되는 것에 반대했다고 주장한 바 있다. Titchener에게 교육심리학은 교육자, 법심리학은 변호사, 그리고 의료심리학은 의사의 것이었다. Titchener에게는 심리학이라는 과학을 순수하게 유지하는 것이 심리학이 진보하는 유일한 길이었다.

우리는 Darwin의 개념이 기능주의 심리학에 미친 영향을 강조하였다. 그러나 심리학사가 Christopher Green은 그 관계를 훨씬 더 강한 말로 표현하려 한다. 그는 "자연선택에 의한 진화라는 Darwin의 이론은 단순히 미국 기능주의의 발달에 영향을 미친 게 아니었다… [그것은] 기능주의의 토대 그 자체였다"(2009, 81쪽)라고 썼다. Green에 따르면, 기능주의자들이 자기네 심리학에서 진화론을 중요시한 것은 미국의 실용주의적 사고와 발맞추고 "심리학 실험실을 넘어선 영역에 대한 심리학의 응용을 촉진하기" 위해서였다(2009, 75쪽).

구조주의 심리학과 마찬가지로 기능주의 심리학도 심리학이 변화해 가면서 사라지게 된다. 하지만 기능주의자들의 경우에는 그들이 옹호했던 것 중 현대 심리학에서 가져다 쓰는 것이 많다. 비록 어떤 경우에는 아마도 이름이 달라지긴 했지만 말이다. 그들이 학습 연구를 강조한 점은 행동주의와 신행동주의 시대를 거쳐 1970년대까지도 미국 실험심리학을 지배하게 된다. 마찬가지로 그들이 개척한 동물 연구 모델 또한 1960년대까지도 전형적인 심리학자의 모습(흰색 실험복, 흰쥐)을 특징짓게 된다. 기능주의자들은 응용심리학을 성장시켰는데, 이는 Titchener를 너무나 실망하게 만들었다. 그들은 아동심리학, 이상심리학, 지능검사와 성격검사를 비롯한 정신검사, 임상심리학, 산업 및 조직심리학, 그리고 또 다른 분야 등 너무도 많은 영역의 연구를 개척했다. Green이 지적한 것처럼, 그들의 실용 정신(James와 Dewey의 영향인)이 응용 연구로 그들을 이끌었던 것이다. 심리학이라는 현대의 전문직은 기능주의자들의 비전에 많은 것을 빚지고 있음에 의심의 여지가 없다. 그들이 개척한 여러 응용 분야가 다음 장의 토대이다.

06

미국에서 탄생한 새로운 응용심리학

1909년 10월 20일 이른 저녁에 미국 정부 요원들은 조지아 주 경계
선을 바로 넘어선 테네시 주의 한 지역에서 숨어 기다리고 있었다.
그들은 조지아 주 애틀랜타에서 오는 한 트럭을 붙잡으라는 지시를 받은 터
였다. 그 트럭이 싣고 있는 화물은 연방 정부가 어떤 회사를 상대로 소송을
걸게 만들 것이었다. 그 회사는 코카콜라사였고, 그 트럭은 애틀랜타의 공장
에서 제조된 코카콜라 시럽을 담은 드럼통 40개와 맥주저장통 크기의 통 20
개를 채터누가에 있는 공장에서 병에 담을 수 있도록 운반하고 있었다. 코카
콜라사는 '유해 성분', 즉 카페인이 든 음료를 판매한다는 이유로 고소당한
상태였다. 이 소송은 1906년 법제화된 순식량약품조례(Pure Food and Drug
Act)를 근거로 시작된 것이었다.

　코카콜라사는 1911년 4월에 시작될 예정인 재판을 준비하면서 당시 카페
인에 관한 기존의 거의 모든 연구가 인간이 아닌 동물을 대상으로 했다는 점
을 깨달았다. 그들은 인간 대상의 자료가, 그것도 급하게, 필요했다. 그들
은 그런 연구를 할 심리학자를 탐색했다. Cattell은 거절했지만 그에게서 박
사학위를 받은 지 얼마 되지 않은 제자 한 사람이 그 일을 하기로 동의했다.

그림 6.1 1910년 무렵의 코카콜라 광고. 이 광고는 그렇지 않지만 20세기로의 전환기에 나온 광고 중 일부는 이 음료의 자극적 특성을 강조했다. 예를 들면 코카콜라가 "정신적, 육체적 피로를 완화시켜 준다"라는 표시가 있었다. 미국 정부가 특히 문제 삼았던 것은 이런 주장들이었다.

Harry Hollingworth(1880~1956)는 1909년에 박사학위를 받았었고, 뉴욕 시의 바나드대학의 강사였는데, 결혼을 한 지 얼마 되지 않아서 돈이 필요했다. 그는 40일 만에 코카콜라사를 위해 세 개의 주요 실험을 수행했다. 그 결과는 매일 코카콜라를 여러 병씩 마시는 것보다 훨씬 더 많은 양의 카페인을 섭취하더라도 인간에게 카페인으로 인한 해로운 효과가 거의 없음을 보여주었다. 연방 정부는 그 재판에서는 졌으나 대법원에 가서 결국은 이겼다. 그즈음은 코카콜라사가 자발적으로 자사의 음료에서 카페인 함량을 낮춘 뒤였다. 우리는 이 장에서 나중에 Hollingworth에 대해 더 이야기할 것이다.

그의 카페인 연구는 여러 가지 이유로 중요하다. 첫째, 방법론 측면에서 그것은 뛰어난 과학적 연구였는데, 이는 아마도 당연한 일이었다. 왜냐하면 그는 Cattell뿐 아니라 Woodworth 아래에서도 공부했기 때문이다. 둘째, 그것은 인간을 대상으로 한 가장 초기의 정신약물학 연구 중 하나였다. 셋째, 그것은 아마도 심리학자가 대기업을 위해 수행한 최초의 연구였을 것이다. 그리고 넷째, 그것은 재판에서 심리학자가 과학적 전문가 증인으로서 증언을 한 최초의 예 중 하나였는데, 이 분야가 오늘날 법정심리학이라는 이름을 얻게 되었다(Benjamin, Rogers, & Rosenbaum, 1991).

제1장의 내용을 상기해 보면 응용심리학은 항상 존재해 왔다. 하지만 19세기가 끝날 무렵 과학으로서의 새로운 심리학이 생겨났고, 어떤 심리학자들은 그것이 실험실 밖에서도 유용할지에 대해 의문을 가졌다. 이 의문에 답하기를 시도한 심리학자들이 나오기까지는 그리 오래 걸리지 않았다. 이에 관여하지 않은 한 사람은 물론 E. B. Titchener였다. 1909년 클라크대학교에서 개최된 학회에서 했던 연설에서 Titchener(1910b)는 청중에게 자신은 유용성을 고려하지 않은 순수한 과학을 지지한다고 이야기했다. 그의 연설은 미국 심리학의 그 이전 10년을 되돌아본 것으로, 그에게 대단히 우려스러웠던 그 10년 동안 심리학은 지나치게 응용 프로젝트에 매몰되어 있었다고 그는 한탄했다. 그는 "실험실 연구에 사용되었을 에너지가 실용적인 통로로 흘러 들어갔다는 것은 순수 과학에는 명확한 손실로 간주되어야 한다"(407쪽)라고 썼다. 그러나 실용적인 방향으로 흘러가는 것이 1890년대 미국의 삶의 방식이었다. 당시 미국은 자동차, 영화, 다이얼식 전화기, 휴대용 타자기, 컬러 사진 및 지퍼로 인해 다른 모습을 띠어 가고 있었다.

　몇십 년 전에 기술된 미국 심리학 역사는 미국에서 응용심리학이 제1차 세계대전 이후에 출현했다고 명시했다. 이는 그야말로 전혀 사실이 아니며 최근의 역사 연구는 이러한 잘못된 관점을 바로잡았다. 앞서 우리는 G. Stanley Hall이 전국적인 아동 연구 운동을 이끌면서 했던 일을 기술했다. Hall은 과학적 심리학이 어떤 분야에든 응용할 수 있는 데가 있다면 그것이 교육 분야임은 확실하다고 주장했었다. 그 운동은 1891년 Hall의 NEA 연설 혹은 1883년 아동의 마음에 관해 그가 썼던 논문에서부터 시작되었다고 볼 수 있다. 연도는 사실 중요한 게 아니다. 요지는 1891년 무렵 심리과학자들이 자기네가 대중에게 판매할 만한 제품을 갖고 있다는 결론을 내렸다는 점이다. 그들의 주장은 그 제품, 즉 심리과학이 대중에게 혜택을 준다는 것이었다. 곧이어 심리학자들은 임상심리학과 학교심리학, 경영심리학, 진로 지도, 지능검사 및 법정심리학 등의 다른 응용 분야로 뛰어들었다. 따라서 심리학이라는 과학과 심리학의 응용(그 과학에 토대를 둠을 전제로 한)은 서로 손을 맞잡고 20세기로 나아갔다.

임상심리학의 출발

이상(abnormality)의 문제는 초기 실험심리학자들의 마음속에서 가장 중요한 것은 아니었다. 그들은 마음을 이해하는 데 관심이 있었지 마음의 '병든' 형태에는 관심이 없었다. 정신장애가 있는 사람은 당연히 내성을 할 수 없었을 것이다. 게다가 심리적 이상은 이미 정신의학과 신경학이라는 두 의학 분야의 전문 영역이었다. 사실 정신의학이라는 전문직은 북미에서 정신병원 운동(mental asylum movement)의 일환으로 출현하였다. 즉, 미국정신의학회(American Psychiatric Association)의 전신은 미국 광인시설 의료관리자 협회(Association of Medical Superintendents of American Institutions for the Insane)였다.

도시가 커지고 가구(家口)들이 몰려서 인구밀도가 높은 지역이 생기게 되면서 정신적으로 장애가 있는 가족 구성원을 집에서 돌보는 것이 더욱 어렵게 되었는데, 특히 동네 주민들이 이런 사람들로 인해 위협을 느낌에 따라 문제가 더 심각해졌다. 북미 최초의 '정신병원(lunatic asylum)'은 미국에서 1700년대 말 뉴욕 주, 버지니아 주, 그리고 펜실베이니아 주에 등장했다. 좀 더 농촌지역이었던 캐나다에서는 1845년 퀘벡 주에 최초의 정신병원이 생겼고 1850년에 토론토에 최초의 시립정신병원이 생겼다. 이 정신병원들은 심리장애 사례들을 다루기 위해서, 그리고 도덕적 치료 프로그램을 통해 정신질환의 치료에 대한 희망을 주기 위해서 생겨났다. 도덕적 치료(moral therapy)란 직업 치료, 운동, 종교적 훈련, 레크리에이션, 개인위생 같은 프로그램과 정원 가꾸기, 그림 그리기, 음악 및 목공 같은 활동에 참여하는 것으로 이루어졌다. 그러한 프로그램은 환자 수가 적게 유지되는 한에서는 어느 정도 도움이 되게 마련이었다. 그러나 곧 만성 환자가 많아졌고 정신병

From the author's collection

그림 6.2 일리노이 주 이스트몰린에 있는 '워터타운 정신병원'의 1910년도 모습을 담은 엽서. 이 병원은 1898년에 개원했는데, 당시 환자는 336명이었다. 1935년 무렵 이 병원은 43개의 개별 건물로 이루어져 있었고, 2,000명 이상의 환자를 수용하였다. 이 병원은 1980년에 일리노이 주에 의해 폐쇄되었다.

원(이후 주립 및 시립병원으로 불림)은 권장 수용인원 250명에서 어떤 경우에는 6,000명 이상이 들어가는 규모로 커져서 가망 없는 사람들의 수용소가 되었다. 이 흥미롭고도 비극적인 이야기는 여러 훌륭한 역사책이 들려준다 (Dowbiggin, 1997; Grob, 1994 참조).

이 장에서 이해해야 할 중요한 것은 심리학자들이 정신이상에 대해 관심을 보이기 시작했을 때 그것은 이미 백 년 동안 정신의학의 영역에 속한 것이었다는 점이다. 이 우선권과 소유권 논쟁이 임상심리학이라는 전문직이 발전함에 따라 20세기에 특히 논란을 일으키게 된다. 19세기 말에 정신병원에서 연구를 한 소수의 심리학자들이 있기는 했다. 예를 들면, William James의 제자이며 뉴욕병리연구소에 연구실험실을 설립했던 Boris Sidis와 일리노이 주 캔커키에 있는 동부정신병원에 연구실험실을 설립했던 William Krohn 같은 이들이 있었는데, 이는 당시로서는 이례적인 것이었다.

Lightner Witmer의 심리클리닉

1896년 3월 학교 교사 한 사람이 철자쓰기에 문제가 있는 14세 소년을 데리고 Lightner Witmer(1867~1956)를 찾아 펜실베이니아대학교로 왔다. (Witmer는 1892년 박사학위를 받고 라이프치히에서 펜실베이니아대학교로 돌아와서 심리학 실험실을 다시 열었던 터였다.) 그 교사는 학생 때 Witmer의 강의를 들은 적이 있었다. 그녀는 소년의 문제가 정신적인 것이라고 판단했고, 만약 그렇다면 심리학이 마음 과학이라고 주장하므로 그 소년에게 도움을 줄 수 있을 것이라고 생각했다. Witmer가 이 사례를 어떻게 기술했는지는 다음과 같다.

> 당시 나는 과학적 심리학이 철자쓰기 결손의 원인과 치료법을 찾아내는 일을 다룬 경우를 전혀 찾을 수 없었다. 하지만 이 사례에서는 단순히 기억 발달에 결함이 있었는데, 기억은 과학적 심리학이 권위 있는 유일한 지식을 제공할 수 있는 정신과정이다. 만약 심리학이 내게 혹은 다른 이들에게 조금이라도 가치가 있는 것이라면, 이런 종류의 지체 사례에서 교사의 노력에 도움을 줄 수 있어야 할 것으로 보였다(Witmer, 1907, 4쪽).

Witmer는 그 사례를 성공적으로 치료했음이 분명하고, 이 성공에 관한 이야기가 교육계에 퍼지면서 그에게 들어오는 사례가 더 많아지게 되었다. 그런 예들로 인해 Witmer는 1896년 아마도 세계 최초였을 심리클리닉을 창설하게 되었다. Witmer는 자신의 클리닉에서 거둔 성공에 너무나도 열광하여 그해의 미국심리학회 연차대회에서 자신의 치료 프로그램을 화제로 논의하였다. 그는 동료들에게 심리학을 "인류가 직면한 문제를 해결하는 데" 사용할 것을 강력히 촉구했다(Witmer, 1897, 116쪽). 그는 자신의 분야가 "학교 교실의 통상적인 방법으로는 해결하기 어려운 수많은 사례를 치료할 수 있는 심리학 전문가"(117쪽)를 양성할 훈련 프로그램을 확립할 수 있기를 희망했다.

클리닉을 연 뒤 몇 년 동안은 Witmer가 모든 사례를 혼자서 보았다. 학습

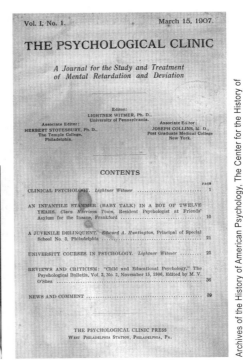

Archives of the History of American Psychology, The Center for the History of Psychology, The University of Akron

Archives of the History of American Psychology, The Center for the History of Psychology, The University of Akron

그림 6.3 학교심리학과 임상심리학의 창시자인 Lightner Witmer와 1907년에 나온 그의 학술지 *The Psychological Clinic*의 첫 판.

장애나 행동장애 때문에 클리닉에 온 아이들이 대부분이었다. 더 많은 사례가 들어옴에 따라 Witmer는 직원을 더 고용했는데, 그중에는 자신의 심리학 박사학위 제자들도 일부 있었다. 그는 유사한 클리닉을 여는 데 관심이 있는 사람들에게 혹은 그냥 인간의 심리적 어려움이라는 영역에서 심리학의 유용성에 관한 증거를 원하는 사람들에게 사례 기록이 쓸모가 있을 수 있다고 판단하였다. 그리하여 그는 클리닉에서 환자를 치료하기 시작한 지 10년 이상 지난 1907년에 *The Psychological Clinic*이라는 제목의 새로운 학술지를 창간하였다. 이 학술지는 대체로 펜실베이니아대학교의 사례 연구들로 구성되어 있어서 내려진 진단과 제공된 치료를 자세히 기술하고 있었다. 이 학술지의 첫 번째 호에서 Witmer는 임상적 작업을 할 수 있도록 심리학자들을 준비시키기 위한 교육 및 훈련 프로그램에 대해 이야기하였고, 그런 분야에 '임상심리학'이라는 이름을 붙였다. 이것이 그런 실용적 직무를 하도록 심리학자들을 준비시키는 전문화된 대학원 교육과정을 최초로 제안한 것으로 꼽힌다.

자신의 클리닉에서 Witmer는 '임상법(clinical method)'이라 이름 붙인 것을 개발하였다. 이는 일반적으로 의사와 사회복지사 모두를 참여시키는 팀 접근법이었다. 환자를 검사하고 진단을 내리고 치료를 계획하고 실시하는 데 팀이 합동으로 관여했다. 역사학자 John O'Donnell(1979)은 Witmer가 임상법을 어떻게 사용했는지를 다음과 같이 기술해 놓았다.

> 아이들은 학교 체제를 통해 클리닉에 맡겨졌다. 의사의 검진을 받고 나서 아이들은 인체측정, 시력측정 및 심리측정 검사를 거쳤다. … Witmer는 훈련된 내성전문가 자리에 단순히 아이를 집어넣음으로써 초시계(chronoscope), 동태(動態)기록기(kymograph)[1], 작업기록기(ergograph)[2], 체적변동기록계(plethysmograph) 같은 실험 기구들을 진단 도구로 변환시켰다. 마찬가지로, 이전에 교육 도구로 사용되어 온 세구인 형태보드(Seguin form board)도 아이의 기억력, 시각 변별력 및 근육 협응력을 검사하기 위한 도구로 변환되었다. 심리학자와 의사의 작업을 보완하여 사회복지사는 아이의 배경에 관한 사례 연구를 준비한다. 사례들을 상관 지어 일반화하기 위한, 검사를 표준화하기 위한, 그리고 새로운 진단 기법을 만들기 위한 세 가지 목적으로 임상 기록을 축적한다. 검사가 완료되고 최종 진단이 내려지면 교정 치료를 하려는 시도가 뒤따른다(6~7쪽).

여기서 의사는 의학적인 문제가 혹시라도 있는지 확인하기 위해 개입했다. 안과의사는 물론 시각이 정상인지를 확인했다. 청각이 문제인 것으로 보인다면 청각을 검진했다. 평가 도구에는 심리학에서 사용되는 기구와 정신검사 둘 다 포함되었다. 초시계는 시간을 측정하는 장치로서, Wundt와 Cattell

---

1 맥박, 혈압, 근육의 움직임 등의 파동곡선 기록기
2 근육의 작업능력, 피로도 등을 재는 장치

이 정신과정의 속도를 측정하는 데 사용했었다. 가장 비싼 도구인 Hipp 초시계는 스위스의 도구 제작자 Mathias Hipp이 만든 것으로 1,000분의 1초 단위로 시간을 측정할 수 있었다. 동태기록기는 회전하는 원통이 달린 장치로서 시간에 따른 반응을 기록했다. 작업기록기는 근육 수축을 측정했는데, 흔히 동태기록기와 결합되어 피로의 측정치로서 시간에 걸친 근육 수축을 보는 데 사용되곤 했다. 이 도구들은 Cattell이 사용한 감각 및 인지 기능에 대한 정신검사와 함께 심리측정 검사의 일부였을 것이다. 일단 진단이 내려지고 치료 방향에 대한 합의가 이루어지면 그 치료를 실시한 이는 사회복지사였을 것이다. 치료 과정에서 교사 그리고(또는) 부모와의 상의가 이루어지기도 했다.

이 클리닉은 첫 10년간 대략 400건의 사례를 다루었다. 아이들 대다수는 학습장애와 지적 장애를 비롯한 모종의 교육장애[1896년에는 그 병명이 '정신박약(feeblemindedness)'이었을 것이다]나 품행장애로 진단받았을 것이다. 1909년의 펜실베이니아대학교 요람에는 심리클리닉에 대해 다음과 같이 기술되어 있었다. "심리학 실험실은 1896년 3월 정신적 및 윤리적으로 지체된 아이들에 대한, 그리고 발달을 느리게 만들고 학교에서의 정상적인 진행을 가로막는 신체적 결함으로 고생하는 아이들에 대한 연구 및 교정 치료에 착수했다"(Fernberger, 1931, 25쪽). 클리닉의 주안점은 평균 지능의 아이, 지적으로 우수한 아이, 그리고 성인으로 서서히 옮겨 갔다. 사실상 1920년대에는 Witmer가 영재에게 특별한 관심을 갖게 되었다.

시간이 지나면서 특수 클리닉들이 추가되었다. 1914년 Witmer의 제자 중 한 사람인 Edwin B. Twitmyer는 클리닉 중에서 언어 결함의 진단과 교정을 겨냥한 부문을 책임지게 되었다. 1920년 펜실베이니아대학교를 갓 졸업한 또 다른 졸업생 Morris Viteles는 진로 지도(vocational guidance)를 위한 특수 클리닉의 책임자가 되었는데, 그는 이후 산업심리학에서 영향력 있는 인물이 된다. 수년 뒤 또 다른 펜실베이니아대학교 졸업생 Robert Brotemarkle은 기본적으로 그 학교의 학생들을 위한 상담센터인 클리닉의 책임자가 되었다. 심리클리닉의 업무량은 엄청나게 많아져서 1931년 즈음에는 사례 기록이 여러 클리닉 부서들의 역사를 통틀어 거의 1만 건에 달했다. 학술지는 어느 정도 클리닉의 연구 부문으로서의 역할을 하며 계속해서 출간되어서 여러 가지 사례 유형에 걸친 규범적인 자료를 출간했고, 검사 절차와 특히 그 절차의 표준화에 대해 보고했으며, 항상 그랬듯이 흥미로운 사례와 혁신적인 치료법에 대한 이야기를 실었다(Fernberger, 1931).

오늘날 심리학의 역사에서 Witmer는 미국 임상심리학의 창시자로 대개 지칭된다. 하지만 그는 학교심리학 분야에서도 역시 창시자라는 똑같은 영예를 안는다(Baker, 1988; Fagan, 1992). 실제로 심리클리닉에서 Witmer가 했던 일은, 특히 첫 10년 동안은, 오늘날의 임상심리학보다는 학교심리학 업무에 더 가까울 것이다. 그는 심리학에서 이 두 중요한 응용 전문 분야의 창시자 역할을 했을 뿐만 아니라 그 자신의 과학을 "인류의 문제를 해결하기 위해" 사용했다는 점 때문에 역사적으로 중요한 인물이다. 응용하는 심리학자로서 그의 목표는 예방과 개입 두 가지 다였다(Fagan, 1992). O'Donnell(1979)이 쓴 것처럼 "다른 사람들은 응용심리학의 필요성을 주장한 반면에 Witmer는 응용심리학을 실천했다"(14쪽).

경영심리학

아동 연구와 Witmer가 심리클리닉에서 했던 작업을 통해 우리는 교육심리학, 임상심리학 그리고 학교심리학이라는 응용 전문 분야의 출발을 살펴보았다. 이 각 분야에 대한 관심은 부분적으로 미국 내의 사회적 변화 때문에 생겨났는데, 그 변화란 도시화, 공장 일자리의 증가, 아동노동법과 의무교육법의 통과, 그리고 1892년 엘리스 아일랜드를 이민국으로 개관하게끔 만든 이민의 새로운 물결을 반영한 것이었다. 이민과 새로운 의무교육법으로 인해 1890년에서 1900년 사이에 학교 입학이 400% 정도 증가하였다.

또한 20세기로 넘어가면서 업무 현장에서도 급격한 변화가 일어나고 있었다.

> 농촌에서 도시로의 변화가 거의 완성되었다. 말하자면, 목화가 쇠에게 자리를 내어 주고 있었다. 산업도시의 중심부는 현대의 화신이었다. 기술이 꽃을 피웠으며 편리한 현대적인 것들이 사람들을 깜짝 놀라게 하고 유혹했다. 전화, 전기, 영화, 라디오 및 자동차가 새로운 세계를 약속했고, 이는 사람들로 하여금 희망에 차 있게 하고 경제를 돌아가게 하는 소비주의 문화가 만들어지는 데 일조했다. 물건과 서비스에 대한 지출이 증가하자 인간 노동에 대한 수요도 증가하였다. 해외로부터 이민자가 유입되고 농촌의 미국인들이 동부와 중서부의 대도시로 이주하면서 산업에는 노동력이 제공되었고 사람들에게는 더 나은 삶에 대한 기대가 생겨났다(Benjamin & Baker, 2004, 157쪽).

일은 인간의 삶에서 결정적인 부분이다. 그것은 사회가 존재하게 만드는 수단이다. 일은 고용주, 주주, 소비자, 가정, 그리고 특히 직장에서 50~60년 이상을 보내는 노동자에게 대단히 중요하다. 과학적 심리학이 무언가 실용적 혜택을 줄 만한 곳을 찾다 보니 심리학자들이 경영의 세계를 발견한 것은 당연한 일이다.

광고심리학

실험심리학이 경영의 세계에서 처음 모험을 시작한 데가 광고 분야임은 우연이 아니었다. 19세기 말엽에 전보, 전국에 배포되는 잡지의 급증, 그리고 철로는 거대한 상품 시장을 새로이 만들어 냈다. 새로운 기술은 생산량을 증가시켜서 사업체들이 잉여분을 만들어 내는 것이 가능해졌다. 이 잉여 상품들을 팔아야 할 필요가 있었는데 전국적인 시장이 생겨났던 것이다. 따라서 광고가 중요해질 것이었다.

광고는 미국의 남북전쟁 이후 하나의 사업으로 발전했다. 1880년대 즈음에는 이 새로운 업계를 위한 광고 학술지들이 있었다. 경쟁이 심해지고 광고 비용이 치솟음에 따라 사업체들은 광고가 효과가 있다는 증거를 원했다. 광고회사들은 자기네 사업이 추측보다는 과학이 되어야 한다고 주장했고 그래서 소비자의 동기, 욕구 및 행동을 이해하는 데 도움을 줄 전문가를 찾으려 했다(Benjamin, 2004). 여기서 심리학자가 등장한다.

1895년 이 분야에 최초로 손을 댄 이는 Wundt에게서 공부했던 미네소타대학교의 심리학자 Harlow Gale이었다. Gale은 200개의 사업체에게 그들의 광고 업무에 대해 묻는 질문지를 보냈다. 그것은 전부 답하려면 많은 노력을 들여야 할 방대한 질문지였다. 따라서 그는 단 20개의 질문지만을 회수할 수 있었다. 아마도 이런 낮은 회수율 때문에, 혹은 어쩌면 혼란스러운 자료 때문에 이것이 경영심리학에 대한 Gale의 처음이자 마지막 시도가 되고 말았다.

Walter D. Scott

최초로 경영 부문에서 일했다고 말할 수 있는 심리학자는 Walter Dill Scott(1869~1955)인데, 그는 1900년에 Wundt에게서 박사학위를 받았다. Scott은 미국 산업 · 조직심리학에서 지속적으로 그리고 생산적으로 일했으므로 그 분야의 창시자로 여겨진다. 시카고의 선도적인 광고회사의 대표 John Mahin에게서 연락을 받았을 때 그는 노스웨스턴대학교의 젊은 조교수였다. Mahin은 자신이 출간하려는 광고 잡지에 광고심리학에 관한 12편의 시리즈 논문을 쓸 생각이 있는지 그에게 물었다. Scott은 동의했고 논문은 1902년 *Mahin's Magazine*에 실리기 시작했다. 그다음 해에 그 논문들은 묶여서 Scott의 첫 책 『광고 이론(*The Theory of Advertising*)』(1903)으로 출간되었다. Scott은 그 잡지에 21편의 논문을 더 썼고 그 논문들이 그의 두 번째 책 『광고심리학(*The Psychology of Advertising*)』(1908)이 되었다.

Scott이 광고에 어떤 전문 지식이 있었을까라고 당신은 궁금해하고 있을지도 모르겠다. 그가 대학생일 때 그 과목에 관한 강의를 들었을까? 광고에 관한 연구를 했을까? 이 질문들에 대한 답은 기본적으로 "아니요"이다. 그는 예를 들면 다양한 활자체에 관한 연구 같은, 광고에 관한 몇 가지 연구를 수행하기는 했지만 광고 분야에 관한 배경지식이 사실상 거의 없었다. 하지만 그렇다고 해서 그가 암시, 지각, 착시, 심상 및 환불쿠폰의 유용성에 관한 논문을 쓰는 것을 주저하지는 않았다. 이것들은 그가 잡지에 실었던 논문에서 다룬 주제들 중 일부일 뿐이다. Scott은 자신이 심리학자로서 실험법에 관한 훈련을 받았으며 지각, 동기, 학습, 정서, 주의 및 기억 등 광고에서 중요하리라고 생각되는 모든 주제에 관해서 제법 많이 안다고 판단했다. 그렇다면 사실은 그의 논문들 중에는 심리학 원리와 현상에 관한 지식을 바탕으로 그가 광고 현상에 관하여 이론뿐인 내용을 적은 것이 많다는 말이 된다. 그렇지만 Mahin은 그 논문들에 흡족해한 것으로 보였으며, Scott은 광고계에서 광고에 관한 최고의 심리학 전문가로 인정받게 되었다(Kuna, 1976).

Scott의 광고 이론은 소비자가 "광고문안 작성자가 거는 최면의 영향력하에 있는 비합리적이고 암시에 걸리기 쉬운 존재"라고 강조했다(Kuna, 1976, 353쪽). Scott은 자신의 광고 연구에서 암시(suggestion)를 강조했다. 그는 "인간은 합리적인 동물이라고 불려 왔지만 더 솔직히는 암시받는 존재라 불릴 수 있을 것이다. 인간은 합리적이지만 그보다 더 암시의 영향을 받기 쉽다"(Scott, 1903, 59쪽)라고 썼다. 암시를 광고에 적용할 때 Scott은 특히 두 가지 기법, 즉 직접 명령과 할인쿠폰을 사용했다. 직접 명령은 "죽염 치약을 쓰세요!" 혹은 "당신에게 드리는 이벤트 상품을 받으세요!" 같은 광고의 헤드라인일 때가 많다. Scott은 그런 문구가 효과적인 이유는 그것이 어떤 특정 행위를, 그것과 경합하는 다른 행위를 촉발하지 않으면서, 하도록 암시하기 때문이라고 믿었다. 마찬가지로 할인쿠폰도 직접적인 행위를, 즉 쿠폰을 잘라 내어 빈칸을 채운 다음 우편으로 보내는 행위를 하도록 암시했다. 두 기법 모두 사람을 자극하여 조절하기 힘든 복종이 일어나게 하는 것으로 생각되었다.

Scott은 또한 암시의 수단으로서 심상의 중요성을 강조했다. 그는 피아노

Archives of the History of American Psychology, The Center for the History of Psychology, The University of Akron

Archives of the History of American Psychology, The Center for the History of Psychology, The University of Akron

WALTER DILL SCOTT   L B HOPKINS   JOSEPH W HAYES
ROBERT C CLOTHIER   BEARDSLEY RUML   STANLEY B MATHEWSON

ANNOUNCE

THE SCOTT COMPANY

ORGANIZED

TO OFFER TO INDUSTRY METHODS
LEADING TO THE SOLUTION OF PROBLEMS
IN THE FIELD OF INDUSTRIAL PERSONNEL

TO SHARE WITH INDUSTRY THE RE-
SULTS OF RESEARCH WHICH MAY PROVIDE
A BETTER UNDERSTANDING OF THE SOCIAL
ECONOMIC AND PSYCHOLOGICAL FACTORS IN
INDUSTRIAL ADJUSTMENT

TO OFFER TO INDUSTRY A CONSULTING
SERVICE WHICH COMBINES THE INDUSTRIAL
AND SCIENTIFIC POINTS OF VIEW

751 DREXEL BUILDING
PHILADELPHIA

그림 6.4 제1차 세계대전이 끝났을 무렵 설립된 Walter Dill Scott의 자문회사의 사업체 광고와 35세의 Harry L. Hollingworth.

광고는 독자가 그 소리를 들을 수 있도록 피아노를 묘사해야 한다고 지적했다. 음식 광고는 소비자가 그 맛을 느낄 수 있어야 하고, 향수 광고는 독자가 그 이국적인 향기를 경험할 수 있게끔 해야 한다.

Harry L. Hollingworth

Scott의 인기 덕분에 다른 심리학자들이 광고 분야에 들어올 수 있는 문이 열렸다. 예를 들면 이 장의 첫 부분에서 언급한 카페인 연구를 한 Harry Hollingworth가 그중 한 사람이다. Hollingworth는 컬럼비아대학교의 공개강좌의 일환으로 야간 강의를 함으로써 뉴욕 시 광고인연맹(Advertising Men's League of New York City)에서 활동하게 되었다. 그 강좌에서 했던 그의 강의는 『광고와 판매(*Advertising and Selling*)』(1913)라는 책에 실려 출판되었다. 더 나아가 그 강좌 덕분에 광고 연구에 참여해 달라는 제안이 사업체들로부터 들어왔다. 1913년쯤 되어서는 심리학의 시대정신이 변화하고 있었다. 측정하기 곤란한 정신주의적 개념인 암시는 더 객관적이고 관찰이 가능한 행동에 그 자리를 내어 주고 있었다. Hollingworth는 쿠폰을 그로 인해 발생하는 매출과 비교함으로써 각 광고의 효과성을 평가하기 위해 할인쿠폰을 사용하는 회사들과 일하기 시작했다. 그는 매출 자료를 알지 못한 채로 다양한 쿠폰 광고를 독자적으로 검증한 다음, 자신의 연구가 완결되면 그 결과를 회사에 보내고 그들의 매출 자료를 요청했다. 놀랍게도 그 두 세트의 수치 사이의 상관관계는 .82나 되었다(Hollingworth, 1913; Kuna, 1979). Hollingworth는 광고의 유효성을 사전에 검증하는 능력 덕분에 여러 곳에 불려 다니는 매우 바쁜 몸이 되었다.

Hollingworth는 단순히 다양한 광고의 효과성을 예측하는 것보다 더 많은 것에 관심이 있었다. 그는 광고의 심리학을 이해하고자 했다. 구매행동으로 이끌어 가는 요소는 무엇일까? 광고 연구에 관한 그의 모델은 그 분야에서 함께 일하는 다른 심리학자들의 연구에서 지배적인 패러다임이 되었다. Hollingworth와 Scott은 대학교에 계속 재직했지만 응용심리학의 새로운 전문 분야가 생성되면서 다른 심리학자들이 광고계에서 전일제 일자리를 찾게 되었다.

Münsterberg의 산업 효율성

제4장에서 William James가 하버드대학교의 심리학 실험실의 책임자로 프라이부르크대학교에서 Hugo Münsterberg(1863~1916)를 뽑아 왔음을 상기해 보라. Münsterberg는 그 실험실에 오래 머무르지 않았다. 미국 생활 초기에 그는 대중잡지에 기사를 쓰기 시작했는데, 이는 당시 많은 심리학자들이 하던 일이었다. Münsterberg는 그런 일로 주목받는 것을 특히 즐기는 것으로 보였다. 그래서 그는 응용 작업을 더 늘렸고, 근본적으로 실험실을 하버드대학교의 후배 동료들이 돌보도록 팽개치게 되었다. 사망하기 전까지 그는 산업심리학, 심리학과 법, 심리학과 교육, 심리치료 및 영화심리학에 관한 중

요한 책들을 썼다. 그는 의심의 여지 없이 당시 미국에서 응용심리학의 가장 주요한 인물이었다.

Münsterberg는 경영심리학에 관한 두 권의 책을 출간했는데, 대단히 중요한 업적인 것으로 밝혀진 것은 첫 권이었다. 그 책은 『심리학과 산업 효율성 (*Psychology and Industrial Efficiency*)』이란 제목으로 1913년에 출간되었다. 그 책이 출판되던 당시 효율성은 미국 경영계에서 유행어였다. 효율성 전문가들은 공학자인 Frederick Winslow Taylor(1856~1915)의 추종자였는데, 그의 과학적 경영(scientific management)이라는 프로그램은 경영과 산업에서 어떤 일이든지 그것을 하는 단 하나의 올바른 방법이 있다고 주장했다. Münsterberg는 심리학을 인간 효율성에 대한 과학으로 선전했다. 경영 효율성의 핵심은 작업자의 기술과 재능을 직무 요건과 맞추는 것이었다. 직무와 작업자 간의 좋은 대응은 더 만족한 작업자와 더 나은 직무 생산성을 의미했다. 나아가 Münsterberg는 심리학이 완벽한 대응을 발견하기 위한 평가 도구를 갖고 있다고 믿었다. 심리학자가 직무를 분석하여 그 직무를 잘하는 데 어떤 정신적 및 신체적 특질이 필요한지를 알아낸다. 그러고 나면 작업자가 자신이 어디에 가장 잘 맞는지를 알기 위해 검사를 받을 수 있다.

1911년 샌프란시스코와 포트랜드 증기선 주식회사는 능력 있는 선장을 선발하는 데 사용될 수 있는 검사를 제작하기 위해 Münsterberg를 고용하였다. 이는 타이타닉호가 북대서양에 침몰하기 6개월 전에 취해진 조치였다. 보행자가 사망한 일련의 치명적인 사고가 발생한 뒤 보스턴 고가철도 주식회사는 능력 있는 기관차 운전자를 선발하는 방법을 고안하기 위해 그를 고용하였다. 이런 연구를 비롯하여 Münsterberg가 수행한 여러 연구는 심리학이 작업 생산성 증가, 더 즐거운 작업자, 더 안전한 작업 환경을 만드는 열쇠를 쥐고 있다는 확신을 그에게 너무나 강하게 심어 주었다. 그래서 그는 미국 전역에 걸쳐 지역 사업체와 산업에 심리학적 전문지식을 제공해 줄 부설기관들을 상업노동부를 통해 설치할 것을 연방 정부에 요청했다

(Münsterberg, 1913).

　Münsterberg가 산업심리학의 창시자로 지칭되는 경우가 가끔 있는데, 이는 주로 1913년에 출간된 그의 저서가 중요했기 때문이다. 그 책이 경영 및 산업 지도자들에게 심리학의 유용성을 선전하는 데 많은 것을 했음은 부인할 수 없다. Münsterberg는 항상 심리학의 훌륭한 선동자였다. 그러나 그 책이 등장하기 전에 Scott은 이미 그 분야에서 10년간 일을 지속해 오고 있었다. 게다가 Hollingworth와 다른 여러 사람들도 1913년 이전부터 역시 활동하고 있었다.

Lillian Gilbreth의 공학심리학

Lillian Moller Gilbreth(1878~1972)는 심리학자로서 독특했다. 그녀의 삶을 주제로 한 '한 다스를 사면 더 싸요(Cheaper by the Dozen)'라는 영화(Steve Martin이 나오는 영화 말고, Myrna Loy가 나오는 1950년 영화를 말함)가 있는데, 이 제목은 그녀의 자식 12명 중 두 사람이 쓴 책 제목에서 따온 것이다. 더욱이 그녀는 (사실은 철학자였던 John Dewey를 포함시키지 않는 한) 미국 우표에 등장한 유일한 미국 심리학자이다. 1984년 40센트짜리 Gilbreth 우표가 발행되었는데 〈그림 6.5〉가 이를 보여 주고 있다.

　Gilbreth는 1915년 브리운대학교에서 박사학위를 취득했다. 그 전해에 그녀는 『경영심리학(The Psychology of Management)』(1914)이라는 제목의 첫 번째 책을 출간하였다. Gilbreth는 그녀의 남편 Frank Gilbreth와 함께 효율성 운동에 동참했다. 이 부부는 남편 Frank가 설립한 자문회사에서 함께 일했다. 그들의 기법 중 하나는 영화를 이용하여 시간-동작 연구(time-motion studies)라는 것을 함으로써 어떤 직무의 구성 요소를 분석한 다음 수정하거나 변화시킬 사항을 권고하여 효율성을 증가시키는 것이었다. Frank는 1924년 사망했지만 Lillian은 자문 사업을 계속하여 주부를 대상으로 하는 사업체 쪽으로 초점을 옮겨 갔다. Gilbreth는 가정 관리에 관한 연구의 부산물로서

Archives of the History of American Psychology,
The Center for the History of Psychology,
The University of Akron

From the author's collection

그림 6.5 산업심리학에 중요한 기여를 한 두 심리학자 Hugo Münsterberg와 Lillian Gilbreth.

1927년에 『주부와 주부의 직무(*The Home-Maker and Her Job*)』라는 책을, 1954년에는 『가정 경영(*Management in the Home*)』이라는 책을 썼다. 그녀는 특히 부엌 디자인 분야에서 일했는데, 수천 명의 주부들을 인터뷰하고 연구하여 싱크대와 주방기기들의 적절한 높이를 결정했으며 부엌의 다른 고정 설비들이 더 효율적으로 사용될 수 있도록 그 세부 사항을 설계했다. 그녀가 낸 특허 중에는 전기 푸드 프로세서와 냉장고 문의 안쪽 선반 등이 있다.

노년에 Gilbreth는 신체 장애인의 가사 노동을 돕는 부엌 배치와 장비를 디자인하였다. 예를 들어 그녀는 바닥에 있는 페달을 밟으면 열리는 쓰레기통을 발명하였다. 그녀의 연구는 흔히 공학심리학(engineering psychology)이라 불리는데, 이는 제9장에서 살펴볼 인간요인 심리학(human factors psychology)의 또 다른 이름이다. 공학심리학은 인간 조작자 그리고 인간의 요구에 더 잘 부합하는 장비 디자인을 가리킨다.

Gilbreth는 미국기계공학자협회(American Society of Mechanical Engineers)의 최초의 여성 회원이었으며 명성이 드높은 미국국립공학아카데미의 회원으로 선출된 최초의 여성이었다. 생전에 그녀는 공학협회들로부터 여러 개의 상을 받았다. 그녀를 기리는 우표를 만드는 것도 이 학회들이 주도한 일이었다. 과학적 경영['테일러주의(Taylorism)'라고도 불림]은 주로 작업자의 생각을 무시하고 개인차를 인정하지 못했다는 이유 때문에 인기가 떨어지게 되었지만, Lillian Gilbreth의 좀 더 작업자 중심적인 접근은 그녀의 긴 경력 내내 작업자와 경영자들에게 계속 인기가 있었다.

학계 바깥의 경영심리학

초기에는 경영심리학(혹은 경제심리학)이라 불렸지만 오늘날에는 산업·조직심리학이라 불리는 새로운 분야의 시작에 기여한 사람들 중 겨우 몇 명만 우리는 조명했다. 우리가 이야기한 사람들 중 대부분이 Scott, Hollingworth, 그리고 Münsterberg처럼 대학교에 자리를 잡고 있었다. Gilbreth는 퍼듀대학교와 럿거스대학교에 자리(대부분 시간제)가 있긴 했지만 일생의 대부분을 대체로 '자영업자'로 살았다. 응용심리학의 성과 중 한 가지는 단지 교수들이 (흔히 사업체의 요구로) 수행할 응용 연구를 생성해 냈다는 것만이 아니고 심리학자들이 사업체와 경영진 내에서 또는 독립적인 자문가로 일할 새로운 인력시장을 만들어 냈다는 것이다. Cattell의 박사과정 학생 Elsie Bregman(1896~1969)은 뉴욕 시 메이시백화점에 취업하여 인사 문제, 특히 선발과 연수를 담당했다(Koppes, 1997). Marion Bills(1890~1970)는 자신의 심리학 박사학위를 활용하여 Aetna 생명보험 주식회사에서 평생을 일했고 마침내 부사장이 되었다(Koppes & Bauer, 2006). 제1차 세계대전 이후 Walter Dill Scott은 The Scott Company를 세웠는데, 이것은 경영을 돕기 위한 최초의 심리학적 자문회사 중 하나였다. Daniel Starch(1883~1979)는 자신의 심리학 박사학위를 활용하여 광고에서 새로운 직업을 개척했다. 1922년 그는 오늘날에도 여전히 사용되는 Starch 인식 절차라 불리는, 광고 독자 수를 측정하는 기법을 발명했다. 이 분야 및 다른 응용 전문 분야에서 뒤따라 일어난 발전에 대해서는 제9장에서 더 살펴볼 것이다.

진로 지도

20세기라는 새로운 세기가 시작되면서 일어난 도시화와 기술 진보 덕분에 선택할 수 있는 직업도 어마어마하게 확대되었다. 그 때문에, 그리고 학교 중퇴자와 미성년 범죄에 대한 우려가 커짐으로 인해 사람들이 자신의 인생의 직업을 선택하는 것을 돕는 일에 큰 관심이 생겨났다. 그리하여 20세기의 첫 10년간 미국에서 진로 지도 운동(vocational guidance movement)이 시작되었고, 그 덕분에 진로 탐색과 상담이 학교로 들어오게 되었다. 이 운동의 초기 인물 중 한 사람은 보스턴의 변호사 Frank Parsons(1854~1908)였다. Parsons(1909)는 어떤 직업을 현명하게 선택하는 데는 세 가지 단계, 즉 (1) 스스로에 대한 지식, (2) 직업에 대한 지식, 그리고 (3) 그 둘 간의 관계에 대한 지식이 있다고 썼다.

많은 교육자들은 진로 지도를 학교의 기능으로 간주하고서 필요한 상담을 교사와 행정가가 제공할 수 있다고 주장했다. 그러나 심리학자들은 자기네가 개발한 지능검사에 대한 자신감이 커지면서 그런 지도는 심리학의 영역이 되어야 한다고 주장했다. Münsterberg와 Hollingworth 두 사람은 모두 심리검사가 많은 지적 및 성격적 영역에서 개인차를 측정하기 위해 고안되었음을 지적하였다. 그런 검사들이 여러 직업과 짝이 맞을 수 있다면 진로 지도에서 특별히 유용할 것이다. 이런 생각으로 마침내 Edward K. Strong 2세 및 다른 심리학자들은 개인의 관심(단순히 그의 기술이 아니라)과 다양한 직업을 짝 맞출 검사들을 고안하게 되었고 따라서 진로 지도에 사용될 수 있는 검사의 종류가 늘어났다.

진로 지도는 제9장에서 논의될 현대 상담심리학의 중요한 뿌리 중 하나로 간주된다. 20세기 초 진로 지도의 역사에서 분명한 것은 다음과 같다. 즉, 심리학자들은 자기네 학문이 진로 결정 시에 사람을 안내하는 데 최선의 희망을 제공한다고 믿었으며, 그들이 보기에 개인적 인상에 의존하며 과학적 도구를 무시하는 사람들이었던 교육자들의 손에 그 일을 맡기기가 싫었다. 심리학자들은 19세기에 골상학자와 관상학자가 했던 진로상담가 역할에 대해 잘 알고 있었고, 따라서 진로 지도의 성격을 바꾸어 순수 과학의 산물로 만들 준비가 되어 있었다. 그들은 그 일이 말만큼 쉽지 않음을 알게 된다.

지능검사

Cattell의 인체 측정 검사는 Clark Wissler가 그 모든 상관관계가 0임을 발견함으로써 지능의 측정치로서 부적절함이 드러났다. 그렇게 실패했다고 해서 심리학자들이 지능의 타당한 측정치를 개발하는 과제를 포기하게 되지는 않았다. 다만 다른 쪽으로 찾아보게 되었을 뿐이다. 그런 방법을 찾고 있었던 이들 중 한 사람이 클라크대학교에서 박사학위를 받은 Henry Herbert Goddard(1866~1957)였다. 1906년 Goddard는 바인랜드에 있는 뉴저지 정신박약아학교(New Jersey School for Feebleminded Boys and Girls)의 연구소장 자리에 앉게 되었다. 클라크대학교에서 받은 훈련을 바탕으로 그는 아이들을 검사하기 위해 심리학 실험실에 있는 다양한 기구를 모았다. 그의 희망은 지적 장애가 있는 아이들을 장애 정도에 따라 가려낼 수 있는 측정치를 개발하는 것이었는데, 그 궁극적인 목표는 적절한 교육 프로그램을 만들어 내는 것이었다. 교육자와 심리학자들은 지적 장애에 정도가 있음을 이미 인식하고 있었다. 분류 명칭에는 '백치(idiot)'와 '치우(imbecile)'가 포함되었는데, 여기에 Goddard는 '정신박약자(moron)'를 추가했다. 기능 수준은 백치가 가장 낮고 정신박약자가 가장 높다. 물론 이 명칭들은 정치가를 가리킬 때를 제외하고는 더 이상 사용되지 않는다.

　Goddard의 연구는 아무런 진전이 없었다. 1908년 여름 그는 지적 장애에 관한 지식이 더 앞서 있다는 곳에 관한 소식을 듣고 유럽으로 갔다. 거기서 그는 학교 아동들, 특히 정신지체가 있는 아이들의 수행을 측정한다는 지능검사를 1905년에 개발한 프랑스 심리학자에 관해 알게 되었다. 그 검사는 1908년에 개정되었고, 특정 나이의 아이들의 능력(즉, 정신연령

Archives of the History of American Psychology, The Center for the History of Psychology, The University of Akron

From the author's collection

THE STATE HOME FOR FEEBLE MINDED WOMEN, VINELAND, N. J.

그림 6.6 Henry Herbert Goddard. 그리고 Goddard가 정신박약에 관한 연구를 수행했던 뉴저지 주 바인랜드에 있는 바인랜드 정신박약아학교의 여성용 건물을 보여 주는 엽서.

이라는 개념)을 보여 주는 규준이 개발되어 있었다. 그 심리학자는 Alfred Binet(1857~1911)였는데, 그의 검사가 사실상 그 이후로 20세기 내내 지능검사의 모형이 되게 된다(Nicolas & Sanitioso, 2012).

미국으로 돌아온 Goddard는 그 검사를 영어사용자를 위해 번역했고 1908년 『비네-사이먼 지능척도(*Binet-Simon Measuring Scale for Intelligence*)』로 출간하였다. Cattell의 검사와 달리 이것은 학생들의 학교 성적과 정적인 상관관계를 보였다. 다른 심리학자들도 이 검사에 관심을 갖게 되어 자신들만의 버전을 만들었다. 그중 한 사람이 역시 클라크대학교 졸업생인 Lewis Terman(1877~1956)이었다. 그는 1916년 스탠포드대학교에서 심리학자로서 비네 척도의 새로운 버전을 출간했는데, 이것이 결국 『스탠포드-비네 지능검사(Stanford-Binet Intelligence Test)』가 되었다. 이 검사는 지능 평가에서 선도적인 도구가 되었고, Woodworth의 제자 David Wechsler(1896~1981)가 1940년대에 아동과 성인의 지능을 측정하기 위한 자신의 검사를 개발하기 전까지 30년 이상 경쟁 상대가 없었다.

Goddard가 대부분 지능이 평균 이하인 아이들에게 비네 검사를 사용한 반면에 Terman은 척도의 반대쪽 끝에 있는 아이들을 연구하였다. 그는 일군의 영재들을 아동기부터 노년기까지 평가한 종단 연구를 바탕으로 일련의 책들이 출간되게 만든 기조 저자이다. 스탠포드-비네 검사는 또한 생활연

령에 대한 정신연령의 비율, 즉 지능지수(Intelligence Quotient, IQ)라는 개념을 대중화시켰는데, 이는 William Stern이 만들어 낸 개념이다(Lamiell, 2012). IQ를 계산할 때 Terman은 그 비율에 100을 곱하여 Stern의 공식에 있었던 소수점을 없앴다.

1917년 미국이 제1차 세계대전에 들어가자 집단에게 실시할 수 있는 지능검사를 개발해 달라는 요청이 Terman, Goddard 및 기타 심리학자들에게 들어왔다(그전까지 대부분의 지능검사는 개인 검사로 실시되었다). 그 과제를 시작하기 위해 심리학자들은 1917년 바인랜드에서 만났다. 겨우 몇 달 만에 그들은 군대 알파 검사와 군대 베타 검사(후자는 비영어 사용자나 문맹인 사람을 위해 고안됨)라는 것을 개발하였다. 전쟁이 끝날 때까지 이 두 검사는 거의 200만 명의 군인과 입대 대기자에게 실시되었다. 전쟁 이후 지능검사는 임상심리학자와 학교심리학자로 일하는 사람들의 주요 직무 활동이 되었다. 우리는 이 주제에 대해 제9장에서 더 살펴볼 것이다.

Münsterberg와 법심리학

1908년 Münsterberg가 저술한 최초의 응용심리학 책은 법률에 적용된 심리학에 관한 것이었다. 그 책의 제목은 『증인석에서(On the Witness Stand)』였다. Münsterberg는 기억의 정확성, 특히 목격자 증언의 타당성에 관해 연구함으로써 법정심리학 작업을 시작했다. 그는 또한 거짓 자백, 범죄 예방, 거짓말 탐지 및 배심원의 판단 과정에 관심이 있었고 이 모든 주제에 관해 논문을 냈다. 그는 1906년에 법심리학에 공식적으로 관여하기 시작했는데, 이는 시카고에서 Richard Ivens가 피의자로 기소되었던 논란 많은 살인 사건 재판으로 인해서였다. 시카고 의사이며 유명한 범죄학자였던 John Sanderson Christison은 Ivens 살인 사건에 관해 자신이 쓴 소책자를 Münsterberg, William James 및 다른 사람들에게 보내 유죄 선고를 받은 그 사람의 유죄 혹은 무죄에 관한 의견을 물었다. Ivens는 지적 장애가 있는 것으로 생각되었고 곧 사형에 처해질 상황이었다. 그는 젊은 여성을 잔인하게 살해한 혐의로 기소되었고, 그에 대해 자백을 했으나 나중에 그것을 철회했다. Münsterberg는 Ivens의 자백이 협박과 속임수로 얻어진 것이고 따라서 거짓자백의 표본이라고 믿었다(Münsterberg, 1908, 139~145쪽 참조). 법정은 이와 다른 판단을 했고, William James와 Münsterberg가 Ivens가 결백하다고 믿는다는 편지를 보냈음에도 불구하고 Ivens는 교수형에 처해졌다. Hale(1980)은 Münsterberg가 그 사형에 대해 특히 속상해했다며 "자신과 James가 중재에 실패했다는 것은 개인적으로 거절당했다는 것 이상을 의미했다. 그것은 심리학 자체에 대한 공격에 해당했다"(112쪽)라고 썼다. Münsterberg의 견해에 이의를 제기하며 변호사들과 대중은 법정에서 내려지는 판단에 대하여 심리학이 무슨 전문성을 갖고 있느냐고 물었다. 하지만 그는 이것이 심리학이라는 새로운 과학의 도구가 유용함을 인지하지 못하는 중세적인 관점이라고 믿었다. Münsterberg(1908)는 "앞으로 실험심리학의 방법이 법정에서 더이상 배제될 수 없는 때가 올 것이다"(108쪽)라고 썼다.

Münsterberg는 생전에 심리학이 법정에서 큰 힘을 발휘하는 것을 보지 못했다. 그는 이것을 사법 체계에서 일어나는 인간의 오류와 그 오류를 심리학이 어떻게 교정할 수 있는지를 법정이 여전히 인식하지 못하는 것으로 보았다. 그는 다음과 같이 썼다.

> 변호사와 판사와 배심원은 판단 내리는 데 자신의 법적인 본능과 상식으로 충분하고도 남는다고 확신한다. 그래서 겨우 법학자만이라도 현대 심리학의 정신에 약간 양보해야 할 때가 만약 오기라도 하려면 대중의 의견이 어떤 압력을 행사해야 할 것이다(Münsterberg, 1908, 10~11쪽).

이 분야에서 자신이 할 수 있는 것을 다했다고 확신한 Münsterberg는 경영, 교육, 의학 및 영화 등 다른 분야로 응용에 대한 관심을 옮겨 갔다. 만약 그가 오늘날 살아 있다면 자신이 개척한 법정심리학이라는 전문 분야가 성장하고 있음을 알게 될 것이다.

새로운 심리학 전문직

이 절은 제9장과 제목이 같다. 제1장에서는 응용심리학이 항상 존재해 왔음을 보았다. 즉, 19세기 초 미국에서는 골상학자 및 다른 사람들이 여러 형태의 심리치료, 진로 지도, 양육에 관한 조언 및 경영 자문을 비롯한 다양한 심리서비스를 제공하였다. 이 장에서 우리는 새로운 응용심리학의 개시라고 부를 수도 있는 것, 즉 새로운 심리과학에 바탕을 둔 응용심리학에 초점을 맞추었다.

사실 이 새로운 응용심리학자들이 했던 활동 중에는 과학적 심리학에서 나오지 않은 것이 많았다. Titchener(1910b)는 클라크대학교 학회 연설에서 바로 그 점을 다음과 같이 지적했다. "실험심리학은 응용을 위한 아이디어를 마련하려는 어떠한 준비도 되어 있지 않아서 응용심리학은 어쩔 수 없이 스스로 아이디어를 만들어 내야 했다. 그리고 응용심리학은 그 모태가 되는 학문에 전혀 의존하지 않아서 응용심리학의 가장 널리 사용되고 가장 강하게 중요시되는 아이디어도 확립된 과학적 원리에 위배된다"(408쪽). 이 인용문의 첫째 부분에서 그는 응용심리학자들이 자기네 과학을 지어내고 있다고 비난하고 있으며, 둘째 부분에서는 아마도 무지로 인해 심리과학을 부정하고 있다고 비난하고 있다. 오늘날 심리학을 하는 많은 과학자들이 자기 동료가 하는 실용적인 작업에 대해 똑같은 주장을 하고 있음은 얄궂은 일이다.

20세기 초의 응용심리학자들이 겪었던 어려움은 자신의 학문이 자신에게 해결해 달라는 요청이 들어온 문제들을 다루도록 만들어진 것이 아니라는 점이었다. 그러나 대학교 외부의 사람들, 즉 사업체, 학교, 군대의 사람들은 심리학자들에게 와서 "우리는 당신의 도움이 필요한데, 기꺼이 비용을 지불하겠소."라고 말했다. 학계의 심리학자들은 대학교에서 그다지 좋은 보수를 받지 못했는데, 따라서 많은 이들, 특히 젊은 사람들은 대학교 봉급을 보충할 방법을 찾고 있었다. 이 심리학자들은 대부분의 질문이 마음의 작동에 대한 것이므로 자기들이 답을 줄 수 없다면 누가 주겠는가라고 정당화했다. 게다가 앞서 지적한 것처럼 심리학이 세상을 더 좋은 곳으로 만들 가능성에 대한 굳은 믿음이 있었다. 예컨대 Münsterberg가 사법 체계에 심리학이 도움을 줄 수 있다는 신념을 강렬하게 표현했던 것처럼 말이다.

오늘날 심리학에는 많은 응용 전문 분야가 있다. 이를테면 이 장에서 살펴본 임상, 상담, 학교, 산업·조직, 법심리학이 있고 건강심리학, 스포츠심리학, 대중매체심리학같이 좀 더 최근에 생긴 분야도 많다. 제9장에서는 이장에서 이야기한 분야의 발전의 자취를 따라가면서 심리학에서 생겨난 새로운 직업의 발달을 논의할 것이다. 그것은 다른 학문 분야들, 특히 정신의학과의 싸움에 관한, 연방기관 및 주 입법기관과의 싸움에 관한, 그리고 궁극적으로는 과학으로서의 심리학과 직업으로서의 심리학 간의 싸움에 관한 길고 험한 투쟁의 이야기이다. 그 이야기를 하기 전에 심리학의 과학적 및 실천적 측면 모두에 상당한 영향을 끼친 두 가지 다른 심리학파에 대해 살펴볼 것이다. 다음 장에서 다룰 정신분석과 그다음 장에서 다룰 행동주의가 바로 그것이다.

07

정신분석

4세 때부터 비엔나는 Sigmund Freud의 고향이었다. 그는 너무 오랫동안 너무 많은 시가를 피워서 후두암과 구강암을 앓고 있었다. 1923년 이후 대략 30번째인 구강 수술을 받고서 회복 중이던 82세의 Freud는 자기 나라가 1938년에 반유대주의로 들끓으면서 무너지는 믿을 수 없는 광경을 목격했다. 아돌프 히틀러의 압력 때문에 오스트리아 수상은 1938년 3월 11일에 사임했다. 그다음 날 나치의 꼭두각시인 새 수상은 독일 군대가 오스트리아로 들어오는 것을 환영했다. Freud는 압도적인 군사력에 대항하는 산발적인 저항세력의 소식을 라디오로 들었다. 그러나 침략은 시작도 하기 전에 끝이 났다. 3월 14일 히틀러는 거리에 늘어선 군중의 환호 속에 비엔나에 입성했다. 그러자 오스트리아 유대인들에게 나쁜 꿈일 뿐이었던 것이 악몽 중에서도 가장 끔찍한 일이 되고 말았다. Gay(1988)는 "독일의 침략 직후 오스트리아 도시와 마을에서 벌어진 사건들은 히틀러 제국에서 그때까지 벌어졌던 것보다도 더 충격적이었다"(619쪽)라고 썼다. 독일의 희곡작가 Carl Zuckmayer는 당시 비엔나에 있었는데, 그 공포를 다음과 같이 기술했다.

저승이 문을 열어 거기에 있는 가장 저급하고 가장 역겹고 가장 불순한 영혼들을 풀어놓았다. 도시는 Hieronymus Bosch가 그린 악몽 그림으로 바뀌었다. … 남자와 여자의 목구멍에서 끊임없이 나오는 원시적이고 히스테릭한 비명 소리로 가득 찬 공기 … 질투, 증오, 비통함, 복수하려는 맹목적이고 악의적인 욕망이 고삐가 풀려 폭동처럼 솟아났다(Gay, 1988, 619쪽에 인용됨).

비엔나, 아니 사실상 오스트리아 전체에 폭발적인 증오가 미쳐 날뛰고 있었다. 많은 유대인들이 이미 오스트리아를 버리고 나치에게서 안전할지도 모른다고 생각되는 곳을 찾아 헝가리, 네덜란드, 잉글랜드, 캐나다, 미국 등지로 떠난 터였다. 하지만 Freud는 남았다. 그는 건강이 좋지 않았고 오스트리아에서, 자신이 거의 50년을 살고 일했던 아파트에서 죽음을 맞을 수 있기를 바랐다.

3월 15일 나치 군대가 오스트리아에 들어온 지 겨우 사흘 뒤 나치는 Freud의 집과 사무실을 수색했다. 그들은 그의 아들을 그날 하루 동안 수감자로 구금했다. Freud의 지인들은 그의 안전에 대해 걱정이 되었음이 분명하고, 그래서 그와 그의 가족을 구출할 계획을 세우기 시작했다. 친구들이 돕고자 했음에도 불구하고 Freud는 그러한 고난의 시기에 오스트리아를 떠나는 것이 마치 배를 버리는 것처럼 느껴진다고 말하면서 떠나기를 주저했다. 그러나 3월 22일 그의 딸 Anna가 체포되어 하루 종일 심문을 당하자 그의 망설임은 사라졌다.

Freud, 그의 아내 그리고 Anna는 마침내 1938년 6월 4일 기차를 타고 잉글랜드로 떠날 수 있었다. 다음 날 그는 영불 해협을 건너 런던에 도착했다. Freud는 자신의 누이 네 명도 오스트리아에서 데리고 나오려 했지만 그러지 못했다. 그는 그들을 돕기 위해 총 2만 달러를 두고 왔지만 그 돈은 나치에 의해 몰수당했을 가능성이 높았다. 누이 중 한 명은 테레지엔슈타트 수용소에서 굶어 죽었고 다른 셋은 또 다른 수용소(아마도 아우슈비츠)에서 살해당했다(Gay, 1988).

Freud는 런던에서 겨우 15개월밖에 더 살지 못했다. 그는 잉글랜드에서 자신이 받았던 환대에 깊은 인상을 받았으며 특히 사람들이 자신을 인정해 주고 얼마나 배려를 해 주는지에 감동했다. 암이 퍼지면서 그는 마지막 몇 개월을 큰 고통 속에서 보냈다. 마침내 1939년 9월 믿을 수 없을 만큼 격심한 통증을 견디고 있었던 그는 Anna와 자신의 상황에 대해서, 그리고 역시 비엔나에서 이주해 온 자신의 주치의 Max Schur와도 이야기를 나눴다. 그는 마지막이 왔을 때 쓸데없는 고통을 겪지 않겠다고 Schur와 합의했던 일을 상기시켜 주었다. 9월 21일 Schur는 그에게 두 대의 모르핀 주사를 주었고 그 다음 날 세 번째 주사를 주었다. Freud는 혼수상태에 빠져 9월 23일 사망했다(Gay, 1988).

Freud가 받은 초기 훈련

1873년 비엔나대학교에서 17세의 의과대학 학생이던 시절 Sigmund Freud(1856~1939)는 '일반 생물학과 다윈주의'라는 제목의 강의를 들었다. 그 강의로 인해, 특히 Darwin의 생각들로 인해 그는 연구를 하는 과학자로서의 삶을 추구하겠다는 결심을 굳히게 된다. 그는 또한 Franz Brentano의 강의도 여러 개 들었다. 그가 가장 가까이서 함께 일했던 사람은 당시의 가장 유명한 생리학자 중 한 사람인 Ernst Brücke(1819~1892)였다. Brücke는 Freud에게 학자가 아닌 신경과의사로 임상 장면에서 일하라고 설득했다. 비엔나대학교에 있는 동안 Freud는 또 Josef Breuer(1842~1925)를 만났는데, 그는 Brücke의 실험실에 있었던 의사이자 생리학자로서 Freud에게 중요한 영향을 미치게 된다.

1885년 Freud는 파리의 살페트리에병원의 신경과의사 Jean-Martin Charcot(1825~1893)에게 가서 배울 수 있는 장학금을 받았다. 그 병원은 자기네 역사 이야기에 따르면 무려 45개의 건물로 이루어진 복합체였다. 당시 Charcot는 최면 전문가로서, 히스테리의 치료자로서, 그리고 외상적(혹

그림 7.1 비엔나의 베르가스 19번지에 있는 Freud의 집으로 들어가는 문. Freud네 가족은 2층에 있는 두 인접한 아파트(12개의 방이 있는)에서 살았다. 오른쪽 사진은 런던에 있는 그의 집이다. 오늘날 이 둘은 모두 박물관으로서 대중에게 개방되어 있다.

은 히스테리성) 마비의 유도를 입증하는 연구로 유명세의 징점을 찍고 있었다. Freud는 이 기회에 대해 흥분해 있었고 Charcot는 그를 실망시키지 않았다. Freud는 자신의 공책 한 군데에 학생들과 함께 임상 사례를 연구할 때의 Charcot의 스타일에 대해 다음과 같이 적어 놓았다.

화요일에는 Charcot가 '외래 상담'을 진행했는데, 그의 조수들이 엄청나게 많은 수의 외래 환자들 중에서 전형적이거나 수수께끼 같은 환자들을 그가 진료하도록 데려왔다. [일부 사례들은] 그가 신경병리학의 아주 다양한 주제에 관해 대단히 교육적인 이야기를 할 수 있는 좋은 기회를 제공했다. 그는 우리와 함께 일하는 것으로, 자기 생각을 말해 주는 것으로, 그리고 학생들이 이의를 제기하기를 기대하는 것으로 보였다. 누구든 용기를 낸다면 토론에서 의견을 말할 수 있었고, 그 거장은 어떤 말도 간과하는 법이 없었다(Freud, Freud, & Grubrich-Simitis, 1978, 114쪽에 인용됨).

이 이야기를 보면 Charcot는 하늘을 찌르는 명성에도 불구하고 임상 사례의 신비를 풀어 가려는 진실한 대화에 학생들을 참여시켰던 것으로 보인다. Charcot는 또한 Freud가 참석했던 한 파티에서 어떤 즉석 발언을 하여 Freud

에게 영향을 미쳤다. Freud는 Charcot가 자신의 한 여성 환자에게서 나타나는 히스테리성 증상에 대해 이야기하면서 그런 문제들은 "항상 성기에 관한 것이다"라고 말하는 것을 우연히 엿듣게 되었다. 정신분석 운동의 역사에 대해 이야기하면서 Freud(1917)는 Charcot의 그 말과 파리에서 겪은 다른 여러 일화들이 성 문제와 신경증 간의 관계의 엄청난 중요성을 이해하는 데 도움이 되었다고 썼다.

Freud는 파리에 있을 때 약혼녀 Martha Bernays에게 쓴 편지에서 Charcot의 유명한 금요일 아침 강의를 듣고 난 경험을 다음과 같이 묘사하였다.

> Charcot는 가장 위대한 의사 중 한 사람이고 그의 상식은 거의 비범하다고 할 수 있는 사람인데, 그가 내 모든 목표와 의견을 그냥 깨부수고 있답니다. 나는 그의 강의를 듣고 나올 때면 가끔씩 완벽에 관한 생각이 완전히 달라진 상태로 마치 노트르담 성당에서 나오는 것처럼 느껴져요. 하지만 그는 내 힘이 쭉 빠지게 해요. 내가 그와 헤어지고 나면 더 이상 내 어리석은 것들을 가지고 작업할 아무런 욕구를 못 느껴요. 내 뇌는 극장에서 보낸 저녁시간처럼 가득 차 있어요. 그 씨가 언젠가 열매를 맺을지는 나도 모르겠어요. 하지만 내가 알고 있는 것은 다른 어떤 인간도 그와 똑같은 방식으로 나에게 영향을 준 적이 한 번도 없었다는 것이지요(Freud, Freud, & Grubrich-Simitis, 1978, 114쪽에 인용된 1885년 11월 24일에 쓴 편지에서).

그 씨앗은 실제로 열매를 맺었다. 아마도 심지어 Freud의 가장 야심만만한 꿈도 넘어설 정도로 말이다. Freud는 1886년 신경과의사로 개업했고 같은 해에 Martha Bernays와 결혼했다. 그들은 결혼하고서 9년 동안 6명의 아이를 낳게 된다.

Josef Breuer와 Anna O. 사례

1880년 Breuer는 'Anna O.' 사례라는 이름이 붙게 된 한 젊은 여성을 치료하기 시작했다. 이 여성은 강한 애착을 갖고 있었던 아버지의 죽음 이후 두

그림 7.2 1986년에 발행된 50실링짜리 오스트리아 지폐에 그려진 Sigmund Freud(왼쪽 사진). Bertha Pappenheim을 기리는 1954년도 독일 우표.

통, 부분 마비, 지나친 흥분 기간, 시각 장애 및 감각 상실 같은 문제를 경험했다. 나중에는 다중인격, 언어 문제, 기이한 환각, 그리고 무언가를 마시지 못하는 문제를 비롯한 다른 증상도 나타났다. 마지막 문제는 물론 아주 심각한 것이었다. Breuer와 상담을 하던 중 Anna O.는 개에게 컵에 든 물을 마시게 허락하는 여성을 본 이야기를 했다. 그녀는 그 광경에 극도로 혐오감을 느꼈는데 이제 그 사건에 대해 Breuer에게 이야기를 하면서 그 감정이 가라앉는 것 같았고 다시 마실 수 있게 되었다. Breuer는 이 기회를 포착하여 그녀의 다른 증상들을 치료할 방법으로 삼았다. 최면을 사용하여 그는 그녀의 신체적 및 심리적 증상 하나하나의 원인을 찾으려고 시도했는데, 원인이 발견되어 심리치료로 다루어지면 그 증상이 사라졌다. Breuer는 이를 정화법(catharsis method)이라고 불렀다. 즉, 증상은 억눌린 정서의 결과로 간주되고 그 정서가 풀려나면 증상이 사라져야 한다는 것이다. 1882년 즈음해서 Breuer는 Anna O.의 모든 증상을 치료했다(고 그는 썼다). 그러나 Henri Ellenberger(1972)의 연구 덕분에 1882년 Breuer가 쓴 원고가 발견되게 되었는데, 그것은 많은 증상들이 재발했으며 추가적인 치료를 위해 그가 그녀를 스위스의 정신병원에 보냈다는 사실을 보여 주었다. Anna O.는 회복되게 된다. Ernest Jones는 1950년대에 출간한 Freud의 전기에서 그녀의 이름이 Bertha Pappenheim이라고 밝혔다. 그녀는 선구적인 사회복지사업가이자 페미니스트 활동가였다. 그녀의 업적을 인정하여 독일 정부는 1954년 그녀를 기념하는 우표를 발행하였다.

Freud는 1882년 11월 중순 Anna O.에 대한 Breuer의 치료에 대해 처음 알게 되었다. Freud는 그 이야기에 매료되었고 두 사람은 그에 대해서 다른 때에도 더 많은 이야기를 나누었다. 그로 인해 Freud는 정신분석 이론을 세우게 된다. 하지만 그와 Breuer는 그 사례에 대한 해석을 놓고 의견이 달랐는데 Freud는 훨씬 더 성적인 해석을 내놓았고 이는 Breuer를 불편하게 만들었다. 그것은 1895년에 출간된 두 사람의 공동 저서(Freud의 첫 번째 책)에 등장하는 첫 번째 사례였고(Breuer & Freud, 1957/1895 참조), 1909년 미국에서 열린 클라크대학교 학회에서 그가 한 첫 번째 강의의 출발점이었다. Anna O.는 오랫동안 정신분석에서 초석이 되는 사례로 여겨져 왔고 Freud가 이론과 방법을 개발하는 데 사례사를 이용하게 된 바탕을 마련해 주었다(Sealey, 2011).

Breuer는 정신분석의 기원에 중요한 역할을 했으며 Freud가 그에게 빚졌음을 종종 인정하긴 했지만 정신분석의 발달은 주로 Freud의 연구에 바탕을 둔 것이었다. Freud의 공헌은 정확하게 무엇이었을까? 심리학사가 Frank Sulloway(1979)는 정신분석은 "Freud의 세 가지 상호의존적 업적인 (1) 방법, (2) 신경증 이론, (3) 정상적인 마음에 관한 이론이라는 측면에서" 정의할 수 있다고 썼다. 우리는 이 세 가지에 대해 차례대로 이야기할 것인데, 정상적인 마음에 관한 이론으로서의 정신분석부터 살펴보자.

정신분석, 정상적인 마음에 대한 이론

마음에 관해 이야기하면서 Freud(1949)는 "정신생활은 … 여러 부분으로 이루어진 … 어떤 도구의 작용이다. … 이 정신적 부문 혹은 기관들 중 가장 오래된 것에 우리는 이드(id)라는 이름을 부여한다"(14쪽)라고 썼다. 이드는 마음의 삼원 구성요소 중 하나이며, 다른 두 가지는 자아(ego)와 초자아(superego)이다. 이드는 출생 시부터 존재하며, 본능을 비롯하여 "모든 유전된 것을 포함한다"(14쪽). 이드는 삶의 본능(본질적으로 성적인 것)과 죽음의 본능(공격성 같은 본질적으로 파괴적인 것)을 포함한다. 이드는 마음의 가장 원시적인 부분으로서 그 마음의 소유자와 정신분석가 모두에게 가장 접근하기 힘든 것이다. 이드는 완전히 무의식적인 수준에서 활동하는데, 이는 사람이 이드를 직접 알 수는 없음을 의미한다. 이드는 도덕성이 없어서 잘못된 것과 올바른 것을 구분하지 못한다. 단지 자신이 원하는 것만을 알고 있으며 가능한 한 즉각적으로 그것을 획득하려는 동기를 일으킨다. 이드는 쾌락을 추구하고 고통을 피하려고 노력한다. 그것의 쾌락 추구 에너지를 Freud는 리비도(libido)라고 불렀는데, 그는 그것을 성에 바탕을 둔 에너지로 보았다. 따라서 마음의 이 부분은 고삐를 물리지 않고 그냥 두면 그 사람에게 큰 골칫거리를 만들어 낼 수 있다. 여기서 자아가 등장한다.

자아의 목적은 이드가 그 요구를 충족시키는 것을 돕는 것이다. 이드는 쾌락 원리(pleasure principle)에 따라 작동하는 반면에 자아는 현실 원리(reality principle)에 따라 작동한다고 한다. 자아는 본능을 억제하는 게 아니라 조절하는 기능을 한다. 자아는 마음의 합리적인 부분으로서 이드와 외부 세계 사이의 중재자 역할을 한다. Freud(1949)는 그것이 "자기 보존이라는 과업을 맡는다 … 그것은 … 경험을 저장함으로써 … 과도한 자극을 피함으로써 … 중간 정도 강도의 자극을 다룸으로써 … 그리고 마지막으로 외부 세계를 자신에게 유리하도록 적절히 수정하기를 학습함으로써 그 과업을 수행한다"(15쪽)라고 썼다. 자아는 상황이 좀 더 적당해질 때까지 특정 행위를 억압하거나 그냥 지연시킬 수도 있다.

이드는 출생 시에 존재하며 자아는 그 뒤 얼마 안 되어 발달하지만 초자아는 아이의 경험, 부모의 교육, 문화적 배경 등을 통해 아동기에 발달한다. 초자아는 개인의 윤리적 나침반을 나타낸다. 이드의 욕망을 달성시켜 주고자 노력하는 자아와 달리 초자아는 이드와 정반대로 작용하여 그 욕망을 좌절시키려 할 수 있다. 이드는 모든 사람들에 걸쳐 마음의 공통된 구성 요소로 볼 수 있다. 하지만 자아와 초자아는 세상 경험을 통해 발달되기 때문에 사람에 따라 상당히 다를 수 있다.

Freud에 따르면 자아는 부분적으로 의식적 수준에서 그리고 부분적으로 무의식적 수준에서 작동한다. 자아가 기능하려면 세 가지 다른 요인, 즉 이드의 욕망, 현재 상황, 그리고 초자아의 윤리 규범을 고려해야 한다. 이러한 역할 때문에 자아는 흔히 마음의 관리자 요소라고 이야기된다. 많은 관리자의 경우와 같이 때로는 압도적인 스트레스가 자아에게 가해질 수 있다.

정신분석, 신경증 이론

Freud는 대체로 자신이 치료했던 임상 사례들로부터 신경증 이론을 발달시켰다. 이 환자들 중에는 여성이 많았고 대부분이 히스테리(hysteria)라는 병명으로 진단받았다. 우리는 Charcot의 연구와 관련하여 앞에서 이 용어를 언급하였다. 그것은 Anna O.가 앓고 있었던 것을 포함하여 넓은 범위의 증상에 대한 일반적인 진단이었다. 이에 덧붙여 성 기능장애 증상은 히스테리로, 혹은 더 넓게는 신경증으로 진단된 사람들에게는 꽤 흔한 것이었다. 신경증의 병인(etiology)에 관한 Freud의 이론에서 핵심적인 것이 불안, 방어기제 및 아동기 성에 관한 그의 관점이었다.

불안과 방어기제

앞서 말한 것처럼 자아에게는 많은 관리자의 경우와 같이 직무의 압력이 엄청날 수 있다. 위의 세 요인 중 어느 하나라도 그 요구가 자아를 압도하면 불안이 생긴다. 이드의 요구에 관한 우려는 신경증 불안(neurotic anxiety)을 야기한다. 도덕 불안(moral anxiety)은 초자아에 의해 부과된 제한을 위반했을 때 경험되며, 현실 불안(objective anxiety)은 외부 세계의 위협으로 인해 경험되는 것을 기술하기 위해 Freud가 사용한 용어이다.

이런 여러 종류의 불안에 대한 대응법으로 자아는 방어기제(defense mechanism)를 발달시킨다. 억압, 부인, 투사, 전위, 합리화 및 반동 형성을 비롯하여 10여 가지 정도의 방어기제가 있다. 정의상 이 방어기제들은 무의식적인 수준에서 작동한다. 그러므로 억압(repression)의 경우, 만약 불안을 야기할 수 있는 어떤 외상적 사건을 경험하면 그 불안을 물리칠 수 있는 한 방법이 그 사건에 대한 모든 기억을 억압하는 것이다. 이것은 본질적으로 무의식적 망각인데, 이는 그 외상적 사건이 의식 속에서는 더 이상 접근이 불가능함을 의미한다.

합리화(rationalization)에서는 실망스럽거나 비극적인 사건에 대해 새로운 방식으로 생각할 수 있다. 예를 들어 정말로 원하는 직장에 면접을 봤지만 면접에서 잘 못해서 떨어진 여성을 상상해 보자. 자신이 잘 못한 것이 탈락의 원인이었다고 스스로 인정하는 것은 불안을 일으킬 것이다. 하지만 그녀는 합리화를 사용하여 상처를 줄일 수 있다. 면접에서 그 직업에 대해 더 알게 됨으로써 그것이 자신이 진짜로 원하던 자리가 아님을 깨달았다고 말함으로써 말이다.

투사(projection)라는 방어기제는 어떤 사람이 자신이 갖고 있는 부정적인 특성을 다른 사람이 갖고 있다고 생각하는 것이다. 한 남자가 자신의 상사가 수동 공격적이라고 불평하는데, 사실은 그것이 상사의 특질이 아니라 그 남자 자신의 특질일 수 있다. 그 특질을 다른 사람에게 투사하고 자신의 성격의 일부가 아니라고 생각함으로써 그 사람의 불안이 감소된다.

자아의 무기 중 일부인 방어기제는 사람이 불안을 회피하거나 낮추는 것을 도울 수 있는 반면에 심리적 문제(주로 신경증의 생성)에 또한 한몫할 수도 있다. 예를 들어 불안의 억압은 불안을 억압된 상태로 유지하는 데 필요한 정신적 에너지로 인해 문제를 일으킬 수 있다. 결국에는 방어기제가 무너져서 신경증이나 정신병이 야기될 수 있다. Freud에게는 다양한 성격 장애와 신경성 질환이 존재하는 이유가 마음의 이 세 가지 요소가 함께 효율적으로 작동하지 못하기 때문이었다. 그리고 아동기에 잘 진행되어야 하는 것 중 많은 부분은 성 문제의 적절한 해결이었다.

아동기 성

19세기 말에는 유아와 아동이 순결한 존재로 간주되었으며 성적 욕구의 문제에서는 특히 그랬다. 그런 욕망은 청소년기에 출현하는 것으로 생각되었다. 그러나 Freud는 자신의 꿈에 대한 자기 분석 때문에, 그리고 자신의 환자들에게서 관찰한 인생 사건의 공통성 때문에 매우 다른 관점을 제시했는데, 이는 많은 동시대인에게 상당히 충격적인 것이었다. 그는 성적 욕망과 성적 쾌락이 유아기에도 그리고 아동 발달 단계 전체에 걸쳐서 존재한다고 주장했다.

1890년대 중반에 Freud는 히스테리의 원인과 관련하여 25명 이상의 환자(남성과 여성 모두를 포함한)에게서 나온 자료를 제시했다. 그는 모든 사례에서 원인이 유아기 혹은 초기 아동기의 어떤 성적인 외상이며, 강간인 경우도 종종 있다고 주장했다. 이런 주장은 의료계뿐 아니라 사회의 다른 부문에서도 상당한 논쟁을 불러일으켰다. 왜냐하면 그것은 아동의 성적 학대가 어느 누가 상상한 것보다도 훨씬 더 흔히 일어난다고 인정할 것을 요구했기 때문이다. 히스테리의 병인에 대한 이 이론은 Freud의 유혹 이론(seduction theory, 그가 이 명칭을 사용하지는 않았지만)이라고 불렸으며, 성인이 아동을 유혹하여 성적 만남으로 끌어들인다는 것을 의미한다. 학자들이 지적한 것처럼 그것은 유혹이 아니라 아동 학대와 강간에 관한 것이었다(Triplett, 2004). 그러나 1897년 9월 즈음 Freud는 자신의 의견을 완벽하게 뒤집어서 환자들이 그런 사건들을 회상할 때 실제 성 폭행을 회상한 것이 아니라 성적 환상을 마치 진짜 일어난 것처럼 보고한 것이라고 주장했다(Masson, 1985 참조). 보통 시민들에게는 어느 것이 더 나쁜지를 구분하기란 어려운 일이었다. 아동을 성 폭행하는 일이 만연해 있다고 믿는 것이 더 나쁠까 아니면 유아와 어린 아동이 자신의 부모와 기타 양육자에 대해서 비밀스러운 성적 환상을 품는다고 믿는 것이 더 나쁠까? (심리학자, 정신분석가, 그리고 심리학사가들 사이에 Freud가 자신의 믿음을 왜 그렇게 급진적으로 뒤집었는지를 두고 상당한 논쟁이 있다. 이 주제에 관한 주요 논쟁들 중 일부로는 Esterson, 1998, 2001; Israels & Schatzman, 1993; Masson, 1984 참조)

유혹 이론이 뒤집히면서 Freud의 아동 발달에 대한 관점은 완전히 다른 의미를 갖게 되었다. Freud는 아동기의 성격 발달을 심리성적 단계들이 순서대로 일어나는 것으로 기술하였다. 심리성적 단계(psychosexual stage)라는 이름이 붙은 까닭은 각 단계마다 적절하게 대처해야 할 성적 문제가 있기 때문이다. 이 단계들은 구강기, 항문기, 남근기, 잠재기, 그리고 성기기이다. 예를 들어 구강기에는 쾌락이 젖꼭지를, 혹은 심지어 자신의 손가락을 빠는 것과 연관된다. 항문기는 2세에 시작되며 그때의 쾌락은 변의 배출과 연관된다고 한다. 남근기는 4세 무렵 시작되는데, 성적 쾌락이 성기에서부터 생겨나며 이 단계에서 자위가 시작될 수도 있다. Freud는 이 시기의 주요한 성적 갈등으로 오이디푸스 콤플렉스(Oedipal complex)라는 것을 이야기했는데, 이것은 아이가 이성(異性)의 부모에게 성적 욕망을 느끼는 것이다. (이 콤플렉스는 소포클레스가 쓴 5세기의 희곡에 등장하는 왕의 이름을 딴 것으로서, 이 왕은 아버지를 죽이고 어머니와 결혼한 비극적인 인물임을 주목하라.) 정상적인 발달이 일어나려면 아이가 동성의 부모와 동일시하고 이성의 부모에게는 더 적절한 감정을 발달시킴으로써 이 콤플렉스를 해결해야 한다. Freud는 이 콤플렉스를 해결하지 못하면 심각한 신경증이 야기될 것으로 믿었다. 하지만 그것을 성공적으로 해결하는 것은 초자아가 발달하는 주된 원인이 된다.

Freud의 개념 중 어떤 것들은 현대적인 관점에서는 터무니없는 생각으로 보인다(게다가 우리는 남근 선망이나 거세 불안에 대해서는 언급조차도 하지 않았다). 그러나 Freud가 살았던 시대에는 인간의 정상적인 성에 대한 상당한 억압이 있었고 사실상 성이라는 주제에 대해서 많은 사람들이 심하게 무지했음을 기억해야 한다. 진료를 하면서 Freud는 (예를 들어, 결혼한 여성의) 성 문제의 대처에서 이런 무능력 혹은 꺼림이 어떻게 심각한 심리적 적응 문제를 야기하는지에 관한 증거를 찾아냈다. 그의 생각에 대한 논쟁에도 불구하고 이 주제에 관한 그의 연구는 심리학 분야에서 이후에 나타난 사조에 두 가지 뚜렷한 영향을 미쳤다. 즉, 성인의 성격 발달에서 유아기와 아동기의 경험이 갖는 결정적인 중요성이 강조되었으며, 성이 인간 행동의 정상적인 부분으로서 커다란 쾌락과 친밀감의 원천임을 인정하게 되었다.

정신분석, 방법론

방법론으로서 정신분석은 치료를 위한 방법뿐 아니라 연구를 위한 방법도 이야기한다. 실험 연구가 아니라 정상이건 이상이건 마음을 탐색하는 데 사용할 방법을 말이다. Freud는 환자를 보기 시작했을 때 신경증적 증상을 야기하는 문제를 밝혀내기 위하여 최면 같은 여러 가지 기법을 사용했다. 어떤 방법은 다른 것보다 더 성공적으로 보였다. 물론 문제는 그가 발견해야 했던 정보가 무의식 속에 깊이 들어 있는 채로 무의식적 방어기제에 의해 그리고 의식적 저항과 속임수에 의해 보호되고 있다는 점이었다. 어떻게 그와 같은 정보에 다가갈 수 있을까?

결국 그는 다른 절차들에 비해 더 잘 작동하는 기법을 발견하였다. 그는 단순히 환자들에게 마음속에 떠오르는 것은 무엇이든 말하라고, 이야기하고 싶은 것은 무엇이든지 이야기하기 시작하라고 말했다. 이 방법은 자유 연상(free association)이라고 불렸다. 치료자의 일은 무슨 이야기가 나오는지 그리고 무슨 이야기가 나오지 않는지를 듣는 것이었다. 치료자는 이 이야기가 자아가 통제하는 감시자들이 모두 작동하고 있는 상황에서 완전히 의식적으로 이루어짐을 알고 있었다. 따라서 치료자는 자유 연상된 내용에서 숨겨진 의미, 즉 환자가 드러내려고 하지 않았을 수 있는 것을 찾아내야 했다.

이 방법에 덧붙여 Freud는 또한 꿈 분석(dream analysis)도 사용하였다. 이것은 그가 스스로를 정신분석할 때는 자유 연상이 소용이 없음을 알고 나서 발견한 방법이었다. 꿈 분석에서 Freud는 환자에게 꿈을 가능한 한 자세하게 회상하라고 요청한다. 때로는 그가 그 회상된 꿈을 정밀히 조사하기 위해 질문을 하기도 한다. 그는 실제로 회상된 대로의 꿈인 **표출 내용**[manifest content, 또는 현재(顯在) 내용]과 꿈에 숨겨진 정보인 **잠재 내용**(latent content)을 구분하였다. Freud는 잠재 내용이 꿈의 진짜 의미라고 믿었다. 환자는 의식이 있는 상태에서 꿈을 회상하기 때문에 방어가 작동하며 따라서 꿈의 진짜 의미는 위장된다. 그러므로 분석가는 표면적인 이야기 아래로 파고 들어가서 꿈의 진짜 의미를 들춰내야 한다. 이 기법은, 그리고 마음에 대한 Freud의 이론과 이 기법 간의 관계는 1899년에 출간된 그의 가장 중요한 책으로 간주되는 『꿈의 해석(*The Interpretation of Dreams*)』에서 충분히 탐구되었다(Freud, 1913). 이 책에서 Freud는 꿈에 관한 중요한 통찰 중 하나인 **소망 충족**(wish fulfillment)으로서의 꿈을 연구하였다. 그는 다음과 같이 썼다.

> … 꿈은 무의미하지 않고, 터무니없지 않으며, 우리 생각의 저장고 중 일부가 잠자고 있는 와중에 다른 부분이 깨어나기 시작한다고 전제하지 않는다. 그것은 그 자체로 완전한 하나의 심리적 현상이며, 사실상 소망의 충족이다. 꿈은 우리가 이해할 수 있는, 깨어 있는 동안의 심적 활동들의 연쇄 속에 한 자리를 차지하며, 고도로 복잡한 지적인 활동에 의해 만들어져 온 것이다(Freud, 1913, 103쪽).

Freud에게 꿈은 무의식으로 가는 왕도, 마음의 가장 깊은 비밀을 탐색할 수 있는 길이었는데, 그 비밀은 억압이라는 기제에 의해 꿈꾸는 사람에게조차 숨겨진 것이다.

방어기제 중 억압이 Freud에게는 가장 중요한 것이었다. 그는 "억압 이론은 정신분석이라는 건물을 지탱하고 있는 주요 기둥이다"(Freud, 1917, 9쪽)라고 썼다. Freud에 따르면 치료 상황에서 환자의 억압은 저항과 전이라는 두 과정의 도움을 받는다. 저항(resistance)은 환자가 치료 회기에서 특정한 내용이 너무 큰 상처가 되기에 혹은 너무나 창피하기 때문에 그것을 드러내기를 거부하거나 어쩌면 심지어 그것에 대해 생각하는 것조차 거부할 때 일어났다. 처음에는 이 현상 때문에 좌절했지만 Freud는 그것이 치료에서 일어나는 정상적인 일이며 탐색해야 할 길을 가리키고 있다는 점에서 분석가에게 도움이 될 수 있는 것이라고 인식했다.

전이(transference)는 치료에서 환자가 사랑, 성적 욕구, 증오, 분노 혹은 질투 같은 감정을 원래의 대상(예컨대 남편, 어머니 혹은 아내)에게서 치료자에게로 옮길 때 일어나는 것이었다(Decker, 1998 참조). 사랑은 긍정적 전이를 나타내는 반면 증오나 분노는 부정적 전이를 상징했다. 긍정적 전이는 치료를 돕는 것으로 간주되었다. 아버지에 대한 긍정적 감정을 치료자에게 전이시키면서 환자는 치료자에게 상당한 힘을 부여하는 것이고 따라서 치료자를 기쁘게 하기 위해 더 열심히 노력할 것이고 치료자의 조언을 따를 가능성이 더 높을 것이다. 반면에 부정적 전이는 파괴적일 수 있어서 그것의 부정적 영향을 최소화하기 위해서는 환자에게 그 감정들이 현재의 사건이 아니라 과거로부터 비롯된 것임을 납득시키기 위해서 치료자의 기술이 많이 필요했다. Freud(1949)는 다음과 같이 썼다.

우리가 전이 현상의 진정한 본질을 환자에게 납득시키는 데 성공한다면(대개 성공할 수 있다), 우리는 그의 저항의 손에서부터 강력한 무기를 빼앗아 낸 것이며 위험을 이득으로 바꿔 버린 것이다. 왜냐하면 그 환자는 전이라는 형태로 자신이 경험했던 것을 절대로 잊지 않기 때문이다. 그것은 그가 다른 방식으로 습득할 수 있는 어떠한 것보다 훨씬 더 강한 확신을 준다(70쪽).

Freud에게는 저항과 전이라는 이 두 현상이 자신의 정신분석 방법론에 핵심적인 것이었다. 환자의 생활사에서 나타난 신경증적 증상을 추적하여 그 근본 원인에까지 가 닿기 위해 필요한 도구가 그것이었다.

미국에서의 정신분석

Freud가 G. Stanley Hall의 초대로 1909년에 미국을 처음이자 마지막으로 방문했다는 사실이 기억날 것이다. 그 학회는 클라크대학교 설립 20주년을 기념하기 위해 열린 것이었는데, 이것이 Freud에게는 재미있는 일이었을 것임이 틀림없다. 미국인들은 무언가가 20년이 되었다고 기념할 거리가 된다고 생각한다니! 유럽인들은 시간과 역사에 대해서 그와는 다른 감각을 지니고 있었다. 이는 같은 학회에 발표자로 Hall의 초대를 받은 Wundt가 거절한 것을 보면 알 수 있는데, 그는 Hall에게 그 날짜에는 자신이 다른 일정으로 바쁘다고 설명했다. 그는 자신의 대학교에서 열리는 기념식에서 연설을 해야 한다고 했는데, 1409년에 설립된 라이프치히대학교는 그해 500주년(!)을 맞았던 것이다.

Freud는 자신이 초대받은 것에 대해 신이 났다. 나이가 53세였던 1909년에는 그가 지금처럼 누구나 다 아는 사람이 전혀 아니었으며, 그래서 미국에서 강의를 해 달라는 초대는 그의 연구를 인정하는 중요한 일이었다. 그는 또한 기념식의 일부로 클라크대학교에서 명예 박사학위를 받기로 되어 있었다. Freud는 동료 두 사람, 즉 스위스 정신분석가 Carl Jung(이 장에서 나중에 논의됨)과 헝가리인 Sandor Ferenczi와 함께 독일에서 바다를 건너 갔다. Freud와 Jung은 우스터에 있는 Hall의 집에 머물게 된다. 학회는 9월에 며칠에 걸쳐서 열렸다. 그 학회에서 Jung은 단어 연상법(word-association method)에 관하여 모두 세 차례의 강연을 했고, 쇼의 스타였던 Freud는 정신분석에 관해 다섯 차례의 강연을 했다.

Freud는 첫째 강연을 이제는 독자들에게도 친숙한 사례, 즉 Anna O. 사례 연구를 이야기하면서 시작했다.

신사 숙녀 여러분, 신세계[1]의 열렬한 청중 앞에 강연자로 서는 것이 저에게는

---

1 당시에는 아메리카 대륙을 유럽에 비교하여 신세계(the New World)라 불렀음.

From the author's collection

그림 7.3 1908년도에 건조된 독일인 소유의 원양 여객선 S. S. 조지 워싱턴 호는 독일의 브레멘을 기점으로 Freud, Jung 및 Ferenczi를 싣고 6일간 항해하여 뉴욕에 도착했다.

새롭고 혼란스러운 일입니다. 이 영광을 안게 된 것은 오로지 제 이름이 정신분석이라는 주제와 연결되었기 때문이라는 것이 제 생각입니다. 그래서 저는 정신분석에 관해서 이야기하려고 합니다. … 제가 학생으로 최종 시험을 준비하느라 바쁠 때 비엔나의 또 다른 외과의사 Josef Breuer 박사가 히스테리를 부리는 소녀의 사례에 이 방법을 최초로 적용했습니다. … 이 사례와 그것의 치료 이력을 살펴보는 것부터 시작해 보겠습니다(Rosenzweig, 1994, 397쪽에 인용됨).

Freud는 미국을 몹시 방문하고 싶어 하기는 했지만 자신의 생각이 미국인에게 어떻게 이해되거나 대우받을지에 대해 자신감에 차 있지는 않았다. 그와 Jung은 떠나기 전 몇 개월 동안 이 문제를 논의하는 여러 통의 편지를 주고받았다. 1909년 1월 Jung에게 쓴 편지에서 Freud는 "나 또한 [미국인들이] 일단 우리의 심리 이론의 핵심이 성적인 것임을 알고 나면 우리와 관계를 끊을 것으로 생각하오. 그들은 고상한 척하는 성향과 대중에 크게 의존하는 성향이 너무 강하지요"(McGuire, 1974, 196쪽에 인용됨)라고 썼다.

Clark University Archives

그림 7.4 1909년 클라크대학교 학회에 참석한 일부 학자들: (앞줄 왼쪽에서부터) Titchener, James, William Stern(지능지수를 발명한 사람), Leo Burgerstein(교육심리학자), Hall, Freud 및 Jung. (둘째 줄 왼쪽에서부터) 처음 세 사람은 Carl Seashore(음악심리학 연구로 유명한), Joseph Jastrow 및 Cattell. Henry Herbert Goddard는 뒷줄 제일 오른쪽에 있다.

성적인 문제와 관련해서 미국인들이 고상한 척한다는 데는 의심의 여지가 없었다. 그럼에도 불구하고 Freud의 생각은 미국에서 그가 아무리 좋게 상상해도 일어날 수 없을 만큼 열렬한 환영을 받았다. 물론 그가 그러한 환영을 원했던 것은 아닐지도 모른다. 심리학사가 Gail Hornstein(1992)은 Freud의 방문 이후 벌어진 사건들의 상당히 놀라운 경과를 다음과 같이 기술하였다. "정신분석이 미국에 처음 들어왔을 때 대부분의 심리학자들은 그것을 무시했다. 하지만 1920년쯤 되어서는 정신분석이 대중의 상상력을 너무나도 사로잡아서 실험심리학을 완전히 뒤덮을 만큼 위협적으로 되었다"(254쪽). 그 무렵에는 Freud라는 이름이 모든 사람이 아는 단어가 되었고, 그는 1924년 10월에 타임지 표지에 처음으로 등장하였다(Fancher, 2000). 심리학이라는 학문의 소유권을 놓고 골상학자, 메스머리스트 및 강신술사와 전투를 벌였던 새로운 실험심리학자들은 이제 정신분석가들과 세력권을 다투는 지경에 처하고 말았다. 정신분석적 개념들이 미국 문화에 어떻게 그렇게 빨리 침투하게 되었을까? Hale(1995)은 다음과 같이 썼다.

> … 미국에서는 반항적인 지식인들이 정신분석을 전파시키는 중요한 유지 동력을 공급했다. 그들은 열정적인 단골이었다. 그 집단의 작가들이 정신분석을 처음으로 대중화시킨 사람들이었다. … 제1차 세계대전은 전통적인 미국 문화에 대한 환상을 깨부수어 그들의 반항을 촉발했다. … [그들은] 윤리에 대한 미국인의 견고한 믿음에, 그리고 앵글로색슨 인종과 그 문화의 우월성에 공격을 가하기 시작했고 … 성적 본능의 중요성과 '억압'의 사악함[을 강조했다] (57쪽).

정신분석은 미국 심리학에 즉각적인 영향을 미치지는 않았지만 미국 의학계에는 영향을 미쳤다. 1911년 무렵 미국 정신분석학회가 형성되었고 2년 뒤에는 여러 개의 미국 정신분석 학회지 중 첫 번째인 *Psychoanalytic Review*가 창간되었다. Freud의 방식으로 미국 정신과의사를 훈련시키기 위한 정신분석 박사후 훈련 프로그램들 또한 신설되고 있었다(Kurzweil, 1998).

미국 심리학자들은 경악했다. 정신적 기능에서 중요한 과정들이 완전히 관찰 불가능하며 무의식을 탐색하는 방법(꿈의 잠재 내용의 해석 같은)을 통해서만 발견이 가능하다고 가정하는 마음 이론이 나왔던 것이다. 그래서 심리학이 의식에 관한 연구가 아니라 무의식에 관한 연구라는 말인가! 머잖아 정신과정이 아니라 행동에 초점을 맞추게 될 심리학자들에게는 모든 행동이 무의식적 동기의 결과이며 따라서 그 동기는 직접 관찰할 수 없다는 소리를 들은 셈이었다. 그러므로 심리학자들이 Freud의 이론이나 방법에서 큰 유용성을 찾아내지 못했음은 당연한 일이다.

결국 정신분석은 심리학의 응용에, 특히 임상심리학에 중요한 영향을 미쳤고, 임상가들이 사용하는 평가 도구 중 일부에 영향을 미쳤다. 예를 들면 로르샤흐 잉크반점 검사(Rorschach Inkblot Test)나 주제 통각 검사(Thematic Apperception Test) 같은 투사 검사(projective test)가 쓰이게 되었다. 이런 발전에 대해서는 제9장에서 더 살펴볼 것이다. 더 나아가서 정신분석은 미국 문화에 깊은 영향을 미치게 되는데 이는 미술, 문학, 연극, 영화 및 일상 언어에서 드러났다(Burnham, 2012; Kaplan, 1998).

주류 실험심리학에서의 상황은 평가하기가 더 어렵다. Freud의 개념 중 많은 것이 기각되었는데, 그중에는 과학적 검증이 불가능한 것이 많았다. Freud의 이론은 과학에 기반을 둔 것이 아니라 일화와 제한된 사례 연구를 바탕으로 했다는 비판을 받아 왔다. 그는 틀렸음을 보여 줄 수 없는 이론을 만들었다는 비판을 받는데, 이는 과학적 이론의 필요조건 중 하나를 위반했다는 말이다. 그의 이론은 검증될 수 없는 가정들을 하고 있고, 반대의 결과를 설명하는 데 사용될 수 있는 개념을 너무 많이 만들었다고 비판받는다. 후자의 예를 들면, 행동 X가 일어나면 그것이 동일시에 의한 것이지만 행동 Y가 일어나면 반동 형성에 의한 것이라고 이야기하는 것이다.

그렇기는 해도 미국 심리학에서 Freud와 연관될 수 있는 것은 무척 많으며, 임상심리학 분야에서 특히 그러하다. 즉 무의식 과정을 인정한 점, 초기 경험이 나중의 행동 형성에 중요하다는 점, 심리적 장애가 신체적 원인이 아니라 정신적 문제로 인한 것이라는 점, 불안에 대처하는 방어기제, 성 행동 문제에 대해 더 주의를 기울이게 만든 점 등이 그것이다. 더 나아가 Freud의 연구는 심리학에 대한 대중의 관심을 대단히 높이 끌어올렸다. 비록 그것이 대부분의 심리학자들이 원할 그런 종류의 대중적 관심이 아닌 경우가 많았지만 말이다.

Freud는 일생 전부를 정신분석 체계를 연구하는 데 바쳤다. 세월이 흐르면서 그에게 매료된 다수의 총명한 제자들이 생겨나 그 연구에 동참했다. 그 제자 중에는 자신만의 생각을 가지려 하여 Freud의 이론을, 때로는 급진적으로, 수정하려 했던 이들이 많았다. 그것은 Freud가 용인할 수 없는 반항이었다. 그는 권위주의적이고 가부장적이었기 때문이다. 그는 하나뿐인 진정한 접근법을 버렸다고 간주한 사람들과 하나씩 모든 접촉을 끊었다. 그는 다음과 같이 썼다.

> 나는 정신분석을 대체하려는 욕심을 부리는 새로운 이론이 분석의 포기이며 그것으로부터의 이탈을 나타낸다는 점을 보여 주었다고 믿는다. 어떤 사람들은 그런 변절이 한때 정신분석 운동에 너무나 큰 역할을 했고 그것을 발전시키기 위해 많은 일을 했던 사람들에게서 나오기 때문에 다른 어떤 것보다 더 정신분석의 운명에 불행한 일일 수 있다고 두려워할지도 모르겠다. 나는 그런 우려를 하지 않는다. 사람은 어떤 열성적인 생각을 지니고 있는 한 강하다. 그것에 반대할 때 사람은 힘이 없어진다. 정신분석은 이런 손실을 견뎌 낼 수 있으며 잃어버린 사람들을 대신할 새로운 옹호자들을 얻을 것이다(Freud, 1917, 58쪽).

이런 언급의 대부분은 3년 전에 Freud와 접촉을 끊었던 Carl Jung을 향한 것이었다. 그 두 사람은 매우 가까워서 마치 아버지와 아들 같았다. 하지만 Jung에게 보내는 마지막 편지들 중 하나에서 Freud는 정말로 신랄한 이별을 고하며 이렇게 썼다. "… 우리가 개인적인 관계를 완전히 끊기를 제안하오. 그런다고 해도 나는 잃을 것이 없소. 왜냐하면 당신과의 정서적 유대가 과거의 실망이 남겨 놓은 효과 때문에 아주 가는 실길이 된 지 오래기 때문이오. …"(McGuire, 1974, 539쪽).

신프로이트주의자

Freud의 개념의 진화를 다루는 부분에서 우리가 논의할 수 있는 사람은 많지만 여기서는 가장 큰 영향을 미쳤다고 주장할 수 있는 세 사람, 즉 Alfred Adler, Carl Jung, 그리고 Karen Horney에 한하여 간략하게 살펴볼 것이다. 이 세 사람은 모두 Freud의 이론에서 성이 과도하게 강조되었다고 믿었고, 각자 삶의 원동력에 대한 다른 해석을 내놓는 마음의 이론을 세우고자 했다.

Alfred Adler의 개인 심리학

Alfred Adler(1870~1937)는 비엔나에서 태어났다. 그는 병약한 아이였던 것으로 묘사되는데, 심하게 앓고 있을 때 의사가 그의 아버지에게 그가 살기 어려울 것이라고 말하는 것을 우연히 듣게 되었다. Adler는 그 의사가 틀렸다는 것을 증명하기로 결심했다고 말했다. Adler는 1895년에 비엔나대학교에서 의학 학위를 땄다. 그는 안과로 시작했다가 일반내과로 바꾸었다. Freud의 『꿈의 해석』을 읽고 난 뒤 그는 정신의학 분야의 직업에 끌렸으며 Freud의 집에서 정기적으로 모이는 작은 토론 집단의 일원이 되었다. 그는 Freud의 제자들 중 스승과 연을 끊게 된 첫 번째 제자가 되게 된다.

결별은 1911년에 일어났는데, 이는 Freud가 Adler로 하여금 비엔나 정신분석학회의 회장으로 선출되도록 주선한 직후였다. 정신분석에 대한 Adler의 관점은 Freud와는 몇몇 중요한 차이를 나타내게 되었다. Freud와 마찬가지로 그는 리비도를 이드의 에너지 동력이라고 보았지만 주로 성적인 것이라고 보지는 않았다. Adler에게는 성적 쾌락이 목표들 중 하나일 뿐이었고, 리비도는 좀 더 일반적으로 삶의 동력이었다. 그는 이런 생각을 1911년 2월에 학회에서 발표했다. Freud는 자신의 기본 개념 중 하나에 대한 Adler의 재해석에 격노했고, 격렬한 논쟁이 뒤따랐다. 그 결과, Adler는 35명의 회원으로 구성된 그 학회를 (자발적으로 혹은 쫓겨나서) 떠나게 되었고 여러 명의 회원을 함께 데리고 나갔다(Stagner, 1988).

Adler는 개인 심리학(individual psychology)이라고 이름 붙인 정신분석의 경쟁 학파를 발전시켰다. 처음에는 그의 집단 스스로가 자유정신분석학회(Society for Free Psychoanalysis)라고 불렀다. 이는 Freud의 지배에서 벗어났다는 것을 의미했으나 곧 이름을 개인 심리학회(Society for Individual Psychology)로 변경했다. 개인 심리학은 행동의 주된 결정 요인으로 생물학적 동기가 아니라 사회적 동기를 강조했다. 개인은 우월감을 추구하고(Adler의 아동기에서 비롯되었음이 분명함), 자신의 환경을 장악하고자 노력하며,

완벽을 위해 애쓰는 존재였다. 이런 노력은 의미 있는 삶(개인을 넘어서 가치가 있는)을 추구한다는 목표의 일부였다. 삶은 과거 사건들의 통제하에 있다기보다는 미래를 위한 노력 쪽을 향하고 있었다. Adler는 인간을 사회에 대한 기여를 통해 의미 있는 삶을 추구하는 사회적 존재라고 인식했다. 그의 이론 대부분은 그의 가장 중요한 책인 『개인 심리학의 실제와 이론(*The Practice and Theory of Individual Psychology*)』(1924)에 기술되어 있다.

Alder는 개인의 독특성을 인정했는데 이는 생활양식에 관한 그의 저술에 구체적으로 나타나 있다. 특정 개인이 독특하게 갖고 있는 특성의 집합을 가리키는 생활양식(life style)이라는 개념은 태도와 행동의 자기일관성 및 성격의 통일성의 원인이다. Adler는 어떤 사람의 생활양식(즉, 성격의 주된 구성요소)이 아동기에 발달된다고 믿었다. 그것은 무의식적 수준에서 작동하며 개인의 사고, 느낌 및 행동을 특징짓는 것이었다. 생활양식은 다수의 행동 변인과 성격 변인의 조합으로서 특히 활동 수준과 사회적 관심의 측면에서 구체적으로 드러났다. 사회적 관심이 특히 중요했던 이유는 그것이 더 큰 인간 공동체에 긍정적으로 기여하려는 동기이기 때문이었다. Adler는 생활양식의 유형론을 만들어 냈다. 예를 들어 항상 취하기만 하고 아무것도 다시 돌려주지 않는 기생형 인간(the getting individual), 혹은 활동성은 높지만 사회적 관심이 아예 또는 거의 없는 지배형 인간(the ruling individual)이 있다. 가장 적응이 잘되었으며 가장 충족된 생활양식의 사람은 활동성도 높고 사회적 관심도 높은 사회적 유용형 인간(the socially useful individual)이다(Adler, 1924).

Adler는 열등 콤플렉스, 권력 동기 및 출생 순서 같은, 나중에 심리학의 일부가 되는 여러 가지 주제에 관심이 있었다. 그는 비엔나에 최초의 아동 지도 클리닉을 설립했고 다른 곳들에도 클리닉을 설립하도록 오스트리아 정부에 권장했다. 그는 또한 『인간 본질의 이해(*Understanding Human Nature*)』(1927)와 『삶이 당신에게 어떤 의미여야 하는가(*What Life Should Mean to You*)』

(1931) 같은 인기 있는 책을 여러 권 썼는데, 이를 통해 그는 대중을 대상으로 자신의 개인 심리학을 설명하고 그것이 더 나은 삶을 위해 어떻게 사용될 수 있는지를 이야기했다. 그는 흔히 인본주의 심리학의 발달에 중요한 선도자 중 한 사람이었던 것으로 간주된다.

Carl Jung의 분석 심리학

한동안은 Freud가 Jung을 자신의 후계자로 여겼음에도 불구하고 두 사람 사이의 갈등은 그들의 미국 여행 이전에 시작되었다. Gail Hornstein(1992)은 1909년에 있었던 한 저녁 식사 때의 대화에 대해서 다음과 같이 썼다.

> Freud와 Jung이 브레멘에서 저녁 식사를 하고 있었다. 클라크대학교 학회에 참석하기 위해 배를 타기 전날이었다. … Jung은 그 도시의 납 지하실에 있는 어떤 미라에 대해서 이야기하기 시작했다. Freud는 눈에 띄게 불안해졌다. 그는 "대체 왜 그 시체들에 그렇게나 관심이 많은 거요?"라고 여러 차례 물었다. Jung은 이야기를 계속했다. Freud는 아무런 예고 없이 갑자기 기절해서 바닥으로 쓰러졌다. 정신을 회복하고 나서 그는 Jung이 자신에 대한 죽음의 소망을 품고 있다고 비난했다(254쪽).

이 사건은 두 사람 사이를 틀어지게 하여 결국에는 매우 험악한 결별로 이르게 할 많은 사건 중 하나였다.

Carl Gustav Jung(1875~1961)은 스위스에서 자라났으며, 자신의 고향에 있는 바젤대학교에서 1900년에 의학 학위를 취득했다. 그가 처음 취직한 곳은 취리히에 있는, 정신이상자들을 위한 진료소이자 보호 시설인 부르크횔슬리병원이었다. 그는 당시 조현병(schizophrenia, 정신분열증)의 최고 권위자이며 그 용어를 처음 만든 Eugen Bleuler에게서 공부하였다. Jung은 1909년까지 거기서 일했다. Jung이 처음 Freud의 관심을 끈 것은 1906년에 그가 Freud의 신경증에 관한 개념 중 일부를 지지하는 논문을 썼을 때였다. 그는 그 논문을 Freud에게 보냈는데 Freud는 기뻐했음이 분명했고 Jung에게 짧은 감사의 편지를 썼다. 그들의 우정은 커지게 되지만 Freud에게는 늘 그랬듯이 그것은 스승과 제자의 관계였다.

Jung의 심리학은 Freud의 정신분석과 구분하기 위해 분석 심리학(analytical psychology)이라고 불린다. 그들의 결별은 1913년 Jung이 『무의식의 심리학 (*Psychology of the Unconscious*)』을 썼을 때 일어났다. 그는 무의식을 두 부분으로 나누었다. 개인 무의식(the personal unconscious)은 개인의 억압된 소망, 경험, 동기를 담고 있었고, 집단 무의식(the collective unconscious)은 민족의 조상으로부터 내려오는 일종의 기억으로서 지난 세대들의 축적된 경험이 정신에 깊이 스며들어 있는 것이었다. 집단 무의식은 Jung이 원형(archetype)이라 이름 붙인 것을 담고 있었는데, 그것은 신비로운 본질을 가진 유전된 행동 경향성이다. 원형은 개인이 특정 방식으로 행동하는 경향성을 만들어 내는데, 가장 중요한 원형은 자아(self)라고 불렸다. 그것은 성격의 의식적 및 무의식적 구성요소 모두를 통합하는 역할을 했다. 자아는 Jung이 개성화 (individuation)라고 이름 붙인 것에 의해 발달되었는데, 이것은 사람이 자신의 원형을 받아들여 성격의 통일성을 이룩하는 과정이다.

Adler와 마찬가지로 Jung은 리비도를 오로지 성적 쾌락과만 관련된 것이 아니라 일반적인 삶의 에너지로 보았다. 그는 리비도가 바깥쪽으로, 즉 물체나 다른 사람을 향할 수도 있고 안쪽으로, 즉 자아로 향할 수도 있다고 믿었다. 이런 이분법에서부터 Jung은 외향성(extraversion)과 내향성(introversion)이라는 개념을 이끌어 냈다. 이는 주류 심리학에 받아들여진 단 하나의 Jung식 개념임이 거의 분명하다. 그러나 단어 연상법에 대해서도 그런 주장을 할 수 있을 것이다. 이 기법은 Jung이 발명한 것은 아니지만 그가 미국에서 대중화시킨 것임은 분명한데, 이는 그가 1906년과 1910년에 미국 심리학 학술지에 게재한 논문을 보면 알 수 있다. 후자의 논문은 그의 클라크대학교 학회 강연을 적어 놓은 것이었다.

Jung의 심리학은 정신의학에, 그리고 제한적이긴 하지만 심리학의 임상적

(좌): National Library of Medicine; (중): Hulton-Deutsch Collection/CORBIS; (우): Bettmann/CORBIS

그림 7.5 (왼쪽에서부터) Alfred Adler, Carl Jung, 그리고 Karen Horney.

응용에 영향을 미쳤다. Freud와 마찬가지로 그의 개념들 중에는 신비주의, 종교 및 영성(spirituality)에 뿌리를 둔 것이 많아서 과학 세계에서는 검증이 불가능하다. 하지만 그의 연구는 종교, 예술 및 문학에 영향을 미쳤다. 더 나아가 심리적 유형(psychological type)이라는 Jung식 개념은 외향성과 내향성이라는 관념과 함께 MBTI(Myers-Briggs Type Indicator)라는 1940년대에 개발된 성격검사의 근간이 되었다. 이 검사는 타당성이 거의 또는 전혀 없다는 설득력 있는 연구에도 불구하고 오늘날에도 산업 및 기타 장면에서 널리 쓰이고 있다(Dawes, 1994; Pittenger, 1993).

Karen Horney, 정신분석에 관한 페미니스트적 관점

1922년 Karen Horney(1885~1952)는 베를린에서 개최된 정신분석 학술회의에서 여성에 대한 Freud의 관점을 비판하는, 여성의 거세 콤플렉스에 관한 논문을 발표했다. 그것은 Freud의 여성 비하적 관점을 공격한 그녀의 첫 번째 일격이었다. Freud는 여자아이가 자신에게 남근이 없음을 깨닫게 될 때 거세 콤플렉스가 생겨난다고 주장했다. Freud에 따르면 여자아이는 자기에게 남근이 있었지만 그것이 잘려 나갔다고 생각한다. 이로 인해 남근 선망이 생기고, 이는 남성에 대한 부러움으로 나타난다. Horney는 그 선망이 여성이 아니라 남성에게 자궁 선망(womb envy)의 형태로 자리 잡고 있다고 주장했다. 그녀는 그 시대의 남성들이 왜 그렇게 여성들에게 교육, 직업, 정치, 예술 등등에서 기회를 주기를 고집스럽게 거부하는지를 이해하고자 했다. 그녀는 남성은 무의식적으로 열등감을 느끼는데, 따라서 자신이 여성에 비해 우월하다는 착각을 유지할 수 있도록 그런 성별의 장벽을 쌓아 두고 있다고 판단했다. 그 무의식적 열등감은 자궁 선망에 기인한다고 그녀는 말했다. (참고 : 현대의 심리학자 Carol Tavris는 Freud가 남근 선망에 대해서는 옳은 얘기를 했지만 그것을 엉뚱한 성에다가 부여했다고 말했다.)

Horney는 한 번도 Freud에게서 공부한 적이 없었다. 그녀는 1915년 프라이부르크대학교에서 의학 학위를 받았다. 그녀는 졸업하기 전에 정신분석에 대해 잘 알고 있었으며, Freud의 가까운 제자 중 한 사람이던 Karl Abraham에게서 이미 정신분석을 받은 터였다. 1922~1935년에 그녀는 10편 이상의 중요한 논문을 출간했는데, 이를 통해 그녀는 Freud의 여성관에 문제를 제기하였고, 또 정신분석의 맥락에서 남성과 여성을 재정의하였다(이 논문들을 모아서 낸 Horney, 1967 참조).

1932년 파시즘의 기미가 보이자 그녀는 독일을 떠나 미국으로 이민을 갔다. 처음에 그녀는 시카고에 자리를 잡았다가 1934년 뉴욕 시로 갔고 거기서 그녀는 활기찬 지적 공동체의 중요한 일부가 되었다. 그녀는 저서 다섯 권 모두를 미국에서 썼다. 그녀의 사후에 출간된 두어 권의 다른 책도 있는데, 이것들은 다른 곳에 출간되었거나 미출간된 논문들을 모은 것이었다. 그녀의 저서 중 한 권인『우리 시대의 신경증적 성격(*The Neurotic Personality of Our Time*)』(1937)은 약간 자서전적이어서 자신이 평생 동안 사랑을 추구한 것에 관해 이야기하고 있다. 그 책은 소외의 과정을 기술했으며 1930년대의 삶을 "불안의 시대"로 지칭했다(Stagner, 1988, 352쪽).

불안을 자아에 대한 심적 요구의 산물로 보는 Freud의 생각과는 상반되게 Horney는 삶의 사회적 요인을 불안의 주요 결정 요인으로 강조했다. 그녀는 불안은 "적대적인 세상에서 외롭고 무기력하다는 느낌이 서서히 증가하여 만연한 것"(Horney, 1937, 89쪽)이라고 썼다. 이것은 그녀가 기본적 불안(basic anxiety) 혹은 일반화된 불안(generalized anxiety)이라고 부른 핵심 개념을 묘사한 것이다. 또 다른 중요한 개념은 기본적 적대감(basic hostility)인데, 이것은 환경적 요인에 대하여 분노하는 반응을 나타낸 사람들에게 생겨나는 결과이다. Horney에 따르면, 사람들이 불안과 적대감에 대처하는 방식은 다른 사람을 향해서 움직이는 행동을 하거나 다른 사람으로부터 멀어지는 행동을 하거나 아니면 다른 사람에 반대하는 조치를 취하는 행동을 하는 것이다(Horney, 1937). 이런 경향성을 토대로 다양한 성격 유형이 나누어졌으며 Horney가 신경증적 욕구(neurotic needs)라 부른 것들(예컨대 개인적 존경 욕구, 완전 욕구, 착취 욕구, 권력 욕구)이 규명되었다.

1920년대와 1930년대에 대부분 발표된 Horney의 연구는 여성운동 덕분에 1967년에 그녀의 페미니스트적 논문들이 출간되면서 최근에 새로이 관심을 받게 되었다. Freud의 견해를 재해석하여 여성을 타고난 조건에 기인한 신경증적 존재로 보지 않는 정신분석 이론을 이야기한 것이 그녀의 오래 지속될 공헌일 것으로 보인다. 정신분석에 관한 그녀의 관점을 가장 완전하게 서술한 내용은 그녀의 책 『정신분석의 새로운 길(*New Ways in Psychoanalysis*)』(1939)에서 찾아볼 수 있다.

정신분석의 지속적인 인기

우리는 이 장에서 Freud에 초점을 두었으며, 그의 이론을 확대하거나 수정하거나 (Freud에 따르면) 비방한 여러 사람들은 최소한으로 다루었다. Freud의, 그리고 우리가 여기서 살펴본 세 명을 넘어 다른 신프로이트주의자들(Melanie Klein, Erik Erikson, Erich Fromm, Freda Fromm-Reichmann, Otto Rank, Harry Stack Sullivan 등)의 정신분석적 개념은 여전히 대중적으로 큰 인기를 누리고 있다. 어느 서점이든 들어가서 '심리학'이라고 쓰여 있는 책

장에 꽂힌 책들의 제목을 보라. 압도적 다수가 정신분석과 관련된 책이기 마련이다. Freud의 전기로 출판된 책이 몇 권인지 세어 보라(현재 절판된 것들이 있긴 하지만, 축약본을 빼고 나도 아마 거의 70권은 될 것이다). Wundt의 전기를 세어 보면 하나가 있다. 심리학이 어떻게 대중과 만나는가를 보면 여전히 정신분석이 토크쇼, 영화, 잡지 기사, 그리고 자기계발 프로그램의 소재이다.

정신분석이 일반 대중에게서 추종자를 만들어 내고 있던 1920년대에 미국 심리학은 행동주의라는 새로운 철학에 점령당하고 있었다. 행동주의(behaviorism)는 심리과학의 연구 대상이 의식이 아니라 행동이라고 주장했다. 무의식에 대한 연구를 바탕으로 하는 이론인 정신분석이 대학의 심리학계 내에서는 입지를 확보하기 어려웠음은 놀라운 일이 아니다. 미국 행동주의의 출현과 발달이 다음 장의 주제이다.

08

행동주의

2월이지만 여전히 눈이 엄청나게 내릴 수 있는 겨울날, 브룩클린의 노동자들은 그해 봄에 개장 예정인 새 야구장을 완성하기 위해 서둘러 일하고 있었다. 때는 1913년이었는데 브룩클린 다저스는 이벳츠 필드에서 맞을 첫 시즌을 고대하고 있었다. 이스트 강 너머의 할렘에서는 그다음 해에 개장될 아폴로 극장의 공사가 계속되고 있었다. 너무나 많은 흑인 아티스트들을 배출해 낸 찬란한 역사를 나중에 갖게 될 그 극장은 1925년 이전에는 아프리카계 미국인 관객을 입장시키지 않았다. 1913년 2월 뉴욕 시에서는 맨해튼의 양쪽 끝에서 두 가지 다른 사건이 일어났다. 당시에는 아무도 예측하지 못했지만 이 두 사건은 모두 각각의 세계에서 그 밑바닥을 뒤흔들게 된다. 한 사건은 언론의 어마어마한 관심을 받았던 반면, 다른 사건은 거의 눈에 띄지 않고 넘어갔다.

렉싱턴 애비뉴의 24번가와 25번가 사이에 있는 제69연대 조병창 빌딩(the 69th Regiment Armory Building)에서는 미술 전시회가 열리고 있었다. 그냥 전시회가 아닌 미국 내에서 열린 최초의 대규모 공공 현대미술 전시회였다. "무지한 뉴욕 대중 앞에 현대 미술을 눈에 확 띄게 데뷔시킨다는 것이 그 발상이었다. 그것은 주최자가 꿈꾼 것 이상으로 성공을 거두었다"(Hughes, 1997, 353쪽). 그 이름은 국제 현대미술 전시회(The International Exhibition of Modern Art)였으나 역사학자들은 대개 아모리 쇼(the Armory Show)라고 부른다.

"그렇게까지 언론의 조명을 받은 전시회는 여태까지 없었다. 최근에 일어난 살인이나 최신 정치 스캔들처럼 현실적인 뉴스와 같은 중대성을 가진 예술계의 사건이 딱 한 번 일어났던 게 이것이다. 그것에 대한 풍자, 만화, 그리고 적대적인 비평이 빗발쳤다. … 전시회 빌딩 속에서는 난리법석이 일어났고, 논평 기사를 본 뉴요커들은 그 전시를 보기 위해 떼 지어 몰려들었다"(Hughes, 1997, 356쪽).

마르셀 뒤샹의 '계단을 내려가는 나부, 2번', 조지 벨로스의 '서커스', 그리고 바실리 칸딘스키의 '사랑의 정원'이 전시되었다. 반 고흐, 마네, 피카소, 브라크, 쇠라, 마티스, 그리고 다른 많은 화가들의 그림을 비롯하여 거의 1,300점의 예술품이 전시되었는데, 이는 대부분의 미국인들이 한 번도 본 적이 없는 것이었다. 7만 명 이상의 사람들이 그 전시회를 관람했는데, 그중에는 열차 사고나 건물의 화재를 구경하러 몰려들 때처럼 보러 왔던 이들도 분명히 있었을 것이다. 산처럼 많은 부정적 평에도 불구하고 전시회가 끝났을 때에는 미국에서 예술의 정의가 영원히 바뀌어 버렸다.

맨해튼의 다른 쪽에서 일어난 사건은 분명히 참석자 수나 언론의 관심 면에서 아모리 쇼의 상대가 되지 않았다. 그것은 컬럼비아대학교에서 심리학자 John Watson이 한 강연이었다. Watson은 James McKeen Cattell의 초청으로 컬럼비아대학교에서 강연을 하고 있었다. 수년간 Watson은 심리학의 행보에 점점 더 불만이 커져 가고 있었다. 심리학의 개념적이고 방법론적인 측면 모두에 대해서 말이다. 그는 손에 잡히지 않는 정신적 상태라는 것을 과학적 연구의 대상으로 삼아 거기에 계속 초점을 맞추는 것에 환멸을 느꼈다. 그리고 내성이라는 방법에 압도적으로 의존하는 것에 특히 불만이 컸다

(Watson, 1936). 그와 마찬가지로 존스홉킨스대학교의 동료들, 그리고 특히 동료 동물연구자이며 하버드대학교의 심리학자인 Robert Yerkes도 그런 실망감을 어느 정도 같이 갖고 있었다. 하지만 Watson은 더 이상 꾹 참고 있을 수는 없다는 결심을 한 터였다. 그는 본격적으로 나서서 자기 스승들의 심리학이 허튼소리에 지나지 않음을 설명하고자 했다. Watson(1913)은 "저는 심리학을 부당하게 비판하고 싶지 않습니다. 제 생각에는 심리학이 실험 학문으로 50년 남짓 존재해 오는 동안 반박의 여지가 없는 자연과학으로서 이 세상에서 자리 잡는 데 실패했음이 뚜렷합니다(163쪽)"라고 청중에게 말했다. 그는 계속해서 "심리학이 의식에 대한 모든 언급을 버려야 할 때가 온 것으로 보입니다. 정신적 상태를 관찰 대상으로 삼고 있다는 착각을 스스로에게 심어 줄 필요가 더 이상은 없는 때가 말입니다"(164쪽)라고 이어 갔다.

그런 소리에 청중은 도대체 무슨 생각을 하고 있었을까? 시카고대학교 기능주의 심리학 프로그램의 졸업생으로서 동물연구자이며 34세의 사실상 신참 심리학자인 그가 연장자들에게 그들이 과학적 심리학을 만드는 데 "실패했음이 뚜렷하다"고, 정신적 상태를 연구할 수 있다는 그들의 믿음이 착각에 불과하다고 이야기하고 있었다. 그리하여 역사학자들이 행동주의 혁명이라 부르는 것이 시작되었다. 앞으로 보겠지만 그것은 혁명이라기엔 너무나 천천히 일어났다. 하지만 행동주의는 널리 퍼져서 심리학의 구조주의 학파와 기능주의 학파를 축출하게 된다. 당시는 심리학이 마음을 잃어버리게 된 때였다.

John Watson과 행동주의의 창설

John Broadus Watson(1878~1958)은 사우스캐롤라이나 주의 농촌 지역 트래블러즈 레스트(Traveler's Rest)라는 곳의 가난한 가정에서 태어났다. 그의 어머니는 독실한 신앙인이어서 그에게 한 침례교 목사의 이름을 따서 붙여 주었고, 알코올 중독자인 아버지는 때때로 오랜 기간 가정을 저버리는 사람이었다. Watson은 근처 도시 그린빌에 있는 침례교 대학인 퍼먼대학교를 다녔는데, 그의 어머니는 그가 거기서 침례교 목사가 될 준비를 하기를 바랐다. 그는 1899년에 석사학위를 받고 졸업한 후 잠시 동안 한 학교의 교장으로 일했다. 그의 어머니가 그해에 사망했고 Watson은 어머니의 기대로부터 자유로워졌다. 그는 야심이 있었고 사우스캐롤라이나 주의 생활에서 벗어나기를 간절히 원했다. 교육을 더 받으면 다른 기회가 생길 것임을 인식하였고 그래서 시카고대학교에 입학지원서를 냈다. 그는 합격했고 1900년부터 거기서 공부를 시작하여 John Dewey와 James Rowland Angell의 강의를 들었다(Buckley, 1989). Watson은 학비를 어떻게 벌었는지에 대해 다음과 같이 썼다.

> 나는 내가 벌어서 생활해야 했다. 그래서 일종의 관리인 보조로 일을 했다. 2년간 Angell 선생님의 책상 먼지를 떨고 실험 기구를 닦았다. 토요일마다 1불을 받고 강사들을 위한 대출도서관에 책을 배달했다. 일주일에 2불 50센트인 학생 기숙사에서 살며 식대를 내기 위해서 2년 동안 웨이터로 일했다. 1년 뒤 H. H. Donaldson 교수님을 만났는데, 그분은 내게 자신의 흰쥐들의 사육을 부탁하셨고 그 일이 내게는 경제적으로 엄청난 도움이 되었다(273쪽).

처음에 Watson은 심리학이 아닌 철학을 계속 공부할 것이라고 생각했지만 Dewey의 강의에 실망했다. 그래서 그는 Angell에게서, 그리고 신경과의사 Henry Herbert Donaldson(1857~1938)에게서 공부하기를 택했다. 이 두 사람은 모두 그의 박사학위 연구를 지도하였는데, 그것은 흰쥐를 사용하여 학습과 쥐의 겉질에 있는 신경섬유의 변화 사이의 관계를 살펴본 것이었다. 그는 1903년에 박사학위를 받았고 다른 곳에서 채용 제안을 받았지만 시카고대학교의 교수진에 강사로 남아 Angell과 긴밀한 관계를 맺으며 연구를 했다. 그는 또한 자신의 강의 중 하나를 수강했던 젊은 여성 Mary Ickes와 결혼했다.

앞서 언급한 것처럼 동물 연구는 내성에 의존하던 구조주의에서는 선택할 수 있는 분야가 아니었다. 변화하는 환경에 적응하는 수단으로서의 학습에 관심이 있었던 기능주의 심리학에서는 동물이 훌륭한 피험자가 되었다. 동물은 무슨 자극을 받든지 간에 연구자가 그것을 통제할 수 있는 조건하에서 번식되고 사육될 수 있었고, 따라서 행동적 순진성(naiveté)을 보장해 주었다. 가장 중요하게는 동물이 훌륭한 학습자이며 문제해결자인 것이 입증되어 있었다. 동물 연구는 기능주의와 행동주의를 지배하게 된다. 물론 그러한 연구의 시초는 Charles Darwin에게로 거슬러 올라간다.

비교심리학의 시작

비교심리학(comparative psychology)은 동물심리학의 하위 분야이다. 동물 행동을 그 자체를 위해 연구하는 동물심리학자들이 많은 반면에 비교심리학자들은 다른 동물의 행동을 연구한 결과를 인간 행동에까지 일반화하기 위해 연구한다. 비교심리학은 인간과 다른 동물들 사이에 어느 정도 관계가 있을 때만, 즉 그들이 공통된 조상을 갖고 있다는 어떤 증거가 있을 때만 가능하다. 여러 세기 동안 철학자와 신학자들이 조심스럽게 해 온 일이 인간을 동물계로부터 따로 떼어 놓는 것이었다. 하지만 상황이 바뀌게 된다.

16세기 초반 코페르니쿠스가 지구가 우수의 숭심이 아니며 태양 주위를 회전한다는 것을 보여 주었을 때 세상은 뒤집어졌다. 갑자기 우리 행성의 중요도가 좀 떨어져 보였다. 그러고는 19세기 중반에 Darwin이 인간과 동물계의 다른 동물들 간의 형태적 및 행동적 연관성을 보여 주었다. 이제는 인간의 중요성이 좀 떨어져 보였다. Darwin의 저서 중에는 비교심리학의 탄생에 중요한 역할을 한 것이 여러 권 있는데 『종의 기원』(1859), 『인간의 유래(*The Descent of Man*)』(1871), 그리고 특히 『인간과 동물의 감정 표현(*The Expression of the Emotions in Man and Animals*)』(1872)이 그것이다. Darwin은 동물 행동에 관심이 있었지만 또한 동물과 인간 행동 사이의 관계에 대해서도 깊이 생각했다. 그 연관 관계가 그의 계승자 George John Romanes(1848~1894)의 연구에서는 더 명백하게 된다.

동물 행동을 연구하면서 Romanes는 유추에 의한 내성(introspection by analogy)이라고 이름 붙인 방법을 사용하였다(제5장에서 Washburn의 저서 『동물의 마음』을 이야기하면서 Romanes에 대해 잠깐 언급했음을 상기하라). Romanes(1883)는 자신의 방법을 다음과 같이 기술했다. "나라는 개인 자신의 마음의 작동에 대해, 그리고 그 작동이 나라는 유기체 내에서 유발하는 활동에 대해 내가 주관적으로 알고 있는 것에서부터 시작하여 나는 유추를 통해 다른 유기체의 관찰 가능한 활동으로부터 그 배후에 있는 정신적 작동이 무엇인지를 추론하는 쪽으로 나아간다"(1~2쪽). Romanes는 고등동물(예 : 포유류)의 정신과정이 이를테면 곤충의 정신과정보다는 인간에 더 가까워야 할 것이라는 점을 알고 있었다. 그보다 더 하등한 종에게서 유추를 사용하는 데는 더 큰 위험성이 있었다. 그래도 여전히 그는 이런 동물들의 정신적 기능을 이해하기 위해 사용할 수 있는 방법이 그것뿐이라고 생각했다. 그는 다음과 같이 썼다.

… 개미나 벌이 동정심이나 분노를 보이는 것 같은 행동이 관찰된다면 우리는 동정심이나 분노와 유사한 어떤 심리적 상태가 존재한다는 결론을 내려야 하거나 아니면 그 주제에 대해 생각하는 것 자체를 아예 거부해야 한다. 왜냐하면 그런 관찰 가능한 사실로부터 다른 어떠한 추론도 더 할 수 없기 때문이다. 따라서 동물계에서 인간에서부터 아래로 내려갈수록 인간 심리학과 짐승 심리학 사이의 유추가 점점 더 약해진다는 점을 충분히 인정하지만, 그래도 여전히 할 수 있는 유추는 오로지 그것뿐이므로 나는 일련의 동물 연구 전반에 걸쳐서 그것을 따를 것이다(9쪽).

Romanes는 뛰어난 생물학자여서 그의 저서는 예리한 관찰로 가득 차 있지만 그의 일화적 방법은 비교심리학이라는 과학이 발전하면서 우려를 낳게 되었다.

C. Lloyd Morgan(1852~1936) 역시 Darwin의 영향을 받은 영국의 생물학자였다. 그는 추리 능력 같은 인간의 정신과정을 계통발생 척도상 더 낮은 동물에게도 있다고 보는 Romanes 및 다른 학자들의 관례적 주장에 반대했다. 그렇게 할 타당한 근거가 없을 수도 있다고 생각했기 때문이다. 그는 동물 행동을 설명할 때 그 행동이 하위의 정신과정에 의해 적절히 설명될 수 있다면 고위의 정신과정을 끌어들여서는 안 된다고 주장했다. 이것은 모건의 공준(Morgan's canon)이라 불린다. Morgan은 그의 공준이 동물 행동뿐 아니라 인간에게도 적용된다고 생각했다. John Watson과 같은 행동주의자들은 행동적 용어만으로 전체가 이루어져 있는 설명이 아닌, 의식 같은 정신적 상태에 호소하는 심리학적 설명을 이 공준에 근거하여 거부하게 된다.

Morgan은 유추에 의한 내성의 사용은 배제하지 않아서 실제로 스스로 그 방법을, 주로 포유류에 한정하여, 사용했다. 그러나 Morgan은 경험적 관찰(이상적으로는, 통제된 조건하에서 실시되는)의 중요성을 강조했다. 그는 또한 동물을 자연 그대로의 환경에 놓아두고 물체를 조작하여 동물이 거기에 어떻게 반응하는지를 관찰하는 간단한 실험들을 수행하였다(Morgan, 1902). 이러한 발전을 통해 비교심리학은 좀 더 실험과학에 가까워지게 되었다. 비교심리학의 그런 위상은 미국의 심리학자 Edward Thorndike와 러시아의 생리학자 Ivan Pavlov의 연구로 더 완전히 실현되게 된다.

Edward L. Thorndike(1874~1949)는 Cattell의 박사과정 학생이었고 1899년 졸업 후 컬럼비아대학교 교수진에 합류했다. 그는 자신의 연구에 Morgan이 미친 영향을 인정했다. Thorndike는 병아리를 가지고 동물 연구 생활을 시작했다. 그가 처음 연구를 한 곳은 자신의 방이었는데 주인집 아줌마가 그것을 싫어하자 William James의 집 지하실에서 연구를 했다. 그는 컬럼비아대학교에서 동물 연구를 계속했는데, 자신이 만든 15개의 문제상자에서 고양이가 탈출할 때 나타내는 문제해결 능력을 검사하였다. 각 문제상자는 탈출하려면 서로 다른 반응을 해야 하는 것이었다. 동물이 상자에서 일단 빠져나오면 먹이가 보상으로 주어졌다. Thorndike는 동물이 시행착오 방식으로 상자에서 탈출하기를 학습한다는 것을 발견했는데, 이로 인해 그는 고양이가 추리를 한다는 생각을 거부하게 되었다(Dewsbury, 1984). 그는 탈출하게끔 해 주는 반응은 서서히 학습되는 반면에 동물이 상자 안에서 하는 행동 중에서 효과적이지 않은 반응은 서서히 제거됨을 발견하였다. 이런 관찰을 토대로 그는 효과 법칙(law of effect)을 만들어 냈는데, 이는 오늘날 강화 법칙(law of reinforcement)의 전신으로 인정된다. Thorndike(1905)의 법칙은 다음과 같이 서술되었다. "특정한 상황에서 만족을 낳는 모든 행위는 그 상황과 연합되고 그래서 그 상황이 다시 일어나면 그 행위가 다시 일어날 가능성이 이전보다 더 높아진다"(203쪽). Thorndike의 동물학습 연구는 보통 도구적 학습이라고 이야기되는데, 나중에 살펴볼 B. F. Skinner의 연구와 유사한 면이 있다.

Ivan Pavlov(1849~1936)는 1904년 노벨 의학생리학상을 수상하였으며 분명히 당시 러시아에서 가장 중요한 과학자였다. Thorndike가 문제상자 연구를 수행하던 때와 거의 비슷한 시기에 Pavlov는 자신의 연구대상(개)에게서

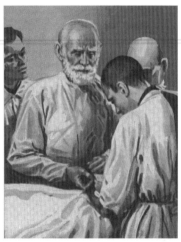

Archives of the History of American Psychology, The Center for the History of Psychology, The University of Akron

From the author's collection

그림 8.1 Edward Thorndike(왼쪽), 그리고 남아프리카에서 생산되던 1935년산 Max Cigarettes 담뱃갑에 있는 기념 카드에 그려진 Ivan Pavlov.

흥미로운 현상을 조사하기 시작하였다. 개들이 침을 흘려야 할 때가 되기 전에 침을 흘리고 있었던 것이다. Pavlov는 이 흥미로운 현상의 중요성을 인지하였고, 그래서 오늘날 고전적 혹은 파블로프식 조건형성(classical or Pavlovian conditioning)이라 불리는 종류의 학습을 자세히 연구하는 데 남은 생애 34년을 보냈다. Pavlov는 보통 먹이가 있을 때 침을 흘리는 개들이 먹이가 주어지기 전부터 침을 흘리기 시작하곤 한다는 점을 발견하였다. 이러한 이른 침 분비는 이전에 먹이와 짝지어져서 먹이의 발생을 예언하게 된 자극에 의해 유발되었다. Pavlov의 방대한 연구계획은 결국 습득, 소거, 자발적 회복, 일반화, 변별, 조건 억제, 조건 정서반응 및 고차 조건형성 같은 조건형성 현상의 특성을 밝혀냈다(Windholz, 1990). 이 연구는 1920년대에 특별히 중요한 것으로 인정받아서 Pavlov는 네 차례 더 노벨상 후보에 올랐는데, 만약에 수상했다면 그의 두 번째 노벨상이 되었을 것이다(Benjamin, 2003).

비교심리학에 대한 이 짧은 개관을 넣은 이유는 이 연구가 기능주의의 시작에 중요했기 때문에, 그리고 행동주의적 심리학에 관한 Watson의 생각을 형성하는 데 특히 결정적이었기 때문이다. 이 절에서 분명히 해 두어야 할 것은 다음과 같다. 즉, 비교심리학 분야의 연구가 정신과정에 대한 관심(특히 Romanes의 연구에서 구체화된 것처럼)에서부터 멀어져서 행동 및 생리과정에 대한 관심(예컨대 Thorndike의 문제상자로부터의 탈출과 Pavlov의 소건형성 연구에서 침 분비)으로 옮겨 갔다는 점이다. 게다가 비교심리학이 단지 경험과학일 뿐만이 아니고 실험과학이라는 인식이 점점 커지고 있었다. Watson(1913)은 컬럼비아대학교 연설에서 새로운 과학적 심리학에 대한 자신의 비전을 이야기하면서 이와 똑같은 주장을 펼쳤다. 그는 "저는 다른 심리학을 만들어서, 그것을 [행동의 과학]으로 정의하고, 그 정의를 절대로 철회하지 않을 수 있다고 생각합니다. 즉 의식, 정신적 상태, 마음, 내용, 내성적으로 검증 가능한, 심상 등과 같은 용어를 절대로 쓰지 않을 수 있다는 말입니다"(166쪽)라고 말했다.

Watson의 행동주의

Watson(1913)은 컬럼비아대학교 연설을 시작하면서 "행동주의자의 관점에서 보는 심리학은 자연과학에서 나온 순전히 객관적이고 실험적인 가지입니다. 그 이론적인 목표는 행동의 예측과 통제입니다"(158쪽)라고 말했다. 그는 몇십 년 전에 자연과학에 합류하겠다는 의도를 표출했던 심리학이 그렇게 하지 못했다고 우려했다. 그는 다른 모든 것에 앞서서 두 가지 원인이 두드러진다고 믿었다. 하나는 연구 대상으로서 의식을 추구한 것이었다. 다른 것은 방법으로서 내성을 사용한 것이었다. Watson의 관점에서 내성은 관찰 과정에 너무도 많은 개인적 편향을 허용하므로 과학적 방법으로서는 효력이 없는 것이었다. 그래서 행동주의는 새로운 연구 대상과 새로운 방법론을, 사실상 심리과학의 총체적인 정비를 요구했다. 그래야만 다른 과학들 사이에서 심리학이 정당한 자리를 차지할 수 있을 것이라고 Watson은 주장했다. 심리학을 행동의 연구로 제한하는 것은 일부 주제들(꿈, 사고 및 심상 같은)이 심리학의 연구 대상에서부터 사라짐을 의미했다. 정서는 그것의 신체적 및 생리적 표출의 면에서 연구될 수 있으나 내적 상태를 지각하여 자세히 묘사하는 내성적 설명으로는 연구될 수 없었다.

방법도 변해야 했다. Watson은 이전에 이루어졌던 것보다 더 객관적인 형태의 관찰(과학적 기구를 사용하건 사용하지 않건)을 주창하였다. 그는 Wundt와 Cattell이 사용하던 반응시간법에, 그리고 기억에 대한 Ebbinghaus의 실험 연구에 찬성했다. 그는 심리검사 중 일부 종류에 대해서도 그것이 정신검사가 아닌 한 찬성했다. 그는 Thorndike의 문제상자 기법과 시카고 대학교의 Walter Hunter의 지연반응법에 찬성했다. 후자의 방법을 동물 기억을 평가하는 방법으로 간주하는 이들도 있었다(Watson, 1914). Watson은 특히 고전적 조건형성 방법을 선호하여 자신의 가장 유명한 연구에서 그것을 사용하였다.

조건 정서: 아기 알버트

존스홉킨스대학교의 교수진으로 있던 1919년에 Watson은 사람에게서 정서를 조건형성시킬 수 있는지 알고자 했다. Watson은 사람이 공포, 분노, 그리고 사랑이라는 세 가지 선천적인 정서를 가지고 태어난다고 믿었다. 그러면 과제는 이들 정서 중 하나를 가지고 이전에 그 정서를 유발하지 않았던 자극에 조건형성시키는 일이 될 것이다. 그 실험은 Watson의 대학원생 중 한 사람인 Rosalie Rayner의 도움을 받아 Alber B. 즉 아기 알버트라고 알려진 유아를 대상으로 실시되었다.

Watson은 실험 시작 시에는 알버트에게 흰쥐에 대한 공포가 없음을 보여 주었다. 실험 기간에 Watson은 여러 시행에 걸쳐서 커다란 소리를 흰쥐와 짝지었고 마침내 알버트는 자기 근처에 흰쥐가 놓이면 공포(울음, 기어서 달아나려고 하기)를 나타내게 되었다. Watson은 공포가 털 같은 공통 특성을 갖는 다른 자극에도 어느 정도 일반화됨을 발견하였다. 즉 알버트

(좌, 우): Archives of the History of American Psychology, The Center for the History of Psychology, The University of Akron

그림 8.2 Rosalie Rayner(Watson)와 John B. Watson.

는 토끼, 개, 모피 코트같이 커다란 소리와 짝지어진 적이 없는 자극에도 어느 정도 공포를 보였다(Watson & Rayner, 1920). 아기 알버트는 탈조건형성(deconditioning)을 거치지 않았다. 그러기 전에 그의 어머니가 그를 병원에서 데리고 가 버렸기 때문이다. 그런데 Watson에게 그 조건형성을 역전시킬 의도가 있었다는 표징은 없다. [공포에 대한 최초의 탈조건형성은 4년 후 Mary Cover Jones(1896~1987)에 의해 수행되게 된다(Jones, 1924; Rutherford, 2006).]

알버트의 정체와 연구 이후 그에게 어떤 일이 일어났는지에 관한 의문은 심리학자와 심리학도들의 흥미를 끄는 일이었다. 사진 증거에 대한 정교한 분석을 비롯한 여러 해 동안의 탐정 업무를 거쳐 심리학자 Hall Beck과 그의 동료들은 2009년 그의 정체를 확인했다고 주장하는 논문을 발표하였다. 알버트는 실제 이름이 Douglas Merritte인 소년이었는데, 슬프게도 1925년에 6세의 나이로 사망했다는 것이다(Beck, Levinson, & Irons, 2009). 비록 Beck과 그 동료들의 연구가 인상적으로 철저하긴 했지만 그들이 찾은 알버트의 정체에 대해 의문을 제기하는 사람들이 있었다. 그들은 Douglas가 아기 알버트가 아닐 가능성이 높으며 "심리학의 미아"가 여전히 실종 상태라고 주장했다(Harris, 2011; Powell, 2010, 2011; Reese, 2010). 2013년 여러 명의 캐나다 심리학자들이 그를 찾아냈다고 보고했다. 그들은 Douglas Merritte와 동년배이며 존스홉킨스병원에 있던 한 양어머니의 아들인 또 다른 후보의 정체를 확인했다. 그의 이름은 Albert Barger였는데, 이 연구자들은 그가 진짜 아기 알버트일 가능성이 매우 높다고 생각한다(Powell, Digdon, & Smithson, 2013).

아기 알버트 연구는 수행될 당시에 그 결과를 의심하게 만드는 여러 가지 방법론적 문제가 있었는데, 이 사실을 당시의 학자들은 인지하고 있었다(Harris, 1979). 방법론적 결함에도 불구하고 Watson은 자신의 행동적 심리학의 설명력을 선전하는 데 이 연구를 이용하였다. Watson은 아주 놀라운 결과, 즉 이전에는 두려워하지 않았던 대상에 대한 공포를 조건형성시키는 것이 가능하다는 사실을 보여 주었던 것이다. 이 연구는 행동의 통제에 있어서 조건형성의 힘을 아주 극적으로 예시해 주었다. 그것이 심리학 역사상 가장 많이 인용된 연구 중 하나가 된 것은 당연한 일이다.

존스홉킨스대학교 시절의 Watson

1913년 컬럼비아대학교에서 연설을 했을 때 Watson은 1908년에 교수진으로 합류했던 존스홉킨스대학교의 심리학과 학과장이었다. 연설을 하고 나서 한 달 뒤 그것은 *Psychological Review*라는 Watson이 편집장이었던 학술지에 발표되었다. 이는 Cattell과 James Mark Baldwin이 1894년에 Hall의 학술지에 대한 대안으로 창간한 것이었다. 후자는 점점 더 집안 잡지가 되고 있었다. 다시 말해 Hall의 제자와 클라크대학교 교수진이 주로 논문을 발표하는 출판 수단이 되고 있었다. Watson의 논문 제목은 "행동주의자의 관점에서 본 심리학"이었는데, 흔히 행동주의 선언문(the behaviorist manifesto)으로 지칭된다. 이 논문이 일반적으로 행동주의의 출발점으로 인정되고 있다.

존스홉킨스대학교에서 Watson은 동물 연구를 계속했다. 여름에는 플로리다 키즈 제도에서 좀 떨어진 섬에 가서 조류 행동을 연구하곤 했다. 그는 또한 조건형성에 관한 자신의 관점을 인간에게까지 연장시키려는 계획을 가지고 인간 유아를 대상으로 하는 일련의 연구도 시작했다. 아기 알버트 연구를 하게 된 것도 그의 유아 실험실에서였다. 학자로서 그의 경력은 급격한 상승을 계속했다. 1915년 그는 미국심리학회 회장으로 선출되었다. "그는 36세였고 미국 심리학의 신동이었다"(Buckley, 1989, 86쪽). 그보다 2년 앞서 다른 사람들의 연구를 그렇게도 철저하게 쓰레기 취급하듯 비난했는데도 그가 어떻게 이 명망 있는 직책에 선출될 수 있었을까? 그의 전기 작가 Kerry Buckley(1989)는 "Watson이 대다수의 미국 심리학자들의 지지를 얻은 이유는, 과학계에서 자격을 제대로 갖춘 구성원으로서 인정받기 위해 분투하는 많은 심리학 종사자들의 희망을 그가 잘 표현했기 때문이었다. 그는 젊은 심리학자들에게 '제2의 모세'로 열렬한 지지를 받았다"(86쪽). 그들에게 그는 심리학을 형이상학과 철학의 구속에서 해방시켜 과학적 존경이라는 약속된 땅으로 인도해 줄 사람이었다.

1920년 존스홉킨스대학교에서 가을 학기가 시작될 무렵 Watson은 자신의 경력상 정점에 와 있어서 미국 내에서나 국제적으로나 심리학계의 주요 인물이었다. 그는 존스홉킨스대학교의 스타 학자 중 한 사람이었고, 경쟁하는 다른 대학교에서 오는 제의를 물리치기 위해 존스홉킨스대학교 총장은 Watson의 봉급을 상당히 인상해 주었다. 하지만 불과 몇 달 후에 Watson은 불명예스러운 이혼을 하게 되었는데, 그가 자신의 대학원생 Rosalie Rayner와 바람을 피운 것이 드러났기 때문이었다. 그는 대학에서 사퇴하라는 종용을 받았다. Watson은 학계에서 다른 자리를 얻을 수 있으리라고 생각했지만 다른 제안이 곧 들어오지 않았다(Benjamin, Whitaker, Ramsey, & Zeve, 2007).

Watson은 자신의 행동주의 이론을 경영의 세계에 적용할 수 있을 것이라는 생각으로 일을 찾아 뉴욕 시로 갔다. [그는 존스홉킨스대학교에서 '광고심리학' 과목을 강의한 적이 있었다(Buckley, 1982).] 그는 J. Walter Thompson 광고회사에 자리를 잡았고 거기서 결국 부사장의 지위까지 올라 백만장자가 되었다(Buckley, 1989). Scott, Hollingworth 및 다른 사람들이 광고계에서 했던 연구가 Watson이 그 분야에서 일을 찾을 수 있도록 길을 닦아 주었을 가능성이 높다. 그 직장에 추천서를 써 준 한 사람은 E. B. Titchener였는데, 그의 심리학에 대해서 Watson은 자신의 선언문에서 너무도 강력하게 규탄했었다. Titchener는 Watson의 심리학에 동의하지 않았으나 그를 과학자로서 존중했고 존스홉킨스대학교에서 그가 추방된 것이 지나치게 혹독한 일이라고 느꼈다.

Watson의 이혼은 1920년 12월에 종결되었고 Mary Ickes가 두 아이의 양육권을 가져갔다. Watson은 7일 후에 Rayner와 결혼하기에 이른다. 그들 역시 두 아이를 갖게 되었다. Watson은 광고계에서 일하는 데다가 정규적으로 대중을 위해 잡지 기사도 썼고 대중적인 책도 썼다. 아이 양육에 관한 그의 저서 중 하나(Watson, 1928)는 특히 논쟁을 불러일으켰는데 왜냐하면 그 책은 아이에게 거의 애정을 보이지 말고 양육하라고 부모들에게 권했기 때문이다. Watson은 그렇게 하면 더욱 독립적이고 자립심이 강한 아이를 만들 것이라고 믿었다. 그는 나중에 이 책을 썼던 것을 후회했다고 이야기된다. 비극적이게도 Rayner는 1935년 희귀한 형태의 이질에 걸려 36세의 나이로 사망하였다. Watson은 1945년 은퇴할 때까지 광고 일을 계속했지만 Rayner의 죽음은 그에게서 삶의 기쁨을 앗아 갔다. 그는 죽을 때까지 그 비극에서 회복하지 못했다(Buckley, 1989).

행동주의의 창시자 Watson

행동주의의 지적인 뿌리는 Watson 이전으로 거슬러 올라간다. 심리학 내에서도 Watson의 동시대 학자 중에는 심리학이 행동의 연구 쪽으로 더 옮겨 갈 필요가 있다는 생각에 일부 공감하는 사람들이 있었다. 예컨대 미시간대학교의 심리학자 Walter Pillsbury(1872~1960)는 Titchener의 박사학위 제자였는데, 심리학에 관한 자신의 1911년 교과서에서 심리학을 행동의 과학으로 정의했다. 미주리대학교의 심리학자 Max Meyer(1873~1967)는 1911년 저서 『인간 행동의 근본 법칙(*The Fundamental Laws of Human Behavior*)』에서 의식에 관한 연구와 내성법을 공격했다. 더 나아가 이런 불만은 심리학 분야를 넘어 확장되었는데, 예를 들어 생리학에서는 Maurice Parmalee가 『인간 행동의 과학(*The Science of Human Behavior*)』이라는 제목의 책을 1912년에 출간하였다. 시대정신이 행동적 심리학 쪽으로 움직이고 있었다는 사실을 인정하더라도, 그 운동은 Watson의 것이었다. Watson의 기여는 그가 여기저기 흩어져 있었던 그런 생각들을 결정화시켜서 새로운 체계적 이론을 만들어 냈다는 점이다. 뿐만 아니라 그에게는 그 생각을 선전하는 데 필요한 추진력과 성격이 있었다. 그리고 그런 이유들 때문에 대부분의 심리학사가들이 그를 행동주의의 창시자로 인정한다.

행동주의의 성장

Watson의 선언문이 심리학에서 행동주의적 혁명을 시작시켰다고 이야기되긴 하지만 그것은 느린 혁명이었다. Samelson(1981)은 Watson의 연설 이후 나온 문헌들을 연구하여 그것으로 인해 생겨난 즉각적인 열풍은 없었으며 행동주의의 상승은 1910년대가 아니라 1920년대의 사건임을 보여 주었다. 하지만 행동주의는 거의 50년이라는 기간 동안 그 이전이나 그 이후의 어떤 학파도 하지 못한 정도로 미국 심리학을 지배하게 된다. 예측과 통제를 가능하게 할 과학을 하자는 Watson의 외침이 20세기에 두각을 나타내게 될 많은 심리학자들에게 받아들여졌다. 우리는 그중 세 사람을 살펴보면서 이 장을 마칠 것이다. 이들은 Edward Tolman, Clark Hull, 그리고 B. F. Skinner로서, 미국 심리학사에서 신행동주의로 알려진 기간과 일반적으로 동일시되는 사람들이다.

신행동주의

신행동주의(neobehaviorism)는 일반적으로 미국 심리학에서 1930년부터 1970년에 걸친 기간을 가리킨다. 신행동주의자들은 이론에 관심이 있었고, 연구의 초점을 학습과 동기에 맞추었으며, 학습에서 강화의 역할에 관해 논쟁을 했고, 연구 대상으로 동물(대부분 쥐)을 사용하기를 선호했다. 여기서 살펴볼 세 사람은 모두 1930년대에 심리학에 관한 자신의 접근법을 발전시키고 발표했다. 이들 각각이 심리학에 중대한 영향을 미치게 되지만 그 시기는 서로 다르다. 처음에는 Hull과 Tolman이 행동에 관한 상반된 이론을 제안함으로써 대부분의 주의를 끌었다. 그 전투에서는 Hull이 우세를 점해서

1940년대와 1950년대에 큰 인기를 누렸다. 당시 Skinner는 중요하지 않은 인물로서 일반적인 것과는 좀 동떨어진 심리학을 하는 사람으로 보였다. 하지만 1960년대에는 Hull이 사실상 심리학계에서 사라지게 되면서 Skinner의 개념들이 두드러지게 떠오른다. Tolman은 1960년대에 재발견되는데 왜냐하면 심리학에서 60년대에 출현하고 있었던 인지 운동이 그의 연구와 관련되었기 때문이다.

Tolman의 인지적 행동주의

Edward Chace Tolman(1886~1959)은 하버드대학교에서 Hugo Münsterberg와 Robert Yerkes의 지도로 박사학위를 받았고 캘리포니아대학교 버클리 캠퍼스에서 학자로서의 생애 거의 전부를 보냈다. 그는 1932년 『동물과 인간의 목적성 행동(*Purposive Behavior in Animals and Men*)』이란 제목의, 자신의 가장 중요한 책을 출판하였다. Tolman에게 행동은 한마디로 목적성을 띠고 있다. 즉 행동은 어떤 목표를 향한다는 것이다. 행동의 목적성은 인지에 의해 결정된다. 어떻게 행동주의자가 그런 정신적 용어를 정당화할까? Tolman(1932)은 "몰 단위 행동(molar behavior)[1]으로서의 행동은 목적성이 있으며 그리고 인지적이다. … 그럼에도 불구하고, 따라서 행동 속에 직접적이고 내적으로 손재하는 목적과 인지는 정의의 측면에서는 전적으로 객관적이라는 점이 강조되어야 한다. 그것들은 바깥으로 드러나는 행동에서 관찰되는 특성과 관계에 의해 정의된다"(5쪽)라고 썼다.

Tolman은 행동에 대한 설명에서 인지적 과정이 설 자리를 허용하지 않는 Hull의 이론에 반대했다. Tolman은 어느 누구라도 미로에 있는 쥐를 지켜보

---

1 Tolman은 분자 단위 행동(molecular behavior)과 몰 단위 행동(molar behavior)을 구분하였다. Watson은 근육 운동, 분비선의 반응 등을 행동으로 보았는데 이러한 것을 분자 단위 행동이라 하는 반면, 몰 단위 행동은 어떤 목표를 지향하고 있는 행동의 광범위한 형태(예컨대 어떤 근육을 쓰든 상관없이 미로의 목표 지점으로 향해 가는 행동)를 가리킨다. 몰 단위 행동은 대단위 행동이라고 번역되기도 한다.

면서 그 행동이 목적성을 띠고 있다는 점을, 쥐에게 인지도가 있다는 점을 어떻게 못 볼 수가 있는지 이해할 수가 없었다. 인지도란 쥐가 효율적으로 기능할 수 있게 만드는, 세상에 대한 공간적 표상이다. 동물은 경험이 쌓이면서 환경에 대한 기대를 축적하며 이런 기대가 그 동물의 반응을 결정하는 요인 중 하나라고 Tolman은 주장했다. 본질적으로 동물은 무엇이 무엇으로 이어지는지를 학습한다는 것이다.

Tolman은 심리학을 엄격한 자극-반응 틀에 한정시킨 Watson의 접근에 반대했다. 그는 매개 변인의 존재를 인정하는 심리학이 필요하다고 주장했다. 매개 변인이란 자극과 반응 사이를 매개하는 유기체 내의 과정을 가리킨다(Woodworth의 S-O-R 식에 있는 유기체 변인을 상기해 보라). 인지는 이런 매개 변인의 예로서, 관찰 가능한 지시물과 연결될 수 있는 한에서 과학적으로 정당한 것이었다.

Tolman은 심리학에 여러 가지 중요한 업적을 남겼는데, 여기에는 학습과 수행의 구분, 잠재학습의 발견, 반응 학습자와 장소 학습자의 구분, 그리고 인지도가 포함된다. Tolman의 연구 대부분은 쥐를 이용한 학습 연구였다. 학습-수행 구분에서 그는 학습은 관찰될 수 없지만 수행을 측정함으로써 추론될 수 있다고 지적했다. 학습은 수행의 상한치를 정한다고 이야기되었다. 수행은 행동이고, 학습은 내적 상태였다. 학습을 측정할 때 실험자의 목표는 수행이 최대화되어서 그것이 학습에 대한 가능한 최선의 지표가 될 조건을 확립하는 것이었다.

Tolman은 학습에서 강화가 하는 역할을 두고 Hull과 Skinner 두 사람 모두에 반대했다. 그는 학습이 일어나기 위해 강화가 필요하다고 믿지 않았고 잠재학습에 관한 그의 연구는 이 입장을 지지했다. 그는 미로 내에서 먹이 보상이 없이 시간을 보낸 쥐들이 그럼에도 불구하고 그 미로에 대해 무언가를 학습(인지도를 만들어 내기 시작)하게 되며, 따라서 목표 상자에 먹이가 있는 상태에서 미로에 놓이게 되면 전혀 경험이 없는 쥐가 미로를 학습하는 데 필요한 시행보다 더 적은 시행을 요하게 된다는 것을 보여 주었다 (Tolman, 1948).

쥐들이 인지도를 어떻게 만들어 내는지를 보여 주기 위한 또 다른 실험에 서 Tolman은 십자 모양의 미로에서 쥐를 검사하였다. 한 집단은 음식을 얻 으려면 시작할 때 미로의 어느 가지길에 놓여 있었는가와 상관없이 교차로 에서 항상 오른쪽으로 돌아야 했다. 그러나 다른 쥐들은 어디서 시작하는지 와 상관없이 항상 같은 장소에서 먹이를 얻었다. 따라서 한 집단(반응 학습 자)은 먹이를 얻기 위해서 오른쪽으로 도는 것을 학습해야 했고, 다른 집단 (장소 학습자)은 각 시행마다 미로에서 똑같은 장소로 가는 것을 학습해야 했다. Tolman은 장소 학습자들이 반응 학습자들보다 학습을 더 빨리 함을 발견했는데, 이는 학습을 도와주는 인지도가 발달되고 사용됨을 보여 주는 것이었다(Tolman, 1951).

Tolman은 Hull과의 전투에서 몇 번 이기기는 하지만 결국 전쟁에서는 지 게 된다. 어쩌면 유심론적 과거와 모든 관계를 끊고자 안간힘을 쓰고 있었던 그런 종류의 행동주의가 수용하기에는 그의 인지적 개념들이 너무 벅찼을 것이다. Hull과 Skinner의 대안적인 행동주의는 기대, 인지도 혹은 목적 같 은 개념을 용납하지 않았다. 게다가 미국 심리학이 움직이고 있던 방향은 이 들의 사고방식 쪽이었다. 그러나 Tolman이 모든 면에서 진 것은 아니었다. 그의 생각의 중요성이 1960년대와 1970년대에 재발견되고 복구되기 때문이 다. 그때는 심리학자들이 의식에 대해 이야기하고 정신적 사건에 관한 연구 를 재개하는 것이 가능함을 다시 한 번 발견하게 되는 시대였다. 그것이 이 책의 마지막 장의 주제, 즉 인지심리학의 역사이다.

Hull의 가설-연역적 행동주의

Clark Leonard Hull(1884~1952)은 1913년 위스콘신대학교에서 박사학 위를 받았는데, 지도교수는 Joseph Jastrow, Daniel Starch, 그리고 V. A.

C. Henmon이었다. Hull의 심리학 이론을 기술한 주요 저서 『행동의 원리 (*Principles of Behavior*)』는 1943년이 되어서야 출간되었지만 그의 체계를 구성하는 요소 대부분은 1930년대에 *Psychological Review*에 실린 일련의 논문에서 상세히 설명되었다. Hull은 졸업 후 위스콘신대학교에 교수진으로 남아 있다가 1929년 예일대학교로 옮겨 갔고 거기서 남은 평생을 일했다. 그의 초기 연구는 적성검사와 최면에 관한 것이었고 그 두 주제에 관해 중요한 저서들이 나왔다. 그러나 그를 당시에 가장 많이 인용된 심리학자로 만든 것은 그의 행동 이론이었는데, 이는 그의 마지막 세 권의 저서에 표현되어 있었다. Hull(1952)이 그의 이론을 어떻게 개념화했는지는 다음과 같다.

> 1930년 무렵 나는 다음과 같은 확고한 결론에 도달했다. 심리학은 진정한 자연과학이다. 심리학의 일차 법칙들은 몇 개의 일반적인 공식에 의해 양적으로 표현될 수 있기 때문이다. 개인 각자의 모든 복잡한 행동은 궁극적으로 (1) 이 일차 법칙들로부터 (2) 그 행동이 일어나는 조건하에서 이차 법칙으로 유도될 수 있을 것이다. 그리고 하나의 전체로서의 집단의 행동, 즉 순전히 사회적인 행동 같은 것도 모두 동일한 일차 공식들로부터 양적 법칙들로 마찬가지로 유도될 수 있다(155쪽).

이는, 집단행동은 말할 것도 없이, 인간 행동의 법칙성에 대한 대단히 깊은 믿음을 나타내는 것이었다.

자신의 원대한 이론을 확립하고 그 타당성을 검증하기 위해 Hull은 가설-연역법(hypothetico-deductive method)이라는 것을 사용하였다. 그는 검증 가능한 가설을 유도해 낼 수 있는 일련의 공리들을 명시하기부터 시작했다. 다시 말해, 공리로부터 가설이 연역된 다음, 검증된다. 그러면 실험 결과에 따라 그 가설이 들어맞으면 그 일반 공리가 지지를 받는다. 그 가설이 들어맞지 않는 경우에는 그 공리가 수정되어야 할 수 있는데, 그러고 나면 또 다른 가설이 그 수정된 공리로부터 연역되어 나오는 식으로 진행된다. 이 장의 앞

그림 8.3 (왼쪽부터) 1934년 무렵 심리학회에 참석한 Kurt Lewin(제10장에서 그의 연구를 살펴봄), Edward Tolman, 그리고 Clark Hull. Hull과 Tolman은 이론적 경쟁자로서 미국심리학회 연차 학술대회에서 종종 논쟁을 하였다. 이 사진에서 그들은 때로는 별로 진지하지 않을 수 있다는 것을 보여 주고 있다. Hull이 짚고 있는 지팡이를 보라. 그는 학부생일 때 소아마비에 걸렸었다.

부분에서 Thorndike가 이야기한 효과 법칙 혹은 강화 법칙을 상기해 보라. 그 법칙을 Hull이 자신의 이론에서 공리 중 하나로 아래와 같이 기술하였다.

> 어떤 반응(R)이, 한 자극 에너지(S)의 수용기에 가해진 충격으로 인한 원심성 수용기 충동(s)과 시간적으로 근접해서 일어날 때마다, 그리고 이 결합에 뒤따라 곧 어떤 욕구의 감축(그리고 그와 연합된, 추동 D와 추동 수용기 방전 s_d의 감축)이 일어날 때마다, 그 결과로 나중의 경우에 그 자극이 그 행위를 유발하는 경향성의 증가 $\Delta(s \rightarrow R)$가 생겨날 것이다. 이것이 일차 강화 '법칙'이다 (Hull, 1943, 71쪽).

물론 이 형태로는 그 법칙을 알아보기가 어렵다는 점을 당신은 분명히 알아

챘을 것이다. 사실상 Hull의 글을 여러 차례 읽어야만 Thorndike(1905)가 말한 "특정한 상황에서 만족을 낳는 모든 행위는 그 상황과 연합되고 그래서 그 상황이 다시 일어나면 그 행위가 다시 일어날 가능성이 이전보다 더 높아진다"(203쪽)는 이야기를 Hull이 하고 있음을 알 수 있을 것이다. Hull이 앞서 기술한 것과 같은 양적인 행동 이론, 다시 말해 인간 행동의 일차 법칙이 "몇 개의 일반적인 공식에 의해 양적으로 표현될 수 있다"는 이론을 만들어 내기 위해서는 이런 종류의 난해하지만 정확한 공식이 필요했다.

Tolman과 달리 Hull의 체계에서는 강화가 핵심 개념이었다. 즉, 강화가 없이는 학습이 일어나지 않는다고 Hull은 주장했다. 강화는 추동 감소(drive reduction)에 의하여 혹은 앞서 Hull이 기술한 것처럼 "추동의 감축(diminution of the drive)"을 통해 작동하는 것으로 이야기된다. 추동은 배고픔, 목마름, 공기, 통증의 회피, 적절한 체온, 잠 및 성 같은 신체적 욕구를 나타내는 것이었다(Hull, 1943). 추동이 신체적 욕구에 의해 활성화되면 그 추동의 감소를 야기하는 행동이 개시된다. 추동의 감소는 강화적인데, 이는 추동 감소를 일으키는 행위가 차후의 상황에서 반복되기 마련이라는 것을 의미했다.

강화는 특정 자극과 반응 사이의 연합 강도[Hull이 습관 강도(habit strength)라고 불렀던 개념]에 중요한 것이었다. Hull에 따르면 습관 강도는 경험된 강화의 수에 직접적으로 비례하여 증가하였다. 습관 강도는 본질적으로 S-R 연결의 강도, 즉 학습의 강도에 대한 측정치였다.

이것들은 많은 공리와 그로부터 나온 추론 결과에 나타난 Hull의 이론의 수많은 구성개념 중 몇 가지일 뿐이다. 하지만 여기서 우리의 의도는 그의 방법의 본질과 그가 행동 이론을 통해 무엇을 성취하고자 했는지를 보여주는 것이다. 그가 창조한 것은 그의 이전에도 이후에도 필적할 만한 상대가 없는 심리학 이론이었다. 그의 공리들의 정밀성 때문에 그의 이론은 좋은 과학 이론이 당연히 하는 일, 즉 검증 가능한 가설을 생성하는 일을 해냈다. 그 결과 실험심리학 연구에서 거의 20여 년 동안 박사과정 학생들이 학위논문 연구에서 추구할 검증 가능한 물음을 멀리서 찾지 않아도 되게 되었다. Hull의 이론에 대한 검증이 넘쳐났고 심리학 문헌은 그런 연구로 가득 찼다. 그는 그의 시대에 가장 많이 인용된 심리학자였다. "그의 영향력에 대한 측정치로 빈번하게 인용되는 것은 1941~1950년에 걸친 10년 동안 *Journal of Experimental Psychology*와 *Journal of Comparative and Physiological Psychology*에 발표된 모든 실험 논문 중 대략 40%가 그의 연구를 참고문헌에 포함시켰다는 사실이다"(Amsel & Rashotte, 1984, 2쪽).

Hull의 이론은 그에게 양날의 칼이 되었는데, 이는 자신의 생각을 의도적으로 모호하게 나타내는 것이 유리함을 보여 주는 것이다. 왜냐하면 후자의 경우 사람들이 당신이 틀렸음을 증명하기가 어렵기 때문이다! 그러나 Hull은 자신의 이론을 명백하게 밝혔고 따라서 그의 공리의 타당성에 대한 수백 가지 검증이 실시되었다. 이로 인해 그는 매우 눈에 띄는 심리학자가 되었다가 결국에는 인간 행동이 그가 희망했던 것보다 덜 법칙적임이 밝혀지자 눈에 보이지 않는 심리학자가 되고 말았다. Webster와 Coleman(1992)은 이러한 견해를 표명하면서 "Hull의 강력한 영향과 뒤이은 쇠락은 [그의] 행동 이론의 [컴퓨터] 프로그램 같은 특성의 불가피한 결과이다"(1063쪽)라고 지적했다.

Hull의 관점은 심리학에서 더 이상 아무런 힘이 없지만 심리학사가들은 심리학에서 과학적 이론이 설 자리를 요구한 데서 그의 역할을 인정한다. John Mills(1998)는 Hull이 "많은 문제들에 직면하여 끈기를 가지고 이룩한 중요한 지적 성취를 인정하는 것이, 그리고 모든 것을 아우르면서도 정확한 이론을, 그리고 과학적이라는 것이 무엇인지에 대한 자신의 꽤나 까다로운 기준에 맞는 이론을 만들어 내려고 분투한 점"(122쪽)을 인정하는 것이 중요하다고 썼다.

Skinner의 급진적 행동주의

과학계 내부와 일반 대중 모두에게서 Burrhus Frederic Skinner(1904~1990)만 한 명성을 얻은 과학자는 드물며 그러한 심리학자는 더욱 드물다(Rutherford, 2003, 2004). 1975년의 한 설문조사는 그가 대학생들 사이에서 미국에서 가장 유명한 과학자임을 보여 주었다. 대학을 졸업하고 나서 Skinner는 소설가가 되려는 생각을 해 보았다. 심지어 그는 여러 편의 단편 소설을 시인 Robert Frost에게 보냈는데, 그는 Skinner에게 작가로서 성공할 수 있는 재주가 있다고 생각한다는 답신을 보냈다. 그러나 Skinner는 그 길이 아니라 과학을 선택하여 심리학을 하기로 했다. 그는 1931년 하버드대학교에서 박사학위를 받았는데, 거기서는 생리학자 William Crozier에게서 가장 큰 영향을 받았다. 미네소타대학교와 인디애나대학교의 교수직을 거친 뒤 Skinner는 1948년에 하버드대학교로 돌아가서 남은 평생을 거기에 머물렀다. 그는 하버드대학교에서 공식적으로 은퇴한 뒤에도 86세의 나이에 백혈병으로 사망할 때까지 저서와 논문을 계속해서 썼다. 그의 마지막 논문(Skinner, 1990)인 "심리학이 마음 과학이 될 수 있는가?(Can Psychology Be a Science of Mind?)"라는 제목의 글은 그가 죽던 날 완성되었다. 급진적 행동주의(radical behaviorism)에 대한 방어자로서 평생에 걸친 임무에 충실하게, 그 논문은 인지심리학의 정신주의에 대한 공격이었고 또 그가 인지심리학에서 보았던 "설명적 허구"를 가지고는 심리학이 절대로 과학이 될 수 없음을 상기시키는, 심리학에 주는 조언이었다.

Hull이 연역적인 방법을 사용하여 수학적 심리과학을 만드는 행동주의를 창시하고자 노력한 반면 Skinner는 당시까지 이룩된 것 중 가장 내적으로 일관된 심리학 체계를 만들기 위해 이론과 수학 모두를 피했다. 그 체계는 예언과 통제라는 Watson의 목표를 심리학 역사상 가장 높은 수준까지 끌어올린 것이었다. 그는 자신의 심리학을 행동의 실험적 분석(experimental analysis of behavior)이라고 불렀다. Skinner의 행동주의는 1938년도 저서 『유기체의 행동(*The Behavior of Organisms*)』에 맨 처음 기술되었다. 그것은 동물(대부분 쥐와 비둘기)에게서 그리고 Hull이 스키너 상자라고 불렀던 실험상자(Skinner는 좋아하지 않았지만 이 이름이 고정되어 버렸다)에서 대부분 이루어진 학습 연구를 중요하게 다루었다. Skinner는 조작적 조건형성(operant conditioning)이라고 불리게 될 형태의 조건형성을 제안하였다. 이것은 Thorndike의 문제상자 연구에서 나타난 학습과 유사한 형태의 도구적 학습이었다. Pavlov가 자극이 반응을 유발한다고 이야기되는 S-R 관계를 연구한 반면에 Skinner는 그런 유발 자극에는 거의 관심이 없었다. 대신에 그는 결과가 행동에 어떤 영향을 미치는가에 초점을 맞추는 R-S 심리학을 제안했다. 다시 말해 그는 행동에 뒤따르는 자극 사건에 관심이 있었다.

Thorndike와 마찬가지로 Skinner는 어떤 자극 사건은 행동의 증가를 낳는(강화) 반면, 어떤 자극 사건은 행동의 감소를 낳음(처벌)을 인지했다. 수년간 그는 이 두 개념을 깊이 있게 파헤쳐서 행동을 만들어 내는 가장 강력한 요인 중 두 가지에 대한 이해를 얻게 되었다. 그의 심리학은 어떤 수준에서는 놀라우리만큼 단순하며 또 다른 수준에서는 대단히 복잡하고 미묘하다. 대부분의 심리학자들이 전자는 이해하지만 후자를 완전히 이해하는 심리학자는 별로 없는 듯하다.

Skinner가 조작적 조건형성 연구를 시작했을 때 그것은 당시 심리과학을 지배하던 패러다임에 잘 들어맞지 않았다. 그것이 쥐를 사용하는 것은 사실이었고, 학습과 수행에 초점을 둔 것도 사실이었다. 하지만 유사성은 거기까지였다. 많은 심리학자들은 연구 결과를 변량분석(analysis of variance)이라는 새로운 통계 방법을 사용하여 분해할 수 있는 다중 요인 실험설계를 받아들이고 있었으며, 어떤 심리학자들은 20~30마리의 쥐를 사용하여 일련의 미로 검사에서 집합적 학습곡선을 만들어 내고 있었다. 그 와중에 Skinner는 한 마리 혹은 몇 마리의 동물을 사용하여, 시간에 걸친 동물의 반응에 대한 누적 기록에서 나온 어떤 비율 측정치 말고는 다른 통계 분석 없이, 많은 연구를 수행하고 있었다. Skinner의 연구는 "내가 이렇게 하면 쥐가 이렇게 하고, 그러고는 내가 이렇게 바꾸면 쥐가 저렇게 한다" 등등에 관한 것이었다. 그것은, 예를 들면 Hull이 가설 - 연역적 방법으로 연구했던 데서 볼 수 있는 것 같은 과학적으로 존중받으려는 심리학의 노력에 적합해 보이지 않았다. Skinner의 심리학은 주류에서 너무도 멀리 떨어져 있어서 그의 제자들이 심리학 학술지에 연구를 게재하거나 심리학회 프로그램에서 발표할 기회를 갖기가 어려웠다. 그래서 그들은 자기네만의 학술지와 조직을 만들었다. 하지만 그 모든 것이 1960년대에 Skinner의 연구가 특히 교육과 임상심리학에서 응용 가치가 있음이 드러나자 바뀌게 된다. 갑자기 Skinner와 그의 개념들이 인기를 얻게 되었다.

Skinner는 강화의 여러 가지 패턴을 규명하였다. 연속 강화는 강화를 받아야 할 모든 반응이 강화를 받음을 의미했다. 하지만 실제 세상에서는 그런 일이 거의 일어나지 않는다. 대신에 강화는 간헐적으로 일어난다. Skinner는 이런 좀 더 흔한 패턴을 부분 강화라고 불렀고, 그것이 연속적으로 강화받은 행동보다 더 강력한(소거에 더 저항이 큰) 행동을 낳는다는 점을 보여 주었는데, 이는 부분 강화 효과라고 불리는 현상이다. 그의 연구는 부분 강화 패턴을 많이 알아냈고 그것을 강화계획이라고 불렀다. 그중 일부는 피험자가 방출하는 행동의 수에 기초한 것으로서 비율계획이라 불리며, 일부는 시간 간격에 기초한 것으로서 간격계획이라고 불린다. 반응의 수와 시간 간격은 고정될 수도 있고 변할 수도 있었다. 여기서 매우 중요한 점은 그가 이런 다양한 계획들이 어떻게 극적으로 다른 반응 패턴을 낳을 수 있는지를 보여 주었다는 사실이다.

Skinner의 조작적 조건형성은 행동을 변화시키는 것을, 즉 강화물을 통해 강하게 만들고, 처벌물을 통해 억압하며, 소거를 통해 약화시키거나 제거하는 것을 목표로 삼는 학습이었다. 그는 처벌이 (특히 너무 빈번하게) 사용되면 바람직하지 못한 부작용이 많이 생긴다는 것을 보여 주었다. 그는 학교에서든 직장에서든 혹은 양육에서든 처벌은 최소한으로 사용할 것을 호소했고 대신에 강화의 더 긍정적인 결과를 강조했다.

Pavlov가 고전적 조건형성을 가지고 했던 것과 마찬가지로 Skinner는 조작적 조건형성이라는 광산을 파고들었다. Skinner는 조성(또는 조형), 습득, 소거, 변별, 일반화, 강화 계획, 강화 지연, 처벌, 부적 강화 대 정적 강화, 부분 강화 효과, 끈기, 그리고 나열하기에는 너무 많은 다른 현상들에 관한 중요한 연구 결과를 내놓았다. 그는 그 이전에는 본 적이 없었던 결과의 일관성을 달성하여 자신의 구성개념들의 설명력을 보여 주었다.

Skinner는 발명가여서 항상 자신의 행동주의적 기술을 대중에게 어떤 혜택이 되도록 적용할 방법을 찾고 있었다. 그런 작업은 제2차 세계대전 도중 그가 비둘기를 이용한 미사일 유도 체계를 개발하면서 시작되었다(Capshew, 1993; Skinner, 1960). 이 작업이 1940년대에는 아기 돌보개(baby tender) 혹은 공기조절 아기침대(aircrib)라 불리는 더 좋은 유아용 침대의 설계(Benjamim & Nielsen-Gammon, 1999; Skinner, 1945)로, 그리고 1950년대에는 교육 기계와 프로그램식 학습의 개발로 계속 이어졌다(Benjamin, 1988; Skinner, 1958). Skinner의 연구는 교실의 설계, 지적 장애가 있는 아이 및 성인과의 작업, 감옥 체계의 설계, 양육 기법의 개선, 교사 훈련 돕기, 군사 훈련 돕기, 다양한 심리장애의 치료, 근로자를 위한 더 나은 보상체계 마련, 그리고 심지어 문화 설계에도 중요한 영향을 미친 것으로 판명되었다(Bjork, 1993; Rutherford, 2009; Skinner, 1948). Skinner의 연구는 어떻게 하면 좋은 행동이 증진되고 나쁜 행동이 억제되는지에 관하여 그가 알아낸 내용을 이용하는 것에 관한 것이었는데, 이는 그의 연구가 사실상 모든 장면에 관련성이 있음을 의미했다. 그는 사회(즉 학교, 집, 그리고 직장)에서 처벌의 사용이 횡행하는 것에 관해 종종 소리 높여 불만을 나타냈다. 그는 처벌에 대한 대안으로 더 좋은 결과를 보장하는 다른 방법을 제시했는데, 자신의 주장을 지지할 자료가 그에게는 있었다.

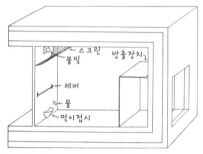

(좌, 우): Archives of the History of American Psychology, The Center for the History of Psychology, The University of Akron

그림 8.4 B. F. Skinner와 초기 스키너 상자의 그림.

1971년 Skinner는 가장 유명한 저서 『자유와 존엄을 넘어서(*Beyond Freedom and Dignity*)』를 출간하였는데, 이 책은 뉴욕 타임즈 베스트셀러 목록에 올랐고 Skinner를 타임지(1971년 9월 20일) 표지 인물로 실리게 하였다. 이 책에서 그는 사람들의 삶의 많은 부분이 그들 자신이 선택하지 않은 다른 힘들에 의해 통제된다고 주장하였다. 그는 자유가 대체로 착각이라고 주장했다. 자유에 관한 Skinner의 생각은 큰 오해를 받았으며, 대중이 잘 받아들이지 않았음은 확실했다. 그 오해는 자신의 책 제목을 잘못 선택한 데서 시작되었는데, Skinner는 나중에 이를 인정했다. 그러나 그 책에 대한 대부분의 논평에서 그의 주요 메시지는 사라지고 없었다. 사람들이 현재 행해지고 있는 통제에 주의를 기울이고 그에 대해 어떤 조치를 취할지를 결정하기 전까지는 자신의 삶에 대한 통제를 얻을 수 없다고 Skinner는 주장했다. 예를 들어, 학교에서 행해지는 통제의 성격이 변하면 학교가 학생과 교사에게 더 효율적이고 더 즐거운 곳이 될 수 있을까? Skinner는 세상을 '구하려는' 노력을 멈춘 적이 없었다(Skinner, 1987 참조).

　Skinner에 대한 비판은 대체로 그가 동물의 내부를, 때로는 '블랙박스'라 불리는 것의 안쪽을 들여다보려 하지 않았다는 점을 향하고 있었다. Skinner 는 정신과정을 언급하지 않고도 과학적 심리학을 만들 수 있다고 주장했다. 비판자들은 그 체계가 너무 편협하다고 생각했다. 게다가 인지심리학이 계속 성장하면서 Skinner의 생각에 대한 비판자가 크게 늘어났다. 아마도 오늘날 많은 인지심리학자들은 자신을 인지적 행동주의자(cognitive behaviorist) 로 생각할 것인데, 이는 Tolman이 좋아했을 만한 명칭이다. 하지만 Watson 의 행동주의를 잇는 급진적 행동주의를 표방한 Skinner에게는 그 명칭이 모순적이다. 1913년 연설에서 Watson은 심리학이 행동주의라는 제단 앞으로 나올 것을, 정신주의와 내성이라는 가짜 신을 숭배하기를 멈출 것을 요구하였다. B. F. Skinner는 Watson의 대제사장이 된 셈이었다.

행동주의, 마지막 요점

미국 심리학에서 Watson의 행동주의의 유산은 무엇일까? 어떤 이들은 그가 심리학 분야를 협소하게 만들어서 심리학의 발전이 제한되었고 중요한 연구 영역을 막아 버려서 몇십 년 후에야 재등장하게 되었다고 주장할 것이다. 다른 이들은 20세기에 심리학이 하나의 과학으로서 진보한 주된 이유가 Watson 때문이며, 철학으로부터 완전히 독립하기를 요구한 인물이 바로 그라고 주장할 것이다. Watson식 행동주의는 심리학적 설명에서 생리적 과정의 역할을 강화시켰고, 심리학적 방법을 확대시켰으며, 동물과 인간 행동 사이의 연관 관계를 더 분명하게 보여 주었다. 그리고 아마도 인지심리학이 더 강력한 과학 분야일 것인데, 왜냐하면 이 분야의 성립 당시에 행동주의의 주요 원리들을 많이 채용했기 때문이다. 우리는 이 책의 마지막 장에서 그 유산을 살펴볼 것이다.

09

새로운 심리학 전문직

제4장에서 우리는 1892년 여름 매사추세츠 주 우스터에 있는 자신의 집에서 G. Stanley Hall이 심리학자들의 모임을 소집한 것을 언급하였다. Hall이 그 모임을 조직한 것은 심리학이라는 새로운 과학을 위한 전국적 조직의 필요성을 논의하기 위해서였고, 그 결과 미국심리학회(American Psychological Association, APA)가 창립되었다. APA는 초대 회장을 Hall로 하여 그 첫 번째 공식적인 대회를 1892년 12월에 필라델피아에서 열었다. 그 해 여름 Hall의 집에서 열린 모임에서 사람들은 자신이 원하는 조직이 어떤 종류의 것인지에 대해 이야기를 나눴다. 그 대화는 다음 여러 해 동안 계속되었다. 맨 처음에는 회원이 소수였지만 폭넓은 분야에 걸쳐 있어서 여러 명의 철학자와 두 명의 정신과의사도 포함되어 있었다. 여성 회원 역시 환영받았는데, 이는 인류학을 제외하고는 당시 과학계에서는 흔치 않은 일이었다(Rossiter, 1982).

APA는 1895년에 가서야 그 첫 번째 헌장을 채택했다. 그 헌장은 학회의 목적에 대한 언급으로 시작했다. 그 목적은 단 한 가지였다. 즉 "과학으로서 심리학의 발전"(Sokal, 1992, 115쪽)이 학회의 유일한 목적이었다. 어쩌면 그 선구적인 심리학자들에게 심리학에서 전문직이 언젠가 생겨날 수도 있다는 생각은 전혀 들지 않았을 수 있고 또는 그들이 그런 가능성을 인식했지만 한 조직이 과학과 전문직 둘 다를 위해 기여해야 한다고 생각하지 않았을지도 모른다. 어떤 이유에서건 APA 회원들은 그 단 하나의 목적을 승인했다. 그 이후 수십 년 동안 계속된 동료 회원들의 항변과 간청에도 불구하고 그들은 50년(!) 동안이나 그 유일한 목표를 고집했다.

제1장에서 우리는 과학적 심리학이 도래하기 훨씬 전부터 미국에서 사업을 하고 있던 19세기의 다양한 심리학 응용가들을 살펴보았다. 그리고 제6장에서 우리는 심리학이라는 과학에서 자라나온 새로운 응용심리학의 탄생에 대해 이야기했는데, 아동 학습, 임상 및 학교심리학, 광고, 정신검사, 그리고 법심리학 같은 분야가 그것이었다. 제6장의 이야기가 여기에서 계속되는데 그것은 즉 심리학에서 전문직(profession)의 발달에 관한 것이다. 이 전문직은 선택에 의해서 혹은 장벽 때문에 대학에서 직업을 얻거나 찾지 못하고 대신에 학계 밖에서 일을 찾은 심리학자들에 의해 만들어졌다. 그들의 직장은 지적 장애가 있는 아동을 위한 학교를 비롯하여 일반 학교, 보험회사, 아동지도 클리닉, 백화점, 소년 법원 시설, 직업안내소, 광고회사 등이었고, 20세기에 이 전문직이 발전하면서는 다수의 다른 분야가 포함되게 되었다. 현대 심리학에는 많은 전문 분야가 있고 또 새로운 분야가 항상 생겨나고 있지만, 이 장에서는 1981년 APA가 인정한 네 가지 주요 전문 분야에 초점을 맞출 것이다. 그 분야들은 20세기의 대부분에 걸쳐 존재했으며 오늘날에도 여전히 중요한 것으로서 임상심리학, 학교심리학, 상담심리학 그리고 산업·조직심리학이다(APA Committee on Professional Standards, 1981).

전문직의 정의

전문직이 무엇일까? 대부분의 사람들은 이 질문에 정의를 내리는 게 아니라 의료, 법률, 교육 같은 예를 들면서 대답한다. 이 단어는 12세기에 "어떤 사람이 공개적으로 내세우는 … 사업"을 의미하는 것으로 등장했다. 즉, 어떤 사람이 의사나 교사라고 공언한다는 것이다(Simpson & Weiner, 1989, 572쪽). 그런데 모든 직업이 전문직일까? 회계가 전문직인가? 용접은 어떤가? 또는 미용은 어떤가? 누군가의 사업이 전문직인지의 여부는 무엇이 결정하는가? 그 규칙이 어딘가에 확고하게 적혀 있는 것은 아니지만 다음은 하나의 좋은 정의이다.

> 전문화된 지식과 흔히 오랜 시간의 집중적인 준비를 요구하는 직업으로, 그런 준비에는 기술과 방법의 교습뿐 아니라 그런 기술과 방법의 바탕에 있는 과학적, 역사적 혹은 학문적 원리를 배우는 것이 포함된다. 또한 조직 혹은 합의된 의견에 의해 성취와 수행의 높은 기준을 유지하며, 그 구성원들로 하여금 계속된 연구를 하고 공공 서비스의 제공을 그 주요 목적으로 하는 그런 종류의 일에 전념하게끔 하는 직업이다(Gove, 1961, 1811쪽).

이 정의는 전문직으로 정의되는 데 고유한 것으로 보이는 요소 중 많은 것을 담고 있다. 즉, 집중적인 훈련을 포함하는 전문화된 지식, 대개는 윤리 지침의 뒷받침을 받는 높은 수준의 업무, 종사자가 그 전문직의 가장 최근의 발전을 따라갈 수 있도록 하는 계속적인 교육, 그리고 공공 서비스의 제공이 그것이다. 심리학은 이 모든 기준에 부합한다.

미국심리학회(APA), 캐나다심리학회(Canadian Psychological Association, CPA), 그리고 대부분의 주 및 지방 면허위원회에서는 심리학으로 독립적으로 개업하기 위한 최저 학력을 박사학위로 정해 두고 있다. 그런 공부는 학사학위 이후 최소한 5년의 기간을 요구하며, 임상, 상담 및 학교심리학 같은 분야에서는 1년의 인턴 과정이 필수이다. 이런 박사학위 프로그램은 5년 안에 마칠 수 있지만 일반적으로 6년 내지 7년이 걸린다. 심리학자들은 성문화된 윤리 규범에 따라 일한다. APA와 CPA도 그런 규범이 있고 주와 지역의 면허위원회도 그러하다. 규범 위반은 심리학자의 면허 취소를 야기할 수 있는데, 이는 그 사람이 심리학자로서 대중에게 서비스를 제공하지 못하게 됨을 의미한다. 지속적인 교육 또한 대개 필수적인 일이어서 심리학자들은 면허를 유지하기 위해 보통 매년 또는 3년마다 일정 시간 추가 강의를 듣거나 워크숍에 참여해야 한다. 분명히 심리학자들은 대중에게 서비스를 제공하고 있다.

이러한 특징들에 덧붙여 전문직의 다른 요소들도 있다. 대부분의 전문직은 표준화된 교과과정을 갖고 있어서 여러 프로그램에 걸쳐서 동등한 훈련을 보장한다. 어느 의과대학을 가든 학생들이 심장, 뇌, 간에 대해서 배울 것임을 안다는 것은 분명히 안심이 되는 일이다. 비록 환자를 대하는 태도에 대해서는 아무것도 배우지 못할지도 모르겠지만 말이다. 심리학에서도 APA와 CPA 승인 과정의 일부로 권장 교과과정이 존재한다. 나아가서 대부분의 전문직업인은 전문가를 육성하는 대학원에서 훈련을 받으며, 이제 이것이 많은 심리학자에게도 해당된다. 전문직업인은 전국적 조직, 그리고 흔히 지방 혹은 현지 조직에 속해 있는데, 이는 그 전문직을 위해, 그리고 개인의 전문가로서의 발전에 중요하다. 전문직업인들은 자기 분야에서 출간되는 학술지를 갖고 있는데, 그것은 대체로 그들의 전문직 업무의 관심사를 다룬다.

마지막으로, 전문직업인은 자격증이나 면허증이 있어야 한다. 당신이 병원을 개업하려면 의사면허가 있어야 하고 그렇지 않다면 감옥에 가게 된다. 북미의 모든 주 및 지방에서 면허를 받는 심리학자들도 이와 마찬가지이다. 면허법은 어떤 전문직업인이 할 수 있는 일을 명시하고 있으며, 그 전문직과 연관된 활동을 보호한다. 면허가 있는 의사는 주사를 놓거나 뇌수술을 집도할 수 있다. 변호사나 은행 직원은 그렇게 할 수 없다. 이 장의 이야기 중 일부는 이런 특징의 측면에서 본 심리학의 전문직화이다.

제1차 세계대전에서의 경험

우리는 응용심리학이 제1차 세계대전 이전에 이미 시작되었음을 언급했다.

Archives of the History of American Psychology, The Center for the History of Psychology, The University of Akron

그림 9.1　제1차 세계대전에서 군대 알파 검사와 군대 베타 검사의 개발에 관여했던 사람들이 1917년 5월 뉴저지 주의 바인랜드에 있었던 '정신박약 아동을 위한 훈련 학교'의 계단에서 사진을 찍은 모습이다. 앞줄 중간에 있는 사람이 바인랜드학교의 연구소장이었던 Henry Herbert Goddard이다. 뒷줄 중간에 있는 이가 그 두 검사를 만들어 낸 위원회의 위원장이었던 Robert Yerkes이다. Yerkes의 오른쪽에 있는 사람이 Walter Van Dyke Bingham이며 그 옆에 있는 이가 Lewis Terman이다.

하지만 전쟁은 심리학자들을 이전에 경험해 보지 못한 환경에 놓이게 했는데, 이는 전쟁 이전에는 응용 과제를 하는 데 관심을 보이지 않았던 많은 심리학자들에게도 마찬가지였다. 제1차 세계대전에서 군대 알파 검사와 군대 베타 검사를 사용하여 병사들을 검사하는 일을 주로 담당했던 이들이 심리학자였음을 상기해 보라. 그 작업을 이끈 사람은 미국이 전쟁에 참전했던 1917년에 APA의 회장이었던 Robert Yerkes(1876~1956)였다. 심리학자들은 또 다른 군대 검사 활동에도 개입했는데, 이는 Walter Dill Scott이 이끈 요원 선발 프로젝트였다. 그가 광고계에서 했던 작업은 우리가 앞에서 살펴보았다. Scott은 육군 요원 분류위원회를 책임지게 되었는데, 그 주된 과제는 장교를 뽑기 위한 선발 검사를 개발하는 것이었다. 이 위원회는 80개의 상이한 육군 직무에 대해서 100개 이상의 선발 도구를 개발했다. 놀랍게도, 이 검사들을 마련할 시간이 짧았음에도 불구하고 그들은 그것을 사용하여 350만 명의 병사를 검사했다. 그 검사들이 아무것도 없는 데서부터 시작하여 만들어진 것은 아니었다. 전쟁 이전에 심리학자들(Scott을 비롯한)이 개발했던 영업사원 및 기타 직업인을 선발하기 위한 검사를 수정한 것이 많았다. 이 작업이 너무도 성공적인 것으로 평가된 나머지 군과 의회는 1919년에 Scott에게 공로훈장을 수여했다. 그는 제1차 세계대전에서 군에 복무한 공로로 훈장을 받은 유일한 심리학자였다(von Mayrhauser, 1989).

심리학자들이 관여했던 다른 활동은 대부분 제1차 세계대전 말미에 일어났는데, 그것은 육군병원에서 정신의학적 사례들을 만나게 된 것이었다. 40개의 육군병원이 있었고, 각각이 적어도 한 명의 심리학자를 고용하고 있었다. Scott과 비슷하게 광고 분야의 연구를 했던 Harry Hollingworth는 뉴욕 주 플래츠버그에 있는 육군병원에 배치되어 있었는데, 이 병원에는 '포탄 쇼크(shell shock, 또는 전투 신경증)'라 불렸던, 오늘날에는 외상후 스트레스 장애(post-traumatic stress disorder, PTSD)로 진단될 사례가 많았다.

포탄 쇼크라는 용어는 1915년 Charles S. Myers(1873~1946)가 발표한 의학 학술지 논문에 처음 등장했다. Myers는 1912년 케임브리지대학교에 최초로 실험심리학 실험실을 창설한 의사로 제1차 세계대전에서 영국 의무 부대에 배치되었다. 그는 특히 전쟁의 정신의학적 피해자들, 즉 히스테리 진단과 비슷한 증상을 나타내는 병사들에 관심이 많았다. 그는 이 장애의 원인이 아주 근거리에서 포탄이 폭발하는 것이라고 믿었기 때문에 '포탄 쇼크'라는 명칭을 붙였는데, 이는 그가 병사들이 사용하는 것을 듣고 만든 용어였다. 그는 그것을 진성 정신의학적 질병으로 인식했고 그 병에 걸린 병사들을 인도적으로 대우하기를 촉구했다. 그러나 군 지도부는 일반적으로 이 병사들을 기질적으로 약하고 겁이 많은 사람으로 보았다. 제1차 세계대전 도중 혹은 바로 직후에 300명 이상의 영국 및 영연방 병사가 비겁함 또는 탈영 혐의로 처형되었다. 애통하게도 그중에는 PTSD 환자였던 사람이 많았을 가능성이 높다(Jones & Wessely, 2005; Myers, 1915). 2006년 영국 의회는 그렇게 처형된 병사 모두를 사면했다.

미국과 캐나다 군대에서 제1차 세계대전 중의 포탄 쇼크 병사를 향한 군의 태도는 영국군의 것과 흡사했다. 실제로 미국 육군은 징병 과정에서 이런 사람들을 가려낼 수 있는 심리검사를 심리학자들이 개발할 수 있기를 희망했다. 그리고 Robert Woodworth는 그런 검사를 만들어 내려고 시도했지만 실패하였다. Myers와 마찬가지로 일부 심리학자와 정신과의사들은 이런 사례들이 육군이 생각하는 것처럼 '약한' 사람들을 나타내는 것이 아니며 그런 병사들은 끔찍한 상황을 겪은 결과로 정신장애를 얻게 된 보통 사람들이라고 주장했다.

Hollingworth는 많은 실험심리학자 동료들과 마찬가지로 제1차 세계대전에서 임상적 문제에 대한 전문성을 근거로 소집되었다. 다시 말하면, 그는 자신의 임무를 해낼 준비가 대체로 되어 있지 않았는데, 적어도 정신장애 환자들을 다루는 것에 대해서 아무런 임상적 훈련을 받은 적이 없다는 점에서는 그러했다. 플래츠버그 육군병원에서는 다른 육군병원에서와 마찬가지로 병사가 입원하면 심리학자들이 일반적으로 종합검사를 실시했는데, 여기에는 지능검사, 추리 및 의사 결정에 대한 평가, 직업 및 적성검사, 그리고 사기에 대한 측정이 포함되어 있었다. 이번에도 역시, 그런 직무에서 심리학자들에게 요구되는 일은 심리치료 같은 어떤 임상적 개입보다는 심리검사인 것으로 판명되었다(Holden, 1998; H. Hollingworth, 1920).

제1차 세계대전은 적어도 두 가지 면에서 응용심리학에 영향을 미쳤다. 첫째, 이전에는 응용 작업에 관여하지 않았던 많은 심리학자들을 그런 활동을 하도록 만들었다. 둘째, 심리학의 작업은, 주로 Scott의 위원회가 만든 선발 검사와 Yerkes의 위원회가 했던 지능 평가의 면에서, 군과 대중에게 성공적인 것으로 보였다. 역사 연구는 육군과 제1차 세계대전에 참전한 심리학자들이 지능 평가와 관련하여 그들이 했던 업무의 질을 과대평가했음을 시사한 바 있다(Samelson, 1977 참조). 그럼에도 불구하고 1919년에는 그들이 성공했다는 인식이 있었고, 그런 긍정적 이미지가 전쟁 이후 심리학이 응용의 길로 가는 문을 많이 열어 주었다. 특히 경영의 문제와 심리장애의 치료에 심리학을 응용하는 데 관심이 있는 사람들에게 그러했다. 응용심리학 연구 또한 확대되고 있었는데, 그것이 너무나 커져서 G. Stanley Hall이 1917년에 새로운 학술지 *Journal of Applied Psychology*를 창간할 정도였다.

심리학 전문직의 초기 조직적 활동

현대 심리학에서 심리학자들은 자신의 전문 분야를 밝힘으로써, 예컨대 임상심리학자, 학교심리학자 혹은 건강심리학자 등의 명칭을 통해서 자신의 정체성을 찾는다. 그러나 20세기 초반 몇십 년 동안은 그런 구분이 없었다. 일반적으로, 학계 밖에서 활동하던 심리학자들은 스스로를 응용심리학자 혹은 자문심리학자(consulting psychologist)라고 칭했다. 임상심리학자라는 용어도 또한 사용되었는데, 이는 대개 지능 평가를 하는 사람을 의미했다. 하지만 임상심리학자라는 명칭에는 오늘날에는 학교심리학자와 상담심리학자의 영역이라고 할 어떤 일반적인 특성이 있었다. 이전 장에서 언급된 것처럼 이들 초기 응용심리학자들은 여성으로서 박사학위를 받은 뒤 학계에 있는 대부분의 자리가 자신에게는 닫혀 있음을 알게 된 사람들이었다.

이 응용심리학자들이 공공 분야로 진출했을 때 발견한 것은 자신의 경쟁 상대가 19세기에 심리학적 서비스를 제공했던 사람들과 동일한 사이비과학적 응용가들이라는 점이었다. 신심리학자들은 대중이 진짜 심리학자와 심리학 훈련을 전혀 받지 않은 사람을 구별하는 법을 모른다는 점을 우려했다. (물론 진짜 심리학자들이 그들이 하고 있었던 종류의 응용 과제에 대해서 얼마나 많은 훈련을 받았는지 물어볼 수도 있겠다.)

1917년 소집단의 응용심리학자들이 미국임상심리학회(American Association of Clinical Psychologists, AACP)라는 단체를 만들었다. 이를 이끈 사람은 공립학교에서 지적 장애가 있는 아동과 작업했던 J. E. Wallace Wallin(1876~1969), 그리고 컬럼비아대학교 사범대학의 교직원이었으나 한동안 뉴욕 시 정신지체인을 위한 기관에서 일했던 Leta S. Hollingworth(1886~1939)였다. (Leta Hollingworth는 Harry Hollingworth의 부인이었으며 여러 분야에서 저명한 심리학자가 되게 된다. 성차에 관한 그녀의 연구는 다음 장에서 논의될 것이다.) AACP의 창립은 이 단체의 회원이라는 것이 대중에게 일종의 자격증 역할을 해서 그 사람이 합법적인 심리학자임을 확인시켜 준다는 것을 전제로 했다. 대중은 실제로 그런 구분을 하지 않고 있었다. 의사와 기술자라는 두 가지 알려진 전문직만이 면허가 있어야 했고 따라서 대중과 마찬가지로 그들도 비양심적인 행동으로부터 보호를 받았다. 그러나 그와 같은 면허가 심리학자들에게는 존재하지 않았다. 어느 누구든 자신을 심리학자라고 지칭해도 법을 어기는 것이 아니었고, 실제로 많은 이들이 그렇게 하고 있었다.

Leta Hollingworth는 심리학에서 인가 제도를 검토할 위원회를 설립할 것을 APA에 요청했다. 인가는 '심리학자'라는 명칭을 보호하며, 면허 교부는 심리학자가 하는 활동을 보호한다. 그녀는 임상심리학 훈련을 제공하는 심리학과의 목록을 APA가 발표할 것과 심리학자를 응용 분야에서 일할 수 있노록 순비시키는 교과과정(1년의 인턴 과정을 포함하는)을 표준화하는 방향으로 움직여 나가기를 제안했다. 그녀는 또한 임상심리학자에게 필요한 최소한의 훈련 수준을 박사학위로 할 것과 심리학과들이 임상심리학자를 위한 새로운 학위, 즉 심리학박사(Doctor of Psychology, PsyD)[1] 학위를 주는 일을 고려하기를 권고했다(L. Hollingworth, 1918).

---

1 심리학 분야든 어느 분야든 간에 학문적 연구를 한 사람에게는 일반적으로 철학박사(Doctor of Philogosphy, PhD) 학위가 수여되는데, 이와 대조적으로 심리학박사는 실습이 중요시되는 훈련과정을 거친 사람에게 주어지는 학위로서 주로 미국의 전문대학원(professional school)에서 제공한다. 한국에서는 그냥 심리학박사라고 하면 PhD인지 PsyD인지 구분이 되지 않으나, 현재 학계에 있는 거의 모든 심리학 교수들은 심리학 분야의 연구로 철학박사학위를 받은 사람들이다.

APA는 AACP가 심리학자들을 분열시킬지도 모른다고 걱정했고 그래서 그 단체를 APA의 일부로 만들 것을 고려했다. 많은 APA 회원들이 이를 반대했는데, 그들은 APA 헌장을 가리키면서 유일한 목표는 심리학을 과학으로서 발전시키는 것임을 다른 이들에게 상기시켰다. 즉, 전문직을 발전시키는 것은 APA가 할 일이 아니라는 것이었다. 그러나 1919년 AACP는 임상심리학 분과로서 APA의 일부가 되었다. 1921년 이 집단은 APA를 설득하여 임상심리학자들의 신분을 증명하기 위한 인가 프로그램을 만들었다. 여러 해가 지난 뒤, 인가를 받고자 신청한 심리학자가 30명도 되지 않았을 때 그 프로그램은 폐기되었다.

임상심리학 분과는 APA에 다른 면의 도움을 요청했다. 그들은 전문직 업무와 자문을 위한 윤리 규범의 개발을 요구했다. 심리학 박사과정에서 응용 분야의 훈련을 받을 기회를 더 많이 마련해 주기를 요구했다. 실용적 경험을 많이 갖춘 교수진을 더 많이 고용해 줄 것을 심리학과에 요청했다. 그들은 또한 APA 연차대회에서 응용심리학자들이 그들의 작업에 중요한 주제를 논의할 수 있도록 일정한 프로그램 기간을 요청했다. 이 모든 요구사항에 대한 APA의 반응은 일반적으로 거절이었고, 임상심리학 분과회원들은 APA가 심리학 전문직을 발전시키는 데 관여하는 것은 헌장에 어긋나는 일이라는 주문(呪文) 같은 말을 듣고 또 들었다(Benjamin, 1997).

결국 응용심리학자들은 APA를 포기했다. 1929년 가을, 증권시장이 폭락했고 미국의 경제와 도덕이 모두 나락으로 떨어졌다. 취업이 이제는 더욱 큰 문제가 되었다. 1930년 뉴욕 주 자문심리학자회(New York State Association of Consulting Psychologists)로부터 자문심리학자협회(Association of Consulting Psychologists, ACP)라는 독립적인 단체가 형성되었다. 이 단체는 응용심리학자들의 취업 기회를 넓히고, 심리학과 대학원 교과과정에 영향력을 행사하며, 응용심리학 분야의 연구를 촉진하고, 윤리 강령을 확립하고자 하였다. 그들은 1933년에 윤리 강령을 발표했고 1937년에는 자기네 학술지인 *Journal of Consulting Psychology*, 즉 전문직 관련 문제를 다루는 최초의 심리학 학술지를 창간했다. ACP는 전국적인 조직이 되고자 안간힘을 썼으나 그 회원과 지도부는 뉴욕의 심리학자들이 장악하고 있었다.

진정으로 전국적인 집단을 만들려는 시도로 ACP와 APA 분과의 회원들이 만난 결과 완전히 새로운 조직이 1938년에 탄생했는데, 이것이 미국 응용심리학회(American Association for Applied Psychology, AAAP)였다. 그러자 ACP와 임상심리학 분과는 해체되면서 그 회원들이 AAAP 회원이 되었고, ACP 학술지가 새로운 AAAP의 학술지가 되었다. AAAP에는 네 분과가 있었는데, 각각이 독립적인 운영진을 갖고 있었고 AAAP 연차학술대회에서 자기 네 분과회의를 계획했다. 그 분과들은 임상, 자문, 교육 및 산업심리학이었다. 첫해에는 전체 회원이 410명 정도였다. 이 조직은 응용심리학자들의 요구를 충족시키는 데 큰 성공을 거두게 되었고 매년 그 힘이 강해졌다. 그러나 그 존재는 오래가지 못하게 된다.

제2차 세계대전이 시작되었는데, 그 전쟁으로 인한 정신의학적 부상자들을 돌보기에는 정신의학 전문가가 한심할 정도로 부족함을 인식한 미국 정부는 정신건강 서비스를 제공할 수 있는 응용가의 수를 늘릴 방법을 찾기 시작했다. 기본적으로, 정부는 APA와 AAAP에게 함께 작업하여 공익을 위한 심리학 난제를 소식하라고 말했다. 그리하여 두 집단은 만나서 여러 개의 더 작은 심리학 단체들과 함께 새로운 조직을 계획했다. 이렇게 하여 생겨난 것이 새로운 APA로서, AAAP는 그 새로운 분과 구조 속으로 통합되었다. 새로운 APA는 워싱턴 DC에 본부 사무실을 두고, 재향군인관리국과 협력하여 임상심리학자들을 훈련시키며, 심리학의 전문 분야들을 대표하는 분과를 구성하고, 전문직 심리학을 위한 새로운 학술지를 갖게 된다(Benjamin, 1997). 새로운 APA는 새로이 승인된 헌장을 갖추고 1945년에 업무를 시작했는데, 그 헌장에는 "…심리학을 과학으로서 [그리고] 전문직으로서 발전시키는 것"(Wolfle, 1946, 721쪽)이 목표라고 적혀 있었다. 50년이 걸리긴 했지만

표 9.1 1945년 미국심리학회의 헌장에 따른 분과

분과 번호	분과 명칭
1	일반심리학
2	심리학 교육
3	이론 및 실험심리학
4	심리측정협회*
5	평가와 측정
6	생리 및 비교심리학
7	아동기 및 청소년기
8	성격 및 사회심리학
9	사회문제에 대한 심리학연구협회(SPSSI)
10	미학
11	이상심리학 및 심리치료**
12	임상심리학
13	자문심리학
14	산업 및 경영심리학
15	교육심리학
16	학교심리학자
17	인사 및 진로지도 심리학자
18	공공서비스 심리학자
19	군대심리학

* 심리측정협회는 APA 분과가 되기를 거절했다.
** 1946년 제11분과는 제12분과와 통합되어 11번이 비게 되었다. 오늘날 APA에는 50개 이상의 분과가 있지만 4번과 11번은 APA 규칙에 따라 빈 채로 남아 있다.

응용가들은 마침내 APA가 자기네 존재를 인정하게 만들었던 것이다.

심리 평가의 역할

우리는 앞에서 정신검사만큼 20세기의 미국 심리학을 특징지은 것은 없다고 언급했다. 그것은 Cattell의 정신검사와 함께 시작되어 Binet의 지능검사와 미국에서 그것을 번역한 사람들인 Goddard와 Terman으로 이어졌다. 그리고는 제1차 세계대전 중 군대에서 지능과 선발, 이 두 가지의 평가에 대한 심리학자들의 업무로 이어졌는데, 이는 전쟁 이후 산업체에서 사용될 많은 선

발 검사를 낳았다. 그다음에는 1920년대와 1930년대의 성격 평가로 이어졌는데, 로르샤흐 잉크반점 검사 같은 투사 검사도 이때 출현했다. 뒤이어서 학교에서의 평가가 발달하게 되었는데, 그중 일부는 연방의 명령에 의한 것이었다. 학습에 대한 학생의 태도에서부터 학생 문제의 체크리스트에 이르는 모든 것을 측정하는 수많은 새로운 심리검사가 나타났고, 직업 상담에 대한 관심과 그것을 돕기 위한 적성검사도 개발되었다(Sokal, 1987 참조).

심리검사는 거대한 산업이었고 여전히 그러하다. 그것은 검사를 출판하는 회사를 부유하게 만들어 주었고, 심리측정가들이 이 도구들의 신뢰도와 타당도를 확인하고자 노력함에 따라 그들에게 직업 안정성을 부여했으며, 응용가들에게 매우 필요하던 평가 도구를 몇 가지 제공했고, 도움이 필요한 수백만 명의 사람들에게 도움과 조언을 제시했다. 우리는 다음에 이어지는 전문 분야의 간략한 역사에서 심리 평가를 다룰 것이다.

임상심리학

초기 임상심리학자의 역할은 심리검사를 실시하여 채점하고, 어떤 경우에는 검사 결과를 해석하는 것이었다. 그들이 이런 역할을 맡게 된 이유는 심리학자들이 검사의 대다수를 개발했기 때문인데, 따라서 그들이 검사를 실시하고 채점하는 것이 당연해 보였다. 그러나 의료계의 입장에서는 의료인, 즉 의사가 지배하는 분야에서 심리학자가 분수를 아는 것이 중요했다. 검사 결과의 해석은 진단으로 이어지고, 이는 곧 치료를 위한 전략으로, 마침내는 치료의 실시로까지 이어지게 된다. 그런데 치료는 심리학자가 아니라 의사의 직무 영역이었다. 그러나 물론 상황이 그렇게 유지되지는 않았다. 자기네 영역에 대한 독점권을 지키기 위한 미국의사협회와 정신의학협회의 정치적 노력에도 불구하고 임상적 문제에 대한 심리학자의 역할은 커지게 된다 (Benjamin, 2005).

1930년대에 임상심리학자들은 자신의 역할을 지능 평가에서 성격 평가로 확장하였는데, 여기엔 **로르샤흐 잉크반점 검사**가 큰 역할을 하였다. 로르샤흐 검사는 사람이 모호한 얼룩에 무의식적 사고와 동기를 투사할 것이라는 Freud식 믿음에 근거한 투사 검사였다. 심리학자가 검사를 실시하고 채점하는 것 이상을 할 수 있게 해 준 것이 이 검사였다. 즉, 이 검사에서는 심리학자가 반응의 미묘한 해석을 밝혀내 보여 주어야 했다. 이 검사는 1970년대까지 임상심리학에서 중요한 검사로 쓰였고, 그 타당성에 대한 심각한 우려에도 불구하고 오늘날에도 여전히 사용되고 있다(Lilienfeld, Wood, & Garb, 2000 참조). 주제 통각 검사(Thematic Apperception Test, TAT)와 미네소타 다면 인성 검사(Minnesota Multiphasic Personality Inventory, MMPI) 같은 다른 성격검사들이 1930년대와 1940년대에 추가되었다. 이들 각각과 함께 심리학자의 역할은 해석과 진단으로 확장되어 갔다.

제2차 세계대전은 심리학 전문직이 그다음의 주요 단계, 즉 심리치료를 제공하는 데로 나아갈 수 있게끔 해 주었다. 정신과의사가 부족하고 정신건강 서비스가 많이 필요했기 때문에 전쟁 이후 미국공중보건서비스(United States Public Health Service, USPHS)와 재향군인관리국은 APA 및 대학 심리학과와 함께 임상심리학 훈련을 가속화하는 작업을 했다. 심리학자들은 이미 전쟁 때 심리치료를 하는 데 관여한 바 있었는데, 이는 그런 요구가 너무도 절실하여 그런 역할을 하도록 압력을 받았기 때문이었다. 심리학자들은 그 일을 할 수 있음을 보여 주었고, 정부는 가능한 한 빨리 그 수요를 충족시키는 일에 열심이었다. APA는 인가 프로그램을 확립했고, 1946년에 임상심리학 훈련 과정의 최소한의 질을 보장하기 위해 임상심리학 박사학위 프로그램을 평가하기 시작했다. 재향군인관리국이 임상심리학자를 주로 고용하는 곳이 되었다. 그 수요에 관한 관리국의 예측은 정확했다. 1946년 4월에 재향군인병원에 있던 74,000명의 환자 중 44,000명(거의 60%)이 신경정신과 환자로 분류되었던 것이다(Miller, 1946)!

심리학은 임상 훈련에 관한 모델에 대해 여전히 합의에 도달하지 못한 상태였고, USPHS와 재향군인관리국은 APA에 그 문제에 대해 진전을 이룰 것을 독려하고 있었다. 연방 정부의 지원금을 받아 APA는 임상심리학자가 어떻게 훈련받아야 할지에 대한 권장사항을 강구하기 위하여 1949년 여름 콜로라도 주 보울더에서 약 70명의 심리학자와 소수의 유관 분야(정신의학, 사회복지 및 간호) 학자가 참석한 학술대회를 개최했다. 그들은 과학적 훈련을 강하게 시킬 뿐만 아니라 박사학위 취득 전 1년간의 임상 인턴과정을 비롯하여 임상적 기술 훈련 또한 학생에게 제공하는 박사학위 프로그램을 시행하기로 결정하였다. 이 계획의 주요 설계자인 David Shakow(1901~1981)는 조현병(정신분열증)에 관한 선구적인 연구뿐 아니라 임상적 통찰력으로도 잘 알려진 훌륭한 임상심리학자였다. 심리학자에 관한 역사가 Robin Cautin(2008)은 임상심리학 훈련에 관한 Shakow의 생각이 나온 바탕은 그의 조현병 연구(오늘날 이 장애를 정의하고 있는 기본적인 사실들을 많이 찾아냄), 우스터 주립병원(정신병원)에서 환자들 및 의사들과 일하면서 했던 경험, 그리고 그 장면에서 심리학 및 의학 인턴으로 받았던 훈련이라고 쓴 바 있다. Shakow의 모델은 과학자-응용가 모델[scientist-practitioner model, 보울더 모델(Boulder model)이라고도 불림]로 불리게 되었고 오늘날에도 여전히 많은 임상, 상담 및 학교심리학 프로그램에서 지배적인 훈련 모델이 되고 있다(Baker & Benjamin, 2000). Leta Hollingworth가 1918년에 요구했던 바가 1949년에야 마침내 달성되었다. 코네티컷 주와 버지니아 주에서 법령이 통과되면서 1945년 면허 교부도 드디어 이루어졌다. 하지만 모든 주와 지방이 심리학 면허법을 통과시키게 된 것은 1977년이나 되어서이다.

물론 큰 변화는 이제 심리학자들이 심리치료를 행할 수 있다는 점이었다. 임상심리학자들은 주립병원과 아동지도 클리닉 같은 다양한 장면에서 심리치료에 가까이 있었고, 1920년대부터 대학교 상담센터에서 심리치료를 사용하고 있었다. 군대 덕분에 이제 그 문이 활짝 열렸고, 심리학자들은 치료를 하는 사람의 대열에 재빨리 들어섰다. 1940년대와 1950년대에 그들의 이론(그리고 치료)은 Freud와 신프로이트주의자들의 정신역동적 개념에 지배되었다. 이는 그들의 치료 목표가 환자들이 대인관계 갈등과 정신 내부의 갈등을 해결하도록 돕는 것을 의미했다. 그러나 그들의 치료 기법들은 더 넓은 토대를 갖고 있었다. 예를 들어, 정신과의사 Jacob Moreno가 개척한 집단치료 방법이 전쟁 이후 사용되었다.

흔히 행동수정으로 불리는 **행동치료** 기법은 1950년대에 등장하기 시작(예를 들면 Joseph Wolpe의 체계적 둔감화)하여 1960년대를 지배했는데, 여기에는 Skinner의 조작적 심리학에 기초한 기법들이 포함된다. 근본적으로, 조작적 학습에 기반한 이 치료들은 바람직한 행동의 발생을 증가시키기 위해 강화물을 적절히 조작하는 것과 바람직하지 않은 행동을 감소시키거나 제거하기 위해 처벌물 혹은 소거 기법을 사용하는 것이었다.

1960년대 베트남전과 인권운동을 둘러싸고 일어난 미국 사회의 대변동과 함께 인본주의 심리학이 심리치료 기법을 추가하였다. **인본주의 치료**(humanistic therapy)는 자기 탐색과 자기 결정을 장려했다. 인본주의 심리학자들은 인간의 선함을 강조했고, 인생의 목표로서 모든 사람에게 내재되어 있는 것으로 믿었던 인간적 성장의 잠재력을 중요시했다. 사람들은 자아실현, 즉 자신의 궁극적인 잠재력을 실현하고 그 상태에 동반되는 자긍심과 만족감을 향해 동기화되는 존재로 간주되었다. 인본주의적 치료는 사람들이 자신의 잠재력을 발견하고 그들이 바라는 삶을 추구할 수 있도록 돕고자 하였다.

1960년대 임상심리학에서 주요한 또 다른 세력은 인지심리학(제11장에서 다룰 것임)의 재등장으로부터 생겨난 **인지치료**(cognitive therapy)였다. 행동치료가 효과가 있음이 입증되었지만, 문제가 행동적인 것이 아니라 사고에 장애가 생겼거나 비합리적인 사고 때문인 경우가 종종 있다는 인식이 점점 커졌다. 이 치료의 목표는 개인의 사고 패턴을 재구조화하고 비합리적인 사

(좌, 우): Archives of the History of American Psychology, The Center for the History of Psychology, The University of Akron

그림 9.2 임상심리학자 David Shakow(왼쪽)와 산업심리학자 Walter Van Dyke Bingham.

고를 제거하는 것이었다. 즉 행동적 상태보다는 정신적 상태에 더 초점을 두었던 것이다. 오늘날 이런 치료는 여전히 아주 많이 사용되는데 왜냐하면 그것의 효력이 경험적 연구에 의해 입증되었기 때문이다. 이런 유형의 치료법에는 CBT, 즉 인지행동치료(cognitive behavior therapy)라는 명칭이 붙었다.

1970년대는 마침내 미국에서 심리치료의 주요 제공자가 된 심리학자들에게 황금시대가 되었다. 그들은 정신의학과와 독립적으로 개업을 했고 건강보험회사로부터 보험금을 지급받을 수 있었다. 그러나 몇십 년 후, 관리 의료(managed care) 제도가 생기고 석사 수준의 응용가 집단(면허가 있는 전문상담가, 결혼 및 가족치료사 같은)이 생기면서 심리치료의 전반적인 상황은 다시 한 번 바뀌어서 임상심리학자들의 역할은 더 작게 축소되어 버렸다.

산업 · 조직심리학

제1차 세계대전이 일어날 무렵에는 이미 경영 분야에서 응용 연구를 하고 있는 심리학자들이 학계에 많이 있었다. 그중 가장 두드러진 이들은 Scott, Hollingworth, Münsterberg, 그리고 Walter Van Dyke Bingham(1880~1952)이었다. Bingham은 1915년에 최초의 응용심리학과를 카네기 공과대학(Carnegie Institute of Technology, CIT)에 설립하였다. CIT는 공과대학이었는데 이 학교의 총장은 심리학이 대학원생들에게 유용할 것이라고 믿었다. Bingham은 노스웨스턴대학교에서 Scott을 채용해 오고 나중에 저명한 응용심리학자가 되는 다른 여러 교수진도 추가함으로써 CIT에 야심 찬 프로그램을 마련하였다.

피츠버그 지역의 사업체들과 일하면서 Bingham은 선발 도구를 개발하기 위해 영업 연구부를 1916년에 설립했다. Scott이 이 연구부를 이끌었는데, 나중에 그 선발 검사 중 일부를 제1차 세계대전 도중 육군을 위해 수정하게 된다. 몇 년 후 Bingham은 소매훈련 연구부(직업훈련의 한 분과)와 생명보험영업 학교를 설립하였다. 심리학과 내에서 그런 기획을 했던 대학교는 어디에도 없었고, CIT 외의 다른 곳에서는 그런 것이 생길 수도 없었을 것이다. 전쟁 이후 그 프로그램은 쇠퇴했는데, 그 주된 이유는 대학 본부가 자원을 공학 프로그램에 쏟아붓기로 결정했기 때문이었다. Scott은 CIT를 떠나서 The Scott Company라는 개인 자문회사를 차렸다. 다른 교수들은 CIT에서 쌓은 응용 분야의 경험과 전쟁 전후에 대중매체에 소개되었던 바에 힘입어 다른 대학교나 사업계 내의 자리로 흩어졌다(Benjamin & Baker, 2003).

전쟁 이후에는 인사심리학 분야의 연구가 많았는데, 이는 효율성이 지속적으로 중요시되고 심리학이 인사선발을 위한 도구를 제공할 수 있다는 믿음에 의해 부분적으로 촉진되었다. 게다가 사업들이 발전하면서 직무의 전문화가 심화되어서 작업자와 직무를 잘 대응시키는 일이 더 결정적이게 되었다. Hall의 *Journal of Applied Psychology*는 이 인사 연구의 주요 발표 지면이 되어서 소방관, 경찰관, 조종사, 전신기사, 방직공, 속기사 및 다른 직종을 위한 선발 도구들을 출간하였다. 심리학자들은 1920년대에 새로운 책을 많

이 출판하여 자기네 제품을 선전하였다. 예를 들면 Kornhauser와 Kingsbury
의 『사업용 심리검사(*Psychological Tests in Business*)』(1924), Griffith의 『직업심
리학 기초(*Fundamentals of Vocational Psychology*)』(1924), 그리고 Laird의 『사람
선발의 심리학(*The Psychology of Selecting Men*)』(1925) 같은 책들이 그것이다.

　1910년대와 1920년대 인사심리학에서 중요했던 인물 중 한 사람이
Katherine Blackford인데, 의사였던 그녀는 노동자를 선발하는 데 관상학 프
로그램을 선전했다. 그녀의 방법은 사업체들에게 인기가 있었지만, 심리학
자들은 책과 논문에서 어김없이 그녀를 비판했다. 예를 들어 그녀는 영업직
에 금발인 사람을 고용하라고 권장했는데 그 이유는 그들이 공격성과 끈기
라는 특성을 나타내는 볼록한 얼굴을 가지고 있기 마련이기 때문이라는 것
이었다(Blackford & Newcomb, 1914, 1916). 결국에는 사업체들이 그녀의
방법을 버리고 더 과학적인 접근법을 선호하게 되었다.

　실업률이 25%까지 치솟았던 1930년대의 대공황은 산업심리학의 얼굴을
변화시키게 된다. 사람을 아예 채용하지 않는 경우가 종종 있었으므로 인사
부서의 직원들을 해고하는 회사가 많았다. 하지만 어떤 사업체들은 실업자
대열을 더 나은 능력을 가진 사람을 뽑을 수 있는 인력시장으로 보았고 따
라서 선발 기술이 더 중요하게 되었다. 산업심리학자들은 이 시기를 자기네
분야를 재정의하는 시간으로 삼았다. 그때까지는 산업심리학이 직무 분석,
선발, 그리고 수행 평가를 강조했는데, 그것이 I-O라는 명칭의 'I' 측면이었
다. 그러나 1930년대에는 그 분야에 'O' 측면이 더해져서 오늘날의 명칭인
산업·조직심리학(Industrial-Organizational psychology), 즉 I-O 심리학으로
확장되게 된다.

　새로운 조직심리학이 강조한 것 중 하나는 직장 내 인간관계에 대한 집중
이었다. 이는 Hawthorne 연구, 즉 1920년대 말과 1930년대 초에 시카고의
웨스턴 전기회사의 호손 웍스(Hawthorne Works)라는 공장복합체에서 행해
졌던 일련의 연구에서 비롯한 것이었다. 생산성에 기여하는 요인들에 초점

을 두었던 이 연구는 경영진이 훨씬 더 많은 주의를 기울여야 할 것이 노동자의 태도 평가하기, 노동자 면접하기, 직장 내 상담 프로그램 제공하기, 직장 규범을 확립하는 데 노동자의 의견 반영하기, 그리고 노동자와 관리자가 협동할 수 있도록 팀을 짜는 것 촉진하기라는 것을 발견하였다(Mayo, 1933; Roethlisberger & Dickson, 1939). 더 나아가 1930년대에는 산업체 용도의 성격검사가 개발되기 시작했는데, 이 검사들은 주로 직장 내에서 문제를 일으킬 가능성이 많은 직원을 걸러내기 위해 만들어졌다(Gibby & Zickar, 2008; McMurry, 1944). 마지막으로 1930년대와 1940년대의 다른 연구들은 생산성의 주요 요인으로 직무 만족도라는 개념에 대한 관심을 촉발했고, 따라서 노동자 만족도를 측정하고 향상시키기 위한 심리검사와 방법들이 개발되었다(Fisher & Hanna, 1931; Hoppock, 1935).

제2차 세계대전은 I-O 심리학자들을 위한 또 다른 업무 분야를 열어 주었는데, 때로는 공학심리학(engineering psychology)이라고도 불리는 인간요인 심리학(human factors psychology)이 그것이다. 이 분야는 인간 인터페이스를 갖는 기구가 더 효율적이고 안전하게 조작될 수 있도록 설계하는 데 도움을 주기 위한 것이었다. 심리학자들은 더 읽기 쉬운 비행기 고도계, 더 해석하기 쉬운 레이다 영상, 시각적 오류를 더 적게 하는 폭격조준기의 설계에 관여하게 되었다. 그리고 조종사가 다른 비행기를 조종할 때 발생하는 부적 전이(negative transfer) 문제를 최소화할 수 있도록 비행기 내의 제어손잡이 모양과 위치를 정하는 데 관여하여 사고가 감소되게끔 하였다.

종전 후, 인간요인 심리학은 여전히 심리학이 군대를 위해 하는 일의 일부였으나 심리학자들은 IBM, 제너럴모터스, AT&T, 제너럴밀스 및 다른 많은 대기업에도 취업이 되었다. 심리학자들은 공학자들과 함께 일하면서 다리미, 아크 용접기, 전화기, 과자자판기 및 컴퓨터에서부터 자동차, 핵발전소 및 우주왕복선에 이르는 모든 것을 설계하는 일을 도왔다. 그것은 인간의 행동, 지각, 학습, 기억, 주의, 피로 및 동기에 관해 심리학자들이 알고 있는 것을 제품 설계와 결합시키는 분야였다. 인간요인 심리학은 오늘날에도 중요한 분야로 남아 있는데 특히 인간 - 컴퓨터 인터페이스의 측면에서 그러하다(Hoffman & Deffenbacher, 1992). 하지만 그것을 하는 사람들은 대개 심리학과가 아니라 산업공학과에서 훈련을 받는다.

조직심리학은 성장을 계속하여 현재 상태에까지 이르렀다. 이 분야에는 노동자 동기부여, 직무 만족도, 리더십 같은 오래된 주제가 있고 조직 의사소통, 갈등 관리, 조직 사회화, 조직 분위기 및 조직 헌신 같은 새로운 주제도 있다. 많은 I-O 심리학자들은 노동자나 관리자를 직접 변화시키는 것보다는 조직을 변화시키는 데 노력을 집중하는 것이 그들의 목표를 달성하는데 더 큰 영향을 미칠 수 있을 것이라고 생각하게 되었다.

학교심리학

이전 장에서는 아동 연구 운동에서 G. Stanley Hall이 한 작업을 보았다. 그리고 아동과 청소년에게서 학교 관련 문제를 해결하는 데 주로 관여했던 최초의 심리학 클리닉을 창설하고 발전시킨 Lightner Witmer도 살펴보았다. 이 프로그램들은 학교심리학의 시작을 나타내는데(Fagan, 1992), 임상 및 상담심리학과 달리 이 분야의 응용가들의 교육은 대체로 석사학위 수준에서 멈춘다. 학교심리학자들은 학교(대부분 한 학군의 여러 학교)를 위해 일하는데, 아동을 검사하고 교사와 부모 그리고 다른 프로그램 전문가들을 만나서 아동이 학업에서 성공을 거두는 데 필요한 특별한 서비스를 받도록 살핀다. 임상 및 상담심리학의 성격은 지난 세기에 걸쳐 많이 변화해 왔지만 학교심리학자의 목표와 기능은 대부분 동일하게 유지되었다.

Witmer가 최초의 학교심리학자로 불리기에 합당한 사람이겠지만 그 명칭을 최초로 보유한 사람은 G. Stanley Hall의 제자인 Arnold L. Gesell(1880~1961)이었다. Gesell은 심리학 박사(PhD)에 더하여 의학 박사학위도 취득했다. 그는 예일대학교에 임용되어 연구 실험실과 아동 발달 클리닉을 설립했

Archives of the History of American Psychology, The Center for the History of Psychology, The University of Akron

그림 9.3 선구적인 응용 학교심리학자이자 발달심리학 연구자 Arnold Gesell.

다. 예일대학교에 있는 동안 그는 코네티컷 주 교육위원회를 위해 시간제 학교심리학자로 일했다. Gesell의 가장 중요한 업적은 신체적 및 심리적 발달에 대한 일군의 규준표를 개발한 것이었는데, 이는 부모, 교육자 및 소아과 의사 모두에게 똑같이 요긴한 것이었다(Fagan, 1987a, 1987b).

초기의 학교 내 심리학 프로그램은 "정신적 결함이 있는" 아동을 가려내어 Goddard가 일했던 뉴저지 주 바인랜드에 있었던 것과 같은 '정신박약아'를 위한 특수학교로 옮기는 데 초점을 두고 있었다. 거기에다가 학교심리학자들은 지능의 연속선상 반대쪽 끝에 있는 아동을 평가하는 데도 관여하고 있었다. 스탠포드대학교의 Lewis Terman은 지적으로 뛰어난 영재 아동에게 특히 관심이 있었다. 그는 Stanford-Binet 검사에 더하여 이런 아동을 가려내기 위한 도구를 개발하고 그들에게 가속학습(accelerated learning)[2]을 경험하도록 권장했다. Leta Hollingworth는 거의 같은 시기에 영재 아동을 연구하

---

2 한국의 학원들에서 가르치는 선행학습과 유사한 것으로 생각하기 쉬우나 가속학습은 평균 속도보다 더 빨리 나아가는 것, 예컨대 2학년 나이의 학생이 3학년 교실에서 공부하는 것을 가리킨다. 이에 비해 선행학습은 2학년생이 3학년생이 공부할 내용을 미리 공부하지만 2학년 교실에 그대로 남아 있는 것이다.

고 있었다. 실제로 그녀는 영재 교육에 관한 최초의 교과서(L. Hollingworth, 1926)를 썼다. 이 책에서 그녀는 가속학습을 시키지 말고 대신에 영재 아동에게 같은 나이의 친구들과 함께 지내면서 풍부한 경험의 기회를 줄 것을 권장했다.

Hollingworth가 일했던 뉴욕 시 학교들은 학교심리학의 선봉에 있었다. 그들은 학교심리학자에게 심리학 석사학위, 1년 이상의 학교 경험, 그리고 시에서 실시하는 시험을 통과할 것을 요구하는 인증 프로그램을 확립했다. 그런 조치는 학교심리학자를 위한 훈련 프로그램의 성장을 촉진하여 그런 프로그램이 1929년 뉴욕대학교에 최초로 마련되었고 그다음 해에는 컬럼비아대학교 사범대학에 생겨났다(Fagan, 1986). 1935년 뉴욕 주는 학교심리학자에게 자격증을 수여한 최초의 주가 되었고, 뒤이어 펜실베이니아 주가 자격증을 주었다(Benjamin & Baker, 2004). 학교심리학이라는 주제에 관한 최초의 책은 Gertrude Hildreth가 쓴『학교 문제를 위한 심리학 서비스 (*Psychological Services for School Problems*)』(1930)였고, 다른 책들도 곧 뒤따랐다. 1930년대 말에 와서 그러한 책들, 훈련 프로그램, 그리고 전문직 자격증 부여 등을 보면 학교심리학이 응용심리학 분야 내에서 독립된 정체성을 가질 만큼 충분히 발달했음을 알 수 있었다.

앞서 살펴본 것처럼 지능검사는 임상심리학 성립 초기에 임상심리학자의 전형적인 업무였는데, 그들의 도구와 책임이 확장되면서 그런 지능 평가는 주로 학교심리학자들의 업무로 옮겨 갔다. 모든 영역의 심리검사(예컨대 성격, 능력, 성취)가 타당성 측면에서 도전을 받은 바 있는데, 지능검사만큼 많은 공격을 당한 검사는 없었다. 그런 공격의 주된 원인은 그런 평가의 결과에 너무나 큰 이해관계가 걸려 있기 때문이다. 예를 들어 그것은 아이가 어떤 정선된 프로그램에 들어갈 수 있느냐 없느냐를 의미한다. 지능검사는 여러 가지 이유로 도전을 받았는데, 그 한 가지는 지능검사의 범위에 관한 것으로서 현대의 심리학자들은 그것이 단지 한 종류의 지능만을 측정한다고 보고 있다.

이들 검사에 대한 가장 큰 비판은 문화적 편향에 관련된 주장이었다. 다시 말해 어떤 민족이 이들 검사에서 낮은 점수를 얻는다는 사실은 그 검사에 내재된 문화적 편향의 결과로 간주되는데, 이는 1930년대 이래로 많은 심리학자가 일반적으로 인정해 온 사실이다. 미국에서 1930년대에 이 문제에 관해 주로 목소리를 낸 사람은 라틴계로서는 심리학 박사학위를 최초로 취득한 George I. Sanchez(1906~1972)였다. 그의 연구는 언어와 문화의 차이를 고려할 때 지능검사의 오용으로 멕시코계 미국 아동들이 잘못된 학년에 배정되었음을 보여 주었다(Sanchez, 1934). Sanchez는 라틴계 학생에 대한 교육 장벽을, 특히 편파적임이 명백한 정신검사에 대한 지나친 의존을 제거하는 일을 지칠 줄 모르고 주장한 사람이었다. 이 문제에 관한 좀 더 깊은 논의가 다음 장에 나올 것이다.

1953년도까지 학교심리학을 위한 석사학위 훈련프로그램은 충분히 많았지만 박사학위 프로그램은 단 세 개밖에 없었는데, 이 사실이 APA의 학교심리학자들의 우려를 자아냈다. 박사학위 프로그램의 수는 서서히 늘어나기 시작했고 1971년에 이르자 APA는 그 인가 프로그램에 학교심리학을 포함시켰다. 오늘날 학교심리학은 여전히 학교에 있는 석사 수준 및 박사 수준의 심리학자들이 혼합되어 있는 상태이다. 전자의 대부분은 1969년에 창립된 전국학교심리학자연합회(National Association of School Psychologists, NASP)라는 전문직 단체에 속한다. 학교심리학 박사학위가 있는 사람들 중에는 NASP에 속해 있는 이들도 많지만, APA의 제16분과인 학교심리학 분과에 속해 있는 사람도 많다. 이 둘 간의 영역 다툼이 있기는 하지만 그들은 대부분의 중요한 문제에 대해서는 서로 협력해 왔다. 오늘날 미국에는 학교심리학 훈련프로그램을 제공하는 기관이 200개 이상 있고 아마도 25,000명 정도나 되는 학교심리학자들이 있다(Benjamin & Baker, 2004).

상담심리학

상담심리학은 지금까지 논의한 세 가지 다른 전문 분야보다 더 나중에 등장했다. 나아가 상담심리학의 뿌리를 찾아내기란 그다지 쉽지 않다. 어느 정도 이 분야는 다양한 혈통을 지니고 있어서 그 역사를 구성하기가 힘들다. 상담심리학은 정체성 위기 같은 것을 길게 겪어 온 전문 분야로서 진로 진도 운동과 산업심리학의 인사 연구 두 가지 모두에서 비롯된 유산을 물려받았다. 사실 APA의 상담심리학 분과(제17분과)가 1945년에 처음 설립되었을 당시의 이름은 인사 및 지도심리학자 분과(Division of Personnel and Guidance Psychologists)였다. 시간이 지나면서 이 두 가지 기능 모두가, 특히 인사 연구가 쇠퇴했고, 상담심리학이 실제로 하는 일은 임상심리학의 역할 쪽으로 더 가까워졌다.

상담심리학자들은 1920년대에 이미 대학교 상담센터에 존재했는데, 당시의 지능 및 성격검사를 사용하여 특히 오늘날 직업 상담이라 불리게 된 분야에서 학생들을 도왔다. 그들은 또한 주로 직업과 관련된 목적으로 학생들의 관심과 능력을 측정하는 검사를 비롯하여 많은 검사를 개발했다. 상담센터는 오늘날 사실상 모든 단과대학과 종합대학교에 존재하고 있으며, 그 서비스가 상당히 확장되어서 심리치료, 알코올 및 약물 상담, 시험불안 상담, 학습기술 프로그램, 스트레스 관리 프로그램 및 위기 개입(자살 방지)을 포함하고 있다.

상담심리학이 진로 상담이라는 뿌리에서 벗어나 정신건강 상담이라는 주된 역할을 하게끔 변신하게 만든 주요 추진력은 제2차 세계대전의 정신의학적 현실이었다. 정신건강 문제가 군대를 역병처럼 괴롭히고 있었다. 즉 신참 병사의 17%가 정신의학적 질병을 갖고 있는 것으로 밝혀졌고, 대부분의 전역이 정신의학적 이유 때문이었으며, 정신의학적 사례가 재향군인 병원의 침상 절반 이상을 차지하고 있었다. 문제가 있는 신참 병사의 비율이 그렇게나 높다는 사실은 정부로 하여금 일반대중에게서 정신건강 문제의 발생률을 돌아보게 만들었다. 그 결과 1946년 국민 정신건강 법령이 통과되었다. 이 법령으로 국립 정신건강 연구소가 창설되었고 수백만 달러가 연구 및 훈련 프로그램에 투입되었는데, 여기에는 임상심리학자, 학교심리학자 및 상담심리학자를 위한 프로그램이 포함되어 있었다(Pickren & Schneider, 2005).

여러 상담심리학자가 임상 훈련에 관한 보울더 학회에 관여했으며, 그 학회에 대한 보도는 상담심리학자와 임상심리학자가 자기네 분야들의 "궁극적인 융합"을 볼지도 모른다(Raimy, 1950, 113쪽)는 희망을 언급했다. 융합은 없었지만 두 분야는 서로 가까워져서 그들은 결국 모든 종류의 환경에 있는 모든 종류의 의뢰인의 모든 장애를 다루는 것으로 자기네 전문성을 정의했다. 훈련에 있어서 그리고 개입의 성격에 대한 접근에 있어서 두 분야의 철학적 차이는 있었지만 가능한 한 많은 영역을 확보하려면 더 좁은 정의는 당시의 상황에 어울리는 것이 아니었다.

1949~1950년에 미시간대학교에서, 그리고 1951년에 노스웨스턴대학교에서 학회가 개최되었는데, 이는 상담심리학이라는 분야를 정의하고 박사과정 교육을 위한 합의된 프로그램을 결정하기 위해서였다. 노스웨스턴 학회는 상담심리학자의 목표를 다음과 같이 정의했다.

> …개인의 심리적 발달을 촉진함… 이는 견딜 만한 수준으로 적절하게 기능하고 있는 사람에서부터 더 심각한 심리적 장애를 앓고 있는 사람에 이르기까지 적응 연속선상에 있는 모든 사람을 포함했다. 상담심리학자는 정상 범위 내에 있는 사람들과 대부분의 시간을 보낼 것이다. 하지만 그들은 심리적 적응이 어떠한 수준에 있는 사람과도 어느 정도 일할 수 있는 자격을 갖추도록 훈련을 받아야 한다(미국심리학회, 상담 및 지도분과, 1952, 181쪽).

제안된 교과과정을 위한 지침 또한 정해졌다. 그 결과, APA는 1952년 상담 프로그램에 대한 승인을 시작하였고, 재향군인회 또한 그들을 위한 직무 분류(주로 직업상담가로)를 마련했다. 제대군인 원호법 덕분에 많은 재향군인들이 정부 지원이 없었다면 받을 도리가 없었을 대학교육을 받을 수 있게 되었다. 상담심리학자가 그런 결정을 내리는 데 도움을 주게 되어 있었다. 뿐만 아니라 전투 경험으로 인한 적응 문제도 발생했는데, 상담심리학자는 이 문제 또한 다루었다(Benjamin & Baker, 2004).

상담심리학자들에게 정체성 위기는 1960년대에도 계속되었는데, 상담을 임상과 분리된 것으로 정의하기 위해 제17분과가 지정한 최소한 두 개의 위원회를 보면 이를 알 수 있다. 상담심리학 분야의 세 명의 지도자로 구성된 첫 번째 위원회는 상담심리학이 임상심리학으로 융해되기를 권장했다. 이 보고서는 거부되었고 두 번째 위원회가 구성되어 그 분과 지도자들의 입맛에 더 맞는 제안서를 내놓았다. 그 결과는 노스웨스턴대학교 학회에서 나온 이야기의 재확인이어서 상담심리학자들이 넓은 범위의 환경, 의뢰인 및 장애에 대한 정신건강 서비스 제공자로 주로 기능한다는 것이었다. 오늘날 둘 중 어느 분야로 대학원에 진학할지를 결정하려고 하는 학생들은 여전히 종종 혼란을 겪는다.

임상심리학자들과 마찬가지로 상담심리학자들도 자기네 치료 업무의 일부로서 심리치료 기술을 발전시켰다. 그들은 Carl Rogers(1902~1987)의 비지시적 상담프로그램의 영향을 특히 많이 받았는데, 이것은 그의 1942년도 저서 『상담과 심리 치료(Counseling and Psychotherapy)』에 최초로 기술되었다. 처음에는 그것이 상담학계에는 너무나 급신석인 접근법처럼 보였다. 상남은 어디로 가 버렸을까? 검사도 하지 않고 조언도 없었다. 그러나 치료자들이 내용과 정서를 내담자에게 반영해 줄 수 있게 하는 능동적 경청 기술을 통해 내담자가 자기 탐색과 이해를 통해 변화에 이를 수 있도록 도와주게 되면서 그 방법은 신뢰성을 얻었다. 상담심리학자들은 정신역동적 치료, 인지치료 및 행동치료를 포함하여 다른 치료 스타일도 역시 채택했다. 인본주의적 치료의 일부인 Rogers의 생각은 중요한 영향력을 행사하는 위치를 계속 차지하고 있다.

현대의 전문직

여기에 요약된 이야기가 심리학 전문직의 역사에서 중요한 것을 모두 다룰 수는 없다. 예를 들어, 우리는 보울더 모델에 대한 대안적인 훈련 모델을 제시한 1973년의 베일 학회(Vail Conference)에 대해 아직까지 언급하지 못했다. 이 모델은 과학자 – 응용가 훈련의 응용가 측면을 더 강조할 것을 요구했으며, 또한 특별히 응용가를 위한 것이 될 심리학박사(PsyD)라는 심리학의 새로운 학위를 권고했다(이 역시 1918년 Leta Hollingworth가 권고한 것 중 하나이다). 이 학회는 캘리포니아 주에서 이미 실시되고 있었던 대안적 훈련 모델을 인정한 것으로 간주될 수 있는데, 이 모델은 전문대학원 운동(professional schools movement)의 시작을 나타내는 것이었다. 그 운동은 Nicholas Cummings(1924~)가 캘리포니아 심리학 전문대학원(California School of Professional Psychology, CSPP)의 두 캠퍼스(샌프란시스코와 로스앤젤레스)를 설립했던 1969년에 시작되었다. 이 학교는 어떤 대학교와도 독립된 학교로서 심리학 응용가의 훈련에 초점을 두었다. 채 10년도 되기 전에 20개의 전문대학원이 생겼는데, 그중 일부는 종합대학교와 관련되어 있었고 일부는 CSPP처럼 독립적이었다. 이 학교들의 성장을 촉진하고 전문직 훈련의 질을 향상시키기 위해 Cummings는 또한 전국 심리학 전문대학원 협회(National Council of Schools of Professional Psychology, NCSPP)도 창설했다. 오늘날 NCSPP에 회원으로 가입된 전문대학원은 85개 이상이며, 그중에는 PsyD 학위를 제공하는 학교가 많다. 그 학교들을 졸업하는 심리학자의 수는 매년 종합대학교 중심의 임상 및 상담심리학 프로그램을 졸업하는 심리학자의 대략 두 배나 된다(Thomas, Cummings, & O'Donahue, 2002).

이 장에서는 심리학 전문 분야 중 가장 오래되었고 가장 큰 네 가지에 초점을 맞추었다. 그중 세 가지는 보건의료 전문 분야(임상, 상담 및 학교)로 간주될 수 있을 것이다. 비록 어떤 심리학자들은 임상 및 상담심리학에 대해서만 그런 이름을 붙이지만 말이다. 이 두 분야는 현재 그 업무의 성격이 상당히 변모하고 있다. 심리학자가 수행한 업무에 대해 보험금을 지급해야 하는 보험회사들이 도입한 비용억제 체계인 관리 의료(managed care)는 보험금을 받을 수 있는 치료 회기의 수를 크게 제한했다. 이는 그러한 새로운 짧은 치료가 환자들이 필요로 하는 것을 제공하지 못할 것이라는 염려를 치료자들 사이에 크게 불러일으켰다. 비용 문제 때문에 많은 주와 지방들은 대개 좀 더 낮은 비용으로 심리치료를 제공하는 여러 석사 수준 응용가 집단들(정신건강 상담가나 결혼 및 가족치료자 같은)을 위한 면허증 제도를 만들었다. 산업·조직심리학자들은 이런 변화의 영향을 받지 않았고, 그 분야는 계속해서 안정성과 많은 기회를 누리고 있다. 그러나 그들의 영역은 최근 몇 해 동안 기업 임원과 관리자들에게 관리 코칭(executive coaching)을 제공하는 임상 및 상담심리학자들에게 침범당했다(Kilburg, 2006 참조).

물론 이 장에서 다루지 않은 오래된 전문직 분야뿐만 아니라 늘 생겨나고 있는 새로운 전문직 분야도 있다. 예를 들면 제6장에서는 Münsterberg가 시작시킨 법심리학을 살펴보았다. 심리학자들이 19세기 말부터 스포츠 성적을 연구해 오기는 했지만(Green & Benjamin, 2009 참조), **스포츠심리학**(sport psychology)은 심리학자가 선수 개인이나 팀과 함께 일하면서 경기 성적을 향상시키고자 하는 새로운 분야이다. 심리학적 요인이 스포츠에서 극도로 중요하다는 점은 놀라운 일이 아니다. 직업 스포츠에서는 경쟁이 너무나 심하고 경제적 대가가 매우 크기 때문에 선수들은 조금이라도 유리한 점이 있다면 종종 그것을 취하려 한다. 많은 심리학자가 의뢰인에게 그런 유리한 점을 제공하고자 노력하면서 이 새로운 분야에서 성공적인 이력을 쌓았다(Hays, 1995; LeUnes, 2008).

새로운 전문직 분야 중 가장 크며 또 가장 빨리 성장하고 있는 것은 건강심리학(health psychology)이라는 분야로서 21세기에 막대한 가능성을 지니고 있다. 이에 대해서는 이 책의 에필로그에서 살펴볼 것이다.

이 장의 첫머리에서 우리는 미국심리학회의 헌장에 대해 그리고 그것의 목표를 말하는 문장이 1945년에 어떻게 수정되었는지에 대해 이야기했다. 50년 만에 처음 바뀐 그 문장은 학회가 "과학으로서 [그리고] 전문직으로서 심리학을 발전시키기 위해…" 일한다고 되어 있다(Benjamin, 1997, 731쪽). 그 문장에는 아직 언급하지 않은 또 다른 중요한 변화가 있었는데, 그 변화가 다음 장의 주제이다.

10
사회 활동과 사회 변화의 심리학

미국에서 1920년대는 '광란의 20년대', '재즈 시대'라고 불렸고 정치가
들에 의해서는 '새로운 시대'라고 불렸다. 경제는 급상승하고 있었고,
산업 생산은 그 전 10년의 12%에 비해 64%까지 올랐으며, 자동차가 그 어느
때보다도 살 만한 가격이었고, 여성이 투표권을 갖게 되었으며, 베이브 루스
가 홈런을 계속 때리고 있었고, 루돌프 발렌티노와 메리 픽포드가 영화의 주
연을 맡고 있었고, 금주법에도 불구하고 여전히 싸구려 술집과 주류 밀매점
과 밀조자에게서 술을 구할 수 있었다(Dumenil, 2001). 대중의 행복감이 퍼
져 있었고 여러 가지 방식으로 그것이 나타났다. 그중 하나가 심리학 서비스
를 요구하는 아우성이 그 어느 때보다도 컸다는 것이다.

대중은 심리학이 번영과 행복의 열쇠를 쥐고 있다고 확신하는 듯했다. 잡
지 기사와 신문 칼럼은 '신'심리학자들이 제공하는 서비스를 광고했다. 사람
들은 심리학자의 도움 없이는 결혼 상대자를 선택하는 것도 아이를 양육하
는 것도 혹은 진로를 선택하는 것도 해서는 안 된다는 말을 들었다. 대부분
의 대도시 지역에서는 사람들이 모여서 연설자의 강연을 듣거나 대중 심리
학의 최근 개념들을 토론하는 심리학 클럽이 형성되었고, '당신의 신경을 안

From the author's collection

From the author's collection

그림 10.1 20세기 초 대중심리학의 두 가지 예. '심리학: 건강, 행복, 성공'이라는 잡지(왼쪽 사진)는 1920년대와 1930년대 북미에서 발간된 20여 종의 대중심리학 잡지 중 가장 눈에 띄는 것이었다. '손의 심리학'은 1919년 소개된 게임으로 어떤 사람의 성격을 손금을 '읽음'으로써 파악할 수 있다는 생각에 근거한 것이었다.

정시켜라' 혹은 '행복해지는 방법' 같은 제목의 자기개발서가 흔한 것이 되었다. 대중심리학 잡지들이 신문 가판대에 등장했는데, 그중에는 '건강, 행복, 성공'을 약속하는 부제를 단 것도 있었다. 그래서 캐나다 유머 작가 Stephen Leacock(1924)은 미국이 "심리학의 폭발"로 몸살을 앓고 있다는 결론을 내리기에 이르렀다.

1920년대에 APA의 임상 분과가 응용심리학자에 대한 인가 프로그램을 APA에게 계속 요구한 이유 중 하나는 대중에게 진짜 심리학자들에 대한 정보를 주기 위해서였다. 인가받은 심리학자가 30명도 되지 않았음은 말할 것도 없이, APA의 회원 수는 대중의 요구와 비교해 턱없이 모자랐다. 미국인들은 심리학 서비스를 원했고, 수천 명의 사람들이 '심리학자'를 비롯한 다양한 명칭하에 그 수요를 기꺼이 충족시키려 했다.

1929년 9월 주식시장의 대폭락은 대중의 행복감에 종말을 가져왔고 대공황이라는 경제적 및 심리적 우울의 시대가 왔다. 실업률이 믿기 힘든 수준인 25% 가까이에 이르렀다. 수백만 명의 사람이 갑자기 직장을 잃고 집도 없이 배고픔에 시달리게 되었다. 그때는 무료 급식소, 길거리 행상, 그리고 "한 푼만 주세요"의 시대였다. 노숙자에게는 화물열차에 숨어 들어가 어디론가 떠나고, 화물열차에서 살고, 끼니를 찾아 헤매거나 경찰에게서 도망치려고 애쓰던 시대였다. 흙모래 폭풍의 습격으로 가뭄과 바람이 오클라호마 주와 기타 남서부 지역의 농장을 황폐하게 만들었고, 이로 인해 오클라호마 주민 수천 명이 서쪽의 캘리포니아 주를 향해 떠났다. 거기서 그들은 존 스타인벡의 소설 『분노의 포도』(1939)에 묘사된 것처럼 이주 농업노동자로 착취당했다. 무법의 시대였고 영화관 간판에 등장하는 악당 존 딜린저, 보니 파커, 클라이드 배로우의 시대였다. 노동자들의 파업과 폭동의 시대였고, 북부와 남부에서 인종 갈등과 폭동이 증가일로에 있던 시대였으며, 유럽에서 또 다른 세계대전의 가능성이 끓어오르고 있던 시대였다.

대공황이 닥치고 유럽의 갈등이 점증하고 있는 와중에 새로운 심리학 단체가 형성되었다. 그것을 조직하기 위한 모임은 1936년 뉴햄프셔 주 하노버에서 열린 APA 연차학술대회에서 열렸다. 이를 이끈 사람은 두 명의 젊은 심리학자 Ross Stagner(1909~1997)와 David Krech(1909~1977)로서, 둘 다약 26세의 꽤 급진적인 생각을 가진 사람들이었다. 미국 사회와 전 세계적으로 만연해 있던 사회적 갈등을 생각해 보았을 때 과학적 심리학이 그런 문제들에 조금이라도 영향을 미칠 수 있을까? 다시 말해 심리학이 세계의 사회 문제를 치료하는 데 적용될 수 있을까? 심리학을 사업이나 학교에 적용하는 데 대한 순수주의자들의 편견을 감안하면, 가난을 몰아내고 인종주의에 마침표를 찍고 세계 평화를 가져오는 데 과학적 심리학을 적용한다는 계획에 그들이 어떻게 반응할지 상상할 수 있을 것이다.

그럼에도 불구하고 그 단체는 만들어졌다. 사회 문제에 관한 심리학 연구회(Society for the Psychological Study of Social Issues, SPSSI)라는 이름을 내

건 이 단체는 오늘날 50개 이상의 미국심리학회 분과 중 하나로 지속되고 있다. 그 의제는 새로운 APA 선언의 응용 부분에 해당한다. 새로운 APA의 1945년 헌장의 목적 진술문은 "미국심리학회는 심리학을 과학으로서, 전문직으로서, 그리고 인간 복지를 증진하기 위한 수단으로서 발전시키기 위해 존재한다"(강조는 첨가됨, Benjamin, 1997, 731쪽)라고 되어 있다. 이것은 심리학의 사회적 의제에 관한 이야기이다.

이 장은 세 부분으로 나뉘는데, 그 각각이 사회 문제에 적용된 심리학의 관여에 관한 것이다. 첫째는 성차(sex difference)의 심리학에 관한 선구적인 연구를 다루고 있는데, 20세기의 첫 20년간 진행되었던 Helen Thompson Woolley와 Leta Hollingworth의 연구를 살펴본다. 둘째 부분은 1933년에 나치 독일을 피해 미국으로 이민한 유대인 망명자 Kurt Lewin의 연구를 기술하고 있다. Lewin은 활동 연구라고 이름 붙인 창의적이고 강력한 프로그램을 통해 현대 실험사회심리학과 응용사회심리학을 개척하였다. 셋째 부분은 1890년대부터 1954년의 브라운 대 교육위원회[1] 재판에 대한 대법원 판결에 이르기까지 인종에 관한 심리학적 개념의 변화를 다룰 것이다. 이 판결에서 SPSSI가, 특히 Kenneth와 Mamie Clark의 연구가 중요한 역할을 하였다.

성차의 심리학

John Watson(1936)은 1903년 시카고대학교에서 박사학위를 위한 최종 시험을 마쳤을 때 그의 인생 "최초로 뿌리 깊은 열등감"을 느꼈다. 그는 다음과 같은 이야기를 했다. "나는 우등으로 학위를 받았는데, 거의 즉시 Dewey 교수와 Angell 교수에게서 내 시험 결과가 2년 전 최우등으로 졸업했던 Helen Thompson보다 훨씬 더 못하다는 이야기를 들었다. 그때 나는 도대체 누가 그녀의 기록에 필적할 수 있을지 궁금했다"(274쪽). Thompson은 성차에 관

---

1 이 장의 272쪽을 보라.

한 심리학 연구를 실제로 실험을 수행함으로써 개척했다. 성차에 관한 '연구'는 Thompson 이전에는 그리고 심지어 이후에도 편견이나 억측보다 나을 것이 없었다. 그녀는 그 분야를 이렇게 요약했다. "파렴치한 개인적 편향, 편견을 지지하려는 목적으로 희생된 논리, 근거 없는 단언, 심지어 감상적인 헛소리와 되잖은 소리가 이렇게까지 마구 날뛰면서도 과학적이기를 갈망하는 분야는 아마도 없을 것이다"(Woolley, 1910, 340쪽). 성차에 대한 '과학'이 겨우 그따위였다니!

Helen Bradford Thompson (Woolley)

Helen Thompson(1874~1947)이 1890년대 말에 시카고대학교의 학생이었을 때 그녀가 살고 있던 세상은 어떠한 신체적 및 심리적 특질에서든 간에 남성의 우월성을 믿는 곳이었다. 어쨌거나 미국은 국가가 된 지 120년이 되었는데도 여전히 시민의 절반에게는 가장 기본적인 권리, 즉 투표권을 주지 않고 있었다. 여성은 왜 투표가 금지되었을까? 그 이유로 들던 것 중 일부는 여성은 변덕이 심하고, 논리적 추리를 할 줄 모르며, 지능이 열등하고, 감정에 과도하게 영향을 받으며, 호르몬 주기의 방해를 받는다는 것이었다. 여성의 열등성을 강하게 주장하는 독단적인 이론이 많았는데, 그것들이 신예 심리학자인 Thompson의 흥미를 끌었다.

Thompson은 당시 시카고대학교의 기능주의 심리학적 학풍 속에 공부한 학생이었다. Stephanie Shields(1975)에 따르면 "학구적 심리학이 성차에 관해 연구하도록 촉진한 것은 미국의 기능주의 운동이었다. … 진화론이 심리학의 응용에 통합됨에 따라 여성에 관한 연구가 필수적인 것까지는 아니더라도 당연한 것이 되었다"(739쪽). 여성이 남성과 기능적으로 다르다는 점은 '알려져' 있었으며, 진화는 이 차이를 지지하는 생물학적 결정론에 대한 근거를 제공했다. 연구의 방향은 차이 그 자체를 발견하는 데 있는 것이 아니라 그것의 성질과 정도를 이해하고 그런 차이의 원인을 알아내려는 데 있었다.

지도교수인 James Rowland Angell의 격려하에 Thompson(1903)은 박사학위 논문을 위한 대단히 야심 찬 연구를 시작했는데, 그것은 "성별 간의 심리학적 유사점과 차이점을 실험적 방법으로 완벽하고 체계적으로 진술하려는 최초의 시도"(1쪽)를 보여 준 것이었다. 25명의 남성과 25명의 여성을 대상으로 그녀는 감각, 운동, 인지 및 성격에 대한 기다란 종합검사를 실시하였다. 그녀는 당시에 측정할 수 있는 거의 모든 것을 측정했기 때문에 피험자 한 명당 검사하는 데 대략 20시간 정도가 필요했다.

Thompson의 감각 측정치에는 이점역, 추 무게 변별, 미각의 역치, 냄새 변별 능력, 음조에 대한 절대역과 차이역, 색깔 변별, 명도 지각 및 색맹 검사가 포함되었다. 운동 검사에는 반응시간 검사, 협응 검사, 그리고 운동 민첩성 검사가 포함되었다. 인지 검사는 기억, 학습, 창의성을 측정했고, 역사, 영어, 물리학 및 수학 같은 분야의 지식도 검사했다. 성격 측정, 정서 검사, 그리고 지적 관심에 관한 설문지 또한 실시되었다. 이것도 단지 전체 목록의 일부일 뿐이다!

Thompson(1903)은 남성이 운동능력에 대한 대부분의 검사에서는 더 우수했지만 모든 검사에서 그렇지는 않음을 발견했다. 즉 여성이 몇몇 협응 과제에서는 더 우수했던 것이다. 남성은 창의력이 더 높았고, 여성은 감각이 더 예리했으며 기억 수행이 더 좋았고 단어 연상을 더 잘하는 능력을 보였다. "감정의 영향이 여성의 삶에서 더 크다는 주장에 대한 증거는 찾을 수 없었다"(172~173쪽). Thompson은 수행상의 차이보다는 유사성을 더 많이 발견했고, 차이가 존재할 때에도 그 크기는 상당히 작다는 것을 발견하였다. 이 모든 것이 무엇을 의미했을까? Thompson이 자신의 자료를 어떻게 요약했는지는 다음과 같다.

이 연구에서 나온 결과로 강조되어야 할 점은, 우리의 현재 자료를 근거로 볼 때 성별에 따른 심리적 차이가 평균 능력의 차이나 정신 활동 유형의 차이로 인한 것이 아니라 대체로 초기 유아기부터 성인기까지 그 사람이 발달하면서 받게 된 사회적 영향의 차이에 기인한다는 것이다. 여성의 지적 삶의 발달에 관한 물음은 성별에 따른 선천적인 심리적 특성에 관한 물음이 아니라 사회적 필요성과 이상(ideals)에 관한 물음이다(182쪽).

Thompson의 연구를 자세히 검토한 사람들이 사회적 영향에 관한 그녀의 결론에 항상 동의한 것은 아니다. G. Stanley Hall(1904)은 청년기에 관한 대표 저서에서 "Thompson 양은… 정신 활동의 유형상의 성차를 두 성별이 초년기에 받는 영향의 차이로 돌림으로써… 페미니즘적으로 된다"(2권, 565쪽)라고 썼다. 그러나 남성의 성취가 더 큰 것은 남성들 사이의 변산성이 더 큰 것으로 설명된다고 많은 저서에서 주장했던 E. L. Thorndike(1914)는 Thompson이 발견한 차이가 작다는 데 깊은 인상을 받은 듯했다. 그는 그녀의 연구 결과를 다음과 같이 요약했다. "이 차이들의 가장 중요한 특징은 그 크기가 작다는 것이다. 이들 지적 특질 및 반(半)지적 특질에 있어서 같은 성 내에서 나타나는 개인차가 성별 간의 차이보다 엄청나게 더 커서 실용적 관점에서는 성차가 묵살되어도 된다"(3권, 184쪽).

남성의 우월성을 단언하는 독단적 이론들이 그냥 그런 독단적인 생각이었을 뿐임을 이해하는 것이 중요하다. 그런 주장들은 어떠한 자료에도 근거하고 있지 않았다, 대신 그런 주장은 성차가 있음은 너무나 노골적으로 명백한 사실이어서 검증될 필요가 없다는 수 세기에 걸친 편견과 가정에 바탕을 둔 것이었다. 따라서 그런 주장이 어떠한 자료에도 근거하고 있지 않다면, Thompson의 자료가 대부분의 남성들로 하여금 자신의 관점을 바꾸게 할 것은 아니었다. 과학의 좋은 점 중 하나는 그것의 지지자들로 하여금 자료에 주의를 기울이지 않을 수 없게 한다는 것이다. Thompson은 어쩌면 시대를 좀 앞서갔다. 대부분의 심리학자들이 그녀의 결론을 받아들일 준비가 되어 있지 않았다는 이야기다.

(좌, 우): Archives of the History of American Psychology, The Center for the History of Psychology, The University of Akron

그림 10.2 Helen Thompson Woolley(왼쪽)와 Leta Hollingworth는 자신의 연구를 이용하여 20세기 초에 여성의 생물학적 및 심리학적 열등성을 주장하는 당시 존재했던 독단적 이론에 도전하였다.

Leta Stetter Hollingworth

Leta Stetter Hollingworth(1886~1939)는 여성들이 직면하던 사회적 장애물을 직접 경험했던 사람이다. 그녀는 대학 졸업식에서 대표로 고별사를 했던 수석 졸업생이었고 네브래스카 주에서 3년간의 교사 경험이 있었다. 자신의 대학원 동기로서 Cattell에게서 박사학위를 거의 끝내 가던 Harry Hollingworth와 결혼하고자 그녀는 1908년 뉴욕 시로 이사했다. Leta Hollingworth는 뉴욕 시에서 교사 일을 찾으려고 했지만 법적으로 자격 미달이었기 때문에 고용이 될 수 없었다. 그녀는 결혼을 했는데 결혼한 여성에게는 교사직이 허용되지 않았기 때문에 자격 미달이었던 것이다. 그 논거는 그들에게는 이미 전업인 일이 있다는 것이었는데, 물론 그것은 아내가, 그리고 결국에는 어머니가 되는 일이었다.

Hollingworth 부부가 카페인에 관해 수행한 1911년 연구(제6장에서 이 연구를 살펴본 것을 상기해 보라)로 코카콜라사에서 받은 돈으로 Leta는 컬럼비아대학교에서 심리학 박사학위 과정을 계속할 수 있었다. 그녀는 Edward Thorndike를 지도교수로 하여 1916년에 교육대학에서 PhD를 끝냈다. 그녀의 학위논문은 여성이 호르몬 변화로 인해 각 월경 주기의 일부 기간 동안 인지적으로 그리고 정서적으로 장애를 겪는다는 수 세기에 걸친 믿음을 검증하였다. 그녀의 피험자들은 23명의 여성(그중 여섯 명은 매일 검사를 받았다)과 2명의 남성(통제집단)이었고, 석 달에 걸쳐서 학습, 색깔 지각, 운동 피로, 색깔 이름 대기, 운동 속도, 팔 안정성, 그리고 반대어 말하기 검사로 평가를 받았다. 그녀는 자신의 자료가 "정상적인 여성에게서 주기적인 정신적 또는 운동적 비효율성을 드러내지 않았다 … 주기 중 어느 부분도 영향을 받지 않았다 … [그리고] 각 달마다 규칙적으로 나타나는 최대 효율성 기간을 구분해 낼 수 없었다"(L. Holloingworth, 1914a, 94쪽)라고 썼다.

Hollingworth는 또한 다른 독단적 이론들도 연구했는데, 그중에는 변산성 가설(variability hypothesis)이 포함되어 있었다. 이 가설은 남성이 여성보다 더 넓은 범위에 걸쳐 퍼져 있고 따라서 어떤 분포에서든 맨 위나 맨 아래 극단에는 남성이 더 많다고 주장하는데, 이는 곧 어떤 분야에서든 최상위의 업적은 남성의 것인 경우가 더 많을 것임을 의미한다(Shields, 1982). 지능의 측면을 보면, 지적 추구에서 뚜렷한 성취를 이룬 사람 중에는 남성의 비율이 더 높을 것이며, 마찬가지로 '정신박약자' 수용시설에서도 남성의 비율이 더 높을 것이다. 그 가설의 이러한 버전은 Darwin이 변이(variation)의 진화적 이점을 입증한 이래로 잘 알려진 것이었다. 처음에 Hollingworth는 뉴욕 시 정신장애인을 위한 기관에서의 자신의 직위를 이용하여 변산성 가설을 검증하고자 했다. 정신박약으로 시설에 수용된 사람들의 자료를 조사해 보자 남성의 비율이 실제로 더 높음이 발견되었다. 그런데 수용자들의 입원 당시의 나이를 살펴보니 무언가 매우 흥미로운 점이 드러났다. 즉, 13세가 넘어서 입원한 사람 중에서는 여성이 압도적 다수였던 것이다. 그녀는 그 차이를 생물학적인 면이 아니라 남성과 여성의 사회적 역할의 면에서 설명하였다. 즉 남녀의 사회적 역할의 차이로 인해 지적 능력이 떨어지는 여성이 수용시설 바깥에서 더 오랜 기간 머물도록 허용되었다는, 다시 말해 더 오랜 기간 유용성이 있었다는 것이다(L. Hollingworth, 1913).

또 다른 연구에서 Hollingworth는 뉴욕 시 병원에서 1,000명의 남아와 1,000명의 여아의 출생기록을 사용하였다. 그 기록으로부터 그녀는 각각의 유아에게서 열 가지 신체 측정치를 추출할 수 있었다. 그 결과의 분석에서 그녀는 먼저 몸 크기 차이에 관해 "모든 해부학적 측정치에서 남아가 평균적으로, 예외 없이, 여아보다 약간 더 크다. 그러나 그 차이는 우리가 예상한 것보다 훨씬 더 작으며, 대부분의 경우 너무 작아서 실질적으로 무시할 만하다"(Montague & Hollingworth, 1914, 364쪽)라고 보고하였다. 그녀는 두 가지 다른 기법을 사용하여 열 가지 측정치 각각의 분포의 변산성을 살펴보았다. 한 기법은 남녀 간 변산성 차이가 없는 측정치가 6개, 여아의 변산성이 더 큰 측정치가 3개, 남아의 변산성이 더 큰 측정치가 1개임을 보여 주었다. 다른 기법은 변산성 차이가 없는 측청치가 4개인 반면에 여아의 변산성이 더 큰 것이 3개, 남아의 변산성이 더 큰 것이 3개임을 보여 주었다. 요약하자면, 출생 시 남성과 여성의 신체 측정치 조사 결과는 남성의 변산성이 더 크다는 변산성 가설을 지지하지 않았다.

변산성 가설을 지지하는 문헌에 대한 비평에서 Hollingworth(1914b)는 그것이 하자가 있고, 혼란스러우며, 편향되어 있음을 발견하였다. 제대로 된 통제를 사용했고 체계적으로 수행되었던 소수의 연구들은 변산성 차이를 보여 주지 못했다. 그녀는 Thompson이 10년 전에 그랬던 것처럼 다음과 같은 결론을 내렸다.

⋯ 정신적 특질상 남성의 변산성이 실제로 더 크다는 것이 확립된다고 하더라도 그것은 타고난 변산성이 더 크다는 것을 시사할 뿐 증명하지는 못할 것이

다. 왜냐하면 (1) 성별에 따른 기회와 활동이 비슷하지 않고 평등하지 않으며, (2) 남성에게는 지적 변산성이 생존 가치가 있는 것이었지만 여성에게는 생존 가치가 거의 또는 전혀 없었기 때문이다. 이는 종의 영속화에서 두 성별이 맡아 온 역할이 서로 다르기 때문이다(529쪽).

과학적 경제성의 원리를 적용하여 Hollingworth(1914b)는 다음과 같이 썼다. "여성은 아이를 낳고 기른다는 잘 알려진, 명백하고 어쩔 수 없는 사실이 있으며, 이것은 가사라는 직업으로 불가피하게 이어지는데 이는 걸출함이란 것이 있을 수 없는 분야이다. 이것을 하나의 원인으로 철저히 조사하기 전까지는 근원적이고 모호한 정서적 및 지적 분야에서 뚜렷한 성차의 원인을 찾는 것은 바람직하지 못하다"(529쪽).

Helen Thompson(1905년 Helen Thompson Woolley가 되었다)과 Leta Hollingworth 두 사람은 모두 성차에 관한 연구 외에도 심리학에 중요한 기여를 했다. Thompson은 아동을 위한 특수교육 및 기타 심리적, 교육적, 직업적 서비스에 관한 중요한 연구를 했고 1920년대 유치원 운동의 전국적 지도자였다(Milar, 1999, 2004). Hollingworth는 영재 교육, 임상심리학 및 교육심리학에서 중요한 기여를 했다(Benjamin & Shields, 1990). 그러나 그들의 가장 유명한 업적은 학자로서의 경력을 시작하는 데 사용했던 성차에 관한 연구이다. 20세기의 첫 20년 동안 수행된 그들의 연구는 여성에게 투표권을 너무도 오랫동안 주지 않았던 국가에서 마침내 여성이 그 권리를 갖게 되도록 만들 태도 변화를 일으키는 데 아마도 조금은 기여했을 것이다. 두 여성의 경력은 갑자기 비극적으로 끝나고 말았다. Leta Hollingworth는 1939년 53세의 나이에 암으로 사망했다. Helen Thompson Woolley는 정신질환 때문에 55세에 컬럼비아대학교에서 강제로 퇴임해야 했다. 그녀는 17년을 더 살았는데, 그중 대부분은 딸과 함께였다(Milar, 2004).

Kurt Lewin의 활동 연구

Kurt Lewin(1890~1947)은 독일에서 태어나고 성장했으며, 제1차 세계대전에서 포병대 장교로 4년간 조국을 위해 싸웠고, 전투 중 부상을 당했으며, 철십자 훈장을 수여받았다. 전쟁이 났을 때는 그가 베를린대학교에서 Carl Stumpf 아래서 심리학으로 박사학위 연구를 거의 끝냈을 때였다. 그의 졸업은 지연되었고, 그는 군에서 잠시 휴가를 받아서 1916년에야 연구를 완결했다. 전쟁 이후 그는 베를린대학교에서 교수로 있었다. 1930년대에 히틀러가 권력을 잡으면서 독일에서는 대단히 적의에 찬 반유대주의가 생겨났다. 유대인으로서 앞으로 다가올 위험을 감지한 Lewin은 1933년 독일을 떠나 미국으로 갔다. 그의 어머니와 여동생은 네덜란드로 피신했으나 이후 나치에 포로로 잡혀서 죽음의 수용소로 보내졌고 거기서 죽임을 당했다. Lewin은 코넬대학교, 아이오와대학교, 그리고 MIT에서 교수로 일했다. 1935년부터 일했던 아이오와대학교, 그리고 MIT에서 지냈던 시간이 아마 틀림없이 그의 가장 생산적인 기간이었다. 아이오와대학교에 있을 때 그는 사회 문제에 관한 심리학 연구회(SPSSI)가 1936년 만들어질 당시의 창립 회원 중 한 사람이 되었으며, 1941년에는 그 학회장을 역임했다. 오늘날 SPSSI에서 가장 영광스러운 일은 사회적 함의를 갖는 연구로 뛰어난 기여를 한 사람에게 주어지는 Kurt Lewin 상을 받는 것이다.

Lewin이 유대인으로서 했던 경험이 그의 사회심리학 연구의 많은 부분에 영향을 주었음은 부정할 수 없다. 그런 느낌이 그가 1933년에 Wolfgang Köhler에게 썼던 편지에서 발췌한 다음의 글에 어느 정도 들어 있다. 이 편지는 부쳐지지 못한 것이었는데 왜냐하면 독일에서 당시 그렇게 하는 것이 너무나 위험인 일이었기 때문이다. Lewin은 다음과 같이 썼다.

지난 40년간의 자유분방한 시대에조차도 유대인이 아닌 사람은 유대인으로 사는 것이 그 사람에게 무엇을 의미하는지를 추정하기란 사실상 불가능하다고 나는 생각합니다. 6세부터 13세 사이에 자기의 자연스런 또래 집단에서 혼자서만 지목당한 적이 없는 유대인 아이들은 어느 세대에서도 거의 없을 것입니다. 아주 갑작스럽게 그리고 예측 가능한 어떤 종류의 이유도 없이 그들은 매를 맞고 경멸을 당해 왔습니다. 그런 되풀이되는 경험은, 교사든 학생이든 아니면 그냥 길거리에 있는 사람이든 누구에 의해 초래되었든 간에 상관없이, 어린아이가 서 있는 발아래의 땅을 없애 버리며, 객관적인 토론이나 공평한 평가를 할 수 있는 모든 가능성을 잘라 내어 버립니다. 그것은 아이로 하여금 다시 자신의 자원에만 완전히 의존하도록 만들어 놓습니다. 그것들은 모든 정상적인 지원을 전적으로 기만적인 것으로 보이게 하고 맨 처음부터 어린아이를 겉모습과 현실이 서로 갈등하는 세계에 존재하게 만듭니다. 그런 파괴적인 경험을 하고서 자연스러운 성장에 심각한 손상을 입지 않고 살아남을 수 있는 아이는 거의 없습니다. 결국 그 모든 경험은 그냥 짜증스러운 일상사에 그치는 것이 아니라 모든 중요한 판단의 기초가 되는 삶 자체의 기반 바로 그것에 영향을 줍니다. 따라서 그 효과는 영원히 존재하게 됩니다(M. Lewin, 1986, 42쪽에 인용됨).

그런 종류의 증오와 폭력 아래서, 그리고 일상생활에서 그런 힘들을 예측할 수 없다는 사실 속에서 자란다는 것이 어떤 것인지 상상하기란 어렵다. 하지만 그것은 수 세기 동안 소수자 집단의 삶이었고, 거기에는 미국 역사의 대부분의 시간 동안 그렇게 살아온 많은 아프리카계 미국인들이 포함된다. Lewin의 전기 작가 Alfred Marrow(1969)는 Lewin이 편견과 차별을 직접 경험하여 얻은 지식, 그리고 독일과 미국 생활의 대비가 그를 사회와 관련된 연구 프로그램으로 이끌었다고 언급한 바 있다. "… Lewin은 유럽에서의 경험을 지속적이고 불가피한 평가 기준으로 삼아 미국의 삶을 바라보았다. 이로 인해 그다음 세월 동안 그는 민주적 리더십 문제, 그리고 효율적인 개인과 집단의 성장을 위한 조건 문제에 점점 더 깊은 관심을 가지고 사색과 연구를 하게 되었다. 이는 인간 행동에 관한 지식을 더 많이 얻음으로써 어떻게 사회 문제에 대처하는 데 그것을 사용할 수 있을지에 대한 관심이 더 넓어지게 만들었다"(85쪽).

유럽에서 온 모든 망명자 중 Lewin은 자신과 연구할 학생들을 끌어들이는 데 가장 성공한 사람이었음이 틀림없다(Ash, 1992). 결과적으로 그의 개념들은 미국 심리학에서 더 널리 퍼져 나갔다. 그의 학생 중에는 그가 스승으로서 얼마나 중요한 사람이었는지에 관해 글을 쓴 이들이 많은데, 그 다양한 묘사들은 아주 일치된 의견을 보여 준다. Lewin은 대단히 근면했으며 전염성이 있는 활동 수준을 지녔다. 그는 창의적이고, 친근하며, 가식이 없었다. 거만하지 않으면서도 자신감이 있었다. 그는 총명했는데, 학생과 상호작용하는 초기에는 이해하기가 어려운 경우도 종종 있었지만 사고의 새로운 차원으로 학생을 끌어올리는 능력이 있었다. 그는 자신의 생각을 공유하는 데, 그리고 학생들의 생각에 대해서 그 공로를 인정해 주는 데 관대했다. 학생들로 하여금 Lewin에게 이끌리게 하고 그토록 충성스러운 유대관계를 맺게 만드는 개인적인 특성이 그에게는 많았다. 그중 하나가 "사회 문제에 관한 그의 깊은 관심과 그것을 해결할 무언가를 하려고 하는 그의 결단력"이었다(Frank, 1978, 223쪽). 이것이 사회 활동 연구(social action research)의 화신이었다. Lewin에게 그것은 사회 문제에 관한 연구만으로는 충분하지 않다는 인식이었다. 즉, 그 연구를 이용하여 상황을 바꾸고 개인을 더 낫게 만들고 집단을 더 낫게 만들고 사회를 더 낫게 만드는 방법을 발견하는 것이 중요한 일이었다.

Lewin의 시대에는 심리학에서 지배적인 이론, 특히 행동주의와 정신분석이 행동의 결정요인으로 개인 과거사의 역할을 강조했다. 전자의 경우 그것은 강화물과 처벌물의 역사이고 연합의 성질이었다. 후자의 경우 그것은 생애 초기의 경험과 그것이 만들어 낸 무의식적 갈등이었다. Lewin은 완전히 다른 곳에 강조점을 두게 된다. 그는 개인사의 역할을 부정하지는 않았지만 행동의 주된 원인으로 흔히 작용하는 더욱 강력한 힘이 존재하는데 그것은 상황이라고 주장했다. 그는 행동은 사람과 그 사람이 활동하고 있는 환경 간의 상호작용의 함수라고 썼다. 상황적 결정요인이라는 이 개념은 많은 심리학자들, 특히 Solomon Asch, Stanley Milgram, Philip Zimbardo, 그리고 Ellen Langer

같은 사회심리학자들의 연구에 강한 영향을 미치게 된다.

Lewin은 흔히 게슈탈트 심리학자(다음 장에서 논의됨) 중 한 사람으로 간주된다. 개인이 집단 구성원들에 의해 어떻게 영향을 받는지 그리고 그로 인해 어떻게 집단에 영향을 미치는지를 비롯하여 상황적 힘들이 어떻게 작동하고 상호작용을 하는지를 설명하는 데 그는 장 이론(field theory)을 사용했는데, 이는 게슈탈트 심리학의 전체론적 관점과 일치하는 것이었다. Lewin에게 행동은 한 가지 변인에 의해, 한 가지 원인에 의해 결정되는 것이 아니라 개인의 **생활공간** 내에 있는 전체 힘들의 상호작용에 의해 결정되었다. 이는 환경적(상황적) 영향과 사람의 개인적 요인 간의 상호작용을 강조하는 것으로서 인과성을 전체론적 입장에서 바라보는 것이다.

Lewin은 57세의 나이에 심장마비로 사망했다. 하지만 출간된 그의 연구는 양과 질 모두의 측면에서 믿을 수 없을 만큼 인상적이다. 부분적으로 이것은 그의 근면성에 대한 증거이지만 그가 자신의 연구 집단에 끌어들인 학생들의 질을 보여 주는 것이기도 하다. 그 이름들을 나열하자면 20세기 후반 50년 동안 사회심리학의 명사 인명록을 읽는 것과 같아서 Roger Barker, Alex Bavelas, Dorwin Cartwright, Tamara Dembo, Morton Deutsch, Sibylle Escalona, Leon Festinger, John R. P. French, Harold Kelley, Rensis Likert, Ronald Lippitt, Stanley Schachter, Pauline Sears, John Thibaut, Ralph White, 그리고 Alvin Zander가 있다. Lewin은 아동심리학, 성격, 동기, 그리고 산업심리학에 중요한 기여를 했지만 이 절에서 초점을 두는 것은 사회심리학 연구이다. 그의 업적은 모두 살펴보기에는 너무도 방대하지만 부분적인 목록만 보아도 그 연구의 범위와 그것이 초점을 둔 주제들에 대해 어렴풋한 윤곽을 잡을 수 있다.

Lewin은 1935년에 편견과 차별에 대한 논의로 사회심리학을 시작했다. 그는 그 문제들을 소수자 집단 전반에 적용했으나 초점은 유대인에게 두었다. 독일과 이탈리아에서 파시스트 정권이 계속해서 성공한 일로 인해 그는 전제적 집단 대 민주적 집단을 살펴보는 연구를 하게 되었다. 그는 서로 다른 사회적 상황 조건하에서 일어나는 공격성을 연구했다. 좌절과 공격성 사이의 관계도 연구했다. 그는 갈등에 관해서 그리고 갈등이 풀리거나 풀리지 않는 방식에 관해서도 탐구했다. 그는 가장 유명한 연구 중 하나에서 민주주의 대 전제주의에 대한 연구를 확장시켜서 서로 다른 리더십 유형이 집단 행동에 어떻게 영향을 미치는가를 연구하였다.

집단 영향과 집단 역학이 1939년 이후 Lewin의 연구의 주요 초점이 되었다. 리더십 연구는 한 개인이 집단에 어떤 영향을 미치는지를 이해하려는 점에서 그런 연구의 일부였다. 그는 집단 구성원 사이의 상호작용에도, 즉 그 상호작용이 개인에게 어떤 영향을 미치고 그것이 집단의 성격을 어떻게 변화시키는지에도 관심이 있었다. 집단 역학은 그의 게슈탈트 심리학적 관점의 중요한 부분이었다. 이런 관심으로 인해 Lewin은 MIT로 옮겨서 집단 역학 연구센터(Research Center for Group Dynamics)를 창립하였다(Lewin, 1945). 사회 활동 연구의 대부분이 이루어졌던 이 연구센터는 미시건대학교에 있는 사회 연구 기관(Institute for Social Research)의 일부로 여전히 활발한 활동을 하고 있다.

Lewin의 활동 연구는 그 시야가 개인적이면서 웅대했다. 예를 들어 편견과 차별에 관한 연구에서 "그는 차별적 관행을 변화시키는 것뿐 아니라 인종적 및 종교적 편견의 피해자 혹은 잠재적인 피해자들에게 다양한 종류의 활동을 권장했는데, 그것은 개인 피해자의 힘과 온전함을 증진시키는 종류였다"(Heims, 1978, 238쪽). 독일 시민이 제2차 세계대전의 패배 여파에 어떻게 대처할지에 대한 우려로, 그리고 확실히 제1차 세계대전의 패배 이후 독일에 도입된 잘못된 정책에 대한 자각으로, Lewin은 "문화 전체를 어떻게 변화시킬 수 있는지에 관한 문제를 숙고하였다. 다시 말해, 작은 집단 혹은 전체 사회의 활동 패턴과 특징적 태도를 어떻게 수정할 수 있는지 … [예를 들어] 일단 전쟁이 끝난 이후 나치에 길들여졌던 패전 독일 대중의 특성 구

(좌, 우): Archives of the History of American Psychology, The Center for the History of Psychology, The University of Akron

그림 10.3 사회심리학자 Kurt Lewin(왼쪽)과 Otto Klineberg는 심리학의 다양한 분야에 중요한 공헌을 했는데, 여기에는 편견에 관한 연구와 인종 차이의 심리학에 관한 연구가 포함된다.

조를 개혁하는 일"(239쪽)을 깊이 생각했다. 그는 따라서 심리학이 웅대한 규모로 세계사에 개입하는 일을 구상했던 것이다.

인간 행동의 인과성에 대한 Lewin의 개념은 그의 동시대인들의 생각과 급진적으로 달랐다. 행동적 활동이 정신 내적인 갈등 혹은 초기 유년기 경험의 결과라거나 그 사람의 과거의 강화와 처벌 이력에 의해 결정된다고 믿는 것은 원인이 주로 그 사람 안에 존재한다고 보는 것을 의미했다. Lewin은 개인의 특성이 행동 방정식의 일부임을 부정하지는 않았다. 그러나 그는 대부분의 행동 상황에서 더 강력한 원인은 상황의 특성이라고 주장했다. 궁극적인 상황의 힘에 대한 이 믿음이 그의 제자들로 하여금 심리학 역사상 가장 극적이고 의미심장한(때로는 불쾌한) 연구들을 하게 만든 토양이 되었다. 예를 들면 Asch의 순종 연구, Milgram의 복종 연구, Zimbardo의 감옥 연구 같은 것이 그것이다.

Kurt Lewin은 자신의 학문을 대중의 이익을 위해 이용할 의무가 있다고 믿었던 심리학자였는데, 이는 Skinner도 갖고 있었던 신념이다(제8장 참조). 행동의 결정요인으로서 상황 변인의 중요성에 초점을 두고서 그는 그 변인들이 어떻게 기능하는지 그리고 어떻게 그것을 수정하거나 통제하여 사회적 해악을 개선할 수 있을지를 발견하기 위해 활동 연구 프로그램을 사용하였다. 그는 의심의 여지 없이 20세기의 가장 영향력 있는 심리학자 중 한 사람이었다.

인종심리학

미국에서 인종주의의 역사와 관련해서는 심리학이 문제의 일부이자 해결책의 일부였다(Philogene, 2004와 Winston, 2004 참조). Robert Guthrie(1998)에 따르면 '인종'이라는 단어가 과학 문헌에 등장한 것은 1750년도나 되어서였다. 인종은 19세기에 인류학자들 사이에서 큰 관심을 일으킨 주제가 되는데, 심리학자들도 개인차 연구의 전통 아래 함께 참여하게 된다. 이 경우 인종 간에 찾아볼 수 있는 심리적 차이에 심리학자들은 관심이 있었다. 개인차의 주요 옹호자였음이 확실한 Francis Galton은 『유전적 천재(*Hereditary Genius*)』(1869)라는 저서에서 흑인이 여러 가지 면에서 백인보다 분명히 열등하다고 주장했는데, 이는 백인 우월성에 대한 유럽의 일반적인 편견을 반영한 것이었다(Fancher, 2004). 초기 미국 심리학자 중에도 비슷한 관점을 가진 이들이 많았는데, 『청소년기』라는 저서에서 아프리카계 미국인을 열등한 인종이라고 부른 G. Stanley Hall(1904)도 그중 한 사람이었다.

지능의 인종 차이

펜실베이니아대학교의 Lightner Witmer의 대학원생이었던 R. Meade Bache는 1895년 학술지 *Psychological Review*에 세 인종 집단 간의 반응시간 비교 연구를 발표했다. Bache는 청각 및 시각 반응시간 과제를 주고 미국 원주민, 아프리카계 미국인, 그리고 백인을 검사했다. 그가 발견한 것은 그를 놀라게 했을 법하다. 즉, 미국 원주민이 가장 반응시간이 빨랐고, 그다음으로 아프리카계 미국인이었으며, 반면에 백인이 가장 느렸던 것이다. 그런 연구 결과가 백인의 열등성을 시사하는 것으로 보일 수 있지만 Bache는 그런 해석을 받아들이려 하지 않았다. 대신 그는 반응시간 과제는 반사와 유사한 어떤 행동을 측정하는데 반사는 대뇌 겉질이 아닌 척수에 의해 매개될 가능성이 높은 좀 원시적인 반응이라는 논리를 펼쳤다. Bache는 백인이 그런 과제에서 불리한데 그 이유는 그의 생각에는 백인의 뇌가 더 사색적이어서 과제가 그렇게 원시적인 것일 때는 빨리 작동하지 않기 때문이라고 설명했다. Guthrie(1998)는 이를 과학적 인종주의(scientific racism)라고 불렀는데, 이 말은 특정 인종의 우월성에 대한 믿음을 도입하거나 유지하는 데 과학이 이용된 사례를 의미한다.

Frank Bruner는 컬럼비아대학교의 Robert Woodworth 아래서 흑인과 백인 피험자에게서 청각 지각을 연구한 논문으로 박사학위를 땄다. 1912년 *Psychological Bulletin*에 발표된 '과학' 문헌에 대한 개관 논문에서 그는 다음과 같이 썼다.

> 검둥이(negro)[2]의 정신적 특성은 다음과 같이 [요약할 수 있다.] 효심이 부족하며, 이주 본능과 성향이 강하다. 존경, 진실성 혹은 명예라는 감각이 거의 없다. 무능하고, 나태하며, 지저분하고, 경솔하며, 낭비벽이 있고, 게으르며, 거짓말을 하고, 끈기와 주도력이 부족하며, 자세한 데까지 끈덕지게 작업하려 하지 않는다. 실제로 교실에서 검둥이들을 경험한 바로는 아이로 하여금 무언가를 계속적으로 정확하게 하도록 만드는 것이 불가능하며, 산업적 활동에서도 마찬가지로 검둥이는 지속적인 활동과 건설적인 행위를 할 힘이 한심할 만큼 부족하다(387~388쪽).

---

2 negro는 과거에 아프리카계 미국인, 즉 흑인을 가리키는 말로 사용되다가 흑인을 비하하는 의미 때문에 이제는 미국인의 일상 언어에서 거의 사용되지 않는다. 여기서는 당시 미국의 인종주의적 시대 분위기를 살리기 위해 한국에서도 비하적인 의미로 사용되는 '검둥이'로 번역하였다.

컬럼비아대학교 심리학과의 또 다른 대학원생 George O. Ferguson(1916)
은 '검둥이 심리학'을 연구하여 박사학위 논문을 썼는데, 자신의 흑인 피험
자들이 추상적 사고는 잘 못하지만 감각 및 운동기능 면에서는 유능함을
발견하였다. 그는 자신의 연구 결과가 어떤 유형의 교육적 노력을 여러 인
종에게 들여야 할지를 시사한다고 말했다. 미국 서해안 지방에서는 Lewin
Terman(1916)이 스탠포드-비네 검사에 대한 매뉴얼에서 아프리카계 미국인,
멕시코계 미국인, 미국 원주민에 관한 연구를 인용했는데, 이 연구는 백인보
다 이들 집단에서 '멍청이'의 비율이 훨씬 더 높음을 발견했다. Terman은 인
종 간의 IQ 차이에 관한 연구를 촉구했으며, "그것이 이루어지면 일반지능
의 엄청나게 중요한 인종 차이가 있음이 밝혀질 것인데, 그 차이는 어떠한
정신문화 시책에 의해서도 지워질 수 없을 것이다"(92쪽)라고 예측했다.

그러나 1920년 즈음 아주 약간이기는 하지만 심리학자들이 인종 차이, 특
히 지적인 차이에 대한 주장에 의문을 제기하기 시작했다. 심리학자들은 아
직 차이가 없다고 말할 준비는 안 되어 있었지만 그 차이가 그전까지 추측
했던 것처럼 크지는 않고, 양적이라기보다는 질적인 차이일지도 모르며, 유
전 이외의 요인들이 그 원인일 수도 있다고 제안할 의지는 있었다. 이런 태
도 변화는 Floyd H. Allport(1890~1971)의 1924년도 저서 『사회심리학(*Social
Psychology*)』에 다음과 같이 요약되어 있다.

> [프랑스 사회학자 Gustave] Le Bon은 우월한 인종과 열등한 인종 사이의 격차
> 가 거의 종들 간의 차이에 필적할 만큼 크다는 잘못된 생각을 가지고 있었다. 원
> 시적인 종과 문명화된 종 간의 문화적 적응의 커다란 차이는 타고난 능력의 차
> 이만큼이나 '사회적 유전'과 환경적 요인에 그 원인을 돌릴 수 있다. 그러나 백
> 인종의 지능은 흑인종의 지능보다 더 다재다능하고 복잡한 수준임이 꽤 잘 정립
> 되어 있다. 그것은 아마도 적인종이나 황인종보다도 더 우월할 것이다(386쪽).

Robert Woodworth(1929)는 심리학 개론 교과서에서 지능의 그런 인종 차이
에 대한 주장을 하지 않았고, 환경적 차이와 서로 다른 '문화적 배경'에 의한

혼란을 지적했다. 문헌들을 개관한 후 그는 "판단을 유보하고 아마도 매년 발견될 새롭고 더 결정적인 증거를 위해 눈을 크게 뜨고 있는 것"(58쪽)이 최선의 전략이라고 제안했다.

1930년대쯤 되어서는 적어도 한 심리학자가 좀 더 대담한 입장을 취할 준비가 되어 있었다. 당시 컬럼비아대학교에 있었던 캐나다의 심리학자 Otto Klineberg(1899~1992)는 1935년에 인종심리학에 관한 두 권의 중요한 책을 출간하였다. 첫 권인 『검둥이 지능과 선택적 이주(*Negro Intelligence and Selective Migration*)』(1935a)에서 Klineberg는 북부의 흑인이 남부의 흑인보다 IQ 점수가 더 높다는 연구 결과에 대한 논의를 했다. 일반적으로 이것은 지능이 더 높은 흑인이 남부에서 북부로 이주하는데, 그럼으로써 그 흑인은 남부의 인종 탄압을 어느 정도 피하게 된다는 가정으로 설명되었다. 그러나 Klineberg는 그것이 사실이 아님을 발견하였다. 그는 "지능에 관한 한, 이 연구에 보고된 자료는 남부를 떠나 북부로 가는 검둥이가 그대로 남아 있는 검둥이보다 평균적으로 우월하지 않다는 것, 그리고 남부에 비해 북부 검둥이가 보이는 현재의 우월성은 선택적 이주보다는 더 나은 환경에 의해 설명될 수 있다는 증거를 내놓는다"(62쪽)고 썼다. 둘째 권 『인종 차이(*Race Differences*)』(1935b)에서 그는 "이 책의 일반적인 결론은 정신 활동에 인종 차이가 있다는 과학적 증거가 없다는 것이다. … 따라서 두 사람이 신체적 유형이 다르다고 해서 그 둘을 다르게 대우해야 할 이유는 없다. 검둥이라는 이유로 그 사람에게 일자리나 교육을 제공하지 않는 것은 정당화될 수 없는 일이다. 피부색 혹은 머리 모양 혹은 인종을 분류하는 데 사용되는 다른 어떠한 해부학적 특징이라도 능력과 상관관계가 있음을 증명할 수 있었던 사람은 아무도 없다"(345쪽)라고 썼다.

1940년대가 되어서는 Klineberg 혼자만이 그런 생각을 가진 사람이 아니게 되었다. 왜냐하면 많은 심리학자들, 특히 사회심리학자들이 편견, 차별, 환경이 주는 기회의 차이 및 검사의 문화적 편향이 인종 간에 얻어진 지능 차이에 대한 더 그럴듯한 설명이라고 생각하게 되었기 때문이다. 도대체 심리학자들 사이에서 어떻게 이런 태도 변화가 생겨났을까? IQ 차이에 관한 새로운 자료가 나왔기 때문이었나? 마음이 바뀐 심리학자는 몇 명뿐이었을까 아니면 그런 변화가 그 분야에 더 널리 퍼져 있었을까? 심리학자 Franz Samelson(1978)이 그 분야 문헌에 대한 역사학적 연구를 하면서 제기했던 것이 이 물음들이다. 그는 그런 태도 변화가 널리 퍼져 있었다는 것, 그리고 IQ 차이를 낳을 수 있는 사회학적 요인에 대한 이야기를 빼고 나면 1940년대에는 IQ의 인종 차이를 살펴본 연구가 거의 없다는 것을 발견했다. 그 이전의 믿음에 의문을 제기하는 새로운 자료들이 있긴 했지만 Samelson은 그것이 사회적 패러다임의 이런 변화에 영향을 미치기에는 거의 중요하지 않은 자료였다고 주장했다. 대신에 그는 인종주의로부터 문화적 편향에 관한 연구로 변화가 생긴 것이 1920년 이후에 심리학 분야에 들어온 사람들이 이전과는 다른 사람들이었기 때문이라고 주장했다. 그는 다음과 같이 썼다.

> 1920년까지 미국 심리학은 백합처럼 희디흰 백인들의 분야여서 앵글로색슨(원주민이든 이주민이든) 사람들로 이루어져 있었고, … 가끔씩 유대인 혹은 반(半)유대인이 있었다. … 하지만 20년대 이후 처음에는 유대계 배경을 가진 사람들로부터 시작하여 다양한 민족이 이 분야로 점점 더 많이 유입되기 시작했다. … 뒤이어 일어난, 인종심리학으로부터 편견에 대한 우려로 관심이 이동하게 된 일에는 Klineberg, Herskovits, Feingold, Hirsch, Viteles, Lasker, Katz, Lehman 같은 이름을 찾아볼 수 있다. … 그러나 개인적인 경험이 사람들로 하여금 그 문제의 서로 다른 측면에 민감화되게 만들었고, 그 결과 어떤 사람들은 그런 경험이 없는 다른 사람들이 자명한 것으로 받아들이는 가정에 의문을 제기하게 되었을 가능성이 높다(272~273쪽).

Samelson(1978)은 미국 심리학자들을 "좌익 쪽으로 강하게 밀었던"(273쪽) 다른 요인도 언급하였는데, 여기에는 히틀러의 지배 인종(master race)이라는 주장에 대한 반감과 경제 대공황에 대처해야 하는 현실이 포함되어 있었다. 미국 심리학자들이 인종과 지능이라는 주제를 다루는 방식이 이렇게 급격하게 변했음에도 불구하고 IQ의 인종 차이가 존재하며 그 차이가 상당히 크고, 환경적 혹은 문화적 문제로 설명될 수 없다고 고집스레 주장하는 완강한 집단이 여전히 존재한다. 예를 들어, J. Philippe Rushton과 Arthur Jensen이 쓴 권두 논문과 그들의 분석에 대해 장점과 단점을 논하는 일련의 논문들이 실린 APA 학술지 *Psychology, Public Policy, and Law* 2005년 6월호를 보라. 이런 논쟁이 계속된다는 사실이 심리학자이자 역사학자인 Graham Richards(2004)에게는 놀라운 일이 아닌데, 그는 지능의 인종 차이에 대한 계속적인 관심은 "독특하게 미국적인 강박"(157쪽)이라고 주장한 바 있다.

학교 분리정책의 폐지와 심리학

20세기 초반에는 아프리카계 미국인에게 고등 교육을 받을 기회가 거의 없었다. 몇 개의 흑인 대학교가 존재하기는 했지만 대학원 교육은 완전히 다른 문제였다. 예를 들어 1876년과 1920년 사이에 미국에서 수여된 PhD는 1만 개였는데, 그중 11개만이 아프리카계 미국인에게 수여되었다(Guthrie, 1998). 그중 한 사람인 Francis Cecil Sumner(1895~1954)는 클라크대학교에서 G. Stanley Hall을 지도교수로 박사학위를 땄다. Sumner의 학위논문 연구는 Freud와 Adler의 정신분석 개념을 비교한 것이었다(Guthrie, 1998).

심리학에서 PhD를 딴 최초의 아프리카계 미국인 여성은 Inez Beverly Prosser(대략 1895~1934)였는데, 그녀는 1933년에 신시내티대학교에서 학위를 받았다. 그녀의 지도교수는 시카고대학교의 기능주의 심리학 프로그램의 졸업생인 Louis Pechstein이었다. Prosser의 박사학위 연구는 자발적 분리학교(voluntarily segregated school)와 통합학교(integrated school)에 다니는 흑인 아동의 성격 차이를 살펴보았다. 그녀는 성격 특질의 바람직한 발달 측면에서는 자발적 분리학교에 다니는 흑인 아동이 더 나음을 발견하였다(Benjamin, Henry, & McMahon, 2005).

Raimondo Borea/Kenneth Bancroft Clarke Collection/Library of Congress

Courtesy of Phyliss Borea

그림 10.4 Mamie Phipps Clark와 Kenneth Bancroft Clark. 아프리카계 미국인 아동을 대상으로 한 자존감과 인종 자아정체성에 관한 그들의 연구는 NAACP가 전략을 세우는 데 결정적인 것이 되었다. 그 결과 1954년 **브라운 대 교육위원회** 대법원 판결에서 학교 분리정책이 헌법에 위배된다고 선언되었다.

Francis Sumner는 1928년부터 1954년에 사망할 때까지 워싱턴 DC의 하워드대학교의 심리학과 학과장이었다. 그가 거기에서 확립한 프로그램은 다수의 아프리카계 미국인에게 심리학 직업을 갖고 싶은 마음을 불어넣었는데, 그중에는 Kenneth Clark와 Mamie Phipps Clark이 포함되어 있었다. Mamie Phipps(1917~1983)는 하워드대학교에서 석사학위 논문 연구를 하고 있던 중 뉴욕의 박사과정 학생이었던 Kenneth Bancroft Clark(1914~2005)를 만나 나중에 결혼했다. 그들은 그녀가 석사학위 연구의 일부로 시작한 주제로 여러 개의 연구 프로젝트에서 함께 작업을 했다. 그들은 흑인 아동의 자존감에 관심이 있어서 분리학교와 통합학교에 다니는 아동 간에 자존감이 다른지를 알고자 했다. Prosser의 표집과는 달리 그들은 주 법령에 의해 분리가 의무화되어 있던 미국 남부의 학교에 다니는 아동들을 표집했다. 남부의 그런 법령은 Plessy 대 Ferguson으로 알려진 1896년 대법원 판결에 의해 유지되고 있었는데, 그 판결은 "분리는 하지만 동등하다(separate but equal)"는 원칙을 확립한 것으로서 분리정책을 시행하는 주들이 백인 학교에 흑인 학생이 들어오지 못하도록 막는 데 사용하던 법령이었다. 연방법에 의해 이 주들은 백인 학교와 질적 측면에서 '동일한' 흑인 학교를 제공하게 되어 있었지만 그 법이 강제로 집행된 적은 없었다. 평균적으로, 학교 분리가 의무적으로 시행되던 주는 흑인 학교에 비해 백인 학교에 열 배나 많은 예산을 지출했다.

전국유색인지위향상협회(National Association for the Advancement of Colored People, NAACP)는 "분리는 하지만 동등하다"는 원칙하에 분리정책을 실시하고 있었던 17개 주와 컬럼비아 특별구[3]에서 그것을 종결시킬 방법을 찾고 있었다. 흑인 학교 대 백인 학교에 대한 재정 지원의 불평등을 공격하는 것은 각 행정구를, 각 주를 고소해야 하는 긴 여정이었다. 필요한 것은 Plessy 대 Ferguson 판결을 뒤집을 수 있는, 그것이 헌법에 위배된다고 선언할 무언가였다. 그들이 그것을 입증할 수 있다면 주 수준과 행정구 수준의 싸움이 필요 없을 것이었다. NAACP의 책임 변호사는 Thurgood Marshall(1908~1993)이었는데, 그는 나중에 뛰어난 대법관이 된다(Williams, 1998). 그는 분리정책이 흑인 아동에게 해롭다는 것을 증명할 방법이 없는지 알고 싶었는데, Kenneth와 Mamie Clark의 심리학적 연구를 보고서 전략을 세울 수 있었다.

Clark 부부는 모두 컬럼비아대학교에서 박사학위를 딴 상태였다. Kenneth는 Otto Klineberg 아래서 1940년에 PhD를 땄다. Mamie는 1944년에 Henry Garrett 아래서 학위를 땄는데, 그는 Klineberg와 달리 아프리카계 미국인이 백인보다 지적으로 열등하다고 믿었던 사람이다. Mamie Clark가 지도교수로 그를 선택한 이유는 자신의 대학원 공부가 반드시 자신의 능력을 최대한 시험하도록 만들기 위해서였다. NAACP 변호사들이 Clark 부부에게 연락을 취했을 당시, Kenneth는 뉴욕시립대학의 교수였고 Mamie는 할렘의 아동

---

3 워싱턴 DC를 일컫는 말

발달 북부센터의 상임이사였다. 이 센터는 그녀와 Kenneth가 그 동네의 사람들에게 사회적 서비스를 제공하기 위해 연 것이었다(Markowitz & Rosner, 1996). 대부분의 학계 일자리가 흑인 여성인 그녀에게는 열려 있지 않았음을 지적해 둘 필요가 있겠다.

Kenneth는 NAACP 변호사들과 함께 작업하여 사우스캐롤라이나 주, 델라웨어 주, 버지니아 주의 법정 소송에서 증언했다. 이 세 가지는 다른 하나인 브라운 대 캔자스 주 토피카 시 교육위원회 소송으로 알려진 것과 합쳐져서 네 가지 소송이 된다. 이들 하위 법원의 소송에서 Kenneth는 자신과 Mamie가 흑인 아동의 자존감을 측정하기 위해 어떤 종류의 검사를 사용했던가를 보여 주기 위해 법정에 갈색, 검은색, 그리고 흰색 피부의 인형을 가져갔다. 네 개의 논문으로 나뉘어 발표된 그들의 연구 결과는 분리학교의 흑인 아동이 더 낮은 자존감을 지녔다는 것과 "그들은 수동적으로 그리고 운명론적으로 자신의 열등한 지위를 사실상 신이 내린 것으로 받아들인다"(K. Clark, 1952, 2월 15일)는 것을 보여 주었다.

Marshall은 Otto Klineberg를 통해 Clark 부부와 연결되었다. Marshall은 Klineberg의 인종심리학에 관한 책들을 알고 있었고 소송에 도움을 부탁하기 위해 그와 접촉했는데, Klineberg는 Marshall에게 Kenneth Clark를 소개했다. Clark는 백악관 회의를 위해 작성했던 최신 논문을 보여 주었는데, 그것은 정확히 Marshall이 찾고 있던 바로 그 연구였다. Marshall은 분리정책의 해로운 효과와 관련된 모든 사회과학 증거의 요약을 원했다. 그것은 이제 사회 문제에 관한 심리학 연구회의 일이 되었다. Kenneth Clark는 Isidor Chein과 Stuart Cook과 합류했는데, 그 세 사람은 모두 SPSSI의 회원으로 NAACP 변론취지서에 첨부되어 제출될, 나중에 '사회과학 진술서(Social Science Statement)'라 불리게 된 것의 초안을 쓰기 위해 일했다. 그 진술서의 한 버전이 Clark(1953)가 편집한 SPSSI의 학술지 *Journal of Social Issues*의 한 호로 출간되었다. 대법원에 제출된 사회과학 진술서에는 Floyd와 Gordon

Allport, Else Frenkel-Brunswik, Allison Davis, Nevitt Sanford 및 Brewster Smith를 비롯한 32명의 저명한 사회과학자가 서명을 했다. 그러고는 그들은 몇 달을 기다리고 또 기다렸다.

1954년 5월 17일 대법원의 기자단에게 브라운 소송에 대한 판결이 곧 내려질 것이라는 통고가 왔다. 수석재판관 Earl Warren이 판결문을 읽었는데, 그중 일부는 다음과 같다.

공립학교에서 백인과 유색인 아동의 분리는 유색인 아동에게 해로운 영향을 미친다. 그 영향력은 그것이 법의 승인을 받을 때 더 큰데, 왜냐하면 인종분리 정책이 검둥이 집단의 열등성을 보여 주는 것으로 대개 해석되기 때문이다. 열등하다는 느낌은 아동의 학습하려는 동기에 영향을 미친다. 그러므로 법의 승인을 받은 분리정책은 검둥이 아동의 교육적 및 정신적 발달을 지체시키고 인종적으로 통합된 학교 체계에서 받을 혜택 중 일부를 그들에게서 박탈하기 쉽다. Plessy 대 Ferguson 판결 당시의 심리학적 지식이 어느 정도였든지 간에 이런 연구 결과는 현대의 권위자들에게서 충분히 지지받고 있다. … 우리는 공공교육 분야에서는 "분리는 하지만 동등하다"는 원칙이 설 곳이 없다고 결론 내린다(Kluger, 1975, 782쪽에 인용됨).

물론 "현대의 권위자들"은 상고인의 변론취지서에 첨부된 사회과학 연구를 가리켰다. 실제로 일곱 개의 심리학 및 사회학 연구가 법원의 판결문에 각주로 나열되었다. 그 일곱 개의 목록 중 첫 번째 연구가 Kenneth Clark의 백악관 회의 보고서(Clark, 1950)였다. 심리과학이 대법원 판결에 사용된 것은 그것이 최초였는데, 그 대법원 판결은 틀림없이 20세기의 가장 중요한 판결이자 심리학이라는 과학에 분수령이 된 사건이었다. Clark 부부, Marshall, Klineberg 및 그 소송과 관련된 모든 사람들은 뛸 듯이 기뻤다. 한 숭배자는 Kenneth Clark에게 편지를 써서 "미국 역사의 행로를 바로잡은" 기분이 어떤지를 물었다(Benjamin & Crouse, 2002).

5월 17일은 많은 아프리카계 미국인들에게 섬광기억을 일으킬 것이다. 그들은 그 대법원 판결 소식을 들었을 때 자신이 어디에 있었는지 그리고 무엇을 하고 있었는지 선명하게 기억할 수 있을 것이다. Mamie와 Kenneth Clark가 심리학의 길을 걷도록 이끈 Francis Sumner는 대법원 소송의 결과를 알지 못했다. 슬프게도 그는 그보다 몇 달 전 워싱턴 DC의 자택에서 눈을 치우다가 심장마비로 사망했다.

맺음말

1970년대에 남녀평등권을 위한 미국 헌법 수정안이 실패한 맥락 속에서 미국 사회에서 여성 문제가 논쟁을 일으키면서 여성심리학과 성차에 관한 연구는 뜨거운 주제로 재등장했다. 여성 문제가 새로운 초점이 됨에 따라 수십 년 동안 파묻혀 있었던 Helen Thompson Woolley와 Leta Hollingworth의 연구가 재발견되게 되었다. 이전에는 여성이 APA 회장이 되는 경우가 드물었지만, 이제는 남성과 거의 같은 빈도로 선출된다. 여성심리학회는 미국심리학회의 한 분과(제35분과)이고, 이제는 남성과 남성성에 관한 심리학 연구회라는 APA 분과(제51분과)도 있다.

SPSSI는 APA의 제9분과로서 1945년 APA가 재조직되었을 때 만들어진 18개의 창립 분과 중 하나였다. 연구 모임으로서의 SPSSI는, 그리고 개인 심리학자들은 오늘날에도 사회적 관련성을 가진 연구를 계속하고 있다. Kurt Lewin의 사회 활동 연구는 현대 심리학의 많은 분야에 구현되었다. 1930년대에는 그렇게도 급진적인 것으로 보이던 생각, 즉 심리과학이 세계의 사회적 해악을 해결하는 데 적용될 수 있을 것이라는 생각이 오늘날에는 그리 급진적으로 보이지 않는다.

11

인지심리학

19 54년의 브라운 대 교육위원회 대법원 판결은 사회적 혼란과 변화의 시대의 막을 올렸고 이는 1960년대의 인권운동과 베트남전을 거치며 계속되었다. 인기 높았던 미국 대통령의 암살, 그 자리에 오르고자 했던 그의 동생[1]의 암살, 인권운동의 큰 목소리였던 마틴 루터 킹 2세의 암살, 인종 폭동, 그리고 대학 캠퍼스에서의 폭력이 1960년대를 특징짓는 사건들이었다. 우드스탁 페스티벌, 평화봉사단, 흑표범단[2](Black Panthers), 쿠바 미사일 위기, 빕 딜런과 조안 바에스, 마리화나, 그리고 민주사회를 위한 학생연합이 있었다. 비틀즈는 "당신은 혁명을 원한다고 하죠. 그래요, 우리 모두는 세상을 바꾸기를 원해요"라고 노래 불렀다. 이런 사회적 변화의 와중에 심리학 내에서도 덜거덕거리는 소리들이 있었다. 한때 난공불락인 것으로 보이던 행동주의라는 커다란 건축물이 당시의 제한된 모델로는 인간 행동의 많은 부분에 대해 설명을 찾을 수 없었던 심리학자들에 둘러싸여 무너지고 있었다. 심리학자들이 세계를 바꾸기를 원하던 당시에 미국 심리학에서 일

---

1 존 F. 케네디 대통령의 동생인 로버트 F. 케네디를 가리킨다.
2 미국의 극좌익 흑인 과격파

어난 이런 변화는 흔히 인지혁명(cognitive revolution)이라고 불린다.

이 마지막 장에서 우리는 20세기 후반부 동안의 인지심리학의 진화를 살펴본다. 우리가 지금까지 서술해 온 연대기적 방식대로 이 장은 1950년대와 1960년대의 현대 인지심리학의 출현을 이야기한다. 이 시기는 점점 더 많은 실험심리학자들이 정신과정을 계속 무시하면서는 인간 행동을 설명할 수 없다고 믿게 된 때였다. 행동주의는 오랫동안 미국 심리학을 지배했다. 새로운 인지심리학자들에게는 그것이 자기 교수들의 심리학이었고, 자신이 훈련을 받은 심리학이었으며, 그들이 얻기를 원하던 심리학 직업이었다. 그들에게 행동과는 반대되는 정신에 관한 생각이 있더라도 그것에 대해서는 조용히 있는 것이 아마도 최선일 것임을 그들은 알고 있었다. 그러나 그들은 침묵하려 하지 않았다. 정신주의적 심리학(mentalistic psychology)이, John Watson이 저 먼 섬으로 추방시켰던 금지된 주제들이 고향으로 돌아왔다. 그래서 이어진 것이 심리학의 개념화와 방법론의 점진적이기는 하지만 근본적인 변화였다. 그에 뒤따른 것이 인지심리학의 재탄생, 즉 Wundt와 Stumpf와 Ebbinghaus와 James와 Titchener와 게슈탈트 심리학자들이 했던 심리학과의 역사적 연결을 곧 발견하게 되는 새로운 심리학이었다.

새로운 인지심리학에서 획기적 사건 중 하나는 Ulric Neisser의 저서 『인지심리학(Cognitive Psychology)』(1967)의 출간이었다. Neisser는 인지를 다음과 같이 정의했다.

> … 감각 입력을 변형시키고, 환원시키고, 정교화하고, 저장하고, 회복하고, 사용하는 모든 과정이다. 그것은 심지어 관련 자극이 존재하지 않는 상태에서 이 과정들이 작동할 때(심상과 환각에서처럼)에도 일어난다. 특히 감각, 지각, 심상, 파지, 회상, 문제 해결, 그리고 사고 같은 용어들이 인지의 가설적 단계 혹은 측면들을 가리킨다(4쪽).

이 정의는 컴퓨터 비유의 영향을 보여 준다. 사실상 컴퓨터 언어, 정보처리 모형, 저장 및 정보 인출과 함께 컴퓨터의 개발은 인지심리학의 개념적 모형들에 핵심적인 역할을 했다. 심리학자들은 통신 이론, 인공지능 및 언어학 분야들의 관련 연구를 정신과 행동의 과학에 대한 새로운 접근을 발전시키는 데 중요한 것으로 인식하게 된다.

Neisser의 정의에 나열된 용어들은 19세기 말엽의 심리학 교과서에서 찾을 수 있는 것들이다. 예를 들어 그것들은 Wundt, James, 그리고 Titchener의 책에서 찾아볼 수 있다. 사실 이 개념들은 행동주의의 영향력이 최고조에 달했을 때조차 미국 심리학에서 완전히 사라진 적이 전혀 없다. 심리학자이자 역사학자인 Thomas Leahey(1992)는 James의 시대부터 현대까지 그 불길이 꺼지지 않게 지켜 온 인지심리학을 다음과 같이 묘사한 바 있다.

> 행동주의가 뷔르츠부르크 학파와 후기 Titchener식의 도를 지나친 내성법을 종결시켰음은 확실하지만 의식에 대한 실험심리학을 지워 버리지는 않았다. 실질적으로 말하면 Wundt가 창시한 것은 주의 같은 과정들을 비롯한 감각과 지각의 과학적 연구였다. 1910년 이후 그런 연구가 심리학의 중앙 무대를 더 이상 차지하지는 못했지만(행동, 특히 학습에 관한 연구에 가려져서) 그것이 사라진 것은 아니었다. … 정신주의적 심리학의 핵심적인 연구는 계속되었지만 그것이 더 이상 의식에 대한 연구라고 생각되지는 않았다(313쪽).

1950년대와 1960년대의 새로운 인지심리학을 이야기하기 전에 이런 초기 연구 중 일부를 살펴보기 위해 시간을 거슬러 올라가야 하겠다.

제3장에서 우리는 Wundt의 라이프치히 실험실과 동시에 존재했던 다양한 독일 심리학에 대해 이야기했다. 오늘날 인지라는 용어의 의미에 비추어 보면 그 모든 심리학이 인지적이라 불릴 수 있을 것이다. 즉 Wundt는 감각, 지각, 주의 및 정신 사건의 속도에 초점을 맞추었고, Ebbinghaus와 Georg Müller는 기억에, Brentano는 정신적 행위에, Stumpf는 소리 지각에, Külpe는 마음 갖춤새와 무심상 사고에 관한 연구를 비롯하여 사고에 초점을 두었다. 북미에서 Titchener는 감각을 중요시한 연구를 계속하였고, Cattell은 정

신 능력의 측정에 대한 연구를, 토론토대학교의 James Mark Baldwin은 정신 과정의 속도와 기억에 관한 연구를 계속했다.

적응에 관한 Darwin식 개념의 영향을 받은 기능주의 심리학이 등장하면서 감각과 지각에 관한 연구가 학습 연구로 대체되기(코넬대학교만 제외하고) 시작했다. 그리고 학습에 대한 그러한 강조는 행동주의와 신행동주의자들의 등장을 거치면서 유지되거나 심지어 더 강화되었다. Leahey가 말한 것처럼 감각과 지각에 관한 연구는 계속되었지만 그것은 더 이상 내성법의 산물이 아니었다. 많은 연구가 학습과 동기라는 더 지배적인 연구 분야에 유사하게 자극 – 반응 틀로 표현되었다.

유럽에서 유입된 두 가지 심리학이 20세기 전반부에 주류 미국 심리학에 도전장을 내밀게 되는데 그중 첫 번째가 1910년대에 미국에 도래한 정신분석이었다. 다른 하나는 독일에서 온 것으로서, 1920년대에 미국 심리학 학술지에 처음 등장했고 1920년대와 1930년대에는 인물들이 직접 미국에 나타났다. 이 수입물은 게슈탈트 심리학, 즉 지각, 학습, 사고 및 문제 해결에 관한 연구를 중요시한 현상학적이고 선천성 가설을 주장하는 심리학이었다.

게슈탈트 심리학

게슈탈트 심리학(Gestalt psychology, 또는 형태주의 심리학)은 아마도 "전체는 부분의 합과 다르다"라는 문장으로 가장 잘 알려져 있을 것이다. 게슈탈트 심리학자는 아니었지만 Wundt는 자신의 체계에서 이 진술의 타당성을 인정했고 따라서 그것을 당연히 여겼을 것이다(제3장에 있는 통각에 관한 논의를 보라). 이 진술은 게슈탈트 심리학의 두 가지 중요한 측면을 반영한다. 첫째, 게슈탈트 심리학은 **전체론적**(holistic)이다. 즉 구성 요소로 환원해서 분석하는 것을 반대하는데, 왜냐하면 경험의 전체에는 그것의 부분에 관한 어떠한 연구에 의해서도 발견될 수 없는 지각적 특성들이 있음을 인정하기 때문이다. 둘째, 게슈탈트 심리학은 **현상학적**이다. 이는 경험을 그것이 일어나는 대로, 의미 있는 단위로 연구한다는 의미이다. Wertheimer(1938)는 자신의 심리학을 다음과 같이 정의했다.

> 게슈탈트 이론의 근본 '공식'은 이런 식으로 표현될 수 있다. 전체가 있고, 전체의 행동은 그 개개 요소들의 행동에 의해 결정되지 않지만 부분 과정 자체는 그 전체의 고유한 성질에 의해 결정된다. 그런 전체의 성질을 알아내는 것이 게슈탈트 이론의 소망이다(2쪽).

게슈탈트 심리학은 독일과 오스트리아의 여러 가지 철학 체계에 뿌리를 두고 있지만, 우리는 일반적으로 게슈탈트 심리학의 창시자로 인정되는 독일의 심리학자 Max Wertheimer(1880~1943)의 연구부터 살펴본다. Wertheimer는 뷔르츠부르크대학교의 Oswald Külpe 아래서 박사학위를 따기 전 베를린대학교의 Stumpf에게서 공부했다. 그러나 그에게 가장 큰 영향을 미친 사람은 오스트리아의 철학자이자 심리학자인 Christian von Ehrenfels(1859~1932)인데, 그의 형태질(Gestaltqualitäten)에 관한 생각이 결국 Wertheimer의 게슈탈트 심리학을 낳게 되었다. 사람들의 이야기에 따르면 Wertheimer가 1910년 휴가로 기차를 타고 여행하고 있던 중 실험에 관한 아이디어가 떠올랐다고 한다. 그는 프랑크푸르트에서 기차를 내려 장난감 스트로보스코프(일련의 연속된 그림을 보여 수어 가현운동을 생성하는 장치)를 구입했고 호텔 방에서 자신의 아이디어를 시험했다. 그는 프랑크푸르트 심리학 연구소에서 그 연구를 계속했는데, 여기에 당시 Stumpf 아래서 박사학위를 따고서 막 베를린대학교를 졸업한 Kurt Koffka(1886~1941)와 Wolfgang Köhler(1887~1967)가 합류했다. 이 세 사람이 게슈탈트 심리학의 3인 체제를 이끌게 되어서 1930년대 즈음에는 독일의 심리학을 지배하게 된 심리학 체계를 세웠는데, 그로 인해 Wundt의 제자들의 심리학이 행사하던 영향력이 많이 사라졌다. 베를린대학교에서 Stumpf가 은퇴하면서 Köhler에게 그곳의 심리학과 학과장 자리가 주어졌는데, 틀림없이 이는 독일에서 가장 중요한 심리학 교수직이었다.

Wertheimer의 스트로보스코프 실험은 파이 운동 혹은 파이 현상(phi phenomenon)이라는 일종의 가현운동(apparent motion)에 관한 것이었다. Wertheimer의 예시에서는 두 개의 검은 선분(하나는 수직이고 다른 하나는 수평인)이 흰색 배경에 나타나는데 그것들이 동시에 보이면 직각을 형성하게 되어 있었다. 두 선분은 연이어 제시되는데 첫 번째 선분이 없어지는 것과 두 번째 선분이 나타나는 것 사이에 짧은 시간 간격이 있었다. 그 시간 간격이 적절하면(60 msec 전후) 관찰자는 하나의 선분이 90도 각도로 수직에서 수평으로 왔다 갔다 움직이는 것처럼 보이는 일종의 가현운동을 경험한다. 시간 간격을 늘이거나 줄이면 그 운동이 사라져서 관찰자가 두 선분이 동시에 나타난다고 보거나 움직임 없이 두 선분이 연이어 나타난다고 보게 되었다. Wertheimer는 이 가현운동을 '파이 운동(phi movement)'이라고 명명했다.

파이 운동이 새로운 과학적 발견은 아니었지만 Wertheimer의 해석은 새로운 것이었다. 그는 이 운동을 그 구성 요소들로 환원할 수 없는 경험으로 보았다. 다시 말해, 아무리 많은 내성을 해도 가현운동을 그 자극들이 실제

(전부): Archives of the History of American Psychology, The Center for the History of Psychology, The University of Akron

그림 11.1 게슈탈트 심리학을 이끈 3인방. (왼쪽부터) Max Wertheimer, Kurt Koffka, 그리고 Wolfgang Köhler.

로 물리적으로 발생하는 대로, 즉 두 개의 선분이 연이어 켜졌다 꺼졌다 하는 것으로 보이게 할 수는 없었다. 그 경험에는 단순히 두 선분이 깜박이는 것에는 없는 무언가가 더 있었다. 파이 운동과 마찬가지로 영화도 가현운동의 한 형태이다. 우리가 극장에서 보는 운동은 일련의 정지 영상을 한 번에 하나씩 스크린에 비추어서 만들어 낸 것임에도 불구하고 대단히 현실적이다. Wertheimer(1912)의 이 고전적인 실험이 게슈탈트 관점의 출발점이 되었는데, 이 관점은 경험을 그 요소들로 쪼개는 것을 인위적인 일로 보았고 그보다는 경험을 그것이 일어나는 그대로 연구한다는 신념을 강조하였다 (King & Wertheimer, 2005; O'Neil & Landauer, 1966). 대부분의 미국인들이 게슈탈트 개념에 많이 익숙해지기까지는 또다시 10년이 걸렸다. 1922년 Kurt Koffka는 미국 학술지 *Psychological Bulletin*에 "지각: 게슈탈트 이론 입문 (Perception: An Introduction to *Gestalt-theorie*)"이라는 제목의 논문을 발표했다. 1925년에 Harry Helson이 게슈탈트 심리학에 관한 네 개의 이어지는 논문을 *American Journal of Psychology*에 발표하면서 좀 더 포괄적인 논의가 이루어졌다.

행동주의의 전성기 때 게슈탈트 심리학이 미국에 도래한 것은 진정으로 심리학 문화의 충돌을 일으켰다. 행동주의는 경험을 직접 알 수는 없다고 주장했다. 게슈탈트주의자들은 경험만이 알 만한 가치가 있는 유일한 것이라고, 그리고 경험이 일어나는 바로 그대로 연구될 수 있다고 주장했다 (Köhler, 1929). 행동주의는 S-R 관계에 초점을 둔 환원론적인 분자 단위의 심리학으로서, 여기서 반응이란 관찰 가능한 행동이었다. 게슈탈트 심리학은 전체론적이고 몰(mole) 단위적[3]이어서 정신 현상을 일어나는 그대로 연구했다. 행동주의는 선천성 – 후천성 논쟁에서 후천성을 강조한 반면, 마음을 바라보는 방식에서 게슈탈트 이론가들은 반대편에 서 있었다. 게슈탈트

---

3 화학에서 쓰이는 몰이라는 용어를 따온 것이다. 제8장의 203쪽 각주 1을 보라.

주의자들은 생득적 관념이 있다고 주장하지는 않았지만 지각, 학습 및 기억에 중요한 선천적인 **조직화 경향성**이 마음에 존재한다고 상정했다. 게슈탈트주의자에 따르면 이런 조직화 과정이 지각적 세계를 의미 있는 전체로 구조화하는 데 도움이 된다. 그러므로 우리는 지각적 배열에서 항목들을 집단화할 때 유사성 및 근접성 같은 특성에 반응하도록 프로그래밍되어 있다(집단화 원리). 우리는 불완전한 모양을 완전한 것으로 보는 경향이 있다(완결성). 우리는 목표 자극에 주의의 초점을 맞추는데 이것이 지각적 장에서 배경이라 묘사되는 그 나머지와 대비되어 전경이 된다(전경 – 배경 지각)(Koffka, 1935).

엄격한 경험주의를 고수하던 행동주의자들은 선천적인 인지 구조라는 개념을 수용하지 않고 있었으며, 선천성 주장은 환경결정론을 강조하던 당시의 일반적인 분위기와 대단히 유리되어 있었다. 게슈탈트 이론가들은 그런 구조의 존재를 상정하지 않고서는 인간이 세상을 어떻게 지각하는지를 이해하는 것이 불가능하다고 주장했다. 1930년대에는 미국 심리학의 주류에서 벗어나 있었던 그런 개념들이 오늘날에는 아주 주류를 이루고 있다. 좀 더 현대의 예는 언어학자 Noam Chomsky의 언어 습득 장치일 것인데, 이것은 Chomsky가 모든 인간의 뇌에 하드웨어적으로 내장되어 있다고 주장하는 인지 구조로서 문화와 언어에 상관없이 유사한 방식으로 언어를 학습할 수 있게 한다(이 장에서 나중에 살펴봄).

Edward Tolman은 그에 동조하는 목소리로 보일 수 있었을지도 모르지만 게슈탈트주의자들이 의미하는 것과 같은 인지심리학자는 아니었다. 그는 선천론자(nativist)가 아니었으며 인지과정 그 자체를 연구하지는 않았다. 대신에 그는 쥐 미로를 사용하여 학습을 연구했고 거기서부터 인지도와 기대 같은 매개 변인의 존재를 상정했다. 왜냐하면 이 변인들이 자신의 연구 결과를 설명하는 데 필요해 보였기 때문이다. 그는 오늘날의 용어로 하자면 인지적 행동주의자였다.

게슈탈트주의자들의 조직화 원리는 예를 들면 기억이나 문제 해결 같은 다른 인지과정에도 확장되었다. 인간은 이런 영역에서도 완결성을 추구하는 것이 분명하다. 이런 인식이 Zeigarnik 효과를 낳았다. 이 효과에 관한 연구는 원래 Kurt Lewin이 했던 관찰에서 시작되었다. 그는 식당에서 웨이터가 손님이 주문한 음식을 돈이 지불될 때까지 기억할 수 있지만 일단 돈이 지불되고 나면 그런 주문 음식에 대한 기억이 지워져 버림을 관찰했다. 그는 동기에 근거한 설명을 제안했는데, 그것에 따르면 비완결성이 기억을 온전하게 유지하는 일종의 심리적 긴장을 만들어 낸다. 하지만 일단 그 긴장이 없어지고 나면(돈이 지불되면) 웨이터는 그 주문에 대한 기억이 거의 또는 아예 없어지게 된다는 것이다. 베를린대학교에서 Lewin(Lewin은 게슈탈트 집단의 일부로 간주되었음)의 제자 중 한 사람인 Bluma Zeigarnik(1900~1988)은 1927년 피험자들에게 일련의 문제를 풀게 함으로써 이 생각을 검증했다. 어떤 문제들은 그들이 완결하는 것이 허용되었지만 다른 문제들은 하던 도중 중단되어 완결이 허용되지 않았다. 나중에 피험자들의 문제 회상을 검사하자 완결된 문제에 비해 미완결된 문제를 기억할 가능성이 두 배나 되었다. 이렇게 완결된 과제에 비해서 미완결된 과제를 더 잘 기억하는 것을 Zeigarnik 효과라고 부른다(Zeigarnik, 1938). 물론 모든 학생은 Bluma Zeigarnik에 대해 들어 보았는지와 상관없이 이 효과를 알고 있다. 시험이 끝난 뒤 학생들이 하는 이야기를 그냥 들어 보라. 그들이 시험에서 기억해 내는 문제들은 답을 확실히 몰랐던 것들이다. 쉽게 답했던(따라서 완결된) 문제를 기억하는 경우는 드물다.

게슈탈트 심리학자들은 학습 분야에도 기여했는데, 특히 Wolfgang Köhler는 제1차 세계대전 도중 카나리아 제도에 있는 연구소에 고립되었을 때 침팬지와 닭을 대상으로 일련의 고전적인 연구를 수행하였다. 침팬지 연구에서는 침팬지들이 사육장의 꼭대기나 바깥에 손이 닿지 않는 곳에 있는 바나나를 어떻게 가져오는가라는 여러 가지 문제를 해결해야 했다. 해결책 중 일부는 바나나에 닿을 만큼 충분히 긴 장대가 되도록 막대기를 이어 붙여 맞추는 것이나 매달려 있는 바나나 아래로 상자들을 움직이는 것이었다. 대부분의 침팬지는 문제를 해결했지만 그러지 못한 침팬지도 일부 있었다. Köhler는 성공적인 문제 해결은 모든 요소를 하나의 통합된 전체로 연결함으로써 문제를 전체적으로 보는 것을 의미한다고 생각했다. 예를 들면 정확한 위치에 쌓아 올린 상자들 위에서 점프하는 것이다. 어떤 침팬지들은 상자 위에서 점프하는 것이 필요함을 깨달은 듯 보였지만 상자를 바나나 아래로 움직여 가지 않았다. Köhler는 이 침팬지들은 문제 해결에 필요한 **통찰**이 결핍되었다고 주장했다(Köhler, 1927).

닭은 Köhler가 알게 되었듯이 그다지 똑똑한 동물이 아니다. Köhler의 과제 중 하나는 닭이 밝거나 어두운 두 가지 색조의 회색을 변별해야 하는 것이었다. 어두운 회색 카드를 쪼는 올바른 반응에 대해서는 곡식이 주어졌다. 그런 변별을 학습하기까지는 대략 500번이나 되는 시행이 필요했다! 닭은 무엇을 학습했을까? 행동주의자라면 닭이 어두운 회색 카드와 먹이 간의 연결을 학습했고 그 연합이 강화에 의해 각인되었다고 주장할 것이다. 하지만 Köhler는 이와 다르게 보았다. 닭이 변별을 학습한 뒤 그는 닭에게 두 개의 새로운 회색 카드를 제시하였다. 하나는 이전 시행에서 강화를 받은 것과 똑같은 어두운 회색 카드였고, 다른 하나는 그것보다 더 어두운 회색 카드였다. 대부분의 닭이 이전에 먹이 보상과 짝지어졌던 카드가 아니라 더 어두운 회색 카드를 쪼았다. Köhler는 그와 같은 결과가 닭이 그 문제를 어떤 관계, 즉 하나의 전체(두 카드 중 더 어두운 것을 쫀다)로 학습했음을 나타낸다고 주장했다. 이와 같은 연구들로 인해 게슈탈트 심리학자들은 행동주의 심리학의 무력함을 확신하게 되었고, 이런 생각은 Köhler가 1929년도 저서『게슈탈트 심리학(*Gestalt Psychology*)』의 첫째 장에서 강조하였다.

한 사람 한 사람씩 미국으로 건너온 게슈탈트 심리학자들은 행동주의에 정면으로 맞서야 했다. Koffka가 1924년 맨 처음으로 온 사람이었다. 그는 매사추세츠 주의 스미스대학교에서 임시로 강사직을 맡았다가 1927년에 영구적인 자리를 얻게 되었다. Wertheimer와 Lewin은 1933년에 도착했다. 유대인이었던 이 두 사람은 유대인에 대한 악화일로에 있던 폭력과 나치 독일을 떠나왔다. Wertheimer는 뉴욕 시의 사회연구 신(新)학교(New School for Social Research)의 교수진에 합류했다(Lewin의 직장에 대해서는 이전 장에서 이야기했다). 유대인이 아니었던 Köhler는 독일에서 가장 오래 버텼는데, 베를린대학교에 있던 자신의 젊은 조수들을 돕고자 하는 희망과 자신이 떠나면 독일에서 게슈탈트 심리학의 운명이 기울 것이라는 생각에서였다. 그러나 1935년 즈음에는 그의 상황도 견딜 수 없게 나빠져서 그는 이민을 가서 펜실베이니아 주에 있는 스와스모어대학교의 교수진에 합류했다.

(아이오와대학교와 MIT에 있었던) Lewin을 제외하면 미국의 게슈탈트 심리학자들은 대학원생을 유치하여 그들의 심리학을 퍼뜨릴 위치에 있지 못했다. 그들은 이국땅에 와서 외국어로 말하기를 배우고 있었고, 독일에서 가졌던 자리보다 더 명망이 떨어지는 직위를 대학에서 갖고 있었으며, 당시 여러 가지 이유로 지배적이었던 행동주의에 반대되는 심리학을 옹호하고 있었다. 더욱이 1947년 즈음에는 Köhler를 제외하고 그들 모두가 사망하였다. 제일 먼저 Koffka가 1941년에, Wertheimer가 1943년에, 그리고 Lewin이 1947년에 세상을 떠났기 때문에 그들이 직접 영향을 미친 기간은 짧았다. 게슈탈트주의자들의 영향력을 측정하기 위한 방법으로 1940년대와 1950년대의 심리학 교과서를 보면, 그들이 감각과 지각에 관한 장에서 주로 지각적 조직화에 관한 연구에 대한 이야기 정도로 밀려나 있음을 알 수 있다. 통찰학습에 관한 Köhler의 연구는 거의 등장하지 않았고 Max Wertheimer(1945)의 생산적 사고에 관한 연구는 사실상 전혀 언급도 되지 않았다. 그러나 결국에는 그와 같은 상황이 변화하기 시작한다.

Frederic Bartlett과 구성적 마음

1930년대에 미국 행동주의자들이 인지과정을 무시하고 있을 때 영국인들은 그렇지 않았다. 1932년 캠브리지대학교 심리학과 학과장이던 Frederic C. Bartlett(1886~1969)은 『기억: 실험 및 사회 심리학 연구(*Remembering: A Study in Experimental and Social Psychology*)』를 출간했다. 이 책은 기억에 관한 연구에서 새로운 접근법을 도입했는데, 그것은 게슈탈트 심리학자들이 사고 및 문제 해결을 연구하면서 사용했던 구성적(constructive) 접근법과 잘 들어맞는 것이었다. Bartlett은 기억을 Ebbinghaus와는 상당히 다른 방식으로 연구하고자 했다. 그는 기억이 사회적 요인과 문화적 요인에 의해 큰 영향을 받는다고, 그래서 의미 없는 내용(무의미 철자)을 사용한 Ebbinghaus의 연합 절차는 기억의 그런 측면을 드러낼 수 없을 것이라고 믿었다. Bartlett의 책은 일련의 연구들을 기술했는데, 그중 하나는 피험자들에게 어떤 이야기를 들려준 다음 그것을 회상하여 다른 사람에게 이야기하게 하는 것이었다. Bartlett(1932)이 사용한 이야기 중 하나가 '유령들의 전쟁'이라는 미국 원주민 설화였다. 다음은 그 이야기에서 발췌한 내용이다.

어느 날 밤 에글룩 지방의 두 젊은 남자가 물개를 사냥하려고 강으로 내려갔는데 그들이 거기 있는 동안 안개가 끼고 주위가 적막해졌다. 그러다가 함성소리가 들리자 그들은 '전쟁하러 나가는 인디언들일지도 몰라'라고 생각했다. 그들은 강가로 피해서 통나무 뒤에 숨었다. 그러자 카누들이 올라오고 노 젓는 소리가 들리더니 카누 한 대가 그들에게 다가오는 것이 보였다. 카누에는 다섯 명의 남자가 타고 있었는데 그들은 말했다 …

"우리는 당신들을 데려가고 싶다. 사람들을 상대로 전쟁을 하기 위해 우리는 강을 거슬러 올라가고 있는 중이다." 그래서 젊은이 중 한 사람이 갔다 … 그리고 전사들은 강을 거슬러 올라가 칼라마의 다른 쪽에 있는 마을로 갔다. 사람들이 강으로 내려왔고 그들은 싸우기 시작했고 많은 이들이 죽었다. 하지만 그 젊은이는 그 자리에서 다른 전사들 중 한 사람이 말하는 것을 들었다. "빨리, 집으로 가자. 저 인디언이 총에 맞았어." 그러자 그는 '앗, 이들은 유령이구나'라고 생각했다. 그는 아프지 않았는데도 그들은 그가 총에 맞았다고 말했다. 그래서 카누는 다시 에글룩 쪽으로 돌아갔고 그 젊은이는 뭍에 올라 자기 집으로 가서 불을 피웠다. 그러고는 모든 사람들에게 이렇게 이야기했다. "봐라. 난 유령들을 따라서 싸우러 갔다 … 우리 편도 많이 죽었고, 우리를 공격한 자들도 많이 죽었다. 그들은 내가 총에 맞았다고 말했지만, 난 아프지 않았다." 이 이야기를 전부 한 다음에 그는 조용해졌다. 태양이 떠오르자 그는 쓰러졌다. 그의 입에서 무언가 시커먼 것이 흘러나왔다. 그의 얼굴이 일그러졌다. 사람들은 깜짝 놀라 일어나서 울기 시작했다. 그가 죽어 있었던 것이다(65쪽).

피험자들은 이 이야기를 다시 말하는 데 어느 정도 어려움을 겪었다. 그것은 길었고(여기에 발췌된 것보다 약간 더 길다), 따라서 오늘날 우리가 작업 기억의 용량이라고 부르는 것을 초과했다. 게다가 그것은 '이국적'이었는데, 이는 검사를 받는 영국인 피험자들의 문화적 경험과 들어맞지 않음을 의미했다.

Bartlett은 피험자들이 이야기를 축약함을 발견했는데, 이는 물론 기억해야 할 내용이 그저 너무 많았기 때문이다. 그러나 그가 더 큰 관심을 가졌던 일은 피험자들이 그 이야기를 자신의 경험상 말이 되도록 만들기 위해 이야기를 어떻게 구성하는가였다. 피험자들이 이해할 수 없었던 이야기의 부분들이 있었음이 확실한데, 그래서 그들은 그것을 수정하였다. 즉, 이야기의 의미를 처리하는 데 자신의 경험을 이용하여 그 이야기가 서양 문화에 더 잘 들어맞도록 만들고, 피험자의 개인적 경험의 맥락상 빠져 보이는 정보를 그 이야기에 추가하였다. 그러므로 Bartlett에게는 기억이 단지 연합을 만드는 것만이 아니었다. 기억은 입력되는 정보를 능동적으로 구성하는 마음이 작용하는 것이었다. 그것은 마음이 단지 재구성(reconstruction)뿐만이 아니라 구성(construction)에도 관여한다는 증거였다.

Bartlett은 중요한 저서에서 도식(schema, 스키마)이라는 개념을 도입했는데 이것은 특정 개념과 관련된 과거 경험을 조직화시키는 어떤 인지적 틀이다. Bartlett에 따르면, 경험은 누구든 갖게 되는 많은 도식을 발생시킨다. 사람들은 무례함에 관한 도식을 가지고 있는데, 이는 무례함에 대한 사람들

Archives of the History of American Psychology, The Center for the History of Psychology, The University of Akron

그림 11.2　Frederic C. Bartlett 경(오른쪽).

의 과거 경험으로부터 구성되게 된다. 이 도식은 무례함과 관련된 지각, 판단 혹은 기억이 일어날 수 있는 모든 진행 중인 인지과정에 작동한다. 도식의 존재는 우리의 문화 그리고 우리 자신의 개인적 경험이 우리가 가진 기억에 영향을 미치는 방식들의 증거이다. 도식은 우리의 환경에서 가용한 모든 정보 중 우리가 어느 것을 처리하기로 결정하는지, 그 정보를 어떻게 해석할지, 그 정보를 어떻게 회상할지, 그리고 그 정보를 어떻게 사용할지에 영향을 미친다.

　Ebbinghaus와 달리 Bartlett이 주로 관심을 가진 것은 기억의 산물(다시 말해, 실제 회상된 것)이 아니었다. 그 회상된 내용이 학습하기와 기억하기 사이에 일어난 정신적 처리에 관해 드러내는 것을 제외하고는 말이다. 그는 "끊임없이 변화하는 환경 속에서, 글자 그대로 회상하는 것은 전혀 중요하지 않다. … 축약, 정교화 그리고 지어 냄이 일상적인 기억의 공통된 특징이며, 이런 것들은 모두 원래는 서로 다른 도식에 속하던 내용들이 뒤섞여서 생겨나는 경우가 매우 흔하다"(Bartlett, 1932, 204쪽)라고 썼다. Bartlett은 인간 기억에서 변치 않는 특징이 "오류가 생기기가 극도로 쉽다"는 점이며, 기억은 "사실상 원본에 의해 남겨졌을 수 있는 인상을, 그것이 무엇이든 간에, 정당화하는 역할을 하는 구성물이다"(175~176쪽)라고 지적했다. Ebbinghaus가 연합적 전통 속에서 기억 연구에 대한 새로운 접근을 만들어 낸 것과 똑같이 기억 연구에 대한 Bartlett의 단순하면서도 창의적인 접근은 단지 기억에 관해서만이 아니라 의식의 다른 고차 정신과정에 관해서도 새로운 사고 방식을 만들어 냈다.

영국 심리학에서 가장 영향력이 컸던 Bartlett의 개념은 행동주의의 전성기 동안에는 미국에서 인정받지 못하고 있었다. 대개 미국 심리학자들은 1960년대에 와서야 그의 연구를 발견하게 되는데, 이는 대체로 도식이라는 개념의 출현(특히 지각학습 연구에서)과 Ulric Neisser의 1967년 저서의 성공에 의해 촉진된 일이었다. 이 책은 Bartlett의 연구에, 특히 도식과 구성 과정이라는 개념에 대단히 많이 기대고 있었으며, 현대 인지심리학을 정의하는 데 대단히 중요한 자극이 되었다(Bruce & Winograd, 1998; Roediger, 2000).

미국에서 출현한 현대 인지심리학

미국에서 현대 인지심리학의 진화는 추적하거나 요약하기가 쉽지 않다. 이 가계도에는 가지가 많다. 역사학자와 인지심리학자들은 인지심리학의 역사에서 어떤 사건들이 중요한지에 대해서, 그리고 심지어는 그 사건들이 일어난 순서에 대해서도 논쟁을 벌인다. 이 장의 마지막 절에서는 심리학 내부와 외부에서 온 영향 모두를 이야기할 것인데, Karl Lashley, Allen Newell과 Herbert Simon, Donald Broadbent, Jerome Bruner, Roger Brown, Noam Chomsky, George Miller 및 Ulric Neisser의 생각에 초점을 맞출 것이다.

Karl Lashley와 Hixon 심포지엄

Howard Gardner(1985)는 인지과학사(史) 저서에서 행동의 대뇌 기제에 관한 Hixon 심포지엄(Hixon Symposium on Cerebral Mechanisms in Behavior)

에 관한 논의부터 시작했다. 1948년 9월에 캘리포니아공과대학에서 열린 이 심포지엄은 과학의 여러 분야에 걸쳐 매우 저명한 사람들로 꾸려져 있었다. Gardner에 따르면 이 심포지엄의 중요성은 인간 행동의 복잡성에 대한 설명 체계로서 행동주의의 타당성에 직접적인 이의를 제기했다는 점이다. Gardner는 수학을 전공한 여러 발표자가 신식 컴퓨터의 장점을 들면서 그것이 입력, 중앙처리 및 출력의 기제로서 뇌 기능의 모델로 사용될 수 있다고 주장했음을 언급했다. 그러나 심포지엄의 주인공은 생리심리학자 Karl Spencer Lashley(1890~1958)로서, 그의 여러 스승 중에는 John B. Watson도 포함되었다. 연속적 순서(serial order) 문제, 다시 말해 한 문장 내에 있는 단어들의 순서 같은 선형 순서를 어떻게 설명할 것인지에 대한 발표에서 Lashley는 "… 과거 수십 년 동안 심리학적 분석을 주도하고 있었던 학설(혹은 교의)에 도전했으며, 완전히 새로운 연구 의제를 펼쳐 보여 주었다. … [그는] 인지과학에 필요한 주요 구성요소 몇 가지를, 당시까지 인지과학의 출현을 막고 있었던 저 세력들을 책망하면서까지, 확인해 주었다"(Gardner, 1985, 11쪽). Lashley(1951)의 발표는 학습, 기억, 지각, 그리고 특히 언어를 포함한 인지심리학의 많은 분야와 관계된 것이었다. 그런데 그의 발표도, 또 Hixon 심포지엄도 인지심리학의 재탄생의 원동력으로 볼 수는 없다. Lashley의 논문은 결국 1960년대에 인지과학자들 사이에서 자기네 분야의 중요한 초기 논문으로 자주 널리 인용되게 되기는 했지만, 인지심리학자 Darryl Bruce(1994)가 보여 주었듯이 이는 그 논문이 나중에 발견되고 난 다음에야 이루어진 일이었다. 그래도 여전히 다음의 사실을 인식하는 것은 중요하다. 즉, Lashley는 심리학이 어디로 나아가야 할지에 관한 선견지명 있는 통찰을 제시했을 뿐만 아니라 행동주의 속에서 교육을 받은 많은 심리학자들 사이에서 점점 더 커지고 있었던 불만을 반영했다는 것이다. 그 불만이란 바로 심리학에 대한 근본 이론으로서 행동주의는 너무나 제한적이라는 것이었다.

1950년대는 행동주의의 한계에 대한 초조함과 그 패러다임에서 떨어져 나가려는 욕구를 분명하게 보여 주었다. 당시에 글을 썼던 심리학자들은 인지 혁명의 소문을 듣고 있었다. 1956년에 출간된, 사고에 관한 획기적인 책에서 하버드대학교의 심리학자 Jerome Bruner와 그 동료들은 다음과 같이 썼다.

> 최근 몇 년간 인지과정에 관한 연구가 주목할 만큼 증가한 것을 볼 수 있다. … 그 부활의 원천은 멀리서 찾아볼 필요가 없다. 부분적으로, 그것은 저 고전적인 '자극'과 '반응' 사이를 매개하는 복잡한 과정들을 인정하는 데서 비롯되었다. 그 자극과 반응으로부터 자극-반응 학습이론들은 '정신적'인 낌새가 있는 것은 무엇이든 피해 가는 심리학을 만들어 내고자 했는데 말이다. 그런 이론들의 완벽한 말초주의는 오래갈 수가 없었다(Bruner, Goodnow, & Austin, 1956, vii쪽).

행동주의에 대한 불만이 그렇게 증가하던 와중에 다른 사건들이 인지과정에 대한 관심을 촉발했다. 인지심리학의 재탄생에 기여한 주된 요인 중 하나가 컴퓨터였는데, 심리학자들이 자기네 분야에서 컴퓨터가 갖는 가치를 알게 되기까지는 오래 걸리지 않았다.

컴퓨터 비유

수학자 John von Neumann(1903~1957)은 1948년의 Hixon 심포지엄에서 뇌의 작동에 대한 컴퓨터 비유(computer metaphor)를 주장한 발표자 중 한 명이었다. 그는 1945년 펜실베이니아대학교에서 처음 작동을 시작했던 최초의 거대 디지털 컴퓨터(나중에 메릴랜드 주의 애버딘 성능시험장으로 옮겨짐)에 관한 자문위원이었다. 그것은 에니악(ENIAC, 즉 Electrical Numerical Integrator and Computer의 약자)이란 별칭으로 불렸다. 그것은 무게가 27톤이 넘었고 중앙기억장치는 없었으며 최대 저장용량은 열자리 십진수 20개였다. 놀랍게도 이 컴퓨터는 플러그를 완전히 뽑아 버릴 때까지 10년 동안 작동을 계속했고, 그러고는 더 큰 기억용량을 지닌 더 빠른 컴퓨터로 대체되었다. 에니악의 후계자들이 작동하고 있었던 1950년대 말 즈음에는 인간을 정보처리기로 개념화하는 것이 흔한 일이었다.

또한 1950년대에는 물리학, 수학 및 심리학을 공부한 Allen Newell(1927~1992)과 정치과학, 경제학, 심리학 전공의 박식한 학자 Herbert Simon (1916~2001)에 의해 인공지능(Artificial Intelligence, AI) 분야가 공동으로 개발되었다. 그들은 모두 카네기공과대학(지금은 카네기멜론대학교)의 교수였을 때 '생각'할 수 있는 컴퓨터를 설계하기 시작했다. 그들의 첫 번째 성과는 1955년에 개발된 논리이론가(Logic Theorist) 프로그램과 1957년에 개발된 범용 문제해결자(General Problem Solver)였다. 후자는 서로 다른 종류의 문제를 푸는 데 사용될 수 있는 처리 과정들의 핵심 세트로 구성된 컴퓨터 프로그램이었다. 열렬한 체스 애호가였던 Simon은 1957년에 예언하기를 10년이 지나면 컴퓨터가 세계 최고의 체스 선수를 이길 수 있을 것이라고 했다 (Simon, 1991). 그는 인간의 능력을 대단히 과소평가하거나 컴퓨터의 진보를 과대평가했다. 어느 쪽이든 간에, 1997년 IBM의 딥블루(Deep Blue)가 체스 마스터 게리 카스파로프를 이길 수 있게 되기까지는 40년이 걸리게 된다.

그림 11.3 Herbert Simon.

예언자로서의 재능은 부족했지만 진정으로 천재였던 Simon은 많은 분야에 기여했는데, 그중에서도 경제학 분야의 연구로 1978년 노벨상을 수상했다.

모두는 아니지만 많은 인지심리학자들이 인간 인지에 대한 생각의 한 방식으로 컴퓨터 비유를 기꺼이 받아들였다. 그들이 인간의 마음이 컴퓨터처럼 작동한다고 믿었다는 게 아니라 다양한 인지 방략들을 컴퓨터를 모델로 삼아 검증할 수 있다고 생각했다는 말이다. 나아가 컴퓨터를 입력과 출력 중간에 처리 체계가 있는 입출력 장치로 보는 관념은 인간의 마음에 대한 개념적 해석과 아주 비슷한 것이었다(Knapp, 1986). 컴퓨터 공학자들은 컴퓨터에서 정보처리의 작동 단계를 그림으로 나타내기 위해 **흐름도**를 사용했는데, 심리학자들이 인간의 인지적 정보처리를 묘사하기 위한 한 방법으로 그 전략을 빌려 오게 된다.

인간 인지에 대해 흐름도 모형을 최초로 사용한 사람(혹은 그런 이들 중 한 사람)은 Frederic Bartlett의 제자인 영국의 심리학자 Donald Broadbent (1926~1993)이다. 그는 자신의 **선택적 주의 모형**의 작동을 기술하기 위해 흐름도를 사용하였다. Broadbent는 어느 순간에든 인간이 접하는 감각 정보의 배열(William James의 "온갖 곳에서 와글거리는 큰 혼란")을 감안할 때 지각 과정의 초기에 무관한 정보를 많이 제거해 버리는 감각 필터가 있어야 한다는 점을 인식했다. 이후의 연구는 그런 정보가 그 지점을 지나서까지 여전히 처리됨을 보여 주었는데, 이는 그의 정보처리 모형에서 필터가 더 나중 위치로 옮겨져야 한다는 연구 결과였다(Broadbent, 1958). 이는 검증 가능한 가설을 생성해 내는 데 흐름도 모형이 얼마나 중요했는지를 보여 주는 좋은 예이다.

대부분의 심리학도에게 더 익숙한 흐름도 모형은 기억의 **정보처리 모형**, 즉 다중 기억저장고 모형이다. 이는 감각기억 저장고, 단기기억 저장고 및 장기기억 저장고를 가정하는 근본적으로 3단계 모형이다. 이 모형의 대부분의 구성요소는 Richard Atkinson과 Richard Schiffrin에 의해 1968년에 제안되었다. 이 모형은 수정을 거치기는 했지만, 그리고 오늘날에는 경쟁 모형들(특히 그 단계들의 선형적 순서에 의문을 품는 대안적 모형들)이 있음에도 불구하고 수십 년간 개념적으로 유용하다는 것이 입증되었다.

1950년대의 선구자들

인공지능에 관한 연구와 Broadbent의 주의에 관한 선택적 필터 모형에 덧붙여서 1950년대에는 인지심리학에 핵심적인 기여를 한 다른 사람들도 있었다.

Jerome Bruner

우리는 사고에 관한 Jerome Bruner(1915~)와 동료들의 책을 이미 언급하였다. 이 책은 당시에는 개념 형성이라 불렸고 오늘날에는 범주화 문제(categorization problem)라고 불리게 된 것에 관한 많은 연구로부터 생겨났다. 자극들(예컨대 도형, 회화 혹은 얼굴)의 혼합 배열이 주어졌을 때 사람들은 이들 자극의 하위집합으로부터 어떤 식으로 범주화를 하여 집단을 만들어 낼까? 연구에서는 심리학에서 오래된 연구법이 사용되었다. 피험자들에게 다양한 범주화 과제를 수행할 때 생각 말하기(think-aloud)를 하도록 시켰다. 다시 말해 그들이 분류하고 있는 내용에 대해 무슨 생각을 하는지를 말로 하라는, 즉 내성을 하라는 것이었다. 결국에는 피험자들이 말로 한 설명이 그 과제에서 실제로 무엇을 하고 있었는가를 이해하는 데 특히 유용한 것으로 밝혀졌다.

Roger Brown

Bruner, Goodnow 및 Austin의 저서에는 네 번째 저자가 있었다. 그는 하버드대학교에 있었던 Bruner의 동료 Roger Brown으로 그의 세대에서 가장 창의적인 심리학자 중 한 사람이었다. Brown은 그 책에 '언어와 범주(Language and Categories)'라는 제목의 65쪽에 걸친 부록을 첨부했는데, 여기서 그는 그 책의 연구 결과를 자신이 잘 아는 분야, 즉 언어심리학으로 확장시켰다. Roger Brown(1925~1997)은 사회심리학, 아동 발달, 언어 및 기억에 중요한 기여를 하였다. 그는 언어에서 그의 가장 중요한 업적을 남겼는데, 그중 하나가 『단어와 사물(*Words and Things*)』(1958)이라는 제목의 아주 유쾌한 책으로서 언어가 사고에 의해 제한되는 정도를 탐색한 것이었다. 언어학 분야는 1950년대에 그 중요성이 확대되고 있었는데, 이는 주로 MIT의 언어학자 Noam Chomsky(1928~)의 연구 때문이었다. 이에 더하여 Roger Brown의 기여는, 특히 아동이 어떻게 언어를 배우는가에 관한 연구는 이 분야에서 상당히 컸다.

기억 분야에서 Brown은 섬광 기억(flashbulb memory)이라는 용어를 만들었고, 그에 관한 최초의 연구 중 일부를 했다. 그의 동료 David McNeill과 함께 그는 연구가 불가능해 보이던, 적어도 실험실에서 연구하기는 불가능해 보이던 것, 즉 설단 현상(tip of the tongue phenomenon)이라는 이해하기 어려운 현상을 연구할 간단하지만 중요한 기법을 발명했다. 거의 모든 사람이 설단 현상이 어떤 경험인지를 안다. William James도 당연히 이 현상을 알고 있었다. 그는 『심리학 원리』에서 그것을 다음과 같이 기술했다.

> 우리가 잊어버린 이름을 기억해 내려 한다고 가정해 보자. 이때 우리의 의식 상태는 특이하다. 그 속에 어떤 틈이 생기는데, 그것은 그냥 틈이 아니다. 그것은 지극히 활동적인 틈이다. 그 이름의 망령 같은 것이 안에 있어서 우리를 특정한 방향으로 유인해서는 때때로 우리가 찾던 이름에 가까이 간 듯한 느낌으로 우리를 들뜨게 하는데, 그러고는 이름을 찾지도 못한 채로 우리를 다시 주저앉게 만든다(1890, 제1권, 251쪽).

설단 현상은 가끔 일어나지만 드물기도 한 데다가 언제 일어날지 예측도 불가능하다. 그러므로 기억 실패의 이 흥미로운 측면에 대해 알고 싶다면 그것을 어떻게 연구하겠는가?

Brown과 McNeill(1966)은 한 가지 방법을 생각해 냈다. 그들은 피험자에게 어떤 단어의 정의를 읽어 주고는 그 단어가 무엇인지 말하게 했다. 그 단어들은 빈도가 낮은 것이었는데, 이는 일상적인 대화에서 별로 사용되지 않음을 의미한다. 하지만 그 단어들은 그럼에도 불구하고 많은 사람들이 알 단어였다. 예를 들면, 별과 행성의 고도를 측정하는 항법 장치를 의미하는 'sextant(육분의)' 같은 단어이다. 단어의 정의를 들으면 피험자는 세 가지 경험을 할 수 있을 것이다. 첫째, 목표 단어에 대해 전혀 모를 수 있다. 둘째, 그 단어가 아는 것이어서 "sextant"라고 스스로 말할 수도 있다. 이런 두 가지 경험은 그 연구자들의 관심사가 아니었다. 그들이 연구하기를 원했던 것은 세 번째 경험이었다. 이 경우 피험자는 자신이 그 단어를 안다는 확신이 있어서 곧 떠오를 것이라고 말하지만 사실은 그 단어를 불러내지 못한다. 그 "가까이 간 듯한 들뜨는 느낌"이 Brown과 McNeill이 연구하고자 했던 정신적 상태였다. 그런 경험이 설단 현상인데 그것을 실험실에서 이끌어 내어 연구할 수가 있었던 것이다. 피험자들에게 이런 세 번째 상태가 일어나면 앞에 놓인 질문지에 응답하기 시작하라고 말했다. 이 질문지는 목표 단어에 몇 개의 음절이 있을 것이라고 생각하는지 기록할 것, 그 단어의 첫 글자가 무엇이라고 생각하는지 쓸 것, 그 단어와 소리가 비슷한 단어와 의미가 비슷한 단어를 모두 나열할 것, 그리고 마지막으로 마음속에 떠오르는 단어는 비록 그것이 목표 단어가 아님을 알고 있다 하더라도, 모두 나열할 것을 피험자에게 요구했다.

여섯 시간에 걸친 검사 동안 이 연구에서는 233회의 설단 현상이 생성되어 피험자들이 그것을 경험하고 있는 동안에 그것을 연구할 수 있었다. 그 결과, 피험자들은 종종 음절의 수를 정확하게 회상하였고 목표 단어의 첫째 글자를 정확하게 추측할 수 있었다. 회상된 단어 중 많은 것들이 비록 목표 단어는 아닐지라도 소리 그리고/또는 의미가 목표 단어와 유사했다.

이 연구를 이렇게 자세하게 기술한 데는 이유가 있다. 그것은 새로운 인지심리학이 방법론적으로 그리고 개념적으로 어떤 것인지를 보여 주는 전형적인 예였기 때문이다. 이 현상에 대해서는 William James 시절에도 분명히 알려져 있었다. 하지만 그것을 연구할 방법은 오로지 일화적 방법뿐이었다. Brown과 McNeill이 했던 일은 어떤 정신적 상태의 성질을 연구하는 것이었다. 구체적으로 말하면, 기억이 나지 않는 그 특정한 짜증 나는 상태에서 그 사람이 무엇에 대해 생각하는지를 연구하는 것이었다. 더 나아가, 단 하나의 기발한 연구로 그들은 실험실에서 233회의 그런 인지적 상태를 생성해 낼 수 있었다. 즉 정신적 상태를 체계적으로 연구할 수 있었던 것이다. 목표 단어가 기억에서 없어지지 않았음은 분명했다. 문제는 그 사람이 그것을 인출하지 못한다는 점이다. 행동주의자들은 그런 정신적 상태를 연구하는 것은 포기했는데, 왜냐하면 그것이 진정한 과학의 범위를 벗어난 것으로 보였기 때문이다. 인지심리학자들이 알게 된 것은 이 정신적 상태가 정신과정을 이해하기 위해서뿐 아니라 행동을 이해하기 위해서도 중요하다는 점이었다. 그들은 일군의 새로운 방법을 기반으로 새로운 과학을 건설했다. 컴퓨터를 흔히 이용하는 그 새로운 방법 덕분에 인지심리학자들은 자신들이 관심을 갖고 있었던, 그리고 행동주의적 설명으로는 거의 이해가 되지 않는 인지과정을 연구할 수 있게 되었다. 언어라는 주제도 행동주의의 실패를 보여 주는 또 다른 예를 제시한다.

Noam Chomsky

1957년 B. F. Skinner는 『구두(口讀) 행동[4](*Verbal Behavior*)』이라는 책을 출간하였는데, 여기서 그는 언어가 다른 모든 행동과 비슷하다고 주장했다. 즉,

---

4 'verbal behavior'는 대개 '언어 행동'으로 번역되어 왔으나 Skinner가 연구했던 조작적 학습의 맥락에서는 글이나 생각이 아닌, 말로 하는 행동을 가리킨다. 따라서 음성 언어만이 아니라 다른 많은 것을 포함하는 '언어'라는 넓은 의미의 용어보다는 특별히 음성으로 표현되는 언어라는 의미로 '구두 행동'이 더 적절한 번역이라고 생각되므로 이 용어를 여기서는 쓰고자 한다. '말 행동'이라고 하는 것이 더 쉬울 수 있겠으나 '말' 역시 '언어'처럼 음성 언어 이상을 포괄하는 뜻을 갖고 있기 때문에 적절한 번역은 아닐 듯하다.

그것이 강화와 처벌의 결과로 습득된다는 것이다. Chomsky(1959)는 그 책에 대한 33쪽짜리 혹독한 비평문을 써서 그 책에 순진무구하다는 낙인을 찍었다. Skinner의 다른 많은 저서들은 큰 가치가 있다고 생각했던 많은 심리학자들은 '구두 행동'을 특별히 선호한 적이 전혀 없었다. 어떤 사람들은 그 책을 Skinner가 자신의 이론에 너무 빠져들어서 그것이 도저히 들어맞지 않는 행동을 설명하는 데까지 이론을 확장시키고자 했던 사례로 간주했다. 실제로 Chomsky의 비판은 언어에 관한 Skinner의 생각이 지니고 있는 무수한 문제점을 지적하였다. 다른 심리학자들이 자신의 책을 좋아하든 말든 상관없이 Skinner는 학문적 경력의 말미에 그것이 자신의 가장 중요한 책이라고 생각한다고 말했다(Skinner, 1983). 그는 또한 Chomsky의 비판을 대여섯 쪽 이상 읽은 적이 없다고 언급하였다(Skinner, 1967).

Chomsky는 언어의 구조, 즉 언어의 **통사론**(syntax)이라는 문제에 특히 관심이 있어서 말로 나올 수 있는 가능한 문장의 수를 감안하면 행동적 설명은 그냥 개연성이 없는 것이라고 주장했다. 게다가 사람들이 한 번도 강화받은 적이 없는 많은 새로운 문장을 만들어 낸다는 명백한 사실은 제외한다손 치더라도, 그 문장들이 어떤 강화/처벌 수반성을 통해 맞거나 틀린 것으로 학습된다는 생각이 Chomsky에게는 터무니없어 보였다. Chomsky는 언어의 의미에 관심이 있어서 그 의미를 전달하는 데 문법과 문장 구조가 하는 역할에 초점을 맞추었다. 그는 문장의 **표면 구조**와 **심층 구조**를 구분하였다. 전자는 문장에 있는 단어들의 순서를 가리키는 반면 후자는 문장의 실제 의미를 가리킨다. 그러므로 두 문장이 서로 다른 표면 구조를 가지면서도(아주 다른 방식으로 구성되어 있으면서도) 동일한 심층 구조를 가질 수 있다(둘이 똑같은 의미를 전달할 수 있다). Chomsky는 한 문장 구조가 어떻게 또 다른 것으로 변화될 수 있는지를 밝히기 위해 **변형 문법**이라는 체계를 개발했다(Chomsky, 1965, 1972).

앞서 언급된 것처럼 Chomsky는 뇌에 내장되어 있는 언어 습득 장치를 상정했다(또 다른 컴퓨터 비유이다)는 점에서 언어 학습에 대한 선천성 관점의 옹호자이다. 그는 모국어 학습의 신속성, 차후의 다른 언어 학습의 어려움, 그리고 여러 언어에 공통으로 나타나는 보편적 요소를 설명하기 위해 그런 장치가 필요하다고 믿고 있다.

Chomsky의 언어학 연구는 1950년대와 1960년대에 인지심리학자들에게 잘 알려지게 되었다. 그의 개념들은 구두 행동에 대한, 그리고 구두 학습(verbal learning)이라 불리던 것에 대한 연구를 강하게 자극했다. 그 결과 심리언어학(psycholinguistics)이 인지심리학과 언어학 두 분야 모두에서 살아 있는 분야가 되었다.

Noam Chomsky는 많은 영예를 안았는데, 예컨대 전 세계 여러 곳의 대학교에서 25개의 명예박사학위를 받았고 명망 높은 국립과학원의 회원으로 선출되었으며 헬름홀츠 메달을 받았다. 그러나 그에게 바쳐진 가장 큰 영예는 Skinner 아래서 박사학위를 딴 심리학자 Herbert Terrace에 의해 주어진 것이었는지도 모른다. 침팬지를 대상으로 언어를 연구하면서 Terrace는 자신의 침팬지의 이름을 Nim Chimpsky라고 지었다.

George Miller

George A. Miller(1920~2012)는 언어 분야에서 연구를 시작한 인지심리학의 또 다른 선구자이다. 그는 하버드대학교 재학생일 때 했던 어떤 연구 때문에 이 분야에서 연구를 시작하게 되었다. 그 연구는 시끄러운 항공기 내에서의 말의 이해도에 대한 것으로서, 이는 제2차 세계대전에서 생겨난 문제였다. 그 연구가 다른 연구들로 이어졌고 1951년에는 그의 첫 번째 중요한 저서 『언어와 의사소통(*Language and Communication*)』이라는 책이 나오게 되었다. 이 책에 붙인 Miller의 서문은 그가 본질적으로 인지적인 주제를 행동주의 철학으로 다루려고 안간힘을 쓰고 있었음을 보여 준다. 그리고 그는 그 행동주의 마차에서 이따금씩 떨어졌다고 고백한다.

Photo By Harvard Public Affairs and Communications

Archives of the History of American Psychology, The Center for the History of Psychology, The University of Akron

그림 11.4 Roger Brown(왼쪽)과 George A. Miller.

[이 책의] 편향은 행동주의 쪽이다. 광신적인 행동주의는 아니지만 그것을 선호하는 쪽으로 물든 것임은 분명하다. 그보다 더 과학적인 편향은 없는 것으로 보인다. 혹은 있다 해도 그것은 결국 행동주의인 것으로 밝혀진다. 세심한 독자라면 잘못된 점이 이따금씩 눈에 띌 것이다. 그런 경우 과학적 접근이 분명히 가능하지만 필자는 그것을 발견하거나 생각해 내지 못했다. 그럼에도 불구하고 논지는 행동주의가 이끄는 길을 분명하게 볼 수 있는 한 최대한 멀리 그 길을 따라 진행된다(v쪽).

Miller의 책은 인간의 의사소통 수단으로서 언어의 성질에 관한 많은 분야의 과학 문헌을 종합하려는 것이었다. 그리고 그 일을 훌륭하게 해냈다. 그가 경고했듯이 그것은 단호하게 행동주의적이었다. 불과 몇십 년 뒤에는 현대 인지심리학의 창시자 중 한 사람으로 인정받게 될 사람치고는 특히나 그랬다. Miller는 주로 Chomsky의 영향을 통해 관점의 변화를 겪게 된다. 1965년 자신의 인지적 관점을 요약하면서 Miller는 언어와 의사소통의 심리학은 "그것에 대한 더 인지적인 접근"을 요구한다고 썼다. 그는 심리학자들이 "변별 학습 대신에 가설 검증에 대해서, 반응의 강화 대신에 가설의 평가에 대해서, 습관 대신에 규칙에 대해서, 일반화 대신에 생산성에 대해서, … 단어나 음성 대신에 문장에 대해서, 반응 연쇄 대신에 언어 구조에 대해서, 요약하면 학습 이론 대신에 언어에 대해서 더 많이 이야기할"(20쪽) 필요가 있다고 믿었다. 이 구절은 새로운 인지심리학과 오래된 행동주의의 서로 상반된 관점을 잘 포착하고 있으며, Miller가 인지 진영 쪽으로 이동했음을 분명히 보여 준다.

Miller는 1950년대에 언어 이외의 연구에도 관여했다. 1956년 그는 미국 심리학 역사에서 가장 많이 인용된 논문 중 하나인 "마법의 숫자 7 더하기 혹은 빼기 2: 우리의 정보처리 능력의 어떤 한계(The magical number seven plus or minus two: Some limits on our *capacity for processing information*)"를 발표했다. 이 제목은 그 논문을 전혀 읽지 않고도 우리가 알아야 할 것 대부분을, 즉 "우리의 정보처리 능력은 약 7개의 대상으로 제한되어 있다"는 것을 말해 준다. 이 논문에서 기술된 연구들에서 Miller는 작업기억 용량이라고 불리게 되는 것을 정의하는데, 이는 청각 자극에 대해서는 약 5~9개 항목이다. 이에 덧붙여 그는 그 용량이 고정되어 있음을 보여 주었다. 그러나 정보가 덩어리(chunk)로 뭉쳐져서 의미 있는 단위로 만들어지면 더 많은 정보가 처리될 수 있었다. 덩어리가 클수록 작업기억에서 다뤄질 수 있는 정보가 더 많아진다. O-M-G-F-B-I-L-S-D-I-R-S라는 글자들을 회상하려고 하는 것은 작업기억을 초과하지만, 이 12글자를 OMG-FBI-LSD-IRS[5] 같은 네 개의 덩어리로 묶으면 회상이 아주 쉬워진다. 왜냐하면 그 덩어리들이 의미를 갖고 있고 따라서 한 조각의 정보로 결합되기 때문이다. 기억 용량의 문제는 Atkinson-Shiffrin 모형의 도입과 함께 더욱 더 중요한 것이 된다.

---

5 OMG는 Oh, my god!의 약자, FBI는 미국 연방수사국 Federal Bureau of Information의 약자, LSD는 강력한 환각제 lysergic acid diethylamide의 약자, IRS는 미국 국세청 Internal Revenue Service의 약자이다.

이 분야를 명명한 Ulric Neisser

언어, 기억, 주의, 사고, 문제해결 및 감각/지각에 관한 이런 새로운 연구는 1950년대에는 상대적으로 적은 수의 심리학자들의 활동을 나타냈다. 그들의 수는 그다음 10년 동안 늘어나게 되고 그들의 연구는 정보처리와 행위의 과정들에 관한 더욱 일관된 설명으로 융합되게 된다. Ulric Neisser(1928~2012)가 그러한 설명을 제공했는데 그의 1967년도 저서 『인지심리학(*Cognitive Psychology*)』은 흔히 이 분야에 이름을 붙인 것으로 인정받고 있다. Roediger(2000)는 "Neisser의 책은 심리학에서 인지혁명의 구호가되었다"(149쪽)라고 쓴 바 있다. 앞서 언급한 것처럼 Neisser의 책은 Frederic Bartlett의 연구에 큰 영향을 받았으며, Neisser도 그에게 빚졌다고 인정했다. 우리는 이 장을 시작하면서 인지심리학에 대한 Neisser의 정의를 사용하였다. 이 책에서 인용한 다음의 문단과 George Miller의 『언어와 의사소통』의 서문의 한 부분을 대비시켜 보자.

> 한 세대 전이라면 이런 책에는 행동주의자의 입장에 반하는 자기 방어를 위한 단원이 최소한 하나는 필요했을 것이다. 오늘날 행복하게도 학계의 분위기가 바뀌어 방어가 거의 또는 아예 필요가 없다. 실제로 자극-반응 이론가들 스스로도 활기차게 그리고 열정적으로 가상적 기제들을 만들어 내고 있으며 그에 대해 양심의 가책은 겨우 조금 느낄 뿐이다. 인지과정을 연구하는 기본적인 이유는 다른 어떤 것을 연구하는 이유만큼이나 뚜렷해졌다. 즉, 그것이 존재하기 때문이다. … 인지과정들은 틀림없이 존재하고, 따라서 그것을 연구하는 것이 비과학적인 일이 될 수 없다(Neisser, 1967, 5쪽).

1970년대가 되자 인지심리학은 새로운 학문 분야(이 경우에는 새롭고도 오래된 분야)의 특징을 표출하게 된다. 비슷한 생각을 가진 연구자들을 모으기 위한 새로운 학회가 생겼고, 새로운 학술지가 창간되었으며, 새로운 박사학위 프로그램들이 만들어졌다. 오늘날 인지심리학은 실험심리학에서 가장 큰 분야이다. 이 분야에서 연구하는 어떤 심리학자들은 인지심리학이 아니라 인지과학이라는 명칭을 선호한다. 이는 그 분야가 심리학뿐 아니라 공학, 철학, 컴퓨터 과학, 정보통신, 뇌 영상화, 교육학 및 다른 분야의 학자들을 끌어들이는 다(多)학문적 분야라는 그들의 인식을 반영한다.

인지심리학을 과학적 심리학의 중앙 무대로 불러들인 혁명은 개념과 방법론 측면에서 일어난 점진적이지만 근본적인 변화를 나타낸다. 이 변화는 행동주의라는 객관적 과학의 대부분을 받아들이면서 인간의 인지과정의 신비를 이해하기 위해서 필요한 것은 무엇이든 빌려 왔다. 즉 컴퓨터, 정보 이론, 언어학 이론, 정보통신 네트워크가 그런 것들이다. 인지심리학은 오늘날에도 같은 맥락에서 계속되고 있어서 예를 들면 신경과학 분야를 이용하여 인지의 바탕에 있는 신경생리학적 및 생화학적 과정을 더 잘 이해하고자 한다. Wundt, Ebbinghaus, James, Titchener, 그리고 심리학의 다른 많은 선구자들이 오늘날 살아 있다면 이 분야에 큰 흥미를 느낄 것이다.

■ 에필로그 ■

실험실에서 이루어지는 심리학이 1880년대에 북미에 도래했던 당시는 신심리학자들에게 대단한 낙관주의의 시대였다. William James, G. Stanley Hall, James McKeen Cattell, Harry Kirke Wolfe 및 다른 학자들은 이 새로운 과학에 대한 기대를 보여 주는 글을 썼다. 그중 여러 사람이 그 과학에 대해 예측하기를 20세기 동안 가장 많은 진보가 이루어질 과학이라고 했다. 이 책이 보여 준 것처럼 심리학이라는 과학과 그 응용은 20세기에 비약적인 발전을 했지만 심리학의 잠재력과 전망은 새로운 세기에 오히려 더 클 수도 있다. 오늘날 세계가 시달리고 있는 문제의 본질은 압도적으로 행동적인 것이라는 주장은 설득력이 있다. 행동적 문제이므로 그것들은 행동적인 해결책이 필요하다.

1900년 북미의 주요 사망 원인은 감기, 폐렴 및 결핵이었다. 그것들은 오늘날에도 여전히 존재하는 세균 및 바이러스성 감염이지만 현대 의약품과 예방 접종의 발전으로 보건을 위협하는 정도가 많이 감소하였다. 그때로부터 1세기가 조금 더 지난 뒤 의료계의 상황은 아주 다르다. 20세기 초반의 사망 원인은 이제 심장병, 암, 그리고 뇌졸중으로 대체되었다. 현대 의학의 대들보인 약물, 방사능 및 외과수술이 이들 질병의 치료에 결정적인 역할을 하기는 하지만 그것은 해결책의 일부일 뿐이다. 21세기의 사망 원인들이 다른 점은 그것들이 생활방식 변인에 의해 엄청난 영향을 받는다는 것이다. 이를 달리 표현하면 행동의 문제가 되고, 행동은 심리학의 영역이다. 사망 원인의 변화 그리고 기타 건강 관련 문제들이 건강심리학(health psychology)을 심리학에서 가장 빠르게 성장하는 전문 분야가 되도록 촉진해 왔다(Thacher & Haynes, 2000).

의료 예산은 북미에서 여전히 주요 지출 항목 중 하나로 자리 잡고 있다. 개인에게, 사업체에게, 그리고 정부에게 말이다. 캐나다는 모든 시민에게 보험 의료를 제공하는 반면 미국에서는 '국가 계획'으로 가장한 프로그램이 실행되고 있다. 새로운 미국 보건법의 일부는 아직도 효과를 못 내고 있어서 미국 질병통제예방센터의 한 연구에 따르면 2012년에 4,500만 미국인이 건강보험이 없었다. 보험이 없는 이들이 의료 서비스를 받게 될 때는 의료체계에 높은 부담이 가해지는데, 그 주된 이유는 그 서비스를 응급진료시설에서 받기 때문이다.

이 책이 출간 준비 중인 시점에 미국의 부담적정 보험법령(Affordable Healthcare Act)에 대해서 혼란과 분노, 그리고 상당한 반대가 존재하고 있다. 정치가, 정부 관료, 보험 회사, 그리고 보건 분야가 미국인들에게 대부분의 서양 국가의 시민들이 누리고 있는 저렴한 의료보험 프로그램을 제공하는 작동 가능한 체계를 만들어 낼 수 있을지는 시간이 말해 줄 것이다.

그 예산 중 수십억 달러가 심리적 요인으로 인한 병과 관련된 것으로 알려져 있는데, 이는 정신의학적 및 심리적 장애의 측면을 의미하는 것이 아니라 신체적 건강의 문제에 관한 것이다. 예를 들어, 미국에서 대부분의 암 사망은 폐암으로 인한 것이다. 매년 미국인 17만 명이 폐암으로 죽는데, 그중 대부분은 흡연자이다. 흡연에 기인한 사망은 예방 가능한 사망 중 가장 큰 한 가지이다. 우리는 흡연자들이 금연을 하게 하고 비흡연자들은 절대로 흡연을 시작하지 않도록 하게만 하면 된다. 그런데 이는 헤라클레스의 괴력이 필요한 일이다. 니코틴 중독을 비롯한 중독은 그 약물에 대한 강한 심리적 및 생리적 의존성을 만들어 내어 끊는 것을 어렵게 만든다. 다른 암 사망은 햇볕에 대한 과다 노출(피부암)과 건강하지 못한 식생활, 특히 대장암 같은 특정 종류의 암으로부터 어느 정도 보호해 주는 역할을 하는 식품(브로콜리, 콜리플라워, 양배추 같은 음식)을 먹지 않는 것과 관련이 있다. 스트레스 역시 암에서 중요한 요인이다. 많은 경우 그것은 암의 발병과 종양 성장의 가속화를 초래하는 원인으로 생각되고 있다.

휴스턴에 있는 선도적인 암 연구 및 치료 센터인 M. D. 앤더슨 병원의 저명한 종양학자 Bernard Levin은 생활방식의 변화가 모든 암의 65~85%를 예방할 수 있다고 썼다. 그가 드는 행동적 변화의 예는 금연, 햇볕에 대한 노출 감소, 더 많은 운동, 과일과 야채와 통곡물 더 먹기, 지방 섭취의 감소, 알코올 섭취 제한하기, 그리고 가족의 병력을 알고 적절한 건강검진 받기 등이다(Barth, 1998). 이 중 어느 것도 그 자체로 의학적인 사안은 아니다. 그것들은 행동적 사안으로서, 사람들이 자신의 행동을 바꿀 것을 요구한다. 설사 Levin의 추정치가 너무 높아서 사실은 그 수치가 그것의 절반인 30~40%에 그친다 할지라도, 그런 행동적 변화가 건강을 증진하고 생명을 구할 잠재력은 여전히 엄청나다. 정확한 수치가 무엇이든 간에 암 예방과 지료에서 심리학의 역할은 어마어마하다. 물론 이 똑같은 변인들 중 일부(흡연, 과식, 좋지 않은 식생활, 운동 부족, 스트레스, 알코올 남용)는 심장 질환과 뇌졸중을 초래하고 악화시키는 중요한 요인이다. 애틀랜타에 본부를 두고 있는 질병통제예방센터는 생활방식을 건강의 핵심 요소로 인정했고, 따라서 더 많은 심리학자 및 기타 행동과학자들을 직원으로 고용했으며, 건강과 질병의 행동적 요인에 배정되는 센터의 연구 및 예방 예산을 훨씬 더 많이 높였다(Snider & Satcher, 1997).

의료전문가들도 21세기 의학에서 행동적 요인의 중요성을 이해하고 있다는 것은 명백하다. 미국과 캐나다에서 의과대학에 지원하는 모든 학생이 응시해야 하는 의과대학 입학자격시험은 오랫동안 물리학과 생물학 지식을 강조해 왔다. 2015년부터 이 시험은 행동과학과 사회과학 지식을 검사하는 새로운 섹션을 추가한다. 그러한 변화는 임상의사와 기초의학 연구자들이 환자의 건강에 그렇게나 핵심적인 역할을 하는 심리적 변인들을 적어도 약간은 체험하는 일을 보장할 것이다.

건강심리학자들은 흔히 행동과학뿐 아니라 임상, 인지 및 사회심리학 훈련도 받으므로 임상적 판단의 정확성을 높이는 평가 작업을 수행할 수 있다. 예로는 신체적 질병에 기인한 증상을 그 질병에 대한 그 사람의 심리적 반응에 기인한 증상과 구분하는 것을 들 수 있다. 그들은 스트레스 관리를 담당하는데, 집단 혹은 개인을 대상으로 사람들이 스트레스를, 특히 직업과 관련된 스트레스를 감소시킬 수 있도록 돕는다. 통증 관리도 맡아서, 약물로 통증이 완전히 사라지지 않을 때 만성 통증에 대처하도록 사람들을 도와준다. 이런 개입이 성공적이라는 점은 21세기 초 심리학자들의 고용이 가장 빨리 증가하고 있는 곳이 병원이라는 사실로 입증된다. 물론 건강 문제가 세계가 직면하고 있는 유일한 문제는 아니다.

이혼율은 여전히 과도하게 높다. 아동 학대는 너무나 자주 일어난다. 폭력은 우리 사회에 만연해 있어서 학교, 직장 및 가정에서 일어난다. 노인들에게는 삶의 질이 지나치게 낮다. 알코올 중독 및 다른 중독이 개인과 가정과 사회 전반에 비싼 대가를 치르게 하고 있다. 인종차별과 성차별은 여전히 우리 사회를 갈라 놓고 있다. 공해와 환경폐기물은 어느 정도는 행동 문제이다. 많은 학생들의 요구에 못 미치는 것으로 보이는 교육체계를 개혁하는 일은 대부분 심리학적 문제이다. 직업 시장은 계속 변하고 있어서 새로운 훈련 전략이 필요하다. 이 목록은 훨씬 더 길어질 수 있을 것이다. 행동과 정신과정에 대한 과학으로서 심리학은 오늘날 삶의 질을 향상시킬 잠재력을 지니고 있다. 그러나 그 목표가 실현되려면 심리학의 기초분야와 응용분야가 서로의 유효성을 인정하는 진정한 동반자로서 협동해야 한다.

이 책 전반에 걸쳐서 우리는 1892년에 시작된 미국심리학회(APA)의 진화에 대해 이야기하였다. 그러나 이 중요한 심리학 단체에 관해서는 할 이야기가 더 남아 있다. 오늘날 APA는 세계에서 가장 큰 심리학 단체여서 학생회원을 포함하여 전체 회원이 13만 명을 넘는다. 그것은 심리학을 과학으로서 증진시킨다는 단 하나의 목적으로 시작되었음을 독자는 기억할 것이다. 이 목표는 1945년 오래된 과학 단체인 APA와 생긴 지 얼마 되지 않은 심리학 응용가들의 단체인 AAAP가 통합되어 APA가 재조직될 때까지 바뀌지 않았다. APA와 AAAP의 그런 강제 혼인은 제2차 세계대전에서 생겨난 정신의학적 부상자들이라는 절박한 문제에 대처하기 위해 기본적으로 미국 정부가 요구한 일이었다. AAAP가 APA로부터 떨어져 나왔던 이유는 응용가들에게 중요한 전문직 문제들을 APA가 다루도록 하려는 그들의 노력이 대체로 실패했기 때문이었다.

제2차 세계대전 이후 몇십 년 동안 임상 및 상담심리학이 엄청나게 성장하면서 APA 내에서 이 전문가 집단의 세력이 훨씬 더 강해지게 되었고, 1970년대에 말에 이르러서는 그들의 숫자가 그 조직을 정치적으로 그리고 경제적으로 통제할 만큼 커졌다. 심리과학자들은 자기네 요구가 종종 응용가들의 요구보다 뒷전에 있음을 알게 되었다. 응용가들이 20세기 초반에 불평했듯이 이제는 과학자들이 자기네 요구가 무시됨에 대해 불평하였다. 응용가 및 과학자 회원들로 구성된 여러 개의 위원회가 해결책을 찾기 위해 조직되었다. 하지만 요점은 이것이었다. 응용가들은 먼저 조직을 장악하고 있었던 과학자들로 하여금 자신들의 청원을 들어주도록 오랫동안 노력해 온 결과 마침내 조직을 장악하게 되었고, 이제는 그 권력을 조금도 포기할 의사가 없었다. APA의 재조직화가 촉구되었으나 그런 노력이 실패한 이후 선도적인 심리과학자들이 자기네 필요에 맞는 경쟁 단체를 설립하였다. 곧 미국심리학연구회(American Psychological Society, APS)가 1988년에 창설되었고

[그 명칭은 2006년에 심리과학회(Association for Psychological Science)로 변경됨] 현재 약 24,000명의 회원이 있다(Evans, Sexton & Cadwallader, 1992; Cautin, 2009a, 2009b 참조).

험악한 이혼이라 묘사할 수 있는 일이 있은 후 25년이 지난 지금 두 조직 사이의 분열은 더 커졌다. APA는 대부분 개업한 심리학자들의 관심에 영합하는 조합 같은 조직이 되었다. APA가 여전히 심리학에서 가장 권위 있는 과학 학술지 몇 개를 출간하고 있기는 하지만 APA의 과학자 회원의 질은 APS에 의해 심각하게 침식당했다. APS는 자기네만의 권위 있는 심리학 학술지들을 출간하고 있다. 전문직 심리학자들이 그들의 역사 전반에 걸쳐서 해 온 가장 중요한 주장 중 하나는 자기네 업무가 심리과학에 뿌리를 두고 있으며 그 효과가 검증되었다는 것이다. 하지만 오늘날 그 주장의 타당성에 대한 심각한 의문이 존재하는데, 이는 현대의 심리학적 응용 업무의 과학적 기초에 의구심을 품는 연구들에 의해 제기되고 있다(Baker, McFall & Shoham, 2008; Foa, Gillihan & Bryant, 2013 참조). 제2차 세계대전 중 미국 정부는 효율적인 심리학 전문직이 존재하기 위해서는 그 전문가들을 훈련시키는 대학과 그들이 실무를 맡는 현장 사이에 긴밀한 협응이 있어야 함을 깨달았다. APA와 AAAP에게 공동의 목표를 향해 협동하는 길을 찾으라는 명령이 내려진 것은 그런 이해 때문이었다. 심리학 응용 업무가 그 효과를 유지하기를 원한다면 그리고 과학적 심리학이 그 유관성을 유지하기를 희망한다면 그런 필요성은 여전히 존재한다. 이 글을 쓰고 있는 지금으로는 두 조직 모두가 그런 종류의 협업을 이루기 위해 서로 함께 일하기를 원치 않는 것으로 보인다.

이 책은 19세기 말 유럽으로부터 새로운 실험실 심리학이 미국에 도래했을 당시 미국에 존재하던 학술적 심리학과 대중적 심리학에 대한 이야기로 시작하였다. 1880년대에 존재하던 학술적 심리학은 정신철학이라 불렸고 대중심리학은 여러 가지 형태를 띠었다. 후자를 하던 사람들은 스스로를 골상학자, 메스머리스트, 무당, 심령술사, 그리고 심지어는 심리학자라고 불렀다. 오늘날 정신철학을 대체해 버린 학문적 심리학은 의식에 관한 실험 연구(구조주의와 기능주의)에서 시작하여 행동에 관한 실험 연구(행동주의)를 거쳐 행동과 정신과정에 대한 실험 연구(행동주의와 인지심리학)에 이르기까지 완전히 한 바퀴 돌아서 발전해 왔다. 심리학은 심리학파의 시대로부터 진화를 계속하여 이제는 심리학자들이 연구 그리고/혹은 응용 분야(예컨대 사회심리학, 인지심리학, 학교심리학, 임상심리학, 발달심리학)를 기준으로 자신의 정체성을 찾는 데까지 왔다. 심리과학에서부터 탄생한 심리학의 최신 전문직은 북미의 심리학자 대다수에게 임상심리학자, 상담심리학자, 학교심리학자, 산업·조직심리학자, 건강심리학자 및 다른 여러 응용전문가의 역할을 안겨 주고 있다.

마지막으로, 많은 사람에게 인기 있는 대중심리학도 여전히 존재하는데, 이는 자기계발서, TV와 라디오 상담가, 점성술사, 역술인 및 기타 자칭 치료사라 주장하는 부류를 통해 전파된다. 이런 사람들은 대개 제대로 된 심리학 훈련을 받은 적이 없고 어떠한 정신보건 전문가 면허도 없다. 그중에는 돌팔이라 불릴 만한 사람들이 많은데, 그들은 심리학자, 정신과의사 혹은 정신건강 상담가같이 면허 제도에 의해 보호되는 명칭을 사용하지 않는 한 자신의 사이비 치료법으로 영업을 할 수 있다.

대중심리학은 흔히 심리학자들을 창피스럽게 하고 분노하게 하는 경우가 많지만 그에 대해 심리학자들은 공개적으로 발언을 하는 것, 그리고 심리학을 빙자한 헛소리와 가짜 치료의 터무니없는 예들을 정정하거나 고발하는 것 외에는 할 수 있는 게 별로 없다. 더 할 수 있는 일로는, 제대로 된 심리학(그 과학과 응용 모두)에 대해 대중이 이해하기 쉬운 글을 써서 심리학이 삶의 질을 증진시킬 수 있는 잠재력에 관해 대중을 교육시키고자 할 수 있다. 이 잠재력은 새로운 것이 아니다. 거의 40년 전에, 당시 미국심리학회 회장으로서 우리가 제11장에서 언급했던 George Miller는 다음과 같이 썼다.

오늘날 세계의 가장 시급한 문제는 우리 자신이 만들어 낸 것들이다. 그것은 무생물인 대자연의 부주의나 악의 때문에 야기된 것도 아니고 신의 뜻에 따라 우리에게 벌로 내려진 것도 아니다. 그것은 인간의 문제이고 그 해결책은 우리의 행동과 사회 제도의 변화를 요구할 것이다(Miller, 1969, 1063쪽).

심리학 연구자와 응용가들은 심리학을 활용하는 데 있어서 새로운 기회의 문턱에 서 있다. 그 활용은 지구라는 행성과 거기에 거주하는 사람들에게 지대한 영향을 미칠 수 있다. 그들이 기대에 부응할 수 있을지는 역사가 말해 줄 것이다.

■ 참고문헌 ■

Adler, A. (1924). *The practice and theory of individual psychology*. New York: Harcourt, Brace.

Adler, A. (1927). *Understanding human nature*. Garden City, NY: Garden City Publishing Co.

Adler, A. (1931). *What life should mean to you*. Boston: Little, Brown, and Co.

Allport, F. H. (1924). *Social psychology*. Boston: Houghton Mifflin.

American Psychological Association. Division of Counseling and Guidance, Committee on Counselor Training. (1952). Recommended standards for training counselors at the doctoral level. *American Psychologist, 7*, 175181.

Amsel, A., & Rashotte, M. E. (1984). *Mechanisms of adaptive behavior: Clark L. Hull's theoretical papers, with commentary*. New York: Columbia University Press.

Anderson, C. A. (1993). *Healing hypotheses: Horatio W. Dresser and the philosophy of new thought*. New York: Garland Publishing.

Angell, J. R. (1906). The province of functional psychology. *Psychological Review, 14*, 61–91.

APA Committee on Professional Standards. (1981). Specialty guidelines for the delivery of services. *American Psychologist, 36*, 639–681.

Arnett, J. J., & Cravens, H. (2006). G. Stanley Hall's *Adolescence*: A centennial reappraisal introduction. *History of Psychology, 9*, 165–171.

Ash, M. G. (1992). Cultural contexts and scientific change in psychology: Kurt Lewin in Iowa. *American Psychologist, 47*, 198–207.

Atkinson, R. C., & Shiffrin, R. M. (1968). Human memory: A proposed system and its control processes. In K. W. Spence & J. T. Spence (Eds.), *The psychology of learning and motivation: Advances in research and theory* (v. 2, pp. 89–195). New York: Academic Press.

Bache, R. M. (1895). Reaction time with reference to race. *Psychological review, 2*, 475–486.

Baker, D. B. (1988). The psychology of Lightner Witmer. *Professional School Psychology, 3*, 109–121.

Baker, D. B., & Benjamin, L. T., Jr. (2000). The affirmation of the scientist-practitioner: A look back at Boulder. *American Psychologist, 55*, 241–247.

Baker, T. B., McFall, R. M., & Shoham, V. (2008). Current status and future prospects of clinical psychology: Toward a scientifically principled approach to mental and behavioral health care. *Psychological Science in the Public Interest, 9*, 67–103.

Baldwin, J. M. (1892). The psychological laboratory in the University of Toronto. *Science, 19*, 143–144.

Barth, L. (1998, August). Leading the charge. *Continental Magazine*, 35–38.

Bartlett, F. C. (1932). *Remembering: A study in experimental and social psychology*. Cambridge: Cambridge University Press.

Bartholow, R. (1874). Experimental investigations into the functions of the human brain. *American Journal of the Medical Sciences, 134*, 305–313.

Beck, H. P., Levinson, S., & Irons, G. (2009). Finding Little Albert: A journey to John B. Watson's infant laboratory. *American Psychologist, 64*, 605–614.

Behrens, P. J. (1997). G. E. Müller: The third pillar of experimental psychology. In W. G. Bringmann, H. E. Lück, R. Miller, & C. E. Early (Eds.), *A pictorial history of psychology* (pp. 171–176). Chicago: Quintessence Publishing Co.

Behrens, P. J. (2009). War, sanity, and the Nazi mind: The last passion of Joseph Jastrow. *History of Psychology, 12*, 266–284.

Benjamin, L. T., Jr. (1988). A history of teaching machines. *American Psychologist, 43*, 703–712.

Benjamin, L. T., Jr. (1997). The origin of psychological species: History of the beginnings of the American Psychological Association divisions. *American Psychologist, 52*, 725–732.

Benjamin, L. T., Jr. (2000). The psychology laboratory at the turn of the 20th century. *American Psychologist, 55*, 318–321.

Benjamin, L. T., Jr. (2003). Behavioral science and the Nobel Prize: A history. *American Psychologist, 58*, 731–741.

Benjamin, L. T., Jr. (2004). Science for sale: Psychology's earliest adventures in American advertising. In J. D. Williams, W. N. Lee, & C. P. Haugtvedt (Eds.), *Diversity in advertising: Broadening the scope of research directions* (pp. 21–39). Mahwah, NJ: Lawrence Erlbaum.

Benjamin, L. T., Jr. (2005). A history of clinical psychology as a profession in America (and a glimpse at its future). *Annual Review of Clinical Psychology, 1*, 1–30.

Benjamin, L. T., Jr., & Baker, D. B. (2003). Walter Van Dyke Bingham: Portrait of an industrial psychologist. In G. A. Kimble & M. Wertheimer (Eds.), *Portraits of pioneers in psychology* (v. 5, pp. 141–157). Washington, DC & Mahwah, NJ: American Psychological Association and Lawrence Erlbaum.

Benjamin, L. T., Jr., & Baker, D. B. (2004). *From séance to science: A history of the profession of psychology in America*. Belmont, CA: Wadsworth.

Benjamin, L. T., Jr., & Crouse, E. M. (2002). The American Psychological Association's response to *Brown v. Board of Education*: The case of Kenneth B. Clark. *American Psychologist, 57*, 38–50.

Benjamin, L. T., Jr., Durkin, M., Link, M., Vestal, M., & Acord, J. (1992). Wundt's American doctoral students. *American Psychologist, 47*, 123–131.

Benjamin, L. T., Jr., Henry, K. D., & McMahon, L. R. (2005). Inez Beverly Prosser and the education of African Americans. *Journal of the History of the Behavioral Sciences, 41*, 43–62.

Benjamin, L. T., Jr., & Nielsen-Gammon, E. (1999). B. F. Skinner and psychotechnology: The case of the heir conditioner. *Review of General Psychology, 3*, 155–167.

Benjamin, L. T., Jr., Rogers, A. M., & Rosenbaum, A. (1991). Coca-Cola, caffeine, and mental deficiency: Harry Hollingworth and the Chattanooga trial of 1911. *Journal of the History of the Behavioral Sciences, 27*, 42–55.

Benjamin, L. T., Jr., & Shields, S. A. (1990). Leta Stetter Hollingworth (1886–1939). In A. N. O'Connell & N. F. Russo (Eds.), *Women in psychology: A bio-bibliographic sourcebook* (pp. 173–183). New York: Greenwood Press.

Benjamin, L. T., Jr., Whitaker, J. L., Ramsey, R. M., & Zeve, D. R. (2007). John B. Watson's alleged sex research: An appraisal of the evidence. *American Psychologist, 62*, 131–139.

Bjork, D. W. (1983). *The compromised scientist: William James in the development of American psychology*. New York: Columbia University Press.

Bjork, D. W. (1993). *B. F. Skinner: A life*. New York: Basic Books.

Blackford, K. M. H., & Newcomb, A. (1914). *The job, the man, the boss*. New York: Doubleday & Page.

Blackford, K. M. H., & Newcomb, A. (1916). *Analyzing character: The new science of judging men, misfits in business, the home, and social life* (2nd ed.). New York: Review of Reviews Co.

Blumenthal, A. L. (1975). A reappraisal of Wilhelm Wundt. *American Psychologist, 30*, 1081–1088.

Boring, E. G. (1929). *A history of experimental psychology*. New York: The Century Co.

Boring, E. G. (1942). *Sensation and perception in the history of experimental psychology.* New York: Appleton-Century-Crofts.

Brazier, M. A. N. (1961). *A history of the electrical activity of the brain.* London: Pitman.

Brentano, F. (1874). *Psychologie von empirischen Standpunkte.* Leipzig: Duncker & Humblot.

Breuer, J., & Freud, S. (1957). *Studies on hysteria* (trans. James Strachey). New York: Basis Books. (Originally published in 1895.)

Bringmann, W. G. (1975). Wundt in Heidelberg, 1845–1874. *Canadian Psychological Review, 16,* 116–121.

Broadbent, D. E. (1958). *Perception and communication.* London: Pergamon Press.

Brooks-Gunn, J., & Johnson, A. D. (2006). G. Stanley Hall's contribution to science, practice, and policy: The Child Study, Parent Education, and Child Welfare Movements. *History of Psychology, 9,* 247–258.

Brown, R. (1958). *Words and things.* Glencoe, IL: The Free Press.

Brown, R., & McNeill, D. (1966). The "tip of the tongue" phenomenon. *Journal of Verbal Learning and Verbal Behavior, 5,* 325–337.

Browne, J. (1995). *Charles Darwin: Voyaging, a biography.* New York: Alfred A. Knopf.

Browne, J. (2002). *Charles Darwin: The power of place.* New York: Alfred A. Knopf.

Bruce, D. (1994). Lashley and the problem of serial order. *American Psychologist, 49,* 93–103.

Bruce, D., & Winograd, E. (1998). Remembering Deese's 1959 articles: The Zeitgeist, the sociology of science, and false memories. *Psychonomic Bulletin & Review, 5,* 615–624.

Bruce, R. V. (1987). *The launching of modern American science, 1846–1876.* Ithaca, NY: Cornell University Press.

Bruner, J. S., Goodnow, J. J., & Austin, G. A. (1956). *A study of thinking.* New York: John Wiley & Sons.

Buckley, K. W. (1982). The selling of a psychologist: John Broadus Watson and the application of behavioral techniques to advertising. *Journal of the History of the Behavioral Sciences, 18,* 207–221.

Buckley, K. W. (1989). *Mechanical man: John Broadus Watson and the beginnings of behaviorism.* New York: Guilford Press.

Burnham, J. (Ed.) (2012). *After Freud left: A century of psychoanalysis in America.* Chicago: University of Chicago Press.

Cahan, D. (Ed.) (1993). *Hermann von Helmholtz and the foundations of nineteenth-century science.* Berkeley: University of California Press.

Cahan, E. D., & White, S. H. (1992). Proposals for a second psychology. *American Psychologist, 47,* 224–235.

Calkins, M. W. (1894). Association I. *Psychological Review, 1,* 476–483.

Calkins, M. W. (1896). Association II. *Psychological Review, 3,* 32–49.

Calkins, M. W. (1900). Psychology as a science of selves. *Philosophical Review, 9,* 490–501.

Caplan, E. (1998). *Mind games: American culture and the birth of psychotherapy.* Berkeley: University of California Press.

Capshew, J. H. (1992). Psychologists on site: A reconnaissance of the historiography of the laboratory. *American Psychologist, 47,* 132–142.

Capshew, J. H. (1993). Engineering behavior: Project Pigeon, World War II, and the conditioning of B. F. Skinner. *Technology and Culture, 34,* 835–857.

Cattell, J. McK. (1890). Mental tests and measurements. *Mind, 15,* 373–381.

Cattell, J. McK. (1893). Tests of the senses and faculties. *Educational Review, 5,* 257–265.

Cautin, R. L. (2006). David Shakow: Architect of modern clinical psychology. In D. A. Dewsbury, L. T. Benjamin, Jr., & M. Wertheimer (Eds.), *Portraits of pioneers in psychology* (v. 6, pp. 206–221). Washington, DC & Mahwah, NJ: American Psychological Association and Lawrence Erlbaum.

Cautin, R. L. (2008). David Shakow and schizophrenia research at the Worcester State Hospital: The roots of the scientist-practitioner model. *Journal of the History of the Behavioral Sciences, 44*, 219–237.

Cautin, R. L. (2009a). The founding of the Association for Psychological Science: Part 1. Dialectical tensions within organized psychology. *Perspectives on Psychological Science, 4*, 211–223.

Cautin, R. L. (2009b). The founding of the Association for Psychological Science: Part 2. The tipping point and early years. *Perspectives on Psychological Science, 4*, 224–235.

Chomsky, N. (1959). Review of Skinner's *Verbal Behavior. Language, 35*, 26–58.

Chomsky, N. (1965). *Aspects of the theory of syntax.* Cambridge, MA: MIT Press.

Chomsky, N. (1972). *Language and mind* (2nd ed.). New York: Harcourt Brace Jovanovich.

Clark, K. B. (1950). *The effects of prejudice and discrimination on personality development (Midcentury White House Conference on Children and Youth).* Washington, DC: Federal Security Agency, Children's Bureau.

Clark, K. B. (1952, Feb. 19). *Letter to William Delano.* In Kenneth B. Clark Papers, Rare Books and Manuscripts Collection, Library of Congress, Washington, DC.

Clark, K. B. (1953). Desegregation: An appraisal of the evidence. *Journal of Social Issues, 9(4)*, 1–77.

Cole, T. R. (1984). The prophecy of *Senescence*: G. Stanley Hall and the reconstruction of old age in America. *The Gerontologist, 24*, 360–366.

Combe, G. (1825). *System of phrenology.* Edinburgh: Anderson.

Combe, G. (1835). *The constitution of man considered in relation to external objects.* Boston: Marsh, Capen, & Lyon.

Commager, H. S. (1965). *The nature and the study of history.* Columbus, OH: Charles Merrill.

Coon, D. J. (1992). Testing the limits of sense and science: American experimental psychologists combat spiritualism, 1880–1920. *American Psychologist, 47*, 143–151.

Cushman, P. (1995). *Constructing the self, constructing America: A cultural history of psychotherapy.* Reading, MA: Addison-Wesley.

Danziger, K. (1980). Wund's psychological experiment in the light of his philosophy of science. *Psychological Research, 42*, 109–122.

Danziger, K. (1983). Origins and basic principles of Wundt's Völkerpsychologie. *British Journal of Social Psychology, 22*, 303–313.

Darwin, C. R. (1859). *On the origin of species.* London: John Murray.

Darwin, C. R. (1871). *The descent of man.* London: John Murray.

Darwin, C. R. (1872). *The expression of the emotions in man and animals.* London: John Murray.

Davidson, E. S., & Benjamin, L. T., Jr. (1987). A history of the child study movement in America. In J. A. Glover & R. R. Ronning (Eds.), *Historical foundations of educational psychology* (pp. 41–60). New York: Plenum Press.

Dawes, R. M. (1994). *House of cards: Psychology and psychotherapy built on myth.* New York: Free Press.

Decker, H. (1998). Freud's "Dora" case: The crucible of the psychoanalytic concept of transference. In M. S. Roth (Ed.), *Freud: Conflict and culture* (pp. 105–114). New York: Alfred A. Knopf.

Dewey, J. (1896). The reflex arc concept in psychology. *Psychological Review, 3*, 357–370.

Dewsbury, D. A. (1984). *Comparative psychology in the twentieth century.* Stroudsburg, PA: Hutchinson Ross Publishing Co.

Dewsbury, D. A. (1992). Triumph and tribulation in the history of comparative psychology. *Journal of Comparative Psychology, 106*, 3–19.

Dewsbury, D. A. (2003). James Rowland Angell: Born administrator. In G.

A. Kimble & M. Wertheimer (Eds.), *Portraits of pioneers in psychology* (v. 5, pp. 57–71). Washington, DC & Mahwah, NJ: American Psychological Association and Lawrence Erlbaum.

Domanski, C. W. (2013). Mysterious "Monsieur Leborgne": The mystery of the famous patient in the history of neuropsychology is explained. *Journal of the History of the Neurosciences, 22*, 47–52.

Dowbiggin, I. R. (1997). *Keeping America sane: Psychiatry and eugenics in the United States and Canada, 1880–1940.* Ithaca, NY: Cornell University Press.

Dumenil, L. (2001). The twenties. In P. S. Boyer (Ed.), *The Oxford companion to United States history* (pp. 788–789). New York: Oxford University Press.

Ebbinghaus, H. (1913). *Memory: A contribution to experimental psychology* (trans. H. A. Ruger). New York: Teachers College Press. (Originally published in 1885.)

Ellenberger, H. F. (1972). The story of "Anna O": A critical review with new data. *Journal of the History of the Behavioral Sciences, 8*, 267–279.

Esterson, A. (1998). Jeffrey Masson and Freud's seduction theory: A new fable based on old myths. *History of the Human Science, 11*(1), 1–21.

Esterson, A. (2001). The mythologizing of psychoanalytic history: Deception and self-deception in Freud's accounts of the seduction theory episode. *History of Psychiatry, 12*, 329–352.

Evans, R. S. (1972). E. B. Titchener and his lost system. *Journal of the History of the Behavioral Sciences, 8*, 168–180.

Evans, R. B. (1984). The origins of American academic psychology. In J. Brozek (Ed.), *Explorations in the history of psychology in the United States* (pp. 17–60). Lewisburg, PA: Bucknell University Press.

Evans, R. B. (1985). E. B. Titchener and American experimental psychology. In H. Carpintero & J. M. Peiro (Eds.), *Psychology in its historical context* (pp. 117–125). Valencia, Spain: Universidad de Valencia.

Evans, R. B. (1991). E. B. Titchener on scientific psychology and technology. In G. A. Kimble, M. Wertheimer, & C. L. White (Eds.), *Portraits of pioneers in psychology* (v. 1, pp. 89–103). Washington, DC & Hillsdale, NJ: American Psychological Association & Lawrence Erlbaum.

Evans, R. B., Sexton, V. S., & Cadwallader, T. C. (Eds.) (1992). *The American Psychological Association: A historical perspective.* Washington, DC: American Psychological Association.

Fagan, T. K. (1986). The historical origins and growth of programs to prepare school psychologists in the United States. *Journal of School Psychology, 24*, 9–22.

Fagan, T. K. (1987a). Gesell: The first school psychologist. Part I. The road to Connecticut. *School Psychology Review, 16*, 103–107.

Fagan, T. K. (1987b). Gesell: The first school psychologist. Part II. Practice and significance. *School Psychology Review, 16*, 399–409.

Fagan, T. K. (1992). Compulsory schooling, child study, clinical psychology, and special education: Origins of school psychology. *American Psychologist, 47*, 236–243.

Fancher, R. E. (2000). Snapshots of Freud in America, 1899–1999. *American Psychologist, 55*, 1025–1028.

Fancher, R. E. (2004). The concept of race in the life and thought of Francis Galton. In A. Winston (Ed.), *Defining difference: Race and racism in the history of psychology* (pp. 49–75). Washington, DC: American Psychological Association.

Fancher, R. E., & Rutherford, A. (2012). *Pioneers of psychology* (4th ed.). New York: W. W. Norton.

Fechner, G. T. (1966). *Elements of psychophysics* (trans. H. E. Adler). New York: Holt, Rinehart and Winston. (Originally published in 1860.)

Ferguson, G. O. (1916). The psychology of the Negro: An experimental study. *Archives of Psychology, 25*(10), 138.

Fernald, D. (1984). *The Hans legacy: A story of science.* Hillsdale, NJ: Erlbaum.

Fernberger, S. W. (1931). History of the Psychological Clinic. In R. A. Brotemarkle (Ed.), *Clinical psychology: Studies in honor of Lightner Witmer* (pp. 10–36). Philadelphia: University of Pennsylvania Press.

Ferrier, D. (1876). *The functions of the brain*. London: Smith, Elder.

Finger, S. (1994). *Origins of neuroscience: A history of explorations into brain function*. New York: Oxford University Press.

Finger, S. (2000). *Minds behind the brain: A history of the pioneers and their discoveries*. New York: Oxford University Press.

Finger, S., & Wade, N. J. (2002a). The neuroscience of Helmholtz and the theories of Johannes Müller. Part 1: Nerve cell structure, vitalism, and the nerve impulse. *Journal of the History of the Neurosciences, 11,* 136–155.

Finger, S., & Wade, N. J. (2002b). The neuroscience of Helmholtz and the theories of Johannes Müller. Part 2: Sensation and perception. *Journal of the History of the Neurosciences, 11,* 234–254.

Fisher, V. E., & Hanna, J. V. (1931). *The dissatisfied worker*. New York: Macmillan.

Foa, E. B., Gillihan, S. J., & Bryant, R. A. (2013). Challenges and successes in dissemination of evidenced-based treatments for posttraumatic stress: Lessons learned from prolonged exposure therapy for PTSD. *Psychological Science in the Public Interest, 14,* 65–111.

Fowler, O. S., & Fowler, L. N. (1859). *Illustrated self instructor in phrenology and physiology*. New York: Fowler and Wells.

Frank, J. D. (1978). Kurt Lewin in retrospect – a psychiatrist's view. *Journal of the History of the Behavioral Sciences, 14,* 223–227.

Freud, E., Freud, L., & Grubrich-Simitis, I. (1978). *Sigmund Freud: His life in pictures and words*. New York: W. W. Norton.

Freud, S. (1910). The origin and development of psychoanalysis. *American Journal of Psychology, 21,* 181–218.

Freud, S. (1913). *The interpretation of dreams* (trans. A. A. Brill). London: George Allen & Unwin. (Originally published in Germany in 1899 with a 1900 copyright.)

Freud, S. (1917). *The history of the psychoanalytic movement* (trans. A. A. Brill). New York: The Nervous and Mental Disease Publishing Co.

Freud, S. (1949). *An outline of psychoanalysis* (trans. James Strachey). New York: W.W. Norton. (Originally published in 1940.)

Fuchs, A. H. (1997). Ebbinghaus's contributions to psychology after 1885. *American Journal of Psychology, 110,* 621–633.

Fuchs, A. H. (2000). Contributions of American mental philosophers to psychology in the United States. *History of Psychology, 3,* 1–18.

Furumoto, L. (1988). Shared knowledge: The Experimentalists, 1904–1929. In J. G. Morawski (Ed.), *The rise of experimentation in American psychology* (pp. 94–113). New Haven, CT: Yale University Press.

Furumoto, L. (1991). From "paired associates" to a psychology of self: The intellectual odyssey of Mary Whiton Calkins. In G. A. Kimble, M. Wertheimer, & C. L. White (Eds.), *Portraits of pioneers in psychology* (v. 1, pp. 56–72). Washington, DC: American Psychological Association.

Furumoto, L. (1992). Joining separate spheres – Christine Ladd–Franklin, woman – scientist (1847–1930). *American Psychologist, 47,* 175–182.

Galton, F. (1869). *Hereditary genius: An inquiry into its laws and consequences*. London: Macmillan.

Gardner, H. (1985). *The mind's new science: A history of the cognitive revolution*. New York: Basic Books.

Gay, P. (1988). *Freud: A life for our time*. New York: W. W. Norton.

Gibby, R. E., & Zickar, M. J. (2008). A history of the early days of personality testing in American industry: An obsession with adjustment. *History of Psychology, 11,* 164–184.

Gifford, S. (1997). *The Emmanuel movement: The origins of group treatment and the assault on lay psychotherapy*. Cambridge: Harvard University Press.

Gilbreth, L. M. (1914). *The psychology of management*. New York: Sturgis & Walton Co.

Gilbreth, L. M. (1927). *The home-maker and her job*. New York: D. Appleton.

Gilbreth, L. M. (1954). *Management in the home*. New York: Dodd, Mead, & Co.

Goodwin, C. J. (1985). On the origins of Titchener's Experimentalists. *Journal of the History of the Behavioral Sciences, 21*, 383–389.

Goodwin, C. J. (2006). Edmund Clark Sanford and the consequences of loyalty. In D. A. Dewsbury, L. T. Benjamin, Jr., & M. Wertheimer (Eds.), *Portraits of pioneers in psychology* (v. 6, pp. 2–17). Washington, DC & Mahwah, NJ: American Psychological Association and Lawrence Erlbaum Associates.

Gove, P. B. (Ed.) (1961). *Webster's new third international dictionary of the English language unabridged*. Springfield, MA: G. & C. Merriam Co.

Green, C. D. (2009). Darwinian theory, functionalism, and the first American psychological revolution. *American Psychologist, 64*, 75–83.

Green, C. D. (2010). Scientific objectivity and E. B. Titchener's psychology. *Isis, 101*, 697–721.

Green, C. D., & Benjamin, L. T., Jr. (Eds.) (2009). *Psychology gets in the game: Sport, mind, and behavior, 1880–1960*. Lincoln: University of Nebraska Press.

Griffiths, C. H. (1924). *Fundamentals of vocational psychology*. New York: Macmillan.

Grob, G. N. (1994). *The mad among us: A history of the care of America's mentally ill*. Cambridge: Harvard University Press.

Gruber, C. S. (1972). Academic freedom at Columbia University, 1917–1918: The case of James McKeen Cattell. *AAUP Bulletin, 58*, 297–305.

Guthrie, R. V. (1998). *Even the rat was white: A historical view of psychology* (2nd ed.). Boston: Allyn and Bacon.

Hale, M., Jr. (1980). *Human science and social order: Hugo Münsterberg and the origins of applied psychology*. Philadelphia: Temple University Press.

Hale, N. G., Jr. (1995). *The rise and crisis of psychoanalysis in the United States: Freud and the Americans, 1917–1985*. New York: Oxford University Press.

Hall, G. S. (1882). The contents of children's minds. *Princeton Review, 11*, 249–272.

Hall, G. S. (1893). Child study: The basis of exact education. *Forum, 16*, 429–441.

Hall, G. S. (1904). *Adolescence: Its psychology and its relations to physiology, anthropology, sociology, sex, crime, and religion* (2 vols.). New York: D. Appleton and Co.

Hall, G. S. (1906). *Youth: Its education, regimen, and hygiene*. New York: D. Appleton and Co.

Hall, G. S. (1917). *Jesus the Christ in the light of psychology* (2 vols.). New York: Doubleday, Page.

Hall, G. S. (1922). *Senescence: The last half of light*. New York: D. Appleton and Co.

Harper, R. S. (1950). The first psychological laboratory. *Isis, 41*, 158–161.

Harris, B. (1979). Whatever happened to little Albert? *American Psychologist, 34*, 151–160.

Harris, B. (2011). Letting go of Little Albert: Disciplinary memory, history, and the uses of myth. *Journal of the History of the Behavioral Sciences, 47*, 1–17.

Harris, L. J., & Almerigi, J. B. (2009). Probing the human brain with stimulating electrodes: The story of Roberts Bartholow's (1874) experiment on Mary Rafferty. *Brain and Cognition, 70*, 92–115.

Hays, K. F. (1995). Putting sports psychology into (your) practice. *Professional Psychology: Research and Practice, 26*, 33–40.

Heidelberger, M. (2004). *Nature from within: Gustav Theodore Fechner and his psychophysical worldview*. Pittsburgh: University of Pittsburgh Press.

Heims, S. (1978). Kurt Lewin and social change. *Journal of the History of the Behavioral Sciences, 14*, 238–241.

Helson, H. (1925). The psychology of Gestalt, Parts I and II. *American Journal of Psychology, 36*, 342–370, 494–526.

Helson, H. (1926). The psychology of Gestalt, Parts III and IV. *American Journal of*

Psychology, 37, 25–62, 189–223.

Hildreth, G. (1930). *Psychological services for school problems.* Yonkers-on-Hastings, NY: World Book.

Hoffman, R. R., & Deffenbacher, K. A. (1992). A brief history of applied cognitive psychology. *Applied Cognitive Psychology, 6,* 1–48.

Holden, W. (1998). *Shell shock.* London: Channel 4 Books.

Hollingworth, H. L. (1913). *Advertising and selling: Principles of appeal and response.* New York: Appleton.

Hollingworth, H. L. (1920). *The psychology of functional neuroses.* New York: D. Appleton.

Hollingworth, L. S. (1913). The frequency of amentia as related to sex. *Medical Record, 84,* 753–756.

Hollingworth, L. S. (1914a). *Functional periodicity: An experimental study of the mental and motor abilities of women during menstruation.* New York: Teachers College, Columbia University.

Hollingworth, L. S. (1914b). Variability as related to sex differences in achievement: A critique. *American Journal of Sociology, 19,* 510–530.

Hollingworth, L. S. (1918). Tentative suggestions for the certification of practicing psychologists. *Journal of Applied Psychology, 2,* 280–284.

Hollingworth, L. S. (1926). *Gifted children: Their nature and nurture.* New York: Macmillan.

Hoppock, R. (1935). *Job satisfaction.* New York: Harper & Brothers.

Horney, K. (1937). *The neurotic personality of our time.* New York: W. W. Norton.

Horney, K. (1939). *New ways in psychoanalysis.* New York: W. W. Norton.

Horney, K. (1967). *Feminine psychology.* New York: W. W. Norton.

Hornstein, G. A. (1992). The return of the repressed: Psychology's problematic relations with psychoanalysis, 1909–1960. *American Psychologist, 47,* 254–263.

Hughes, R. (1997). *American visions: The epic history of art in America.* New York: Alfred A. Knopf.

Hull, C. L. (1943). *Principles of behavior.* New York: Appleton-Century-Crofts.

Hull, C. L. (1952). Clark L. Hull. In E. G. Boring, H. Werner, H. S. Langfeld, & R. M. Yerkes (Eds.), *A history of psychology in autobiography* (v. 4, pp. 143–162). Worcester, MA: Clark University Press.

Israels, H., & Schatzman, M. (1993). The seduction theory. *History of Psychiatry, 4,* 23–59.

James, H. (Ed.). (1920). *The letters of William James* (2 vols.). Boston: The Atlantic Monthly.

James, W. (1885). Experiments in memory. *Science, 6,* 198–199.

James, W. (1890). *The principles of psychology* (2 volumes). New York: Henry Holt.

James, W. (1902). *The varieties of religious experience.* New York: Longmans, Green.

James, W. (1907). *Pragmatism: A new name for some old ways of thinking.* New York: Longmans, Green, and Co.

James, W. (1909). The confidences of a "psychical researcher." *American Magazine, 68,* 580–589.

Jones, E., & Wessely, S. (2005). *Shell shock to PTSD: Military psychiatry from 1900 to the Gulf War.* New York: Psychology Press.

Jones, M. C. (1924). The elimination of children's fears. *Journal of Experimental Psychology, 7,* 383–390.

Jung, C. G. (1907). On psychophysical relations of the association experiment. *Journal of Abnormal Psychology, 1,* 249–257.

Jung, C. G. (1910). The association method. *American Journal of Psychology, 31,* 219–269.

Jung, C. G. (1916). *Psychology of the unconscious* (trans. by B. Hinkle). London: Moffat, Yard. (German edition published originally in 1913.)

Kaplan, E. A. (1998). Freud, film, and culture. In M. S. Roth (Ed.), *Freud: Conflict and culture* (pp. 152–164). New York: Alfred A. Knopf.

Kilburg, R. R. (2006). *Executive wisdom: Coaching and the emergence of virtuous leaders.* Washington, DC: American Psychological Association.

King, D. B., & Wertheimer, M. (2005). *Max Wertheimer & Gestalt theory.* New Brunswick, NJ: Transaction Publishers.

Klineberg, O. (1935a). *Negro intelligence and selective migration.* New York: Columbia University Press.

Klineberg, O. (1935b). *Race differences.* New York: Harper and Brothers.

Kluger, R. (1975). *Simple justice: The history of Brown v. Board of Education and Black America's struggle for equality.* New York: Random House.

Knapp, T. J. (1986). The emergence of cognitive psychology in the latter half of the twentieth century. In T. J. Knapp & L. C. Robertson (Eds.), *Approaches to cognition: Contrasts and controversies* (pp. 13–35). Hillsdale, NJ: Lawrence Erlbaum.

Koffka, K. (1922). Perception: An introduction to Gestalt-theorie. *Psychological Bulletin, 19,* 531–585.

Koffka, K. (1935). *Principles of Gestalt psychology.* New York: Harcourt, Brace.

Köhler, W. (1927). *The mentality of apes* (revised ed.). London: Kegan Paul, Trench, Trubner.

Köhler, W. (1929). *Gestalt psychology.* New York: Horace Liveright.

Koppes, L. L. (1997). American female pioneers of industrial and organizational psychology during the early years. *Journal of Applied Psychology, 84,* 500–515.

Koppes, L. L., & Bauer, A. L. (2006). Marion Almira Bills: Industrial psychology pioneer bridging science and practice. In D. A. Dewsbury, L. T. Benjamin, Jr., & M. Wertheimer (Eds.), *Portraits of pioneers in psychology* (v. 6, pp. 102–116). Washington, DC & Mahwah, NJ: American Psychological Association and Lawrence Erlbaum Associates.

Kornhauser, A. W., & Kingsbury, F. A. (1924). *Psychological tests in business.* Chicago: University of Chicago Press.

Krohn, W. O. (1893). The laboratory of the Psychological Institute at the University of Göttingen. *American Journal of Psychology, 5,* 282–284.

Kuna, D. P. (1976). The concept of suggestion in the early history of advertising psychology. *Journal of the History of the Behavioral Sciences, 12,* 347–353.

Kuna, D. P. (1979). Early advertising applications of the Gale-Cattell order-of-merit method. *Journal of the History of the Behavioral Sciences, 15,* 38–46.

Kurzweil, E. (1998). Freud's reception in the United States. In M. S. Roth (Ed.), *Freud: Conflict and culture* (pp. 127–139). New York: Alfred A. Knopf.

Ladd, G. T. (1887). *Elements of physiological psychology.* New York: Charles Scribner's Sons.

Laird, D. A. (1925). *The psychology of selecting men.* New York: McGraw-Hill.

Lamiell, J. T. (2012). Introducing William Stern (1871–1938). *History of Psychology, 15,* 379–384.

Lamont, P. (2013). *Extraordinary beliefs: A historical approach to a psychological problem.* New York: Cambridge University Press.

Langfeld, H. S. (1937). Carl Stumpf: 1848–1936. *American Journal of Psychology, 49,* 316–320.

Lashley, K. S. (1951). The problem of serial order. In L. A. Jeffress (Ed.), *Cerebral mechanisms in behavior: The Hixon symposium* (pp. 112–136). New York: John Wiley.

Lavater, J. (1775). *Essays on physiognomy.* As cited in Wells, S. (1866). New physiognomy or signs of character as manifested through temperament and external forms and especially in the human face divine. New York: Fowler and Wells.

Leacock, S. (1924, March). A manual for the new mentality. *Harpers,* 471–480.

Leahey, T. H. (1991). *A history of modern psychology.* Englewood Cliffs, NJ: Prentice Hall.

Leahey, T. H. (1992). The mythical revolutions of American psychology. *American Psychologist, 47,* 308–318.

Leahey, T. H., & Leahey, G. E. (1983). *Psychology's occult doubles: Psychology and the problem of pseudoscience.* Chicago: Nelson Hall.

Leary, D. E. (1987). Telling likely stories: The rhetoric of the new psychology, 1880–1920. *Journal of the History of the Behavioral Sciences, 23*, 315–331.

Leary, D. E. (1992). William James and the art of human understanding. *American Psychologist, 47*, 152–160.

LeUnes, A. (2008). *Sport psychology: An introduction* (4th ed.). New York: Psychology Press.

Lewin, K. (1945). The research center for group dynamics at M. I. T. *Sociometry, 2*, 126–136.

Lewin, K. (1986). "Everything within me rebels": A letter from Kurt Lewin to Wolfgang Köhler, 1933. *Journal of Social Issues, 42(4)*, 39–47.

Lilienfeld, S. O., Wood, J. M., & Garb, H. N. (2000). The scientific status of projective techniques. *Psychological Science in the Public Interest, 1*, 27–66.

Lindenfeld, D. (1978). Oswald Külpe and the Würzburg school. *Journal of the History of the Behavioral Sciences, 14*, 132–141.

Locke, J. (1849). *An essay concerning human understanding.* Philadelphia: Kay and Troutman. (Originally published in 1690.)

Lombroso, C. (1911). *Criminal man.* New York: G. Putnam's Sons.

Lombroso, C., & Ferrero, W. (1899). *The female offender.* New York: D. Appleton.

Lyall, W. (1855). *Intellect, the emotions, and the moral nature.* Edinburgh: Thomas Constable.

Lycett, A. (2008). *Conan Doyle: The man who created Sherlock Holmes.* New York: Free Press.

Markowitz, G., & Rosner, D. (1996). *Children, race, and power: Kenneth and Mamie Clark's Northside Center.* Charlottesville: University of Virginia Press.

Marrow, A. J. (1969). *The practical theorist: The life and work of Kurt Lewin.* New York: Basic Books.

Masson, J. M. (1984). *The assault on truth: Freud's suppression of the seduction theory.* London: Farrar, Straus, & Giroux.

Masson, J. M. (Ed.) (1985). *The complete letters of Sigmund Freud to Wilhelm Fliess, 1887–1904.* Cambridge, MA: Harvard University Press.

Mayo, E. (1933). *The human problems of industrial civilization.* New York: Macmillan.

McCosh, J. (1886). *Psychology: The cognitive powers.* New York: Charles Scribner's Sons.

McGuire, W. (Ed.) (1974). *The Freud-Jung letters: The correspondence between Sigmund Freud and C. G. Jung.* Princeton: Princeton University Press.

McMurry, R. N. (1944). *Handling personality adjustment in industry.* New York: Harper & Brothers.

Meyer, M. F. (1911). *The fundamental laws of human behavior.* Boston: Badger.

Milar, K. S. (1999). "A coarse and clumsy tool": Helen Thompson Woolley and the Cincinnati Vocation Bureau. *History of Psychology, 2*, 219–235.

Milar, K. S. (2004). Breaking the silence: Helen Bradford Thompson Woolley. In T. C. Dalton & R. B. Evans (Eds.), *The life cycle of psychological ideas: Understanding prominence and the dynamics of intellectual change* (pp. 301–328). New York: Kluwer Academic/Plenum Publishers.

Mill, J. S. (1843). *A system of logic, racioinative and inductive, being a connected view of the principles of evidence, and the methods of scientific investigation.* London: John W. Parker.

Miller, G. A. (1951). *Language and communication.* New York: McGraw-Hill.

Miller, G. A. (1956). The magical number seven plus or minus two: Some limits on our capacity for processing information. *Psychological Review, 63*, 81–97.

Miller, G. A. (1965). Some preliminaries to psycholinguistics. *American Psychologist, 20*, 15–20.

Miller, G. A. (1969). Psychology as a means of promoting human welfare. *American Psychologist, 24*, 1063–1075.

Miller, J. G. (1946). Clinical psychology in the Veterans Administration. *American Psychologist, 1*, 181–189.

Mills, J. A. (1998). *Control: A history of behavioral psychology.* New York: New York University Press.

Montague, H., & Hollingworth, L. S. (1914). The comparative variability of the sexes at birth. *American Journal of Sociology, 20,* 335–370.

Morgan, C. L. (1902). *Introduction to comparative psychology.* New York: Charles Scribner's Sons.

Müller, J. (1948). *The physiology of the senses, voice, and muscular motion, with the mental faculties* (trans. William Baly), Vol. 2. London: Taylor and Walton. (Originally published in 1838.)

Münsterberg, H. (1908). *On the witness stand.* New York: Doubleday, Page & Co.

Münsterberg, H. (1913). *Psychology and industrial efficiency.* Boston: Houghton Mifflin.

Murphy, G., & Ballou, R. O. (Eds.) (1961). *William James on psychical research.* London: Chatto and Windus.

Myers, C. S. (1915, Feb. 13). A contribution to the study of shell shock. *Lancet,* 316–320.

Neisser, U. (1967). *Cognitive psychology.* New York: Appleton-Century-Crofts.

Nicolas, S., & Sanitioso, R. B. (2012). Alfred Binet and experimental psychology at the Sorbonne laboratory. *History of Psychology, 15,* 328–363.

O'Donnell, J. M. (1979). The clinical psychology of Lightner Witmer: A case study of institutional innovation and intellectual change. *Journal of the History of the Behavioral Sciences, 15,* 3–17.

O'Donnell, J. M. (1985). *The origins of behaviorism: American psychology, 1870–1920.* New York: New York University Press.

O'Neil, W. M., & Landauer, A. A. (1966). The phi–phenomenon: Turning point or rallying point. *Journal of the History of the Behavioral Sciences, 2,* 335–340.

Page, F. H., & Clark, J. W. (1982). Psychology at Dalhousie. In M. J. Wright & C. R. Myers (Eds.), *History of academic psychology in Canada.* Toronto: C. J. Hogrefe.

Parkyn, H. A. (1900). *Suggestive therapeutics and hypnotism.* Chicago: Suggestion Publishing Co.

Parmelee, M. (1912). *The science of human behavior: Biological and psychological foundations.* New York: Macmillan.

Parsons, F. (1909). *Choosing a vocation.* Boston: Houghton Mifflin.

Pfungst, O. (1965). *Clever Hans (the horse of Mr. von Osten).* New York: Henry Holt. (Originally published 1907.)

Philogene, G. (Ed.) (2004). *Racial identity in context: The legacy of Kenneth B. Clark.* Washington, DC: American Psychological Association.

Pickren, W. E., & Schneider, S. F. (Eds.) (2005). *Psychology and the National Institute of Mental Health: A historical analysis of science, practice, and policy.* Washington, DC: American Psychological Association.

Pillsbury, W. B. (1911). *The essentials of psychology.* New York: Macmillan.

Pittenger, D. J. (1993). The utility of the Myers-Briggs Type Indicator. *Review of Educational Research, 63,* 467–488.

Popplestone, J. A., & McPherson, M. W. (1984). Pioneer psychology laboratories in clinical settings. In J. Brozek (Ed.), *Explorations in the history of psychology in the United States* (pp. 196–272). Lewisburg, PA: Bucknell University Press.

Powell, R. A. (2010). Little Albert is still missing. *American Psychologist, 65,* 299–300.

Powell, R. A. (2011). Little Albert lost or found: Further difficulties with the Douglas Merritte hypothesis. *History of Psychology, 14,* 106–107.

Powell, R. A., Digdon, N. L., & Smithson, C. T. (2013, June 20). Searching for Little Albert: Evidence of a second candidate for "psychology's lost boy." Paper presented at the annual meeting of the Cheiron Society, Irving, TX.

Raimy, V. C. (Ed.). (1950). *Training in clinical psychology.* Englewood Cliffs, NJ: Prentice Hall.

Rancurello, A. C. (1968). *A study of Franz Brentano: His psychological standpoint and his significance in the history of psychology.* New York: Academic Press.

Reese, H. W. (2010). Regarding Little Albert. *American Psychologist, 65,* 300–301.

Reid, T. (1785). *Essays on the intellectual powers of man*. Edinburgh: Bell and Robinson.

Richards, G. (2004). "It's an American thing": The "race" and intelligence controversy from a British perspective. In A. Winston (Ed.), *Defining difference: Race and racism in the history of psychology* (pp. 137–169). Washington, DC: American Psychological Association.

Ricord, E. (1840). *Elements of the philosophy of mind, applied to the development of thought and feeling*. Geneva, NY: John N. Bogert.

Rodkey, E. N. (2011). Last of the Mohicans? James McCosh and psychology "old" and "new." *History of Psychology, 14*, 335–355.

Roediger, H. L., III. (1985). Remembering Ebbinghaus. *Contemporary Psychology, 30*, 519–523.

Roediger, H. L., III. (2000). Sir Frederic Charles Bartlett: Experimental and applied psychologist. In G. A. Kimble & M. Wertheimer (Eds.), *Portraits of pioneers in psychology* (v. 4, pp. 149–161). Washington, DC and Mahwah, NJ: American Psychological Association and Lawrence Erlbaum Associates.

Roethlisberger, F. J., & Dickson, W. J. (1939). *Management and the worker: An account of a research program conducted by the Western Electric Company, Hawthorne Works, Chicago*. Cambridge: Harvard University Press.

Rogers, C. R. (1942). *Counseling and psychotherapy: Newer concepts in practice*. Boston: Houghton Mifflin.

Romanes, G. J. (1883). *Animal intelligence*. New York: D. Appleton and Co.

Rosenzweig, S. (1994). *The historic expedition to America (1909): Freud, Jung and Hall the king-maker*. St. Louis: Rana House.

Ross, D. (1972). *G. Stanley Hall: The psychologist as prophet*. Chicago: University of Chicago Press.

Rossiter, M. W. (1982). *Women scientists in America: Struggles and strategies to 1940*. Baltimore: Johns Hopkins University Press.

Rushton, J. P., & Jensen, A. R. (2005). Thirty years of research on race differences in cognitive ability. *Psychology, Public Policy, and Law, 11*, 235–294.

Rutherford, A. (2003). B. F. Skinner's technology of behavior in American life: From consumer culture to counterculture. *Journal of the History of the Behavioral Sciences, 39*, 1–23.

Rutherford, A. (2004). A "visible scientist": B. F. Skinner's writing for the popular press. *European Journal of Behavior Analysis, 5*, 109–120.

Rutherford, A. (2006). Mother of behavior therapy and beyond: Mary Cover Jones and the study of the "whole child." In D. A. Dewsbury, L. T. Benjamin, Jr., & M. Wertheimer (Eds.), *Portraits of pioneers in psychology* (v. 6, pp. 188–204). Washington, DC & Mahway, NJ: American Psychological Association and Lawrence Erlbaum.

Rutherford, A. (2009). *Beyond the box: B. F. Skinner's technology of behavior from laboratory to life, 1950s–1970s*. Toronto: University of Toronto Press.

Samelson, F. (1977). World War I intelligence testing and the development of psychology. *Journal of the History of the Behavioral Sciences, 13*, 274–282.

Samelson, F. (1978). From "race psychology" to "studies in prejudice": Some observations on the thematic reversal in social psychology. *Journal of the History of the Behavioral Sciences, 14*, 265–278.

Samelson, F. (1981). Struggle for scientific authority: The reception of Watson's behaviorism, 1913–1920. *Journal of the History of the Behavioral Sciences, 17*, 399–425.

Sanchez, G. I. (1934). Bilingualism and mental measures. *Journal of Applied Psychology, 18*, 765–772.

Scarborough, E. (1992). Mrs. Ricord and psychology for women, circa 1840. *American Psychologist, 47*, 274–280.

Scarborough, E., & Furumoto, L. (1987). *Untold lives: The first generation of American women psychologists*. New York: Columbia University Press.

Schiller, F. (1992). *Paul Broca: Founder of French anthropology, explorer of the brain*. New

York: Oxford University Press.

Schmit, D. (2005). Re-visioning antebellum American psychology: The dissemination of Mesmerism, 1836–1854. *History of Psychology, 8*, 403–434.

Schultz, D. P., & Schultz, S. E. (1987). *A history of modern psychology* (4th ed.). San Diego: Harcourt, Brace, Jovanovich.

Scott, W. D. (1903). *The theory of advertising*. Boston: Small, Maynard.

Scott, W. D. (1908). *The psychology of advertising*. Boston: Small, Maynard.

Sealey, A. (2011). The strange case of the Freudian case history: The role of long case histories in the development of psychoanalysis. *History of the Human Sciences, 24(1)*, 36–50.

Shields, S. A. (1975). Functionalism, Darwinism, and the psychology of women: A study in social myth. *American Psychologist, 30*, 739–754.

Shields, S. A. (1982). The variability hypothesis: The history of a biological model of sex differences in intelligence. *Signs: Journal of Women in Culture and Society, 7*, 769–797.

Simon, H. A. (1991). *Models of my life*. New York: Basic books.

Simpson, J. A., & Weiner, E. S. C. (1989). *The Oxford English dictionary, Vol. 12* (2nd ed.). New York: Oxford University Press.

Sizer, N., & Drayton, H. S. (1890). *Heads and faces and how to study them: A manual of phrenology and physiognomy for the people*. New York: Fowler and Wells Co.

Skinner, B. F. (1938). *The behavior of organisms: An experimental analysis*. New York: Appleton, Century.

Skinner, B. F. (1945, October). Baby in a box. *Ladies' Home Journal*, 30–31, 135–136, 138.

Skinner, B. F. (1948). *Walden two*. New York: Macmillan.

Skinner, B. F. (1957). *Verbal behavior*. New York: Appleton-Century-Crofts.

Skinner, B. F. (1958). Teaching machines. *Science, 128*, 969–977.

Skinner, B. F. (1960). Pigeons in a Pelican. *American Psychologist, 15*, 28–37.

Skinner, B. F. (1967). B. F. Skinner. In E. G. Boring & G. Lindzey (Eds.), *A history of psychology in autobiography* (v. 5, pp. 387–413). New York: Appleton-Century-Crofts.

Skinner, B. F. (1971). *Beyond freedom and dignity*. New York: Alfred A. Knopf.

Skinner, B. F. (1983). *A matter of consequences: Part three of an autobiography*. New York: Alfred A. Knopf.

Skinner, B. F. (1987). Why are we not acting to save the world? In B. F. Skinner (Ed.), *Upon further reflection* (pp. 1–14). Englewood Cliffs, NJ: Prentice Hall.

Skinner, B. F. (1990). Can psychology be a science of mind? *American Psychologist, 45*, 1206–1210.

Snider, D. E., Jr., & Satcher, D. (1997). Behavioral and social sciences at the Centers for Disease Control and Prevention: Critical disciplines for public health. *American Psychologist, 52*, 10–142. (See the entire February, 1997 issue of this journal for articles on the work of psychologists in the CDC.)

Sokal, M. M. (1980). *Science* and James McKeen Cattell, 1894–1945. *Science, 209*, 43–52.

Sokal, M. M. (1981). *An education in psychology: James McKeen Cattell's journal and letters from Germany and England, 1880–1888*. Cambridge, MA: MIT Press.

Sokal, M. M. (1982). James McKeen Cattell and the failure of anthropometric mental testing, 1890–1901. In W. R. Woodward & M. G. Ash (Eds.), *The problematic science: Psychology in nineteenth-century thought* (pp. 322–345). New York: Praeger.

Sokal, M. M. (Ed.) (1987). *Psychological testing and American society, 1890–1930*. New Brunswick, NJ: Rutgers University Press.

Sokal, M. M. (1992). Origins and early years of the American Psychological Association, 1890–1906. *American Psychologist, 47*, 111–122.

Sokal, M. M. (2001). Practical phrenology as psychological counseling in the 19th-century United States. In C. D. Green, M. Shore, & T. Teo (Eds.), *The trans-*

formation of psychology: Influences of 19th-century philosophy, technology, and natural science (pp. 21–44). Washington, DC: American Psychological Association.

Sokal, M. M. (2006). James McKeen Cattell: Achievement and alienation. In D. A. Dewsbury, L. T. Benjamin, Jr., & M. Wertheimer (Eds.), *Portraits of pioneers in psychology* (v. 6, pp. 18–35). Washington, DC & Mahwah, NJ: American Psychological Association and Lawrence Erlbaum Associates.

Sommer, A. (2012). Psychical research and the origins of American psychology: Hugo Münsterberg, William James, and Eusapia Palladino. *History of Human Sciences, 25(2)*, 23–44.

Stagner, R. (1988). *A history of psychological theories*. New York: Macmillan.

Stumpf, C. (2012). *The origins of music*. New York: Oxford University Press. (Originally published in 1911.)

Sturm, T., & Ash, M. G. (2005). Roles of instruments in psychological research. *History of Psychology, 8*, 3–34.

Terman, L. M. (1916). *The measurement of intelligence*. Boston: Houghton Mifflin.

Thacher, I., & Haynes, S. N. (2000). Health psychology: Assessments and interventions. In A. Kazdin (Ed.), *Encyclopedia of psychology* (v. 4, pp. 89–97). Washington, DC: American Psychological Association.

Thomas, J. L., Cummings, J. L., & O'Donahue, W. T. (Eds.) (2002). *The entrepreneur in psychology: The collected papers of Nicholas A. Cummings*. Vol. 2. Phoenix, AZ: Zeig, Tucker, & Theisen.

Thomas, R. K. (2007). Recurring errors among recent history of psychology textbooks. *American Journal of Psychology, 120*, 477–495.

Thomas, R. K., & Young, C. D. (1993). A note on the early history of electrical stimulation of the human brain. *Journal of General Psychology, 120*, 73–81.

Thompson, H. B. (1903). *The mental traits of sex*. Chicago: University of Chicago Press.

Thorndike, E. L. (1914). *Educational psychology. Vol. III: Mental work and fatigue and individual differences and their causes*. New York: Teachers College, Columbia University.

Tinker, M. A. (1932). Wundt's doctoral students and their theses, 1875–1920. *American Journal of Psychology, 44*, 630–637.

Titchener, E. B. (1896). *An outline of psychology*. New York: Macmillan.

Titchener, E. B. (1898a). The postulates of a structural psychology. *Philosophical Review, 7*, 449–465.

Titchener, E. B. (1898b). A psychological laboratory. *Mind, 7*, 311–331.

Titchener, E. B. (1901–1905). *Experimental psychology: A manual of laboratory practice – Vol. 1: Qualitative experiments, Vol. 2: Quantitative experiments* (2 parts each). New York: Macmillan.

Titchener, E. B. (1910a). *A textbook of psychology*. New York: Macmillan.

Titchener, E. B. (1910b). The past decade in experimental psychology. *American Journal of Psychology, 21*, 404–421.

Titchener, E. B. (1914). Psychology: Science or technology. *Popular Science Monthly, 84*, 39–51.

Titchener, E. B. (1928). *A text–book of psychology*. New York: Macmillan.

Titchener, E. B. (1929). *Systematic psychology: Prolegomena*. New York: Macmillan.

Tolman, E. C. (1932). *Purposive behavior in animals and men*. New York: D. Appleton.

Tolman, E. C. (1948). Cognitive maps in rats and men. *Psychological Review, 55*, 189–208.

Tolman, E. C. (1951). *Collected papers in psychology*. Berkeley: University of California Press.

Triplett, H. (2004). The misnomer of Freud's "seduction theory." *Journal of the History of Ideas, 65*, 647–665.

Upham, T. C. (1827). *Elements of intellectual philosophy*. Portland, ME: William Hyde.

Upham, T. C. (1831). *Elements of mental philosophy*. Portland, ME: Hilliard Gray and Co.

Vande Kemp, H. (1992). G. Stanley Hall and the Clark school of religious psychology. *American Psychologist, 47*, 290–298.

Van Wyhe, J. (2004). *Phrenology and the origins of Victorian scientific naturalism*. Burlington, VT: Ashgate Publishing Co.

Viney, W., & Burlingame-Lee, L. (2003). Margaret Floy Washburn: A quest for the harmonies in the context of a rigorous scientific framework. In G. A. Kimble & M. Wertheimer (Eds.), *Portraits of pioneers in psychology* (v. 5, pp. 73–88). Washington, DC & Mahwah, NJ: American Psychological Association and Lawrence Erlbaum.

von Mayrhauser, R. T. (1989). Making intelligence functional: Walter Dill Scott and applied psychological testing in World War I. *Journal of the History of the Behavioral Sciences, 25*, 60–72.

Washburn, M. F. (1908). *The animal mind*. New York: Macmillan.

Watson, J. B. (1913). Psychology as the behaviorist views it. *Psychological Review, 20*, 158–177.

Watson, J. B. (1914). *Behavior: An introduction to comparative psychology*. New York: Henry Holt.

Watson, J. B. (1928). *Psychological care of the infant and child*. New York: W. W. Norton.

Watson, J. B. (1936). John Broadus Watson. In. C. Murchison (Ed.), *A history of psychology in autobiography* (v. 1, pp. 271–281). Worcester, MA: Clark University Press.

Watson, J. B., & Morgan, J. J. B. (1917). Emotional reactions and psychological experimentation. *American Journal of Psychology, 28*, 163–174.

Watson, J. B., & Rayner, R. (1920). Conditioned emotional reactions. *Journal of Experimental Psychology, 3*, 1–14.

Watson, R. I., & Evans, R. B. (1991). *The great psychologists: A history of psychological thought* (5th ed.). New York: Harper Collins.

Weber, E. H. (1834). De Tactu. Translated by E. B. Titchener. (1905). *Experimental psychology* (Vol. 2, Part 2). New York: Macmillan.

Webster, S., & Coleman, S. R. (1992). Contributions to the history of psychology: LXXXVI. Hull and his critics: The reception of Clark L. Hull's behavior theory, 1943–1960. *Psychological Reports, 70*, 1063–1071.

Wells, S. (1866). *New physiognomy or signs of character as manifested through temperament and external forms and especially in the human face divine*. New York: Fowler and Wells.

Wertheimer, M. (1912). Experimentelle studien über das Sehen von Bewegung, *Zeitschrift für Psychologie, 61*, 161–265. English translation appears in T. Shipley (Ed.), (1961). *Classics in psychology*. New York: Philosophical Library.

Wertheimer, M. (1938). Gestalt theory In W. D. Fllis (Fd), *A source book of Gestalt psychology*. London: Kegan Paul, Trench, Trubner.

Wertheimer, M. (1945). *Productive thinking*. New York: Harper and Bros.

White, S. H. (1992). G. Stanley Hall: From philosophy to developmental psychology. *Developmental Psychology, 28*, 25–34.

Williams, J. (1998). *Thurgood Marshall: American revolutionary*. New York: Times Books.

Windholz, G. (1990). Pavlov and the Pavlovians in the laboratory. *Journal of the History of the Behavioral Sciences, 25*, 64–74.

Winston, A. S. (1990). Robert Sessions Woodworth and the "Columbia Bible": How the psychological experiment was redefined. *American Journal of Psychology, 103*, 391–401.

Winston, A. S. (Ed.) (2004). *Defining difference: Race and racism in the history of psychology*. Washington, DC: American Psychological Association.

Winston, A. S. (2006). Robert S. Woodworth and the creation of an eclectic psychology. In D. A. Dewsbury, L. T. Benjamin, Jr., & M. Wertheimer (Eds.), *Portraits of pioneers in psychology* (v. 6, pp. 50–66). Washington, DC & Mahwah, NJ: American Psychological Association and Lawrence Erlbaum Associates.

Wissler, C. (1901). The correlation of mental and physical tests. *Psychological Review*

Monograph Supplements, 3, no. 6.

Witmer, L. (1897). The organization of practical work in psychology. *Psychological Review, 4*, 116–117.

Witmer, L. (1907). Clinical psychology. *The Psychological Clinic, 1*, 1–9. (reprinted in *American Psychologist*, 1996, *51*, 248–251)

Wolfle, D. (1946). The reorganized American Psychological Association. *American Psychologist, 1*, 3–6.

Wong, W-C. (2009). Retracing the footsteps of Wilhelm Wundt: Explorations in the disciplinary frontiers of psychology and in Völkerpsychologie. *History of Psychology, 12*, 229–265.

Woodworth, R. S. (1918). *Dynamic psychology*. New York: Columbia University Press.

Woodworth, R. S. (1921). *Psychology: A science of mental life*. New York: Henry Holt.

Woodworth, R. S. (1929). *Psychology* (revised edition). New York: Henry Holt.

Woodworth, R. S. (1938). *Experimental psychology*. New York: Henry Holt.

Woodworth, R. S. (1958). *Dynamics of behavior*. New York: Henry Holt.

Woolley, H. T. (1910). Psychological literature: A review of the recent literature on the psychology of sex. *Psychological Bulletin, 7*, 335–342.

Wundt, W. (1902). *Outlines of psychology* (trans. C. H. Judd). New York: Gustav E. Stechert.

Wundt, W. (1904). *Principles of physiological psychology* (5th ed.) (trans. E. B. Titchener). New York: Macmillan. (First edition originally published in 1874.)

Wundt, W. (1912). *An introduction to psychology* (trans. R. Pintner). London: George Allen & Co.

Zeigarnik, B. (1938). On finished and unfinished tasks. In W. D. Ellis (Ed.), *A source book of Gestalt psychology*. London: Kegan Paul, Trench, Trubner.

■ 찾아보기 ■